纪念毛泽东诞辰 120 周年 | 于俊道 主编

险难中的
共和国领袖·元帅·将军

纪实 JIAOWANG JISHI

中国社会科学出版社

图书在版编目（CIP）数据

险难中的共和国领袖·元帅·将军纪实 / 于俊道主编. —北京：中国社会科学出版社，2013.4
ISBN 978-7-5161-1780-4

Ⅰ.①险… Ⅱ.①于… Ⅲ.①党和国家领导人–生平事迹–中国②中国人民解放军–元帅–生平事迹③中国人民解放军–将军–生平事迹 Ⅳ.①K827=7 ②K825.2

中国版本图书馆CIP数据核字(2012)第285949号

出 版 人	赵剑英
责任编辑	黄　山
责任校对	詹福松
责任印刷	王　超
出版发行	中国社会科学出版社
社　　址	北京鼓楼西大街甲158号（邮编 100720）
网　　址	http://www.csspw.com.cn
	中文域名：中国社科网　010-64070619
发 行 部	010-84083685
门 市 部	010-84029450
经　　销	新华书店及其他书店
印　　刷	北京洲际印刷有限责任公司
装　　订	北京洲际印刷有限责任公司
版　　次	2013年4月第1版
印　　次	2013年4月第1次印刷
开　　本	710×1000　1/16
印　　张	21
字　　数	351千字
定　　价	42.00元

凡购买中国社会科学出版社图书，如有质量问题请与本社联系调换
电话：64009791
版权所有　侵权必究

青松	青松挺且直——陈毅元帅坚守岗位 ……………………《陈毅传》编写组	197
	发扬民主——罗荣桓同林彪的一次原则斗争 ……………………《罗荣桓传》编写组	222
	名将冤死——徐海东长天"虎"啸 杨万福 田林 润州	234
	坚信革命——陈赓历万险而志愈坚 胥佩兰 郑鹏飞	242
民	无愧先烈——王震在逆境中不忘抓生产 ……………………《王震传》编写组	251
	读书千万——孙毅蒙冤不忘积学以储室 赵勇田 仝玉林	271
	不辞革命——李志民血洒路口镇 …………………………………李志民	288
	忠烈献身——毛泽民牺牲前后 朱天红 逸晚	294
	粉碎"绞杀"——朝鲜战场上神勇的炮兵 …………………………………杨得志	317
	意志较量——难忘的七天七夜上甘岭战役 …………………………………秦基伟	327

浏阳遇险　巧妙脱身——毛泽东用计退团丁
　　　　　　　　　　　　　　　………… 赵

赶紧脱身　走为上策——毛泽东反对张国焘分
　　　　　　　　　　　　　　　………… 赵

惊心动魄　化险为夷——毛泽东粉碎林彪反

特务谋害　处之泰然——周恩来在万隆会议

人民领袖　千古奇冤——刘少奇1966—1969

度量宏大　胸襟宽广——朱德在"文化大革命"

残酷斗争　无情打击——关于在中央苏区的"

遭遇敌军　沉着应对——陶铸在辽吉境内的四

身入虎穴　胆识过人——陶铸厦门破狱救战友

历史真相　公诸大众——"六十一人集团"出狱

"人要一口气,佛争一炉香"——彭德怀遭劫持

敌机轰炸　再次遇险——彭德怀在朝鲜战场上

遭遇险境　指挥有方——刘伯承险走何小寨

浏阳遇险　巧妙脱身
——毛泽东用计退团丁

1927年党的"八七"会议之后，中共中央政治局候补委员毛泽东以中共中央特派员的身份赶赴湖南，组织和领导秋收起义。

8月18日，毛泽东和改组后的湖南省委在长沙郊区的沈家大屋召开会议，共同制订了起义计划。会议决定以长沙为中心，发动湘东各县起义。会议提出不再使用国民党的名义，应当竭力宣传和建设工农政权。会议还成立了以毛泽东为书记的中共湖南省委前敌委员会。

9月初，毛泽东赴安源张家湾召集军事会议。会议决定将原国民革命军第二方面军警卫团，安源矿警队和工人纠察队，湖南平江、浏阳等地的农民自卫军以及鄂南崇阳、通城的部分农民武装统一编为工农革命军第一军第一师，下辖三个团，第一团为驻修水的部队，第二团为驻安源的工农武装，第三团为驻铜鼓的部队，共5000余人。由原警卫团团长卢德铭任总指挥。会议还制定了左中右三路进击、会攻长沙的军事部署。计划9月9日开始破坏粤汉及株萍铁路，11日各县起义，16日长沙起义。会后，毛泽东将前线的军事计划报告湖南省委，并以中共前敌委员会书记名义，将湖南省委秋暴计划和前线军事部署分别通知前委第一、第二、第三团，要求立即投入起义准备，按规定时间和路线实行武装暴动。

毛泽东在安源的工作已安排就绪，准备由浏阳县委书记潘心源和安源工人俱乐部党员易子义陪同，赴铜鼓领导中路军第三团起义。

毛泽东身穿白线裰子和白细布长裤，陪同的潘心源、易子义也经过乔装打扮，三人从安源出发了。在路上，毛泽东化名为安源煤矿的采购员张先生，易子义改名为易绍钦。他们抄小路，绕过敌人盘踞的萍乡，到了浏阳和铜鼓边界的张家坊，在客店住了一夜。第二天一早，他们正在吃早餐，忽听外面一片狗叫声，随着又是阵阵的叫喊声。毛泽东问店老板："外头在干子呀？"老板回答说："准是'铲共团'在抓人哩，三天两头闹腾一回,不晓得哪来这么多的共产党!"话音刚落,几个手持梭镖的团丁跨进屋。

其中一个团丁边上下打量着边恶狠狠地问:"你们从哪儿来?是干什么的?"

"我们是安源煤矿的采购员,吃完饭准备去铜鼓采购夏布、桐油。"毛泽东抬头瞥了团丁一眼,镇定自若地答道。

"有证件吗?"另一个团丁跟着盘问。

"有。"毛泽东沉着地从口袋里掏出证明信递过去,"你看!这是矿上的证明。"

几个团丁凑在一起,左看右看看不出什么破绽,把证明信交给毛泽东,刚要转身离去,又进来一个挎着短枪的团丁,显然是个小头目。他歪着脑袋问这几个团丁:"这三个人是干什么的?"

"队长,我们查过了,他们是采购员。"其中的一个团丁快言快语地回答。

"采购员?"被称为队长的人凑近前把毛泽东他们三人上下打量一番,"我看不像,倒有点像共产党。"

"朋友,别误会,我们的确是采购员,要么,你再看看这证明信!"毛泽东冷静地解释说。

"少废话,把他们通通带到团部去审问,若查出是共产党,哪怕是嫌疑分子,也要按上峰的指示,就地正法。"团丁们不由分说,把毛泽东等人押出了门外。

出来一看,外面还有十几个团丁,抓了不少"共产党嫌疑犯",而且都用绳子绑着。几个团丁也要用绳子来绑毛泽东他们三人,其中一个团丁说:"他们有安源矿的证明,就算了!"幸好有这张证明,要不然捆着就难以脱身了。

团丁们把毛泽东他们作为有证明信的"嫌疑犯",放在这一串人后面走,不过,也同样有梭镖抵着脊梁骨,押送民团总部。刚离开张家坊时,团丁们盯得很紧,走了一段后,他们开始抽烟、说话,对这串"犯人"也有所放松。毛泽东深知这一去凶多吉少,一旦牺牲,起义计划将无法按时施行。一定得想办法逃走。毛泽东趁着团丁吸烟借火的工夫,急步走近潘心源,轻声地问:"钱好拿吗?"潘心源回答:"捆在里面,一下子拿不出来。"毛泽东接着说:"也罢!"其实,他身上还有一些钱,无非是想通报一下"要逃"的信息。

毛泽东放慢脚步走在队尾，团丁要毛泽东加快脚步，不要落队。毛泽东看见前边路上有块不大不小的石头，就计上心来。到了石头跟前，毛泽东装作没看见，故意让石头绊了一跤，然后停下来用手捂着脚直喊疼。

"谁让你停下啦，快走！快走！"一个团丁冲毛泽东喊道。

毛泽东学铁拐李的样子一拐一拐走得很慢。潘心源和"易绍钦"见状，明白了毛泽东的用意，就有意地加快了脚步，使一行人拉成了两段。

毛泽东把手伸进口袋，故意把银元弄得叮当直响。顿时，团丁的眼睛睁大了许多，并有意靠近毛泽东。毛泽东看是时候了，就侧过身去问团丁："大哥，尊姓大名，家境如何？"团丁朝前面看了看，压低声音说："本人姓黄，家里五口人，靠我挣几块卖命钱过活……"这时，毛泽东有意挨着团丁并排走着，从口袋里摸出两块银元塞给那个团丁，说："黄大哥，这点钱，莫要嫌弃，拿去买碗茶喝。"团丁接过钱迅速放进贴身的衣袋里。

他们在路上走着，走着，机会来了。路在前面拐了一个大弯，走在前头的看不见后头，而且，路的一边是稻田，另一边是杂草丛生的山林，易于躲避。于是毛泽东有意问那个团丁："黄大哥，到总部还有多远？"

"不远了！"团丁回答着，并朝山林方向一努嘴，示意毛泽东可以跑了。

毛泽东会意地说了一声"谢谢黄大哥"，就赶紧往回走十几步，然后一拐就朝山林跑去了。

过了一会儿，那个团丁直到看不见毛泽东的身影才喊，"不好，跑了一个，跑了一个！"几个团丁提着梭镖就往后追。

为了掩护朝山林方向跑去的毛泽东，潘心源大声嚷嚷："你们青天白日到处抓人，搞啥名堂？我要到吴县长那里告你们！"团丁们被潘心源这突如其来的吵闹声愣住了，发起呆来。说时迟，那时快，易子义趁机拔腿朝稻田方向跑去。

"又跑了一个！"几个团丁异口同声地喊。

民团队长看情况不妙，赶忙吹起口哨，命令一部分团丁留在马路上看守，指挥一部分团丁去追赶易子义。

潘心源为了掩护毛泽东，减轻易子义的压力，便提高嗓门喊起来："弟兄们，还不赶快跑呀！"他边喊，边带头朝后跑。队伍乱成一团，无辜抓来的人一哄而散。

毛泽东往后跑十几步后，就拐进山林里朝山上跑。不巧，被一个团丁

3

看见了身影，高喊着："他朝山上跑了！他朝山上跑了！"边喊边追。听见喊声，几个朝后追的团丁掉转方向，也朝山上追击。

毛泽东翻过山头，来到山脚下一看，前面是一片开阔地，再往前跑就没办法隐蔽了。

天无绝人之路。这时，毛泽东发现不远处有一个水塘，四周的草长得很高。后边追赶的团丁越来越近，别无选择，毛泽东急忙跳下水塘，匍匐在塘边的草丛里，把整个身子泡在水中。

这时，几个团丁从山上追下来，发现毛泽东不见了。

"妈的，刚才还在前面，怎么一下子就不见了呢，长了翅膀不成？"

"肯定就在附近藏着，搜！"团丁们嚷嚷着。

团丁们开始围着水塘搜，还找来几个农民帮助他们搜查。他们围着水塘，排着横队转了一圈又一圈，有一两次毛泽东用手几乎都可以摸到团丁的脚，他们用梭镖在草丛里乱刺，有好几次差点儿戳在毛泽东的头上、身上，毛泽东闭上眼睛，心想完了。没想到，梭镖又抽了回去。

天色渐渐暗了下来，降临的夜幕掩护了毛泽东。一个农民拾到毛泽东的一只鞋。几个团丁停止了搜寻，骂骂咧咧地离开了水塘。因为在他们眼里，拿走了一个人的鞋，也就等于拿走了他的魂。

毛泽东待团丁撤回后，就从水塘草丛中爬上来，为避免暴露自己又回到山林草丛中穿行。鞋没有了，脚扎伤得很厉害。脸和四肢也被树枝刮得血痕道道。毛泽东有点辨不清方向了，就在一条小路旁边的石头上坐下来，又饥又累又渴，正在发愁。一个农民从山坞里挑着一担柴走过来，毛泽东站起来凑近前去问路："老哥，别害怕，我向您打听一下，这离铜鼓城还有多远？"

"铜鼓城，离这可不近呀！天都快黑了。"这位农民边说边从头到脚打量着毛泽东，并怀疑地问，"你怎么走到这山坞里来了？"

毛泽东把被团丁押送和途中脱险的事说了一遍，并恳求农民兄弟帮忙。农民答应了，朝山口指着说："前面炊烟升起的地方就是我们村子，我担柴你兴许跟不上，你先跟在我后头慢慢走，我把柴担回家就来接你。"毛泽东说："谢谢老哥，听你安排！"农民担柴刚起步，又补充一句："你放心，我们村子不是民团常出没的地方。"

天黑了，这位好心的农民把毛泽东接到了家里。在吃饭的时候，毛泽东询问附近能否买到鞋和伞。农民说可以想想办法。毛泽东拿出两块光洋，托农民买一把伞、一双鞋和一些吃的。待毛泽东洗了脸、洗完脚不大一会儿，那位农民就把东西买回来了。毛泽东非常高兴，又同农民谈了一会儿组织农会和秋收暴动的事，因实在太累，说着说着就睡着了。

第二天一早，这位农民还拿来一身干净的衣服，让毛泽东换上后就送毛泽东启程。他们通过浏阳和铜鼓的边界，进入铜鼓界内后，这位农民说，铜鼓这边查得不严，一般不会出事的。毛泽东和这位农民一边走一边攀谈着，当他们走到一个三岔路口时，这位农民停住了脚步，告诉毛泽东："顺着中间这条路走就可以到铜鼓城了，我就不往前送了。"毛泽东非常感激，他再次要这位农民告诉姓名，可这位农民朝他笑笑就走了。

毛泽东一个人继续往前赶路。中午时分，停下来吃点东西，买碗凉茶喝。傍晚，到了一个小镇子。毛泽东为借宿方便，就把身上穿的一件短褂脱下来扎成包袱模样，横背在肩上，身上只穿一件汗衫。每走到客店门口时就问："老板，歇得客吗？"

老板眼睛一睁："歇不得！"

就这样，毛泽东接连碰了几个钉子。当他走到最后一家客店时，就索性不问了。他径直走进去坐下，大声喊："老板！打水来洗脚！"

老板无可奈何，只得由其住下。

第二天一大早，毛泽东又启程继续赶路。刚一过晌，来到离铜鼓县城不远的地方，就遇到几个平江工农义勇队的战士，手提枪杆喊："站住！"并对这位素不相识的前委书记问道："干什么的？"毛泽东回答："同你们一样。"又问："有介绍信吗？"毛泽东说："介绍信给民团没收了。"他们说："没有介绍信，只好委屈你先抓起来再说。"

毛泽东倒是不怕被义勇军抓的。就这样，毛泽东被黑布蒙上了眼睛，被押到陈知峰的面前。陈知峰问："你是从哪儿来？叫什么名字？"毛泽东回答说："我是从安源来，名叫毛泽东。"

"啊！"陈知峰惊叫了一声，命令押送的队员赶紧给毛泽东松绑，并亲手解下蒙眼的黑布。陈知峰仔细一看，果然是毛委员，就歉意地说："弄错了，弄错了。"那几个队员站在一旁直发愣。毛泽东用手揉了揉眼睛夸奖说："你部下的警惕性还蛮高的嘛！"说着，毛泽东还风趣地说："陈知峰，你可知道，我这是第二次当'在押犯'，所以迟到了。"接着，毛泽东讲述了在浏阳张家坊遇险的情况，还说："我身上只剩下两个铜板了。"

这一天，时逢旧历八月十五，毛泽东和三团官兵一起会餐，欢度中秋佳节。随后，召开了排以上干部会。毛泽东在会上传达了党中央"八七会议"精神和湖南省委改组情况，分析了目前湘赣边的形势和任务。最后，他以前敌委员会书记的名义宣布，立即举行湘赣边秋收暴动，用革命的武装反对反革命的武装。

第二天清晨，旭日东升，霞光万丈，毛泽东和湖南省委领导的湘赣边秋收起义，按既定计划爆发了！当时的情景，正如毛泽东在《西江月·秋收起义》这首词中写的：

军叫工农革命，旗号镰刀斧头。
匡庐一带不停留，要向潇湘直进。
地主重重压迫，农民个个同仇。
秋收时节暮云愁，霹雳一声暴动。

（赵大义　高永芬　邵永贵）

赶紧脱身　走为上策
——毛泽东反对张国焘分裂党、分裂红军的斗争

1935年6月，红一、四方面军在维镇外喇嘛寺附近的山坡上，召开了盛大的会师联欢会。相隔12年的毛泽东和张国焘在两河口见面了。

在张国焘的眼里，中央领导人一个个缺乏应有的模样。毛泽东又黄又瘦，长发披肩，裤子的膝盖上打着两块补丁，绑腿里像战士一样插着一双筷子，皮带上还挂着一个喝水用的大茶缸子。朱德一脸皱纹，像个伙夫头。周恩来胡子长长的，一脸病恹恹的神情。张闻天的帽檐往下耷拉着，典型的老夫子模样……

张国焘又下意识地看看自己，又白又胖，满面红光，穿着考究，灰色的军装板板正正，大檐军帽也端端正正地扣在头上，身后还有十几个挂着十二响驳壳枪、威风凛凛的卫士。一种"鹤立鸡群"的感觉油然而生。

张国焘眼珠一转，问："恩来兄，艰难转战损失不小吧，一方面军还剩

多少人？"

周恩来眼睛机警地闪了几下，笑着反问道："现在四方面军有多少人？"

"我们还有10万人。"张国焘得意地回答，并立即追问，"你们呢？"

周恩来"唉"了一声，不假思索地说："一方面军伤亡很大，恐怕不到三万人了。"

双方都有些夸张，因为张国焘问得不善，所以周恩来的夸张程度更大些。张国焘很得意，也滋长了野心。

6月26日上午，在两河口召开了中央政治局扩大会议。出席会议的有毛泽东、朱德、周恩来、张闻天、博古、张国焘等十几人。会议集中讨论了战略方针问题。周恩来代表党中央和军委作了报告，认为：川、陕、甘三省地区条件优良，因此决定我军去川、陕、甘开创革命根据地。一、四方面军会合后，新的战略方针即是集中主力向北进攻，首先占领甘南。他针对张国焘特别强调，两个方面军要统一意志，统一指挥，指挥权集中于军委，这是最高原则。

毛泽东接着说："在中央苏区的时候，就听说四方面军有个川陕甘计划。现在中央的计划和那个计划差不多，不同的是两军会合了，力量大了，实现这个计划的可能性更大了。"并指出，在川陕甘建立根据地好处很大，可以把苏维埃运动放在更加巩固的基础上。

彭德怀、朱德、聂荣臻、洛甫等人发言，一致同意周恩来的报告和毛泽东的意见。

张国焘的发言与中央的意见不大一致，强调他的"川康计划"。由于他的主张在会上陷于孤立，最后被迫同意中央北上建立川陕甘革命根据地的方针。但他借口王明路线造成的第五次反"围剿"的失败，攻击遵义会议后的中央路线不正确，要求改组中央和中央军委。

张国焘对两河口会议采取阳奉阴违的态度。他一回到杂谷脑（理县），就立即召开会议，歪曲两河口会议精神，散布不满情绪，挑拨一、四方面军之间的关系。并于6月30日，公然违反他刚刚举手通过的两河口会议决定，重新提出退却方针，反对北上建立川陕甘根据地的方针，主张南打大炮山，北取阿坝，一部向西康发展。

7月10日，张国焘再电党中央，以"我军宜速决统一指挥的组织问题"为由，向中央要权。他开的价码很高：由徐向前任红军总司令，陈昌浩任总政委，周恩来任总参谋长等。陈昌浩心领神会，也发电报要求由张国焘任军委主席，朱德任前线总指挥，周恩来兼总参谋长。张国焘并威胁中央：如果不这样"集中军事领导"，便"无法顺利灭敌"。

显然，张国焘奉行的是实力政治。对此，毛泽东看得一清二楚，说："张国焘是个实力派，他有野心，我看不给他一个相当的职位，一、四方面军很难合成一股绳。"

不擅权的洛甫以大局为重，当时提出："我这个总书记让他当好了。"

毛泽东摇摇头说："张国焘要的是军权，你叫他当总书记，他说不定还不满意呢。真让他坐上了这个宝座，可又麻烦了。"

毛泽东反复权衡后说："让他当总政委吧！"并征求病中的周恩来的意见，周恩来表示赞同。然后又与洛甫等同志商量，于7月18日发布了任命张国焘为总政委的命令。

这个职务使张国焘获得了暂时的满足，他开始率四方面军北上。但时间耽误了一个多月，也就给蒋介石足够的调兵遣将时间，失去攻占松潘的战机。如果按原定路线由松潘北上，就会遭到蒋介石的重兵围攻，红军有被消灭的危险。因此，中央不得不改变进军路线，决定由毛儿盖出发，经过草地北上。红军过草地所经受的苦难及重大牺牲，是张国焘伸手要权贻误时机造成的。

8月初，军委在毛儿盖召开会议。会上张国焘提出把红军分成左、右路行动，会议采纳了他的意见。决定左路军由红军总司令部率领，从卓克基北进，取阿坝，控墨洼，继而向北出夏河；右路军由红军前敌指挥部率领，从毛儿盖出班佑、巴西地区，万一无路可走，再改经阿坝前进。彭德怀率三军团全部及四军团一部做总预备队，掩护中央机关前进。

8月底，毛泽东率领右路军经过"死亡之海"——草地后，来到了四川省半农半牧的班佑、巴西一带。

巴西是一个村寨，有一百来所茅草屋，还有一个喇嘛庙。毛泽东和中央领导机关住在阿西，徐向前、陈昌浩、叶剑英和前敌指挥部住在巴西。周恩来也住在巴西，此时身体渐渐恢复。阿西和巴西相距不远。

刚一住下，毛泽东立即召集前敌指挥部会议，研究攻打包座的战斗计划。

包座距离班佑、巴西一百多里，是通往甘南的必经之地。

红军过草地之后，胡宗南惊慌失措，忙派重兵急进包座，企图阻止红军北上。蒋介石也手谕电告甘、青、宁国民党军各部及地方政府，在包座一带围歼红军。

情况万分紧急。

当时彭德怀的三军团尚未过完草地，林彪的一军团人困马乏，减员严重。鉴于此，徐向前和陈昌浩向中央建议：攻打包座的任务由四方面军的第三十军、第四军承担。

中央批准了这一建议。

8月29日至31日，经过激战，歼灭胡宗南部五千多人，占领了包座，打开了通往甘南的进军门户。

红军占领了包座，急切等盼左路军前来会合，可是连左路军的影子也没有。对此，毛泽东更加焦虑：如果右路军在此地滞留太久，蒋介石还会发动攻势，也会为张国焘反对北上造成口实。

毛泽东当机立断，召开政治局常委会议，徐向前、陈昌浩、叶剑英也参加了会议，讨论制订北出甘南的行动计划。会上，毛泽东提出了运筹帷幄的行动方案，令大家叹服。

会后，毛泽东来找徐向前、陈昌浩商量，如何做张国焘的工作："包座为我军占领，北进且无强敌阻拦，你们能否做总政委的工作，催他率左路军速来？"

徐向前说："如果左路军过草地有困难，我们可以派出一个团，带上马匹、牦牛、粮食，去接应他们。"

陈昌浩说："那就令四军三十一团准备粮食，待命出发。"

毛泽东说："就这么办！一发电报催，二派部队接。"

于是，毛泽东、徐向前、陈昌浩联合给张国焘发电报：目前情况极有利于北进，左路军宜速同右路军会合，不然前进道路必为敌阻。如能集中主力从武都、西固、岷州间打出，必能争取伟大胜利。

9月1日，张国焘收到毛泽东、徐向前和陈昌浩的联名电报。此时的张国焘，关心的并不是右路军跨过草地后攻克包座的胜利，也不是从岷州一带打出去，而是由于右路军北上所引起的蒋介石的军事部署。他根据不断获悉的敌情判断：蒋介石发现红军主力北上的意图后，调重兵向甘陕集结，而对川西北地区的防守大大减弱，这正是实现他挥师南下的时机。想到这，他打定主意："变卦！"

当时，他率左路军正行至嘎曲河边。由于是汛期，河水上涨。他便以此为借口，说不能过河去班佑与右路军会合。

朱德亲自带人察看嘎曲河情况，水面虽然较宽，但有的地方水并不深，只不过是一米左右，渡过去不成问题。

当把这一情况向张国焘汇报时，他吐了真言："玉阶兄，现在我们的处境是，茫茫草地，前进不能，坐待自毙。算了，算了，我看还是掉头回去，只好走南下这步棋了。"

朱德等人有些吃惊，并再三规劝张国焘北上，可他不予理睬，并以红军总政委对重大军事行动有裁决权的特殊身份，随即下令左路军停止北上，并要已经抵达墨洼（距班佑很近）的第五军返回阿坝。

9月3日，张国焘拟了一份"变卦"电报（让朱德签字，朱德拒绝签），发给毛泽东等："上游侦察70里，亦不能徒涉和架桥，各部粮食只能吃三天，二十五师只剩两天的食物，电台已绝粮，茫茫草地，前进不能，坐以待毙，无向导，结果痛苦如此。决定明晨起三天全部赶回阿坝。""如此已影响整个战局，上次毛儿盖绝粮，部队受损大；这次又强向班佑进，如果如此，再北进，不但时机已失，恐亦多阻碍。""拟乘势诱敌北进，右路军即乘胜回击松潘，左路备粮后亦向松潘进，须即决即行。"

显然，张国焘意在南下！

毛泽东接到电报后，即召集周恩来、张闻天、博古、陈昌浩、徐向前等人开会磋商。

毛泽东就电文的内容进行了分析，一针见血地指出："张国焘提出的理由是不成立的，所谓河水上涨，无法徒涉和架桥，只是一个借口。四方面军有一支一二百人的造船队，西渡嘉陵江立了功，即使是嘎曲河涨水，左路军也可以就地取材，营造简便的渡河工具，过河不成问题。"

"所谓缺乏粮食，也是个借口。过草地行进路线是让他先挑选的，因为阿坝那些地方，粮食要比毛儿盖地区多一些，路也好走一些。右路军从毛儿盖出发时，每人只带了仅供两三天食用的炒青稞。左路军在阿坝筹的粮食不会比右路军少，为什么不能过草地呢？"

"他既不同意北上和东进的方针，又要右路军再退回打松潘，实际上是让我们跟他一起南下。"

毛泽东的分析确在其理，大家表示同意。

陈昌浩虽然没有发言，但从表情和神态上看，其内心是矛盾的。毛泽东之所以把他分来参与领导右路军，就是为了钳制张国焘的权力。在过草地的途中，他对毛泽东提出的北上方针更理解了，但从个人感情上，又对张国焘很笃深。然而，北上还是南进，关系到整个红军和中国革命的命运，最后他还是倾向于北上的方针。9月8日，以前敌指挥部徐向前、陈昌浩的名义给朱德、张国焘发了一个"请示电"：

"胡（宗南）不开岷，目前突击南坪、岷时间甚易。总的行动究竟如何？一军是否速占罗达？三军是否跟进？敌人是否快打？正示，再延实令人痛心。""中央局正考虑是否南进。毛、张皆言只要南进便有利，可以交换意见；周意北进便有出路；我们意以不分散主力为原则，左路速来北进为上策，右路南去南进为下策，万一左路若无法北进，只有实行下策。如能乘（敌）向北调时（取）松潘、南坪仍上为策。请即明电中央局商议，我们决执行。"

当天，张国焘就给徐向前和陈昌浩回电，命令他们率右路军南下。"一、三军暂时停止向罗达进，立即设法解决南下的具体问题。"同时电令左路军第二纵队副司令员詹才芳："飞令军委纵队政委蔡树藩将所率人员移到马尔康待命，如其不听则将其扣留，电复处置。"徐向前、陈昌浩接到张国焘这封措词激烈、态度强硬的电报后，大为吃惊，感到事态严重。

"怎么办？"陈昌浩问徐向前。

"事关重大，不可贸然行事。"徐向前心情焦虑，"须向中央报告才是，你还是跑一趟吧！"

陈昌浩带上电报去阿西找洛甫、博古、毛泽东等。

当晚，毛泽东、张闻天、博古、王稼祥、陈昌浩来到周恩来住处开会，并通知徐向前也参加会议。

会上，大家的意见基本一致，"还是要说服张国焘同志北上"。于是，在座的七人联名发给张国焘一份电报，进行"劝谏"。

"……务望兄等熟思深虑，立下决心，在阿坝、卓克基补充粮食后，改道北进，行军中即有较大减员，然甘南富庶之区，补充在望。在地形上、经济上、居民上、战略退路上，均有胜利前途。即以往青宁之说，亦远胜西康地区。""……以上所陈，纯从大局前途及利害关系上着想，万望兄等当机立断，则革命之福。"

9月9日，张国焘率左路军在阿坝地区已经停滞几天了，急切地盼望徐向前、陈昌浩率部南返的消息，可等到的却是毛泽东等七人发来的电报，再次催促他率部北上。

"今天是最后期限了。"张国焘对黄超说，"你通知各军，做好南下战斗准备，尤其要做好原五、九军团的思想转变工作。"

黄超答应着，并说："事到如今，已经没有什么商量的余地了。"

同日，张国焘电复徐向前、陈昌浩转中央，再次表示反对北上，坚持南下：

（甲）时至今日，请你们平心估计敌力和位置，我军减员、弹药和被服等情形，能否一举破敌，或与敌作持久战而击破之；敌是否有续增可能。

（乙）左路二十五、九十三师，每团不到千人，每师至多千五百战斗员，内中病脚者占三分之二。再北进，右路经过连续十天行军，左路二十天，减员将在半数以上。

（丙）那时可能有下列情况：

1. 向东突出蒙西封锁线，是否将成为无止境的运动战，冬天不停留行军，前途如何？

2. 若停夏、洮是否能立稳脚跟？

3. 若向东非停夏、洮不可，再无南返之机。背靠黄河，能不受阻碍否？

上三项诸兄熟思明告。

4. 川敌弱，不善守碉，山地隘路战为我特长。懋、丹、绥一带地形少岩，不如通、巴、南地形险。南方粮不缺。弟亲详问，二十五、九十三等师各级干部，均言之甚确。阿坝沿大金川河东到松岗，约六天行程，沿途有两千户人家，每日都有房宿营。河西四大坝、卓木碉粮、房较多，绥、崇有六千户人，苞谷已熟。据可靠向导称：丹巴、甘孜、道孚、天芦均优于洮、夏、邛、大更好。北进，则阿坝以南彩病号均须抛弃，南打，尽能照顾。若不图战胜敌人，空言鄙弃少数民族区，亦甚无益。

5. 现宜以一部向东北佯动，诱敌北进，我则乘势南下。如此对二、六军团为绝好配合。我看蒋与川敌间矛盾极多，南打又为真正进攻，绝不会做瓮中之鳖。

6. 左右两路绝不可分开行动，弟忠诚为党，为革命，自信不会胡说。如何？立候示遵。

陈昌浩看了这份电报后，情绪和态度都发生了变化，问："老徐，你看怎么办？"

"你说怎么办？"徐向前反问道。

陈昌浩说："张主席主意已定，我们不行动不好啊！"

徐向前说："中央肯定不会同意。你再向中央报告一下。"

陈昌浩策马来到中央机关驻地，将张国焘不同意北上、坚持南下的复电报告了毛泽东、张闻天和博古等人。

毛泽东忧虑起来，在屋中来回踱着步，说："看来，我们的处境有点不妙啊！老五（五路军）和老九（九路军）在张国焘的左路军里，林彪的部队已进抵甘南，距此地要走三天的路程；而我们身边，只有彭德怀的一点部队，不过三四千人。张国焘知道我们的力量，所以才这么放肆，这叫挟天子以令诸侯。"

他接着又说："不管张国焘愿意不愿意改变他的主张，中央绝不能屈服于他！北上与南下，这是关系到红军的生死存亡，南下没有出路！"

经过商议，再次给张国焘发去一封劝其改变主张，立即北上的电报。

同时，毛泽东提议召开政治局会议，决定马上北进。

陈昌浩不悦地回到前敌指挥部。徐向前问："怎么样，中央同意张国焘同志的意见吗？"

"根本不同意南下！"陈昌浩烦躁地摇着头说。接着他来到团以上政工干部会议讲话。

正在这时，右路军机要室突然接到一份从左路军总司令部发来的密码电报，是给陈昌浩的。本应陈昌浩自己译出，可他正在讲话。机要组长陈茂生抄完密码，觉得奇怪，恰在这时，前敌指挥部作战科副科长吕黎平走了进来。听陈茂生这么一说，机要出身的吕黎平迅即将电文译出。他俩不由得大吃一惊，原来是张国焘给陈昌浩的复电。

吕黎平和陈茂生立即拿着这份电报去找参谋长叶剑英。叶剑英正在喇嘛寺开会，吕黎平悄悄把电报交给了他。叶剑英看完电文，不动声色，见陈昌浩正在台上讲话，顺手将电报装进口袋，对吕黎平、陈茂生说："你们回去吧！"又叮嘱道："不要向任何人谈及这份电报之事。"

叶剑英假装上厕所，退出会场。他立即骑马来到不远的毛泽东住处，把电报交给毛泽东看。毛泽东迅速将电文（1937年3月，毛泽东在政治局会议上讲到，电文中有："南下，彻底开展党内斗争。"）抄下来，把原文交给叶剑英,并对他说:"你做了一件很了不起的事!你赶快回去,把电报交给陈昌浩,别让他有疑心,别对任何人讲我看过。"

叶剑英急忙又赶回喇嘛寺,会议还未结束,陈昌浩还在讲话。他若无其事地坐下,等到会议结束时,才把这封"密电"交给了陈昌浩。

在叶剑英送来密电的前一个小时,彭德怀也跑来报告情况,再次力促毛泽东采取防范措施,说:"陈昌浩已向四方面军的人放风要听张国焘的,如果他们真要强行解决三军团,后果将不堪设想!"

"密电"、"报告",使毛泽东感到不安,他开始考虑脱身之计了。

晚上,他来到前敌指挥部,先试探徐向前的态度,问道:"向前同志,国焘坚持南下,你是什么意见?"

徐向前的表情露出了苦恼,沉思了片刻,说:"主席,两军既然已经会合,就不宜再分开,四方面军如分成两半恐怕不好。"

毛泽东听后没有多说什么:"我知道了,你早点休息吧!"

接着,毛泽东又找到了正在踱步的陈昌浩,他走过去问:"昌浩同志,看来国焘南下的态度坚决,你看怎么办?"

没等陈昌浩回答,毛泽东接着说:"在南边建立根据地的条件不具备,坚持南进是要碰硬的,你……"

陈昌浩态度骤变,打断道:"北进不一定就成功,南下也不一定就失败。你的话有道理,张主席的话也未必没有道理。我看还是南下为上策……"

见陈昌浩的态度强硬,决意要南下,毛泽东的主意已定:赶紧脱身,走为上策。

毛泽东平静地对陈昌浩说:"既然要变北进为南下,书记处得开个会统一一下思想,做些准备。恩来和稼祥都在三军团养病,那我和洛甫、博古马上去三军团司令部,同恩来、稼祥商量一下。"

陈昌浩见毛泽东的语气、态度变了,没有任何疑迹,笑着点头说:"好,你去吧!"

陈昌浩无论如何也没有想到,这是毛泽东的金蝉脱壳之计。一方面军在右路中只有一军团和三军团,一军团远在俄界,三军团在距松潘州20里外的巴西,毛泽东身边的兵将少得可怜。陈昌浩怎么也想不到毛泽东会从他的手心逃走,甚至连一点怀疑都没有。

毛泽东同洛甫、博古等飞速赶到三军团司令部,脱离了被扣做人质的危险。

　　来到三军团驻地，毛泽东立即组织召开会议。毛泽东说："没办法了，连一点回转的希望都没有。怎么办？三十六计，走为上策。我们赶快走，走晚了，张国焘就要强迫我们服从他的意志喽！"

　　大家同意毛泽东的意见。当机立断，立即率领一、三军团和军委纵队一部、红军大学等，组成"抗日陕甘支队"，脱离危险区，到河西集合，向甘南前进。同时，委托毛泽东起草《中共中央为执行北上抗日方针告同志书》。

　　会议结束后，大家分头做出发的准备工作。有的负责率队撤离驻地，有的负责打粮……

　　1935年9月10日这一天，被毛泽东视为是他"一生中最黑暗的时刻"——来自张国焘的武力威胁。

　　深夜，队伍紧急集合，命令："不要出声，不打火把，一个跟着一个走。"中央机关的队伍一口气急行军十多里路……

（赵大义　高永芬　邵永贵）

惊心动魄　化险为夷
——毛泽东粉碎林彪反革命集团的政变阴谋

一

　　毛主席身体健康的时候，每年都要外出巡视工作，返程时间一般在9月底。1971年8月15日13点，我们陪着已经78岁高龄的毛主席又出巡了。16日到武昌。在武汉，毛主席同武汉军区兼湖北省负责人刘丰谈话一次；同刘丰及河南省负责人刘建勋、王新谈话一次；同已调国务院工作仍兼湖南省负责人的华国锋谈话一次。离武汉前，还同刘丰谈话一次。28日到长沙。在长沙，毛主席同华国锋和湖南省负责人卜占亚谈话一次，同广州军区兼广东省负责人刘兴元、丁盛,广西壮族自治区负责人韦国清谈话一次。后又同华国锋、卜占亚、刘兴元、丁盛、韦国清集体谈话一次。31日到南昌。在南昌,毛主席同南京军区兼江苏省负责人许世友、福州军区兼福建省负责人韩先楚、江西省负责人程世清谈话两次。毛主席沿途的历次谈话,我都参加了。在湖南,毛主席还同我单独谈话一次。一路上,毛主席在谈话中多次强调:"要搞马克思主义,不要搞修正主义;要团结,不要分裂;要光明正大,不要搞阴谋诡计。"他反复讲:"我们这个党已经有50年的历史了,大的路线斗争有10次。这10次路线斗争中,有人要分裂我们这个党,都没有分裂成。这个问题,值得研究。1970年庐山会议,他们搞突然袭击,搞地下活动,为什么不敢公开呢?可见心里有鬼。他们先搞隐瞒,后搞突然袭击,5个常委瞒着三个,也瞒着政治局的大多数同志,除了那几位大将以外。那些大将,包括黄永胜、吴法宪、叶群、李作鹏、邱会作。他们这样搞,总有个目的嘛!我看他们的突然袭击、地下活动,是有计划、有组织、有纲领的。纲领就是设国家主席,就是称'天才'。有人急于想当国家主席,要分裂党,急于夺权。林彪那个讲话,没有同我商量,也没有给我看。他们有话,事先不拿出来,大概总认为有什么把握了,好像会成功了。可是一说不行,就又慌了手脚。这次庐山会议,只提出陈伯达的问题。保护林副主席,没有作个人结论,他当然要负一些责任。对这些人怎么办?还是教育的方针,就是'惩前毖后,治病救人'。对林还是要保。回北京以后,还要再找他们谈谈。不过,犯了大的原则的错误,犯了路线、方向错误,为首的,改也难。"

当时,我意识到毛主席的这些谈话,是要帮助一些地方的党、政、军负责同志,提高对1970年发生在庐山九届二中全会上斗争的认识,争取团结和尽力挽救在庐山会议上犯了错误的人,其中也想挽救林彪和黄永胜等人。

9月3日,毛主席到达杭州。下车之前,毛主席同浙江省的党、政、军负责人南萍、陈励耘、熊应堂谈话。在40分钟的谈话中,毛主席询问了他们几个对庐山会议的认识,并对他们说:"你们有什么错?吴法宪在庐山找陈励耘等人谈了他们搞的那一套,上庐山在空军八个中央委员内部有通知啊!"陈励耘说:"在庐山吴法宪找我谈时,阴一句、阳一句,这个人说话是不算数的。"毛主席说:"过去我讲过,一个倾向,掩盖着另一个倾向,谁知掩盖着一个庐山会议的主要倾向!"接着,毛主席说明了他们是受骗,受蒙蔽的；并说明党对犯错误的人，还是采取"惩前毖后，治病救人"的方针，不能抓住辫子不放。毛主席说："庐山会议，主要就是两个问题，一个是设国家主席问题，一个是称'天才'问题。说反天才就是反对我。那几个副词，我圈过几次了。"① 毛主席又说，庐山这件事，还没有完，还不彻底，还没有总结。

不出毛主席所料，在庐山会议上遭到挫败的林彪一伙不但不思悔改，反而开始了谋害毛主席、策动反革命武装政变的阴谋活动。

1971年2月，林彪、叶群和林立果在苏州密谋后，派林立果到上海，召集"联合舰队"的主要成员周宇驰、于新野、李伟信在秘密据点开会，从3月21日至24日，制订了反革命武装政变计划——《"571工程"纪要》。3月31日深夜，林立果在上海召开了有江腾蛟、王维国、陈励耘、周建平参加的所谓"三国四方会议"，指定南京以周建平为头，上海以王维国为头，杭州以陈励耘为头，江腾蛟"进行三点联系，配合、协同作战"。

在毛主席此次南巡期间，林彪一伙千方百计刺探毛主席的行踪和毛主席同沿途各地负责人的谈话内容。9月5日，广州部队空军参谋长顾同舟听到毛主席在长沙谈话内容的传达后，立即密报给林立果。9月6日，武汉部队政委刘丰违背毛主席的叮嘱，把毛主席在武汉的谈话内容告诉了陪外宾到武汉访问的李作鹏。李作鹏当天回到北京就告诉了黄永胜。当晚，黄永胜又将毛主席的谈话内容密报给在北戴河的林彪和叶群。

林彪、叶群、林立果等人接到顾同舟、刘丰的密报后，感到自己暴露无遗了，决计铤而走险，对在旅途中的毛主席采取谋害行动。

9月7日，林彪指示林立果，向"联合舰队"下达"一级战备"的命令。

9月8日，林彪写下手令："盼照立果、宇驰同志传达的命令办。"

这样一来，危险便时刻向毛主席逼近。当时，陈励耘掌握着杭州的警

---

① 1968年9月，《人民日报》为纪念1962年9月18日毛泽东给日本工人的题词，发表了《世界革命人民胜利的航向》的社论。毛泽东删去了社论草稿中的"毛泽东同志天才地、创造性地、全面地继承、捍卫和发展了马克思列宁主义，把马克思列宁主义提高到了一个新的阶段"等文字。1969年，毛泽东删去了"九大"《政治报告》初稿和提交"九大"通过的《党章》初稿中"天才地、创造性地、全面地"三个副词等文字。1970年4月，毛泽东在修改纪念列宁诞辰100周年的两报一刊社论《列宁主义，还是帝国主义？》的初稿时，删去了"毛泽东同志全面地总结了无产阶级专政的正反两个方面的历史经验，天才地、创造性地运用唯物辩证法，分析了社会主义的矛盾"等文字。

备大权，直接指挥毛主席住所的警卫工作。我们住在杭州，无异于进了虎穴。

在九届二中全会上，毛主席已识破了林彪的阴谋。这次南巡，毛主席从北京到杭州沿途同当地负责人的谈话中又了解到叶群、林立果阴谋活动的一些情况。9月8日晚上毛主席又得到新的消息说：杭州有人在装备飞机；还有人指责毛主席的专列停在杭州笕桥机场支线碍事，妨碍他们走路。这种情况，过去是从来没有的。一些多次接待过毛主席的工作人员，在看望他老人家时反映了一些可疑的情况。毛主席当机立断，采取措施，对付林彪一伙的阴谋，首先把我找去，提出要把专列转移。

我问毛主席，专列是向后转移，还是向前转移？向后是转到金华，向前是转到上海。我还建议，也可以转向绍兴，即转向杭州到宁波的一条支线上。

毛主席说："可以。那样就可以少走回头路了。"

当时，毛主席还不知道林彪有个手令，也没掌握林彪一伙进行武装政变的计划。但是，毛主席根据了解到的种种情况，思想上、行动上已有了充分准备。

我从毛主席住地出来，马上就打电话找当时负责毛主席在杭州警卫工作的陈励耘。接电话的是陈励耘的秘书。他接到电话后，马上就跑到我的办公室来，说："陈政委有事，您有什么事请跟我讲。"

我说："专列要转移，这个事对你讲，你能办成？"

秘书说："能。"

我就说："你可以试着办一下，不过还是要找到陈政委。"

我得到这个情况后，就找张耀祠交代："赶快去找专列乘务组同志。将火车马上开走。"当时，天气太热，我还要求在专列转移到新的停车地点后，给毛主席的主车和餐车上面搭个棚子，以便防晒。张耀祠很快就落实了。

这些情况，我都报告了毛主席。毛主席同意这么办，并说这个办法好。

毛主席的专列9日凌晨转到靠近绍兴的一条专线上。

10日中午，毛主席对我说："走啊！不要通知陈励耘他们。"

我说："主席，不通知他们不行。"

毛主席问："为什么呀？"

我说："不通知不行，您不是一般人。来的时候，都通知了；走的时候，不通知不好。路上的安全，还是要靠地方保卫。"

毛主席又说："那就不让陈励耘上车来见，不要他送。"

我说："那也不行，会打草惊蛇。"

毛主席考虑了我的建议，接着又问我："你的意见是……"

我说："您看，是不是请南萍、陈励耘……"

我刚说到这里，毛主席打断我的话说："还有一个，就是空五军的军长白宗善，这个人也请来。为什么这次没有请他见面？"

我回答说："马上就通知他。"

南萍等人被请来以后，毛主席在自己休息的房间里又同他们谈了一次话。当毛主席见到白宗善，同他握手时便问："你为什么不来看我！"陈励耘连忙解释说："他那天在值班。"

这次谈话，讲了庐山九届二中全会的问题，党的历史上几次路线斗争的问题，军队干部的团结问题，战备问题。谈话中，毛主席还说："不要带了几个兵就翘尾巴，就不得了啦。打掉一条军舰就翘尾巴，我不赞成，有什么了不起。三国关云长这个将军，既看不起孙权，也看不起诸葛亮，直到麦城失败。"毛主席在谈话中，再一次批评了林彪、黄永胜。他还针对当地领导人闹不团结，讲了一个春秋时代齐鲁两国长勺之战的故事，寓意深长。他说："齐国和鲁国打仗，我是帮鲁国，还是帮齐国啊？鲁国小，人少，只是团结得好。齐国向鲁国进攻，鲁国利用矛盾，把齐国打败了。"

在他们谈话的时候，我就布置专列做开车的准备。毛主席同他们谈了半个小时。谈完后，我请他们到我的房间里休息。

我回到毛主席那里，请示说："到上海后停在哪里？"

毛主席说："停在上海郊外虹桥机场专用线，顾家花园就不进去了。"

我说："上海那边的通知，是不是通知王洪文？"

毛主席说："是。那个电话由你们打。"

当时，陈励耘在我的房子里，我就只好在毛主席那里给王洪文打了一个电话。

10日13点40分专列由绍兴返回，14点50分抵达杭州站。在离开杭州去上海的时候，我们没有通知其他的人送，陈励耘却来了。陈励耘到车站后，不敢同毛主席握手，也不敢接近毛主席。他心里有鬼，当时神情很不自然。

他跟我握手时问我："车开后，要不要打电话通知上海？"

我说："你打电话给王洪文或者王维国，这两个人都可以，就说我们的车出发了，还是在那个支线上停住。"以后我了解，陈励耘确实打电话通知了王洪文。

后来据陈励耘交代：8日晚上他有事，就是因为于新野到了杭州。于新野是找陈励耘布置任务的，但于新野有一些疑惑，不知道出了什么事。于新野还追问毛主席到底在杭州讲了些什么话，陈励耘就把毛主席同他们的谈话内容报告了于新野。当时，于新野告诉陈励耘，要在杭州、上海、南京之间谋害毛主席。据我们后来了解到的情况，陈励耘在接待于新野的房子里，挂着一张毛主席像，陈励耘一看到毛主席像就发愁。

从后来"联合舰队"成员的供述和我们调查得到的材料看，他们准备采用多种办法来谋害毛主席：

第一种办法：如果专列停在上海虹桥机场专用线上，就由负责南线指挥的江腾蛟指挥炸专用线旁边飞机场的油库，或者向油库纵火。据王维国交代，他们安排由王维国以救火的名义带着"教导队"冲上火车，趁混乱的时候，先把汪东兴杀死，然后杀害或绑架毛主席。

第二种办法：是准备在第一种办法失败后采用的。就是在毛主席的专列通过硕放铁路桥时炸桥和专列，制造第二个"皇姑屯事件"。然后他们再宣布是坏人搞的。硕放桥在苏州到无锡之间，他们已经到那里看了地形，连炸药怎么安放，都测量和设计好了。

第三种办法：如果硕放炸桥不成，就用火焰喷射器在路上打火车。周宇驰讲，火焰喷射器可以烧透几寸厚的钢板。朝火车喷射，很快就会车毁人亡。王维国、周宇驰等人也到铁路沿线看过地形了。他们准备从外地调火焰喷射器部队。由于我们行动提前，这个部队没有来得及调来。

第四种办法：是要陈励耘在杭州用改装的伊尔—10飞机轰炸毛主席的专列，由陈励耘负责在飞机上装炸弹。据陈励耘后来供述：于新野找他布置任务时，他曾提出杭州没有可靠的飞行员，于新野答应回去向领导上汇报，派一个飞行员来。他们准备派谁呢？派鲁珉。鲁珉当时是空军司令部的作战部部长。陈励耘说：那就好，那就干！陈励耘还说，用飞机轰炸专列的办法是可靠的。9月9日，于新野在上海对王维国说：我们这次出动飞机炸，除飞机上的武器外，还要再加配高射机关枪，用来扫射从火车上跑下来的人。

从这几种办法可以看出。林彪一伙谋害毛主席的手段是何等阴险毒辣！

当于新野同王维国一起策划时，王维国又提出，如果毛主席下车住在顾家花园怎么办？于新野说，他看了地形，如果毛主席住在顾家花园，可以把王维国的"教导队"带上去，在住地附近埋伏好，用机枪把前后堵死，先把警卫部队消灭，再冲进去。王维国还向于新野表态说：首长（指林彪）的命令，我一定执行。于新野、王维国都认为，在上海动手，地形比杭州要好，对他们更有利。9日下午，于新野坐飞机回北京前，王维国同他一起看过一次地形，他们决定就在上海谋害毛主席。

于新野一回北京，就到西郊机场向林立果汇报。林立果在西郊机场的平房和它旁边的空军学院里都有办公室，那里是他的据点。林立果马上将谋害毛主席活动的进展情况报告给了在北戴河的林彪和叶群。这时，林立果和周宇驰对江腾蛟说，北线由王飞指挥，南线由你指挥，你要赶快回南方去。

王飞当时是空军司令部的副参谋长，是"联合舰队"的骨干成员。他们在北线预谋的行动，是要把在京的周总理、朱委员长、叶帅、聂帅、徐帅、刘帅等人都害死，也包括江青、张春桥、姚文元。王飞等人把钓鱼台、中南海的地形都看了。周总理当时就住在中南海。他们打算用坦克冲中南海。王飞说，北京上空是禁飞的，用坦克可以把中南海的墙撞开。在他们密谋的过程中，还有人提议用导弹打中南海。他们说来说去，找不到一个合适的方案。

林彪知道搞政变的行动已经全面展开了，他有带兵的经验，怕单靠"联合舰队"这几个人没有把握，他要亲自指挥一个大"舰队"，他通过叶群把黄永胜、吴法宪、李作鹏、邱会作都调动起来了。那几天，他们的电话联系十分频繁，常常两三部电话机同时讲话，一讲就半个小时、一个小时。据调查：9月10日，黄永胜同叶群通话五次。其中两次通话时间竟长达90分钟和135分钟。同日，林彪给黄永胜写信说："永胜同志：很惦念你，望任何时候都要乐观，保护身体，有事时可与王飞同志面洽。"他们称毛主席为"B—52"。当叶群给吴法宪打电话问B—52的情况时，吴法宪向她报告了毛主席在杭州同陈励耘等人谈话内容。

现在想来，那时的形势是极其危险的。但毛主席并没有把他掌握的危急情况全部告诉我，他老人家沉着地待机而动。当时，我也发现有些现象不正常，我们不能再在杭州住下去了，便转往上海。由于我们行动快，使得陈励耘、王维国等人措手不及。10日15点35分，我们从杭州发车，18

点10分就到了上海。这次随毛主席外出，我带着中央警卫团干部队100人，前卫、本务列车都上了部队。专列一到上海，我就把当地的警卫部队全部撤到外围去了，在毛主席的主车周围全换上中央警卫团。离我们的专列150米远的地方是虹桥机场的一个油库，要是油库着火了，专列跑都跑不掉，所以特别派了两个哨兵在那里守卫。

到上海安排好后，我去见毛主席。毛主席说，要南京部队司令员许世友来上海谈话。我们就打电话找许世友，不巧，许世友下乡去了。

10日晚上，毛主席同上海负责人王洪文见面，但没有谈几句话。王洪文住在车下的房子里，他还要我也搬到车下来住，我谢绝了。

第二天上午，许世友来了。毛主席与许世友、王洪文和我，谈了两个小时的话。毛主席说："犯点错误是不要紧的，有的属于认识问题。现在有的同志有些认识不到嘛，那就等待，而且要耐心地等待嘛。"毛主席又说："要争取主动，有了错误，不认识，不改正，在那里顶着不好，这会加重错误，包袱越背越重，甩掉包袱，轻装上阵，人就舒服了。"他还指出：有人在搞阴谋诡计，不搞光明正大；在搞分裂，不搞团结。许世友表示，庐山会议问题，按毛主席的指示办。

谈到中午，毛主席说："到吃中午饭的时间啦！今天，我就不请你们在车上吃饭了。王洪文，你请许世友到锦江饭店去吃饭，喝几杯酒。"

许世友说："汪主任，你也去。"

我说："不去了，谢谢。"

毛主席当着他们的面对我说："汪主任，你把他们送走以后，再回来一下。"

我送许世友、王洪文下车时，看到王维国也来了，他一直在休息室里等着毛主席召见，然而毛主席没有找他谈话。王维国见我们时，表情异样。王洪文把他拉上车，与毛主席在车厢门口握了一下手，就被我送下了车。

我下车送走许世友、王洪文、王维国等人后，马上回到车上去见毛主席。

毛主席问："他们走了没有？"

我说："走了。"

毛主席马上说："我们走，你立即发前卫车。"

我说："不通知他们了吧？"

毛主席说："不通知。谁都不通知。"

我们执行毛主席的命令,立即发了前卫车。13点12分,我们的车也走了。

专列开动时,车站的警卫员马上报告了在锦江饭店吃饭的王洪文。王洪文小声告诉许世友说:毛主席的车走了。

许世友很惊讶地问:哎呀!怎么走了?

王洪文对许世友说:既然走了,我们还是吃饭吧。

王洪文、许世友、王维国等人吃了两个多小时的中午饭,吃完饭时已经是下午了。许世友便乘一架伊尔—14赶回南京,然后到车站接我们。

我们专列18点35分到南京,在南京站停车15分钟。许世友在南京站迎接,毛主席说:"不见,什么人都不见了,我要休息。"

我下车见了许世友,我跟他说:"毛主席昨天晚上没睡,现在休息了。毛主席还说,到这里就不下车了。"

许世友说:"好!"他接着问我:"路上要不要我打电话?"

我说:"不用了,我们打过了。"

许世友又问:"蚌埠停不停?"

我说:"还没有最后定。一般的情况,这个站是要停的,但主席没定。"

专列从南京开出后,到蚌埠车站是21点45分,停车5分钟。9月12日零点10分到徐州,停车10分钟。到兖州时是2点45分,没有停车。到济南时是5点,停车50分钟。在济南车站,我打电话给中办值班室。要他们通知纪登奎、李德生、吴德、吴忠到丰台站,毛主席要找他们谈话。专列到德州时是7点40分,停车20分钟。11点15分到天津西站,停车15分钟。

12日13点10分,专列在丰台停车。毛主席与纪登奎、李德生、吴德、吴忠和我谈了话,一直谈到下午3点多钟才结束。在谈话中,毛主席谈了党史上历次路线斗争,谈了1970年庐山会议上的斗争,以及庐山会议后采取的甩石头、掺沙子、挖墙脚的做法,谈了华北批陈整风汇报会及黄、吴、叶、李、邱等人的检讨。继续强调:要搞马克思主义,不要搞修正主义;要团结,不要分裂;要光明正大,不要搞阴谋诡计。要坚持"惩前毖后,治病救人"的方针,要"团结起来,争取更大的胜利"。

过去,毛主席从来没有白天到北京站下车的,这次是个例外。下午15点36分,专列由丰台开出,16点5分到北京站。毛主席下火车后坐汽车回到中南海。

从杭州动身到这时,毛主席已经3天没有休息好了。到中南海,我对毛主席说:"您睡吧。"

毛主席对我说:"你也睡一睡吧。"

我说:"我也回去睡一睡。"

回来后,我打电话给周总理,周总理还不知道出了什么问题,感到诧异。他问:"你们怎么不声不响地就回来了,连我都不知道。路上怎么没有停?原来的计划不是这样的呀。"

我回答总理说:"计划改了。"我还说,电话上不好细说,以后当面汇报。

这时,林立果等人正在加紧策划和实施谋害毛主席和党中央其他领导同志的阴谋,突然接到王维国从上海打来的电话,报告毛主席的专列已经离开上海。这帮家伙被吓坏了,林立果连声说:糟糕!糟糕!

林立果探听到毛主席确实于9月12日下午回到中南海的消息后,深感谋害毛主席的阴谋已经破产。他在惊恐之余,给北戴河的叶群打电话,说情况紧急,两小时以后飞往北戴河,并说,他走后北京由周宇驰指挥。林立果还对周宇驰等人说,现在情况变了,我们要立即转移,赶紧研究一个转移的行动计划。

他们要转移到哪里去呢?他们要按照早在《"571工程"纪要》中密谋的方案,即谋害毛主席不成,就转移到广州去另立中央政府,分裂国家。这就是审判林彪反革命集团时所说的"两谋":一个是阴谋杀害毛主席;另一个是阴谋带领黄永胜、吴法宪、李作鹏和邱会作南逃广州,另立中央政府,分裂国家。

为了转移,他们安排了五架飞机飞往广州:一架256号三叉戟,是林彪的专机;另外再安排一架三叉戟给黄永胜等乘坐;第三架是伊尔—18;第四架是安—12运输机,可以装汽车;第五架是安—24,也可以装防弹车。此外,他们还打算为林彪再准备一架伊尔—18。林立果在电话中把这些安排都报告了林彪。林彪说:立即转移。随后,林立果传达给王飞说:你这样安排对。林副主席决定立即来广州。

据后来调查得知,林彪他们有一个先谈判,后动武的计划,他们想到了广州以后,先提出条件同北京谈判。但他们估计谈判成功的可能性小。这样,他们就计划在广州立即召开师以上干部会议,进行动员,并宣布成立中央政府。要动武,就联合苏联,南北夹击。林立果要求通知广州部队空军参谋长顾同舟,要他安排好车辆和房子。林立果还对于新野说,马上打电话给上海的王维国,通知他9月13日早上有一架伊尔—18飞机在上海着陆,把警卫团二中队换下来,让王维国的空四军"教导队"和上海的"联合舰队"成员做好准备,搭乘这架飞机去广州。林立果还要求于新野给空军军务部打电话,通知马上准备好30支手枪,2支冲锋枪,并多准备一些子弹。这些策划布置下去后于新野立即去空军大院协助江腾蛟、王飞组织人员转移。周宇驰挥着胳膊对江腾蛟和王飞说:他妈的,成败在此一搏!

12日晚8点钟左右,周宇驰在空军学院召集王飞、于新野一伙开了一个秘密会议。会上确定,由王飞、于新野负责组织人员,保护林彪一伙南逃。他们计划:13日早晨8点钟,林彪由山海关机场直飞广州;13日早晨7点钟,黄永胜、吴法宪、李作鹏、邱会作等人则由北京西郊机场直飞广州。

然而,事与愿违。玩火者必自焚。历史无情地证明:林彪的"两谋",不过是一伙阴谋家的垂死挣扎而已,他们是逃不脱失败的命运的。

二

离北戴河西海滩两公里处的联峰山松树丛中,有一栋两层小楼,这就是当时林彪、叶群住的中央疗养院62号楼(原为96号楼)。1971年9月12日天色渐黑时,林彪、叶群在这里正忙着调兵遣将。可表面看来,62号楼却是十分平静。林彪、叶群在接到林立果马上要飞到北戴河的电话后,还要了一个花招,宣布当天晚上要为他们的女儿林立衡与她的恋爱对象张清霖举行订婚仪式。叶群指示秘书和工作人员说,不请人吃饭,但要准备好烟、糖果、茶等,另外再准备两部电影招待大家。他们这样做,显然是要转移工作人员的注意力,掩盖他们的阴谋活动。

晚间,叶群还与林立衡一起看电影,电影的名字叫《甜甜蜜蜜》。8点多钟,林立果乘专机飞到山海关机场,9点钟到了林彪住地。林立果送了一束鲜花给林立衡,表示祝贺。林彪、叶群搞阴谋的事,林立衡当时不知道。林立衡与叶群平时就有矛盾,叶群有事总是背着她。林立衡是个很聪明的人,她看出林立果到这里后,家里好像有事不让她知道。叶群一退场,她也从电影室出来,到林彪的房间外边去听。她听到林彪、叶群、林立果三个人在一起谈话,隐隐约约地说要去什么地方。林立衡听到这些话,心里很紧张。她马上去向当时在北戴河保卫林彪的8341部队的副团长张宏和二大队的队长姜作寿报告。

晚上9点20分左右，张宏、姜作寿听到林立衡的报告，姜作寿立即打电话将情况报告给在北京的中央警卫局副局长张耀祠。张耀祠立即赶到我的办公室，说："情况很紧急，怎么办？"我马上打电话找周总理，周总理当时正在人民大会堂福建厅开会，主持讨论将在四届全国人大会上作的《政府工作报告》的草稿。

我将林立衡报告的情况向周总理报告后，周总理问我："报告可靠吗？"

我回答说："可靠。"

周总理还对我说："你马上打电话通知张宏，如果有新的情况，立即报告。"

我和张耀祠当时都守在我的办公室里。这时，张宏又来电话说："林立衡还报告，她听接林立果的汽车司机讲，林立果是乘专机从北京来的，这架专机现在就停在山海关机场。"我马上又将这个情况报告给周总理。

这时，周总理已经不能继续主持开会了，他来到东大厅的一间小房子里处理北戴河的问题。他打电话要我别离开电话机。我说，不会离开，我就在电话机旁边等着。周总理随后打电话把正在大会堂参加《政府工作报告》稿讨论会的吴法宪找来，问他知道不知道有一架飞机到北戴河去了，吴法宪说不知道，并说他要问一问空军调度室。周总理要求吴法宪立即去问。吴法宪就到另一个房间打电话去了。周总理这时又打电话给我，让我立即转告北戴河的张宏，让张宏去查一查，山海关机场是不是有一架专机？并要求我如果有什么新情况，马上向他报告。我从张宏那里很快就得到答复说，他已问过山海关机场，确实有一架专机，专机的机组人员正在休息，这个机场归海军管理。我立刻将这一情况报告了周总理。

晚上11点半钟，周总理亲自打电话给叶群，周总理问叶群："林副主席好不好？"

叶群说："林副主席很好。"

周总理问叶群知道不知道北戴河有专机，叶群一开始时骗周总理说她不知道。

稍微停一下，叶群又说："有，有一架飞机，是我儿子坐着来的。他父亲说，如果明天天气好，要上天转一转。"

周总理又问叶群："是不是要去别的地方？"

叶群脑子反应很快，回答周总理说："原来想去大连，这里的天气有些冷了。"

周总理说："晚上飞行不安全。"

叶群说："我们晚上不飞，等明天早上或上午天气好了，再飞。"

周总理又说："别飞了，不安全，一定要把气象情况掌握好。"

周总理还说："需要的话，我去北戴河看一看林彪同志。"

周总理提出要去北戴河，这一下子叶群警觉了，她慌了。周总理要是一来，林彪南逃广州，另立中央政府的阴谋也就破产了。叶群劝周恩来不要到北戴河来，她说："你到北戴河来，林彪就紧张，更不安。总之，总理不要来。"

这时，周总理在人民大会堂，我在中南海南楼，都忙得不可开交。周总理派李德生到空军司令部作战值班室去协助他临时负责指挥，还派杨德中陪吴法宪去了西郊机场。

林彪听了叶群的汇报，得知周总理要来北戴河。他说："我也不休息了，今晚反正睡不着觉了。你们赶快准备东西，我们马上走。"此时，叶群更加惊慌，也说：越快越好。

这样的命令一下，62号楼的人就忙开了，但是他们都不知为什么要走得这样快。林彪的汽车立刻被调到了他的住房门口。林彪快要上车时，叶群派人找过林立衡。

林立衡自从报告了林彪要去外地的情况后已经不敢再回去了。这时，二大队执勤的哨兵也向大队部报告，说林彪住地很乱，搬东西的人来来往往。

林彪和叶群、林立果先后上了汽车。林彪问林立果和警卫秘书：去伊尔库茨克要飞多少时间？

林立果说：很快就到。

林彪问完后，汽车就开动了。林彪的警卫秘书坐在前座上，后边是林彪、叶群、林立果等人。汽车冲过岗哨时，哨兵拦阻，叶群命令司机冲过去。警卫秘书突然改变主意，叫了一声"停车"。司机没有听，只是将车速稍微慢了一下，警卫秘书就打开车门跳下车。汽车里有人向他开了枪。张宏、姜作寿等看到这些，坐车追上去。

林彪的红旗牌轿车时速开到100公里左右，张宏他们乘坐的吉普车根本追不上，等追到山海关机场的时候，林彪已经上了飞机，由于紧张和慌乱，林彪的帽子和叶群的围巾都掉在地上。飞机还未加完油就起飞了，专机的两个驾驶员，只上去一个，领航员、通讯报务员都没有来得及登上飞机。

张宏他们在机场上把林立果找对象选来的几个"美女"拘留了。这些"美女"当时都领了枪，她们拿着枪不让我们警卫战士进屋。张宏对她们说："你们这是干什么！我们是保卫林副主席的，你们怎么这个样子！"警卫战士一进去就把她们的枪缴了。

13日零点32分左右，我接到张宏从山海关机场打来的电话，说林彪等强行登上飞机，已经起飞了。

与此同时，林立衡也打电话对我说："听到飞机响了，好像是上天了。"

我对她说："你报告得迟了一点。"

她对我说："刚听到飞机声。"

我对她说："我现在没有时间接你的电话。"就把电话挂了。

我立即打电话给周总理，说："毛主席还不知道这件事，您从人民大会堂到毛主席那里，我从中南海南楼到毛主席那里，我们在主席那里碰头。"我叫张耀祠同我一起去，我说："你要去主席那里守电话。"我们和周总理几乎是同时到了毛主席那里。

我们正向毛主席汇报时，吴法宪从西郊机场打电话找我，说林彪的专机已经起飞30多分钟了，飞机在向北飞行，即将从张家口一带飞出河北，进入内蒙古。吴法宪请示，要不要派歼击机拦截？我说："我立即去请示毛主席，你不要离开。"

当时，毛主席的房子里没有电话，电话在办公室里，离我们向毛主席作汇报的房间还有几十米远。我马上跑步回去，报告毛主席和周总理。毛主席说："林彪还是我们党中央的副主席呀。天要下雨，娘要嫁人，不要阻拦，让他飞吧。"周总理同意毛主席的意见，让我马上去传达给吴法宪，我又跑回值班室，只告诉了吴法宪一句话，就是不要派飞机阻拦，没有告诉他其他内容。

这时是9月13日凌晨1点12分。林彪专机从起飞时算起，已经飞了40分钟，快要飞出国境了。把这架专机放过去，这是毛主席、周总理的意见。这个意见是对的。要是把这架专机拦截下来，那可不得了！会在全国造成不好影响。林彪是党的副主席，我们当时并不知道他要飞到哪里去，做什么事，拦截专机，我们怎么向全国人民交代！后来才知道，当时的实际情况是林彪、叶群经过长期策划，认为只要毛主席健在，无论是威望，还是文的、武的方面，他林彪都不是对手。所以林彪想出三个计策，即：上策是谋害毛主席，夺取党和国家最高领导权；中策是南逃广州，另立中央政府；下策是北飞叛逃国外。

9月13日凌晨3点多，我们还没有离开毛主席住地，空军司令部又打来了电话，说调度室报告，北京沙河机场有一架直升机飞走了，机号是3685，机上有周宇驰、于新野、李伟信和正副驾驶员共5人，直升机向北飞行。我马上将这个情况报告了毛主席和周总理，毛主席和周总理异口同声地说："下命令，要空军派飞机拦截。"空军的歼击机升空以后，由于天空很黑，直升机又没有开航行灯，歼击机没有找到目标。

驾驶直升机的飞行员是陈修文。这个同志很好，后来被追认为烈士，他当时装着很焦急的样子，喊叫说没有油了，要降落下去加油。其实油是够的。周宇驰说不能降落，降落下去，大家就都别想活了。周宇驰还谎称，林副主席已经坐三叉戟专机在乌兰巴托降落了，你们不要害怕，出了国境就行。

陈修文听周宇驰这样一讲，便操纵飞机摇晃了一下，然后利用飞机晃动的机会改变了航向。这时，天已经发亮，陈修文看到头顶上的歼击机了。周宇驰他们也看到了，很紧张，陈修文这时开始往回飞，并将罗盘破坏了。周宇驰发现后，问陈修文为什么改变飞机的航向？陈修文说，头上有歼击机，如果不机动飞行的话，可能要被打下来。周宇驰又问陈修文，罗盘怎么不对？陈修文说罗盘早就出了故障。这样一来，周宇驰只能感觉航向有变化，而不知道飞机往哪里飞。陈修文知道方向，他驾驶飞机经张家口、宣化等地又飞回北京。直升机在怀柔沙峪的一个空地上空盘旋了五圈后，开始降落。当直升机降落在离地还有20米时，周宇驰开了两枪，把陈修文打死了。陈修文旁边的副驾驶员陈士印，将陈修文身上流出来的血抹在自己的脸上，躺在飞机上装死，否则他也被害了。

周宇驰、于新野、李伟信从直升机上爬下来后，就往山上跑，一直跑到累得跑不动时才停下来。周宇驰说："这样不行，早晚都是死，跑是跑不了的，咱们今天就死在这里吧。"他还说："有两种死法，第一种是如果你们怕死，我就先把你们打死，然后我再自杀；第二种是如果你们不怕死，那就自己死。"说完这些话，周宇驰就把带在他身上的林彪的手令和林彪给黄永胜的亲笔信撕了。这两个被撕的罪证，后来都找到了。

于新野说："我们还是自己死，不用你打，你喊'一、二、三'我们同时开枪。"当周宇驰喊过"一、二、三"后就听"砰！砰！砰！"三声枪响，可是倒下的只有两具尸体。李伟信怕死，他把枪弹射向了天空。看到周宇驰和于新野两个人都躺在地上死了，李伟信爬起来就跑。这时，民兵已经赶到，就地把李伟信抓起来了。当时，李伟信还喊：我要找卫戍司令。

9月14日上午8时30分，蒙古人民共和国外交部打电话通知中国驻蒙古大使馆，说副外长额尔敦比列格约见中国驻蒙古大使，要通报一架中国喷气式飞机在蒙古失事的情况。中午12时20分，中国驻蒙古大使将飞机失事的情况报告中国外交部。外交部在代外长姬鹏飞主持下召开了党组会，并将这个情况很快报告给党中央。当时，我们都在人民大会堂东大厅开会，是中央办公厅副主任王良恩接到的报告。

周总理看到报告后，在会场上对我说："得到了一个重要消息，你是不是马上去报告毛主席？"

我说："我马上就回去报告毛主席。"随后，我就把这个消息报告了毛主席。

毛主席想了一下，问我："这个消息可靠不可靠？为什么一定要在空地坠下来？是不是没有油了？还是把飞机看错了？"

我说："飞机到底是什么情况，现在不清楚，大使准备去实地勘察。目前还不知道飞机是什么原因坠落下来的。"

毛主席又问我："飞机上有没有活着的人？"

我说："这些情况都不清楚，还要待报。"

这个消息虽然很不具体，但它却使毛主席、周总理和参加会议的中央政治局大多数同志心里的石头落了地。

我国驻蒙古大使后来到飞机失事的现场去了解了情况，飞机坠毁在蒙古温都尔汗附近肯特省贝尔赫矿区南10公里处，是中国民航256号三叉戟飞机，机上8男1女，全部死亡。关于飞机坠毁的情况和外交部交涉的情况，大使和经办的外交官已都有文章发表，是可靠的。

不久，我们把降落在怀柔的直升机上缴获的林彪的一些文件，如林彪的手令、给黄永胜的信等调出来看时，在场的黄永胜、吴法宪、李作鹏、邱会作等都惊呆了。

林彪叛逃后，就如何处理同林彪有密切关系的黄永胜、吴法宪、李作鹏、邱会作等人的问题，毛主席对周恩来说：看他们10天，叫他们坦白交代，争取从宽处理。老同志，允许犯错误，允许改正错误，交代好了就行。

但是，黄永胜这些人，在10天中既不揭发林彪的罪行，又不交代自己的问题，什么都不坦白。10天后，毛主席把我找到他的住处说："黄永胜他们怎么处理了？你去问一问总理。"

于是，我马上赶到人民大会堂新疆厅向周总理汇报，说毛主席催问对黄永胜等人的处理情况。

周总理让我等一下，待他接见完外宾后，同他一起乘车去见毛主席。当我同周总理到达中南海毛主席住所后，周总理向毛主席报告说，他们在拼命烧材料。

毛主席说："是啊，那是在毁灭证据嘛。这些人在活动，是要顽抗到底了！"

周总理对毛主席说："我马上办，今天晚上办不成，明天早上一定办成。"

周总理和我从毛主席那里出来后，周总理对我说："你不能离开中南海，要严加保卫毛主席的安全。我们有事时可以找张耀祠、杨德中，必要时找你。"我当时向周总理建议不要在集体开会时解决，要分开来，一个人一个人地办。

后来是在人民大会堂福建厅，向黄永胜等人宣布中央对他们实行隔离审查的决定的。当时，怕他们反抗，把福建厅的烟缸、茶杯都端走了。周总理对他们宣布说："限你们十天坦白交代，争取从宽处理，你们不听。这个事还小呀，还有什么事比这个事更大！你们对党对人民是犯了罪的。现在宣布对你们实行隔离审查。"

一场阴险狠毒的反革命政变就这样被彻底粉碎了。人民终于将这伙野心家、阴谋家押上了审判台，永远钉在历史的耻辱柱上。

中共中央在1981年所作的《关于建国以来党的若干历史问题的决议》中指出："1970年至1971年间发生了林彪反革命集团阴谋夺取最高权力，策动反革命武装政变的事件。""毛泽东、周恩来同志机智地粉碎了这次叛变。"历史的事实确实是这样的。

毛主席在与林彪反革命集团的斗争中，以他异常丰富的斗争经验，成功地识破、挫败了林彪集团在庐山九届二中全会上阴谋夺取最高权力的宗派活动。此后，他采取了一系列措施，逐步削弱了林彪集团的势力。1971年南巡期间，毛主席又以其伟大的政治家、战略家的胆识，成功地挫败了林彪反革命集团策划的暗杀、分裂等一系列阴谋，在与林彪反革命集团策动的反革命武装政变与分裂活动的殊死搏斗中，夺取了全面胜利。中国共产党没有被分裂，中华人民共和国没有被分裂，中国的历史避免了一次大倒退。

（汪东兴）

特务谋害　处之泰然
——周恩来在万隆会议期间

周恩来带病出征，两经险情

1955年4月7日，周恩来拖着刚动手术、健康还未完全恢复的病体，率领中国政府代表团一行乘坐中国空军苏式里—2飞机，离开北京途经重庆，于8日中午11时30分抵达昆明。

周恩来得的是什么病？

原来在3月12日中午12时30分，周恩来突然感到下腹疼痛难忍，随后经医生诊断为急性阑尾炎。下午6时许，他入院治疗，晚8时45分手术。半个月后伤口基本痊愈，他于28日出院。

4月1日，经过医生会诊，一致认为"伤口恢复很好"。但是，卫生部副部长傅连暲听说周恩来不久将出国开会，需要坐几天汽车，在路面质量不好的公路上长途奔波。出于医务工作者的应有责任心，他提出建议："（一）乘坐汽车两三小时需休息一小时。（二）腹部应包腹带。（三）注意饮食。（四）除有黄树则同志照顾外，另派外科专家王历耕主任送至我国边境。"

对周恩来在1954年日内瓦会议的卓越表现大感紧张的蒋介石，在1955年初向国民党高层人士发表了一篇题为《最近国内外局势的推演与我们反攻复国计划的进度之说明》。

在这篇讲话中，蒋介石悲叹道：1955年4月至6月乃是"我们外交最危险的时期"。

周恩来在2月10日公开发表关于接受印尼总理邀请参加亚非会议的声明后，国民党当局开始策划谋害周恩来的罪恶计划，并把香港和万隆作为实施其计划的主要地点。

国民党当局紧锣密鼓，预谋在周恩来可能经过的香港启德机场对他的包机进行破坏。

4月11日，台湾国民党特务机关指使在香港启德机场工作的特务周驹，预先在中国代表团包租的一架印度国际航空公司C—69型星座式客机，即"克什米尔公主"号右翼轮舱附近，放置了定时炸弹。

这天中午12时15分飞机飞离香港约4小时后，在大纳土纳群岛附近的南中国海（东经107°59′38″、北纬3°53′12″）上空，炸弹击穿第三号油箱，从而引发无法控制的大火并导致飞机坠毁。中国和越南代表团工作人员以及随同前往的中外记者共11人全部遇难。

他们是：中国代表团工作人员石志昂（外贸部中国进出口总公司副总经理）、李肇基（外交部新闻司干部）、钟步云（中央办公厅警卫局交通科科长兼总理专车司机）；执行会议采访任务的新华社香港分社社长黄作梅、新华社记者沈建图、中央人民广播电台对外广播部副主任杜宏、新华社记者兼光明日报记者李平、中央新闻电影制片厂摄影师郝凤格；越南民主共和国代表团工作人员王明芳；波兰记者斯塔列茨；奥地利记者严裴德。

由于周恩来应约去仰光同缅甸、印度、埃及等国领导人会晤，事先改变了出国路线，得以幸免于难。

在这以前，周恩来以他对敌情的特殊敏感，曾指示有关方面加强对敌情报工作。

从3月开始，我国情报部门陆续侦察到台湾国民党特务机关将对出席亚非会议的中国政府代表团采取破坏行动。

这时，周恩来提请大家考虑：究竟怎么个走法？是从海上走还是从空中走？几经研究，有关部门负责人认为，从海上走危险更大。因为，当时从香港到印尼的航线上只有荷兰的两艘小型商船在来往，走一个单程就需要一周时间，易于国民党特务中途破坏；反之，空中走所需时间短，机动性强。于是，他放弃了走海路的设想。经与印度航空公司洽商，决定租用"克什米尔公主"号飞机作为正常航班，于4月11日上午飞抵香港，然后改为中国代表团包机，从香港直飞雅加达。

正在这时，周恩来应吴努总理的邀请要先去缅甸仰光，与出席会议的几个国家领导人进行非正式会晤。这样，他决定改乘印度航空公司的"空中霸王"号飞机，从仰光直飞雅加达。

4月7日，周恩来即将从西郊机场登机时，得到了赶来机场的总理办公室副主任罗青长呈交的一份重要情报：国民党特务机关已经收买启德机场地勤人员，准备借"克什米尔公主"号飞机在香港短暂停留，乘为飞机加油之机进行破坏。

周恩来对此情报极为重视，当即指示李克农和罗青长：继续密切注视香港国民党特务动态，及时向中央有关部门领导人通报情况，并采取相应的处置措施。

4月9日晚，周恩来在昆明再次指示罗青长，要他转告外交部立即将有关情报通知英国驻华代办杜维廉，并请他电告香港当局；同时要外交部将情况火速转告新华社香港分社和在港乘坐飞机的代表团工作人员，并由新华社香港分社告诉印度航空公司驻港办事处，以便引起各方的高度重视。

很快，香港政府在机场采取了防范措施。但是，因为香港当局忽视了对飞机的安全检查，导致国民党特务周驹有隙可乘，在飞机右翼轮舱内安放了破坏力很大的小型定时炸弹。

面对险象丛生的局势，周恩来面无惧色，处之泰然。时至这时，在他的人生经历中，身处危局险境、直接威胁到生命的事，就已达20次之多，但都死里逃生，化险为夷，转危为安。

周恩来第一次遇险是在1925年6月23日。这一天，在当时中国革命的中心城市广州举行了反对帝国主义的群众示威游行。当密集的游行队伍行至沙基时，突然遭到沙基租界英国军警的排枪射击，与周恩来并肩前进的左右两人都饮弹牺牲，当场牺牲50多人，重伤170多人，轻伤无数，而他却幸免于难。这就是闻名于世的帝国主义屠杀中国人民的沙基惨案。

这之后不到3个月的8月20日，周恩来在参与处置国民政府财政部长廖仲恺遇害案件的过程中，他的座车突遭国民党军第一师司令部门卫开枪射击，司机和警卫都当场牺牲，而他又意外地再次躲过劫难。

……

1937年4月25日，周恩来一行驱车由延安南下西安途中，在劳山附近遭土匪袭击，同行30余人仅幸存7人。就在第二天，他又赶到西安同国民党谈判，为抗日民族统一战线的形成作出了卓越贡献。

……

4月12日凌晨1时许,全权负责中国领导人出访安全工作的中共中央办公厅主任杨尚昆获悉"克什米尔公主"号飞机失事的消息。2时30分,他报告了刘少奇,随即又给在昆明的章汉夫通电话,要他报告周恩来。

当天,刘少奇分别主持召开了中共中央政治局会议和书记处会议,讨论飞机失事问题。

会上,不少领导人考虑到周恩来已成为国民党特务严密追踪的暗害目标,提出是否由陈毅替代出席会议的问题,并决定增派公安部副部长杨奇清做顾问同去。

在杭州的毛泽东也为周恩来和中国代表团的安全焦虑不安。

会后,杨尚昆同周恩来通电话时,周恩来明确表示:临阵不换将。他还说:同意中央会议最后形成的一致看法,尽管出席会议有很大危险,但从政治上考虑必须去、不能退,否则正中了国民党反动当局的诡计。出事以后,舆论宣传叫得厉害一些,引起全世界注意,反倒可能增加安全保证。

这天,中国政府就"克什米尔公主"号事件向全世界发表声明,郑重宣布:"这一不幸事件绝非一般的飞机失事,而是美国和蒋介石特务机关蓄意制造的谋杀。"它们的这种卑劣行为,"只能加强亚洲、非洲和全世界人民争取和平和自由的共同行动"。"英国政府和香港英国当局对这次不幸事件是负有严重责任的。"同时,声明要求英国方面彻底查处罪犯,将特务逮捕法办。中国政府的声明发表后,在世界范围内尤其亚非国家中引起广泛反响,舆论纷纷谴责这一卑劣行为。

飞机失事消息传到昆明后,中国代表团成员和云南省党、政、军领导人也都众口一词地劝周恩来不要再去万隆。但是,他毫不含糊地回答:"我们是为促进世界和平、增强亚非人民对新中国的了解和友谊而去的,即使发生了什么意外也是值得的,没有什么了不起!"

文仗如武仗,不能无危险

在9日晚得知最新情报的邓颖超,深知国民党特务是什么伤天害理的事都干得出来的。10日一大早,她就给周恩来写了一封情切切、意真真的信:

亲爱的人：

别才3日，但禁不住要写几个字给你。这次蒋贼是蓄意下毒手施行暗害的，他并从各方面的可能着手。因此往返途中停留时，飞机着陆后严加封锁，起飞前的严密检查，是必须而不可忽视的。在逗留地区对所有交通工具，亦应请看守与检查。你出外活动，必须严密警惕，仔细机警。为了人民的利益，为了人类进步崇高的事业，为了你能做更多的工作，你必须善于保卫你自己。在这方面，亦必须取得对敌斗争的胜利。我衷心地祝福你胜利平安地归来！热烈地在期待着欢迎你。

……

知道邓颖超在急切地等待着他回信的周恩来，在4月12日收信的当天就写了回信。他写道：

你的来信收阅，感你的好意和诤言，现将来信捎回，免得失落。有这一次教训，我当更加谨慎，更加努力。文仗如武仗，不能无危险，也不能打无准备的仗，一切当从多方考虑，经集体商决而后行。望你放心。再见。

一封短信，寥寥数语，把周恩来一生都在忠实实践的崇高思想境界和盘托出。正如他经常引用古语所说："青山处处埋忠骨，何必马革裹尸还。""鞠躬尽瘁，死而后已。"

1994年9月，英国牛津大学圣安东尼学院华裔学者曾锐生先生在《中国季刊》上大揭秘，首次披露了国民党特务机关策划"克什米尔公主"号空难事件的始末。

1995年春，台湾《中时周刊》予以转载。据《中时周刊》介绍：

这次暗杀行动的两位执行者，一位叫周斌成，系"保密局敌后部署组组长"，此人沉默寡言，工于心计，是早年戴笠得意的学生之一；另一位则是组员陈鸿举。两人都是台湾派到香港从事敌后颠覆的情报人员。

在当时两人的全盘计划是这样的：找人到"克什米尔公主"

号上放炸弹，时间一到，炸弹爆炸，将一切都炸得灰飞烟灭，包括所有乘客及犯罪证据。

此计划中，放炸弹的人将是个关键人物。问题的难点自然是谁将执行这个任务？最好是机场工作人员，尤其是能接近飞机而又不引人注意的"小角色"。周、陈两人在机场勘察一阵过后，终于找到心目中的理想人选——小郑。

小郑是香港人，本名叫周驹。他原是香港启德机场的清洁工，才20来岁，未婚无家累，只有一位嗜赌如命的父亲；小郑个子瘦小，长相普通，在机场打扫清洁，鲜少引人注意。

在港币60万的重赏下，小郑充当了暗杀周恩来的这一事件的主角。

计划大致确定后，周斌成与陈鸿举两人特地从香港赶回台湾向保密局长毛人凤"口头报告"。毛人凤一听，觉得"大有可为"。

尽管毛人凤觉得计划可行，可是周、陈两人却不敢向毛人凤提起60万港币的事情，怕金额过高，遭到毛人凤的反对。最后，两人决定央请当时有"地下局长"之称的谷正文，出马为60万港币游说。

谷正文也是详听计划始末后立刻赞成的。他的理由有三：一是暗杀中共领导人物，本来就是特务工作之一；二是想借此给香港政府压力，因为在此之前香港对台湾情报人员不太客气，抓到老是判重刑；三是这个计划"太漂亮"了，可以说是天衣无缝。

谷正文并建议周、陈两人，最好在计划行动的前一天，能带小郑住在旅馆，并将他的爸爸一起找来，免得小郑临阵退缩，坏了整个计划。

4月10日，周、陈两人从台湾带着60万港币利用货船偷渡至香港，与小郑住进旅馆，将现金交给小郑的父亲保管。当时，除了交给小郑炸药外，同时还教他如何使用，并就计划细节反复进行沟通演练……

4月11日，小郑跟往常一样上班去了，"平安无事"地通过对工作人员的例行检查。小郑的炸药是如何通过检查的？原来，台湾人员交给他的炸药，叫做TNT，是一种高科技产品，一直由美国中情局提供台湾情报网使用。这一次，为了应付机场的安检，特别做成牙膏模样。按规定，简易的漱洗用具，机场工作人员是被允许带入的。就这样，小郑带着TNT混入机场。

4月11日早晨，小郑负责三架飞机的清洁工作，其中包括为加油而做短暂停留的"克什米尔公主"号。小郑跟着一组工作人员进进出出，东打扫，西打扫，谁也没有注意到他何时钻进行李舱装了定时炸弹，又何时失踪的。

失踪的小郑是躲到飞虎将军陈纳德停在香港的民用客机里随时等待飞往台湾。

台湾国民党当局获悉他们爆炸飞机的阴谋得逞后，惊喜若狂，弹冠相庆。由他们控制的媒体更是秉承主子的旨意，竭尽歪曲攻击之能事，以毫无人性的尖酸刻薄的措辞，把这一事件作为特大喜庆新闻加以报道，声称："恶贯满盈"，"周匪恩来座机坠海"。16日晚，当秋毫无损的周恩来英姿飒爽地出现在印尼首都雅加达时，台湾国民党当局才如梦初醒，收敛了他们为正直人们所不齿的脸上泛起的笑容。

"克什米尔公主"号飞机事件发生后，周恩来亲自过问和关心着"克什米尔公主"号飞机破案与善后工作。

4月15日，周恩来怀着沉痛的心情致电中共中央并告外交部，对善后工作提出三点意见：（一）由外交部致电随机遇难的越南工作人员、波兰和奥地利记者3人的家属"表示慰悼"；（二）"由外交部建议越南政府外交部参照波兰外交部的做法对飞机破坏事件发表一声明，要求英国政府迅速追究破坏分子，以明责任"；（三）"对此次牺牲的我国工作人员和记者家属由外交部代表政府慰悼，并请内务部议定抚恤办法"。

在中国驻印度使馆参赞申健处理完现场的善后工作赶往万隆向周恩来汇报时，周恩来沉痛地说："烈士们的光荣姓名，将永远写在亚非各国人民和世界先进人类为和平事业而奋斗的历史上。历史将永远记住，烈士们是为亚非两大洲人民的友好合作和独立自由的事业牺牲的。"

在苍松翠柏掩映下的八宝山烈士墓，至今仍然矗立着一个高高的纪念碑。纪念碑前镶嵌着一块汉白玉浮雕，浮雕上一只和平鸽在展翅高翔。它的正面镌刻着周恩来的亲笔题字："参加亚非会议的死难烈士公墓。"它的背面刻着烈士们的姓名与简历。石碑上还刻有经周恩来核定的记载烈士们殉难经过的碑文。碑文最后一句是："为和平、独立和自由事业而光荣牺牲的烈士们永垂不朽！"

以后，周恩来以他丰富的斗争经验，开展了多方面的各种形式的外交活动，终于促使香港政府在进行大量侦破工作之后，于1956年1月发表公开声明，公布了国民党特务制造飞机坠毁事件的罪恶事实，并宣布对犯有谋杀罪的国民党特务周驹已经发出逮捕状，要台湾当局将逃到台湾的这名罪犯送交香港政府处置，使台湾国民党当局的丑恶行径暴露在世界各国人民面前。

"空中霸王"号专机再遇险情

4月14日清晨7时20分，周恩来率领中国代表团一行27人，另行乘坐印度"空中霸王"号专机，飞离昆明。

这架飞机是第二次世界大战后改装的，性能比"克什米尔公主"号差得多。

据时任外交部交际处处长的王倬如回忆："为了保证这架飞机的飞行安全，行前，陈毅副总理、公安部副部长杨奇清和我商量，认为最有效的措施是做好机组人员特别是机长的工作，同他们搞好关系。于是，我们主动同他们聊天，请他们吃饭，送他们礼物。这样，有一位孤儿出身的空中小姐向我们介绍了他们机组人员的情况。她说，驾驶员这个人很正直，驾机时间很长了，很有经验。"随后，"我们与机长也交上了朋友，他在以后的安全飞行中起了很好的作用。"

全体随行人员上机后，周恩来当众宣布纪律：所有机上人员一律不准吸烟。

这天上午10时30分①，周恩来一行飞抵缅甸首都仰光。

在仰光，映入周恩来一行眼帘的是，到处都是人们用竹木树枝搭起的彩棚，棚前摆着贮满清水的大缸和供人休息的桌椅，有的彩棚旁的消防水龙头还不断地流淌着自来水。一打听，才知道中国代表团恰好赶上缅甸的泼水节，这就是缅甸的新年。

据传说，很早以前的一年除夕，缅甸国王升殿恰遇神仙下凡，他顿时心中大喜，马上用香料和清水混合，泼洒在文武百官身上，以表示涤旧除

---

① 此为仰光当地时间。下同。

污、迎新接福。从此，泼水成为缅甸人民的一个传统节日。人们把节日之水视为吉祥和幸福的象征，这不仅可以驱暑祛寒，还能除去灰尘与污秽，消除烦恼与忧愁，洗掉一年的辛劳，让欢乐和幸福伴随人们度过新的一年。同时，泼水节还有祈求风调雨顺、五谷丰登、六畜兴旺、健康长寿之意。因此，每逢新年佳节，人们都要相互泼洒清水，游玩嬉戏。

缅甸每年的泼水节都在4月13日前后。4月是缅甸的盛夏，是旱季农闲季节，人们要连续欢庆4天时间。

这天下午5时左右，在总理府同吴努会晤的周恩来、陈毅以及翻译浦寿昌等人，在主人的盛情邀请下，兴致勃勃地换上缅甸民族服装，先后参加了五个彩棚的泼水仪式。卫士长成元功是这样回忆当时情景的：

> 开始，可能因为我们是贵宾，群众还比较文明，他们只是用小碗向我们身上泼，或用树枝沾上水向我们洒。后来，在吴努总理的带领下，群众不再用小碗和树枝了，而是用盆和桶，嬉笑着大盆大桶地向我们身上泼来，还有的干脆提起我们的衣领往衣服里边灌。我们也不再客气了，便把对方的盆和桶抢过来向对方回敬，以致把许多妇女脸上的脂粉都冲得一道一道的。尽管如此，他们也不嗔怪。五个彩棚的泼水仪式下来，我们每个人的身上都被泼得水淋淋的。尤其是我和李福坤同志，由于没有换缅甸民族服装，浑身上下湿得就像个落汤鸡，新做的中山服被泼得变了形，干后皱皱巴巴的再也无法穿了，只好另换一身。

14日晚上，缅甸、中国、印度、越南、埃及和阿富汗六国领导人在总统府召开会议，讨论"克什米尔公主"号飞机事件带来的影响，商谈即将召开的亚非会议可能出现的形势等重要问题。这时，飞机爆炸事件已经在一些亚非国家领导人中引起思想混乱：有的担心亚非会议开不成了；有的认为即使开成了，也不一定能取得积极成果。

针对亚非各国领导人中普遍存在的疑虑和恐惧情绪，在会上，周恩来分析了召开亚非会议的有利条件，冷静地指出：敌人对会议搞示威性破坏，并不说明他们强大，恰恰说明他们害怕我们召开亚非会议。只要各国从彼此的根本利益上去求大同，只要用和平共处五项原则和亚非国家团结的精神，去反击殖民主义的挑战，亚非会议就一定能够开好，一定能够取得成功。同时，他真诚地建议在座各位领导人，在亚非会议上不提共产主义问题，以免引起不必要的争论，致使会议没有结果。

与会其他国家领导人一致赞同周恩来的意见，决心为推动亚非会议的胜利而努力。4月16日凌晨1时10分，周恩来率领中国代表团由仰光飞往印度尼西亚。

印度尼西亚位于我国南海诸岛和大洋洲遥遥相望的海面上。它由大小不等的3000多个岛屿组成，故被称为"千岛之国"。

飞机在飞经新加坡上空时，忽遇雷雨，险象环生——万米高空，乌云翻滚，电闪雷鸣，暴雨如注，就像把人和飞机都拖到了万丈深渊似的。这时，机械师走出机舱向周恩来报告："前方雷雨层更厚，飞机无法穿越，机长的意见是只能迫降。"周恩来点了点头，果断决定："按机长的意见办。"

这样在11时45分，周恩来的专机被迫暂时降落到与中国还没有外交关系、国民党特务活动比较猖狂的新加坡的机场上。

专机降落后，周恩来意外地得到英国驻马来亚高级专员麦克唐纳和机场老板的邀请，要他到机场贵宾候机室稍事休息。他俩虽然久闻周恩来大名但始终无缘见上一面，这天赐良机当然是不会放过的。

为了保证周恩来的绝对安全，同行的陈毅、廖承志等代表团的同志力加劝阻。

周恩来却自有一番理由。他说："这位麦克唐纳是英国工党首任首相拉姆齐·麦克唐纳的儿子，也是能够对马来亚政局产生很大影响的人物。这送上门来的外交工作不去做岂不可惜？"

下午近2点钟，满面春风的麦克唐纳和机场老板把周恩来和陈毅送到"空中霸王"号专机前，彼此依依惜别。回国后，周恩来要英国驻华代办杜维廉转告这时已是英国首相的艾登，对麦克唐纳所给予的热情招待和尽力保护，"向英国政府表示感谢"。

中国代表团没有按时抵达雅加达，可急坏了中国驻印尼大使黄镇以及使馆工作人员，不安的气氛笼罩在人们心头。

下午5时50分，中国代表团的专机终于徐徐降落在雅加达玛腰兰机场。当周恩来刚一出现在机舱门口时，欢迎的群众就爆发出了雷鸣般的欢呼声和掌声。

随后，周恩来在印尼外长苏纳约和中国驻印尼大使黄镇陪同下，乘车驶离机场。

一路上，街道两旁、楼台房顶，到处挤满了欢呼致意的人群。从此以后，凡是中国代表团经过的地方，"和平万岁！""中华人民共和国万岁！""中国、印度尼西亚友好万岁！"的欢呼声此伏彼起，掌声震耳欲聋。

4月17日上午10时，周恩来的专机飞抵安第机场，来到这次历史盛会的所在地——万隆。

在这里，周恩来受到先期到达的沙斯特罗阿米佐约的盛情迎接。

周恩来受到特别礼遇，亚非会议人民委员会主席阿末代表万隆120个团体向周恩来致了热情洋溢的欢迎词。

周恩来在机场也发表了诚挚友好的讲话：

> 中华人民共和国代表团抱着对于和平和友好的愿望，前来参加即将在万隆举行的亚非会议。
>
> 亚非会议的召开，是同印度尼西亚政府和人民的努力分不开的。在这次会议上，亚非会议的代表们将会获得历史上的第一次机会，在一起讨论共同关心的问题；这个事实就说明了这次会议是有重大意义的……
>
> 我们第一次踏上印度尼西亚共和国的美丽的国土的时候，请允许我以中华人民共和国政府和人民的名义向印度尼西亚共和国政府和人民热烈地致意。
>
> 祝中国和印度尼西亚之间的友谊日益发展。
>
> 祝亚非会议成功。

同时，周恩来有预见性地指出："我不能不指出有些人是不喜欢我们这个会议的。他们正在力图破坏我们的会议。"但是，"我们的会议一定能够克服各种破坏和阻挠，并对于促进亚非国家之间的友好和合作，对于维护亚非地区和世界和平作出有价值的贡献"。以后发生的事实，证实了这预见的正确性。

（熊华源）

人民领袖　千古奇冤
——刘少奇 1966—1969

讨论通过《二月提纲》

　　蜚声中外的北京中南海之所以闻名，不仅因为它是始建于辽、金并历经元、明、清各朝长期修缮而成的古典园林，而且还因为它是中共中央和中华人民共和国国务院所在地。所谓中南海，当然并不是真正的海，而是两个占地 700 亩的城市湖泊，一曰中海，一曰南海。刘少奇居住的福禄居，就坐落在南海西侧，怀仁堂的后面。

　　在这以前，刘少奇一家住在中南海西楼的甲楼。那是一幢灰色小楼，没有围墙，结构类似公寓，办公室、卧室在楼上，会客室在楼下。这种布局无论对已经 60 开外的刘少奇本人，还是对来办公室谈工作的干部，都很不方便。加上这期间西楼一带几次发生小孩子在各楼乱窜，警卫部门感到不利于安全和保密，坚持要刘少奇搬出西楼。正好原来林伯渠副委员长居住的福禄居，自他 1960 年逝世后长期空着，中南海行政管理部门便安排刘少奇一家在 1963 年夏天搬了进去。

　　福禄居是一所有着两进小院的老式庭院，全部平房。从大门进去，一转弯就进了前院。北房一排平房，做了刘少奇的办公室和卧室。西厢一间较大的房子，改成会议室兼会客室。平时由刘少奇召集的小型会议，包括中共中央政治局常委扩大会议，大多在这里举行。东西厢还有一些零星用房，是秘书、警卫等工作人员的办公室。沿东侧走廊可以通往后院，那就是孩子们住的地方了。

　　1966 年 2 月 5 日下午 3 点来钟，几辆红旗、吉姆轿车先后开到福禄居大门外，轻轻停下。从车上下来的人陆续进了福禄居前院会议室。他们是：彭真、陆定一、康生、吴冷西、许立群、胡绳、姚溱。不一会儿，周恩来、邓小平也一前一后进了会议室。邓家和福禄居是同一个巷子，只相隔几十米，所以邓小平是走着来的。

这个会议室不大，但光线很好。这是因为它的整个东壁是一排玻璃窗。室内陈设简单：西壁一排放满了书柜，南面靠墙半圈沙发，北面一张会议桌，桌边摆了几十把椅子。

来开会的人在会议桌边坐定之后，刘少奇宣布开会。

这是一次研究日常工作的中共中央政治局常委会议。主要议程是由"文化革命"五人小组汇报当前学术讨论方面的问题。

学术讨论问题为何要拿到中央政治局常委会上来汇报讨论？此事说来话长——

自从长篇小说《刘志丹》被康生在中共八届十中全会上发难批判之后，文艺界以至整个意识形态领域便不得安宁起来。

先是昆剧《李慧娘》被拉出来开刀。这个剧本的作者孟超和为它写了一篇题为《有鬼无害论》，赞扬文章的廖沫沙受到公开批判。批判文章是江青在上海组织人写的，登了1963年5月的《文汇报》上。文艺界的阶级斗争空气于是越发紧张。

康生、江青并未就此罢手。众多的文艺作品在他们的策动下一部接一部地遭到公开批判，光电影就有《早春二月》、《北国江南》、《舞台姐妹》、《逆风千里》、《林家铺子》、《不夜城》、《红日》等十几部。

批判浪潮愈演愈烈。到了1964年，其他意识形态领域也开始遭殃。杨献珍的"合二而一"哲学观点，孙冶方的经济学观点，翦伯赞的历史学观点，以及文艺界代表人物夏衍、田汉、阳翰笙、邵荃麟、齐燕铭等等，都被当做修正主义大批特批。

这场批判运动得到毛泽东的支持。1963年12月和1964年6月，毛泽东两次批示，尖锐批评文艺界已经"跌到了修正主义的边缘"。对一些作品和观点进行公开批判，也经过了他的首肯。

江青这期间异乎寻常地活跃起来。她到处搜罗材料，寻找茬子，同康生一搭一档地批这批那。1965年，她又跑到上海同张春桥（当时担任中共上海市委书记处书记）密谋，组织批判北京市副市长、著名历史学家吴晗写的京剧《海瑞罢官》。文章由姚文元（当时是上海市委写作组成员）写成后，经过毛泽东同意，在1965年11月10日的《文汇报》突然发表。

这篇题为《评新编历史剧〈海瑞罢官〉》的长文，点名批判吴晗，说

《海瑞罢官》为右倾机会主义翻案,"是一株毒草",用词严厉,语气刻薄。人们对此极为震惊。

对这样一个不同寻常的举动,刘少奇、周恩来、邓小平等在第一线主持中央工作的中共中央政治局常委,事前却一无所知。中共北京市委第一书记彭真、中共中央宣传部部长陆定一也被蒙在鼓里。

在上海市的报纸上批判北京市的一位副市长,却不给中共北京市委打一下招呼;公开发表这样一篇批判著名学者的"高档次"文章,却不给中共中央宣传部说一声。这显然是不正常的。

可毛泽东继续支持姚文元的文章。1965年1月1日他在杭州对陈伯达等人发表了这样的意见:《海瑞罢官》的"要害问题是'罢官'。嘉靖皇帝罢了海瑞的官,1959年我们罢了彭德怀的官。彭德怀也是海瑞。"这个谈话预示对《海瑞罢官》的批判还要升级。

本来,中共中央在1964年7月根据毛泽东提议,专门成立了一个领导思想文化工作的机构——中央文化革命五人小组。组长彭真,成员陆定一(中共中央书记处书记兼中央宣传部部长、文化部部长)、康生(中共中央书记处书记)、周扬(中共中央宣传部常务副部长)、吴冷西(人民日报社社长、新华通讯社社长)。彭真感到,事情不能这样听之任之下去,五人小组有责任出来加强领导。于是,1966年2月3日,彭真在人民大会堂西大厅召集五人小组开了一天会,研究指导方针。除周扬因病住院开刀外,其余成员都到了会,另外还请了中央宣传部、中央政治研究室、北京市的有关负责人许立群、胡绳、姚溱、王力、范若愚、刘仁、郑天翔参加讨论。会后由中宣部副部长许立群执笔写出了《文化革命五人小组关于当前学术讨论的汇报提纲》,报请中共中央政治局常委讨论。这个提纲形成于1966年2月,所以后来通常称它为《二月提纲》。

《二月提纲》显然是想对这场文化领域的大批判加以约束,不让它发展为政治斗争。它提出:"要坚持实事求是,在真理面前人人平等的原则,要以理服人,不要像军阀一样武断和以势压人","报刊上公开点名作重点批判要慎重,有的人要经过有关领导机关批准。"这些都针对着江青、张春桥在批《海瑞罢官》一事上乱打棍子的蛮横做法。

2月5日中共中央政治局常委开会,听取五人小组汇报。汇报提纲已经在开会前分送各位常委,所以会上用不着照稿子念,只由彭真和许立群作口头说明。刘少奇、周恩来、邓小平不时询问一些情况。

彭真在口头汇报中特意说明，根据调查，吴晗同彭德怀没有联系，《海瑞罢官》同庐山会议没有关系。

常委们经过讨论，对提纲中的意见表示同意。刘少奇最后说，他也没有什么意见了，请五人小组的同志尽快去武汉向毛泽东当面汇报。

与会者纷纷起身离去，福禄居又静了下来。

刘少奇已经顾不上仔细琢磨这件事，因为他要准备出访亚洲三国，这是早已定了的事情。而在出去之前，他还有好几件国内国际的公务要处理，其中包括同日本共产党代表团会谈和召集中共中央政治局常委扩大会议研究农业机械化问题。所以，有关五人小组汇报提纲的后期工作，刘少奇委托总书记邓小平接着办。这样，《二月提纲》在彭真、陆定一等2月8日去武汉向毛泽东汇报之后，邓小平在2月12日正式以中共中央名义转发全党。

刘少奇抓紧进行出国前的准备工作。一段时间以来，国际上刮起一股妄图孤立中华人民共和国的歪风。为了坚决抵制和冲破这股势力，中共中央、国务院采取了针锋相对的措施。由刘少奇以国家主席身份对巴基斯坦、阿富汗、缅甸三国进行友好访问，是这些措施中的重要一项。

在出访准备过程中，刘少奇提出这次不带夫人。因为他觉得女同志出国比较麻烦，在服饰、礼仪、活动安排等方面更多了一层讲究，再加上王光美这时正在河北省定兴县农村参加"四清运动"，中途离开也不大好。可外事部门坚持要求主席夫人随行，以便增加友好气氛。尤其是阿富汗王后来过中国，她已经表示一定要亲自出面接待中国客人，这样中国方面主席夫人不出场就不大好。这事拖到3月中旬，刘少奇才同意王光美从农村赶回家做出国准备。随同出访的陈毅副总理的夫人张茜，也差不多这时候才脱离工作。

时间紧迫，王光美和张茜抓紧时间阅读材料，熟悉礼仪，准备服装。这中间，她们还要穿插着安排家务，叮嘱孩子，忙得不可开交。偏巧这时毛泽东又要刘少奇去杭州出席中共中央政治局常委扩大会议。会议从3月18日开到20日。刘少奇开完会回到北京，只简单收拾了一下，就启程了。

1966年3月22日，刘少奇一行乘专机离开北京，经乌鲁木齐前往巴基斯坦访问。

中国方面对这次刘少奇出访的安排极为隆重。随员中除陈毅副总理外，还包括四位副部长级官员，阵容可观，新闻记者队伍也很庞大。到机场送行的仪式是按国家最高规格安排的。参加送行的有：全国人大常委会委员长朱德，国务院总理周恩来和七位副委员长、三位副总理、四位全国政协副主席、两位国防委员会副主席以及中央各部门、中国人民解放军、各民主党派、各人民团体和北京市的负责人，显示了中国政府和人民对这次访问的高度重视。

3月26日，刘少奇一行抵达巴基斯坦首都拉瓦尔品第。一时间，这里刮起了空前规模的中国旋风。整个城市披上了节日的盛装，到处洋溢着中巴友好的热烈气氛。每当中国客人的车队在街道上经过，总是受到市民群众的夹道欢迎。

3月28日，刘少奇在阿尤布·汗总统的陪同下，参观了兴建中的新首都伊斯兰堡，下午由巴基斯坦外交部长布托陪同去拉合尔访问。

拉合尔是巴基斯坦的历史名城，西巴基斯坦首府。中国客人在这里受到的热烈欢迎简直难以形容。

当刘少奇等乘车从拉合尔机场去省督府时，受到了近100万人的极其热烈的欢迎。一路上，欢迎的人群密密层层，汇成一片海洋。道路两旁的树上、房屋上、电杆上都高高低低地站满了人。人们挥舞着旗帜、彩带，作出种种欢迎表示。

车队开出不久，两旁的欢迎队伍突然失去控制。拥挤的人群冲破警察的警戒线，兴奋地站在马路中央高呼欢迎口号，争睹中国领导人的风采。无数工人、学生、白发苍苍的老人和天真的儿童都争着把手伸进汽车窗口，同中国客人握手。整条马路水泄不通，刘少奇一行的车队一再被热情的群众阻住。通过这条五英里长的道路，车队用了整整一个半小时。

晚上，西巴基斯坦省督为刘少奇主席的来访举行欢迎宴会。宴会开始前，宾主在客厅里愉快地交谈。双方不约而同地谈论着白天拉合尔人民自发欢迎的情景，都对这种令人难忘的盛情赞叹不已。

宴会上，刘少奇举杯为英雄的拉合尔人民、为中巴两国人民之间的兄弟友谊祝酒。他再次热情地说："今天拉合尔人民群众给了我们极其热烈的欢迎。街道上人山人海，一片欢腾的景象。这生动地表达了巴基斯坦人民对中国人民的兄弟友情。"

刘少奇一行3月30日离开拉合尔到卡拉奇访问。以后又接连访问了阿富汗、东巴基斯坦（今孟加拉国）、缅甸，带去了中国人民对这些国家人民的友好情谊。

整个访问十分成功。4月10日下午，周恩来总理在北京人民大会堂江苏厅回答巴基斯坦记者提问时说:"刘主席的访问,无疑将对今后我们两国友好合作关系的进一步发展产生积极的影响,这不仅符合我们两国人民的根本利益,也必将有利于亚非人民的团结反帝事业和全世界人民维护和平的斗争。""这次访问巴基斯坦,受到了阿尤布·汗总统和巴基斯坦人民的盛大欢迎和热情接待,中国政府和中国人民非常高兴和感谢。"

4月19日,刘少奇、陈毅一行结束了对亚洲三国的访问,回到昆明。

中共中央政治局扩大会议

1966年5月4日,星期三,北京。

那天北京从一大早起就云遮雾障,阴沉沉地像要下雨。天气不大好,天安门广场的游人比平日少了许多。

上午将近10点,一辆辆轿车陆续驶进人民大会堂西门院落。从车上下来的人腋下夹着公文包,步履匆匆地进了河北厅。

中共中央政治局扩大会议即将在这里举行。

出席这次会议的,有中共中央政治局委员、候补委员和有关负责人,共70多人。人们看到会场上有几张引人注目的新面孔:张春桥、王力、关锋、戚本禹……这是刚刚组建不久的"文化革命文件起草小组"的几位大员,因而被"扩大"进来了。

自从"文化大革命"成了史无前例、震动世界的大运动以来,这次中共中央政治局扩大会议的知名度大增,成为中外历史学者和中共党史专家关注的一个热点,从中分析研究出了这样那样的观点。但在当时,与会者一直到散会,仍对会议通过的文件、决定一知半解,不甚了了,真可谓"不识庐山真面目,只缘身在此山中"了。

刘少奇是这次会议的主持者,同样对议程完全缺乏思想准备。

他和陈毅是4月19日从缅甸仰光飞回昆明的。他们本来打算顺便对云南这个边陲省份做些考察,中共云南省委第一书记阎红彦也已经作了安排,这时却接到中共中央办公厅电话通知,要他们马上到杭州去出席毛泽东召集的中央政治局常委扩大会议。

于是,刘少奇、陈毅的专机直飞上海,接着换乘专列急赴杭州。这部杭州派来的专列本是毛泽东乘坐的,因为事情来得急,刘少奇的专列一时调不过来,就只好先临时用一下了。

刘少奇到了杭州刚住下，周恩来便急匆匆赶来，向他介绍情况。刘少奇这才逐渐知道，就在他出访的这段时间里，国内发生了一连串料想不到的事情：

3月底，毛泽东在上海几次同康生、江青等谈话，严厉批评《二月提纲》混淆阶级界限，是错误的；指责中共北京市委、中央宣传部包庇坏人，不支持"左派"，说"再不支持，就解散五人小组、中央宣传部、北京市委"。他还号召地方造反，向中央进攻。

4月上旬，林彪、江青合伙搞的《部队文艺工作座谈会纪要》，经过毛泽东审阅修改，作为中共中央文件发到全党。其中说："要坚决进行一场文化战线上的社会主义大革命，彻底搞掉这条黑线。"

4月9日至12日，陈伯达、康生在中共中央书记处会议上系统批判了彭真的所谓"一系列罪行"。会议决定成立由陈伯达、康生、江青、张春桥等组成的"文化革命文件起草小组"，起草《中国共产党中央委员会通知》，批判《二月提纲》。

4月16日，毛泽东召集中共中央政治局常委扩大会议，用林彪的说法，是解决彭真的问题，揭了盖子。

在此期间，"文化革命文件起草小组"在毛泽东主持下，写成了《中国共产党中央委员会通知》（即后来的《五一六通知》）。《通知》中除点名批判彭真外，宣布撤销《二月提纲》和文化革命五人小组，重新设立直属中央政治局常委的中央文化革命小组。"文化革命文件起草小组"也就摇身一变成了"中央文化革命小组"，由陈伯达任组长，康生任顾问，江青、张春桥等任副组长，成员中包括王力、关锋、戚本禹、姚文元。

这样，等到刘少奇出访回国，摆在他面前的既成事实是：彭真、陆定一已被打倒，《中国共产党中央委员会通知》已经定稿，"中央文革小组"已经成立。与此相联系的还有：中共中央宣传部、中共北京市委由于挨批而瘫痪，邓拓（北京市委书记处书记）、田家英（中央办公厅副主任）、吴晗等一批人挨整，陈伯达、康生、江青等人迅速得势。罗瑞卿（中共中央书记处书记、解放军总参谋长）、杨尚昆（中共中央书记处候补书记、中央办公厅主任）早在1965年就被安上莫须有的罪名遭贬黜，这时又被说成是彭真、陆定一的同伙。

为了正式通过《中国共产党中央委员会通知》，落实对彭真、罗瑞卿、陆定一、杨尚昆的组织处理，决定5月份在北京召开中共中央政治局扩大会议。正式开会的时间定在5月4日。这次会议要通过的几件事都是毛泽东在会前亲自抓的，刘少奇几乎没有参与。但毛泽东表示暂不回北京。依惯例，会议就由刘少奇主持，由康生负责向毛泽东汇报请示。

人民大会堂河北厅布置成了会议室。5月4日时钟敲响10点的时候，与会人员都已到齐。中共中央政治局常委刘少奇、周恩来、朱德、林彪、邓小平也已经在主席台坐定。

刘少奇宣布开会。他介绍了会议的起因、议程以及出席人员的范围、开法。接着，总书记邓小平对会议文件、人员编组、各组召集人和最近几天的日程安排作了说明。

会议的第一个议程是讨论通过《中国共产党中央委员会通知》。但大多数来开会的人都不明白为什么突然要发出这样一个《通知》，于是决定，先开几天座谈会，传达毛泽东最近的一系列指示，介绍相关情况。

从5月5日至7日，介绍情况的座谈会一共开了5次，分别由康生、陈伯达、张春桥介绍。其中数康生的介绍最为耸人听闻。他从5日下午开讲，一个半天不够，6日上午又讲了半天，加起来差不多八个钟头。

康生的传达是混杂不清的。他把毛泽东的指示和他自己的体会、自己的话搅在一起，使人真伪莫辨。他嘶哑着嗓音说："我个人体会，毛主席这三次谈话，概括起来是两条：一条是批评彭真、中宣部包庇右派，压制左派，不准革命；第二条是给任务，要支持左派，建立新的文化学术队伍，进行文化大革命。贯串一个中心问题是中央到底出不出修正主义？出了怎么办？现在已经出了，罗瑞卿是一个，彭真是一个，杨献珍是一个，杨尚昆是一个，田家英、邓拓、廖沫沙也是……"

这几次座谈会，刘少奇都没有参加。

接下来，会议转入分组讨论《中国共产党中央委员会通知》。与会者已经听过介绍，都知道这是大笔杆子陈伯达执笔起草，又经过毛泽东在4月14日至30日的17天中先后八次审阅修改才定稿的，所以哪里还能提什么不同意见？只是在心里揣摸它的含意。各个小组报来的结果，已是众口一词，一片拥护声。

5月16日上午10点半，中共中央政治局扩大会议举行全体会议，通过《中国共产党中央委员会通知》。

先由陈伯达综合介绍各小组讨论情况。本来有几个同志，如郭沫若等，提出文件中有几处标点和用语不妥，建议在某处增加一个"的"字、在某处去掉一个引号等。但就是对这样的建议，也被陈伯达、康生一一否定。也就是说，整个《通知》稿一字不能改，连一个标点也不让动。

刘少奇似乎觉得这样不大好，出来解释了几句。他说："开政治局扩大会议叫大家讨论，结果提了意见不改，连几个字都不能改，这不是独断专行吗？这不是不符合民主集中制吗？我原来考虑过改一点，现在大家意见还是不改的好，不如原来的好，那就不改吧！"

因为这个文件点名批判了彭真，刘少奇又特意征求他的意见，问道："彭真同志，你有什么意见？"

彭真平静地回答说："一个检查，一个改。"

刘少奇觉得他误解了自己的问话，又补了一句："对通知有什么意见？"

"没有意见。"

"是赞成，还是反对？"

彭真低头看材料，没有说话。

刘少奇不再追问，环顾了一下会场，说："现在通过这个《通知》。同意的请举手！"

大家举起了右手。从此以后，《中国共产党中央委员会通知》被简称为《五一六通知》。每个与会人员都对文件中毛泽东亲自加写的几段话留下了特别深的印象：

> 高举无产阶级文化革命的大旗，彻底揭露那批反党反社会主义的所谓"学术权威"的资产阶级反动立场，彻底批判学术界、教育界、新闻界、文艺界、出版界的资产阶级反动思想，夺取在这些文化领域中的领导权。而要做到这一点，必须同时批判混进党里、政府里、军队里和文化领域的各界里的资产阶级代表人物，清洗这些人，有些则要调动他们的职务。尤其不能信用这些人去做领导文化革命的工作，而过去和现在确有很多人是在做这种工作，这是异常危险的。
>
> 混进党里、政府里、军队里和各种文化界的资产阶级代表人物，是一批反革命的修正主义分子，一旦时机成熟，他们就会要夺取政权，由无产阶级专政变为资产阶级专政。这些人物，有些已被我们识破了，有些则还没有被识破，有些正在受到我们信用，被培养为我们的接班人，例如赫鲁晓夫那样的人物，他们现正睡

在我们的身旁，各级党委必须充分注意这一点。

两天后，林彪在大会上发表讲话。人们在听了他的讲话之后，就更加震惊了。

林彪从5月18日上午10点讲到午后1点。他大谈中央内部有人要搞政变、搞颠覆，制造恐怖气氛：

> 最近有很多鬼事，鬼现象，要引起注意。可能发生反革命政变，要杀人，要篡夺政权，要搞资本主义复辟，要把社会主义这一套搞掉。有很多现象，很多材料，我在这里不去详细说了。你们经过反罗瑞卿，反彭真，反陆定一和他老婆，反杨尚昆，可以嗅到一点味道，火药的味道。
>
> 有人可能搞鬼，他们现在已经在搞鬼。野心家，大有人在。他们是资产阶级的代表，想推翻我无产阶级政权，不能让他们得逞。有一批王八蛋，他们想冒险，他们待机而动。他们想杀我们，我们就要镇压他们！他们是假革命，他们是假马克思主义，他们是假毛泽东思想，他们是背叛分子。毛主席还健在，他们就背叛，他们阳奉阴违，他们是野心家，他们搞鬼，他们现在就想杀人，用种种手法杀人。

还没等听讲的人明白过来，林彪话锋一转，开始大肆颂扬毛泽东：

> 现在毛主席健在，我们是大树底下好乘凉。毛主席已经70多岁了，身体很健康，可以活到100多岁。
>
> 毛主席活到哪一天，90岁，100多岁，都是我们党的最高领袖，他的话都是我们行动的准则。谁反对他，全党共诛之，全国共讨之。

从这天开始，中共中央政治局扩大会议天天大会发言。会场后来改在人民大会堂东大厅。一些人的发言越来越不可思议：批彭真，批陆定一，批罗瑞卿，后来竟批起了朱德。内容却多是捕风捉影，无限上纲，或者纠缠细枝末节。在这些批判发言中，林彪、康生、陈伯达等人可谓出足了风头。

5月23日上午，根据毛泽东的意见，会议作出《政治局扩大会议决定》，停止和撤销了彭真、罗瑞卿、陆定一、杨尚昆的职务。

如果说会场内还只是气氛紧张的话，那么会场外就真是充满火药味了。

5月8日，《解放军报》发表江青组织写的署名"高炬"的文章《向反党反社会主义的黑线开火》，《光明日报》发表"关锋"写的署名何明的文章《擦亮眼睛，辨别真假》。两篇文章以至高无上的口吻，宣布邓拓、吴晗、廖沫沙是反党反社会主义分子，《前线》、《北京日报》、《北京晚报》是反党工具；声称："我们一定不放过你们，一定不会放过一切牛鬼蛇神，一定要向反党反社会主义的黑线开火。"

5月10日，上海《文汇报》、《解放日报》同时发表姚文元的又一篇文章《评"三家村"》。5月11日，《红旗》发表戚本禹写的《评〈前线〉、〈北京日报〉的资产阶级立场》。这几篇"权威性文章"一出，揭批邓拓、吴晗、廖沫沙的文章如排炮一般，充斥各报。

在令人窒息的政治压力下，邓拓、田家英分别于5月18日、23日含冤自尽，悲愤地离开了人间。

从5月17日起，康生派他的老婆曹轶欧带人到北京大学秘密串联，策动哲学系总支书记聂元梓写大字报。5月25日聂元梓等七人突然贴出大字报《宋硕、陆平、彭珮云在文化革命中究竟干些什么？》，矛头直指北京大学党委和中共北京市委。

社会上的这一幕幕，显然是有人有意要将《五一六通知》内容透露出去，有些则明显是康生、江青等直接组织的。

在会场外这种咄咄逼人的气势下，中共中央政治局扩大会议逐渐进入尾声。

周恩来、朱德、邓小平也先后发了言。他们都谈了对"文化革命"的认识，对工作中的缺点错误作了自我批评，特别对在"文化革命"问题上跟不上毛泽东思想作了检讨。他们的讲话同林彪趾高气扬的讲话形成了鲜明对照。

5月26日上午10点多钟，还是在人民大会堂东大厅，中共中央政治局扩大会议举行最后一次全体会议。这天是由刘少奇讲话，周恩来主持会议。

刘少奇的讲话谦逊而平和。他首先对会议专门安排他在这样一个重要时间讲话表示感谢，接着他讲了学习毛泽东思想、开展文化革命的意义和他自己的认识。

没有什么豪言壮语,也没有什么警句。整个讲话的精神是表示要跟上形势,保持晚节,革命到底。

谈到对文化革命的认识,他说:"在我们这次讨论发言中,对文化革命问题讲得比较少。对这个问题,我们过去也是糊涂的,很不理解,很不认真,很不得力,包括我在内。我最近这个时期对于文化革命的材料看得很少。生了一次病,出了一次国,很多材料没有看,接不上头。"

刘少奇用了相当大的篇幅,检讨自己在各个历史时期所犯的缺点错误。他从1927年大革命时期在武汉同意解散工人纠察队讲起,讲到1949年在天津讲话中主张资本主义工商业可以发展,1956年反冒进,1962年对经济困难估计严重,一直到1965年制订《二十三条》时不主张提出"党内走资本主义道路的当权派"。他把参加革命几十年间的缺点错误从头到尾数落了一遍。

刘少奇检讨的这些"错误",经过半个多世纪的历史检验,其中的大多数现在看来不但不错,而且是极为可贵的真知灼见。其之所以认为错误,只是由于把党内长期形成的"左"的一套当做正确,有的则是因为同毛泽东的意见相悖。

中午1点30分,刘少奇讲话结束。周恩来随即宣布散会。

历时20多天的会议终于开完了,可人们的脑子里仍充满困惑。参加会议的人员纷纷离开会场。一辆辆轿车从人民大会堂门口开出,汽车喷出的缕缕尾气,好像是留下了一串串问号。

"文化大革命"哄然而起

5月过去,6月来临。北京已是骄阳似火,燥热阵阵,显示出夏天匆匆降临的逼人气息。

1966年6月1日上午,人们打开新到的《人民日报》,忽见一篇标题刺目的社论:《横扫一切牛鬼蛇神》。社论号召:"横扫盘踞在思想文化阵地上的大量牛鬼蛇神","把所谓资产阶级的'专家'、'学者'、'权威'、'祖师爷'打得落花流水,使他们威风扫地。"

还没等人们琢磨过味儿来,在晚上黄金时间播出的全国广播电台联播节目中,又听到了北京大学聂元梓等七人写的大字报《宋硕、陆平、彭珮云在文化革命中究竟干些什么?》。这份大字报更是气势汹汹:"在革命群众轰轰烈烈起来响应党中央和毛主席的号召,坚决反击反党反社会主义黑帮的时候,你们大喊:'加强领导,坚守岗位'。你们坚守的是什么'岗位',为谁坚守'岗位',你们是些什么人,搞的什么鬼,不是很清楚吗?直到今天你们还要负隅顽抗,你们还想'坚守岗位'来破坏文化革命。告诉你们,螳臂挡不住车轮,蚍蜉撼不了大树。这是白日做梦!""打破修正主义的种种控制和一切阴谋诡计,坚决、彻底、干净、全部地消灭一切牛鬼蛇神、一切赫鲁晓夫式的反革命的修正主义分子,把社会主义革命进行到底。"

这两篇东西在一天之内突然冒出来,不但令中国的亿万老百姓惊愕不已,也使刘少奇、周恩来、邓小平等在第一线主持工作的中共中央政治局常委感到意外。

《人民日报》社论是陈伯达5月31日率工作组进驻人民日报社之后,连夜搞出来的,并且不经中共中央审查直接见报。聂元梓等人的大字报,则是康生私自把它送给毛泽东,毛泽东决定向全国广播的,事先也没有同其他中央政治局常委商量。

事情还刚刚开了个头。

6月2日,《人民日报》在"北京大学七同志一张大字报揭穿了一个大阴谋——'三家村'黑帮分子宋硕、陆平、彭珮云负隅顽抗,妄想坚守反动堡垒"的通栏大标题下,全文刊登了聂元梓等人的大字报。同时配发题为《欢呼北大的一张大字报》的评论员文章,号召人们起来同"反革命黑帮"作斗争,"不论他们打着什么旗号,不管他们有多高的职位、多老的资格",都要"把他们打倒,把他们的黑帮、黑组织、黑纪律彻底摧毁"。

6月3日,《人民日报》发表社论《夺取资产阶级霸占的史学阵地》。下午4时,人们在广播中又听到:中共中央决定改组北京市委,中共北京新市委决定改组北京大学党委,撤销陆平、彭珮云的一切职务,并派工作组进驻北京大学。

6月4日,《人民日报》在发表改组中共北京市委、北大党委消息的同时,连发两篇社论:《毛泽东思想的新胜利》、《撕掉资产阶级"自由、平等、博爱"的遮羞布》,公开点出"前北京市委的一些主要负责人"是修正主义者,要"全党共诛之,全国共讨之"。

5日、6日、7日、8日……鼓动"文化大革命"的社论、文章在《人民日报》头版一篇接一篇地发表。所有的宣传机器都开动了起来。全国各报刊、广播电台，连篇累牍地发表煽动性的口号、社论、消息。

人们的兴奋点被迅速催生出来。特别是大中学校的青年学生，更是被这一连串的激进事件弄得心急火燎，再也坐不住，纷纷在本单位寻找黑帮，揪斗当权派。

在街头巷尾，在各公共场所，成堆成群的人们热烈地议论着几天来的新鲜事，常常滞留到深夜还久久不散。北京大学等校园更是热闹非凡。城市交通和社会秩序开始乱套。

"文化大革命"就这样哄然而起。狂热的气氛从北京和各大城市迅速向全国城乡辐射。

这样的局面，实在是连久经群众运动风浪的刘少奇也始料不及。

6月3日，刘少奇紧急召集中共中央政治局常委扩大会议，研究运动中出现的问题。

会议在福禄居会议室举行。参加的人不很多，除在京主持日常工作的三位政治局常委刘少奇、周恩来、邓小平外，就是各方面主持工作的负责人：工交口薄一波，财贸口李先念，农林口谭震林，军队方面叶剑英，"文革小组"陈伯达、康生，办公厅汪东兴，北京市李雪峰、郭影秋，还有新近从中南局第一书记岗位上调来主管宣传文教工作的陶铸，以及一些有关的负责人。

刘少奇主持会议。先由新任中共北京市委第一书记的李雪峰代表新市委汇报。他在谈了北京大学和其他一些学校的情况之后，讲了准备向学校布置的八条要求：（一）大字报要贴在校内；（二）开会不要妨碍工作、教学；（三）游行不要上街；（四）内外区别对待，不准外国人参观，外国留学生不参加运动；（五）不准到被揪斗的人家里闹；（六）不准打人、污蔑人；（七）注意保密；（八）积极领导，坚持岗位。他最后提出："有的学校领导瘫痪了，领导不起来，就派工作组进去领导。希望团中央、中组部组织人力帮助。"

经过一番讨论，会议同意中共北京市委的意见，向北京市一些大学、中学派出工作组，向各学校传达贯彻所拟的八条要求。刘少奇说：社会主义文化革命已是高潮，要使北京市大中学校有良好的秩序，要把学生很快地组织起来，走上轨道。

会议精神迅速布置下去。中共北京市委开始向一些大学、中学派工作组。大学工作组成员由中共中央组织部抽调，中学工作组成员由团中央抽调，然后由北京市委统一介绍到各学校。

"文化大革命"中的第一个工作组，是由陈伯达率领的驻人民日报社工作组，5月31日进驻。第二个工作组是以张承先为组长的驻北京大学工作组，6月1日晚进驻。张承先是中共河北省委书记处书记，已准备调任国务院高等教育部副部长，还没有到职，正好就先去了北京大学。这两个最早派出的工作组，是刘少奇、周恩来、邓小平三位中央政治局常委和有关负责同志商定，并报毛泽东同意的。

自从向北京大学派工作组的消息在报上公布以后，北京许多大学、中学的师生成群结队涌到中共中央、国务院、北京市委所在地，强烈要求派工作组进校。大多数学校的党政领导被青年学生冲击得够呛，确实也无法行使领导职能。为使局面不致失控，中共北京市委在请示中央同意后，从6月5日起加快了派工作组的步伐。全国大部分省、市和一些中央部、委，也纷纷仿效北京市的做法，陆续向本地区、本系统的一些单位派出了工作组。新调任的文化部常务副部长肖望东（原南京军区第二政委），还主持向国务院文化系统各单位派出了由军队干部组成的工作组，林彪亲自批准从解放军总政治部抽调300名干部参加这些工作组。

工作组开进学校，竭力组织学生有秩序地参加运动。但被《人民日报》那一篇篇激动人心的社论文章撩拨起来的学生们，怎么也平静不下来，谁的话也听不进去。学校秩序还在滑坡，混乱局面迅速向社会扩散。

刘少奇、周恩来、邓小平三位常委经过商量，决定去杭州毛泽东那里开一个会，研究一下运动的指导方针。

6月9日，三位常委和从北京去开会的人乘一架专机飞抵杭州。

小会在毛泽东住的刘庄宾馆开了两次。出席会议的，除了毛泽东、刘少奇、周恩来、邓小平和陶铸，还有根据毛泽东意见增加的陈伯达、江东兴和六个大区的中央局书记李雪峰、宋任穷、刘澜涛、魏文伯、王任重、李大章，陪同越南劳动党中央主席胡志明来杭州的康生，也正好参加。会议完全是务虚性质的漫谈，话题换了一个又一个：运动情况，教学改革，提拔年轻人，报纸版面，点名批判程序，工作组，农村生产，知识分子，民主人士……

工作组问题倒是涉及了，但没有形成明确意见。毛泽东只顺便说了一句："派工作组太快了并不好，没有准备。不如让它乱一下，混战一场，情况清楚了再派。如贵阳师范学院派什么人去？"

可是，事实上这时大部分工作组已经派出。

常委们回到北京，开始贯彻杭州会议精神。因为周恩来6月15日要出访罗马尼亚、阿尔巴尼亚，指导运动的责任现在就落在刘少奇、邓小平两个人身上了。

首先是把杭州会议上比较确定的几件事贯彻下去。一是大学、高中停课半年，集中精力搞文化革命。这是会上定了的。二是关于文化革命的大体安排，这是各级组织都关心的问题。正好中南局、西北局各有一个报告，讲对运动的部署意见，在杭州会议上也谈过。这两件事都急，所以刘少奇、邓小平在6月13日回北京的当天，就以中共中央名义把停课半年的决定和中南局、西北局的文件发了下去。

第二天，刘少奇、邓小平召开中共中央政治局扩大会议，传达杭州会议精神。这以后，他们又多次在福禄居会议室或怀仁堂后厅听取文化革命情况的汇报，研究处理运动中的各种问题，尽力按照杭州会议精神把群众发动起来，又不使社会陷于混乱。

为了增加感性知识，刘少奇利用夜深人静，到北京大学校园看了看张贴的大字报。隔了一天，又到清华大学看了一次。

两个学校的大字报真可称得上是铺天盖地。不但专门搭起来的一排排芦席棚上贴得满满的，就连那些位置稍为适宜的楼墙外面，也横七竖八地刷上了大标语。在苍白的灯光下，各种红的、黄的、白的、文字的、漫画的大字报连成一片，被风吹得簌簌作响，形成一种奇特的景观。

然而，乱批乱斗的势头有增无已。几乎所有大中学校的一二把手都受到冲击。许多教授、专家被当做坏人揪出示众。出身不好的人被称作"狗崽子"，横遭歧视、污辱。抄家、打人、批斗会成为家常便饭。自杀和打死人的情况时有发生。少数学生同工作组发生对立，且有越来越严重之势。

6月18日上午9点，北京大学一些学生利用工作组集中开会之机，设立"斗鬼台"、"斩妖台"，擅自把40多名所谓的"黑帮"、"反动学生"揪来批斗。学生们给这些人戴上纸糊的高帽子，脸上涂上墨汁，对他们罚跪、扭打、揪头发、撕衣服，肆意污辱。现场极为混乱。工作组组长张承先闻讯急急赶来，严肃批评了这种行为，制止了事态的进一步蔓延。

当天下午，北大工作组将这件事编写成《北京大学文化革命简报（第九号）》。张承先亲自去向中共北京市委作了汇报。李雪峰立即将《简报》转呈给了刘少奇。

6月19日，清华大学也出事了。工程化学系三年级学生蒯大富，公开鼓动赶走工作组。这事也报到了刘少奇那里。

这天，刘少奇的女儿平平回家，告诉父亲说，她上学的北京师范大学一附中有人反工作组，正在写大字报。

种种迹象表明，中央"文革小组"支持少数学生反工作组。这些学生又在四处串联，酝酿采取更激烈的行动。许多学校出现尖锐对立的两派。局面似有进一步失控之势。

刘少奇感到事态严重。他对家里人说："这是全国大分裂的开始，不可忽视。后面可能有高级干部。"

如果听任这种苗头发展下去，局势将不可收拾。刘少奇决定采取措施。

6月19日，他要王光美去清华大学，作为校工作组顾问，观察运动情况，及时反映动态。

6月20日，刘少奇将《北京大学文化革命简报（第九号）》转发全国。他在为中共中央起草的批语中说："中央认为北大工作组处理乱斗现象的办法是正确的，及时的。各单位如果发生这种现象，都可参照北大的办法处理。"

这天，刘少奇还把北师大一附中工作组的同志约来谈话，要他们发动群众回击学校出现的反工作组大字报。他说："现在人家向你们进攻，人家向你们采取攻势了，这好嘛，敌人出来了，这个蛇出洞了，你消灭它就容易了。要把这张大字报讨论好，再斗争。"

第二天，6月1日，刘少奇、邓小平又一次召集中共中央政治局常委扩大会，布置对运动的领导。在汇报讨论之后，刘少奇对几个问题作了指示。他提出：要划一个界线，不要把什么人都说成是黑帮，6月3日北京市委改组以前听市委话、听蒋南翔话的，一律不追究，这个问题由北京市委起草文件，报中央批转全国；运动中要恢复党、团组织生活，党委烂掉的，工作组可以代行党委职权；不准随便提出夺权，不要打倒一切；运动的整个过程要抓生产、工作、生活，恢复星期日，注意劳逸结合；禁止打人、污辱人和变相的体罚。

会议精神贯彻下去，一些基本的教学、工作秩序开始恢复，无政府主义行为得到遏制。清华大学等一些学校的工作组还开展了反干扰斗争，把反工作组势力的猖狂气焰打了下去。

1966年的夏季，炎热异常。老百姓被前一段不分昼夜吵吵闹闹的"革命行动"弄得头昏脑涨，身心疲惫。现在根据中共中央指示，恢复了正常的作息制度，社会治安渐趋好转，许多人不由得松了一口气。

当然，要使运动真正走上正常轨道，还有大量工作要做。刘少奇指示为学校的文化革命制订规划，大学的由中共北京市委起草，中学的由团中央起草。有了规划，就可以使学校开展运动有章可循，结束目前这种无法无天的状态。

令人忧虑的还有生产问题。文化革命开始以来，工业、交通生产情况越来越糟。钢、钢材、煤的产量节节下降，质量下降尤为突出，事故增多。基本建设任务上半年只能完成全年任务的百分之三十五六，大大低于原定计划。很清楚，如果让乱揪乱斗的浪潮涌进这些部门，生产将更大幅度下降。

刘少奇、邓小平把薄一波、陶鲁笳等主管经济工作的负责人找来商量这件事。经过反复研究，大家决定向毛泽东提议：把文化革命的重点放在文化教育部门和党政机关，对于工业、交通、基本建设、商业、医院等基层单位，仍按原定的"四清"部署，分期分批有领导有计划地开展，并且由上级派工作队领导进行。

6月30日，刘少奇、邓小平联名向毛泽东发去一份电报，正式请示这一重要提议，并且附上了准备下发的文件《中共中央、国务院关于工业交通企业和基本建设单位如何开展文化大革命运动的通知》。毛泽东理解了这一建议，同意将这个通知迅速发下去。

几天后，刘少奇得到报告，《北京市中学文化革命的初步规划》、《北京市高等院校文化大革命初步规划》已经起草好，就等中央政治局常委讨论了。看来，"文化大革命"运动有希望走上正轨了。

工作组问题

墨绿色专列风驰电掣般地跨过长江，穿越黄河，在华北大平原上急速飞奔。

这是毛泽东主席的专列。

毛泽东1965年11月去南方巡视，已经接连在上海、杭州、韶山滴水洞、武昌停留了八个月，差不多是建国后他离开北京外出时间最长的一次。1966年7月16日，他以73岁高龄在武汉畅游长江，然后启程返回。7月18

日晚,他回到中南海丰泽园。

得知毛泽东已经回来,刘少奇立即赶去丰泽园,想向他汇报一下工作。可门卫通报后传话说"主席要休息"。刘少奇只得回家,等明天再说。

从第二天起,毛泽东陆续听取各方面汇报,阅读材料,了解北京和全国的情况。刘少奇除了向毛泽东汇报,还是继续主持例行的中共中央政治局常委扩大会议,研究处理文化革命问题和各项日常工作。

但是,围绕工作组的争论却越来越大了。社会上,小部分学生要赶走工作组,大部分学生要维护工作组,各不相让。常委扩大会上,陈伯达三次提出取消工作组,同样遭到大多数同志的反对。

刘少奇、邓小平支持多数同志的意见。在7月22日的常委扩大会上,刘少奇还说:"多数工作组是好的,还是教育帮助,改正错误。赶工作组,有的不应该赶。"邓小平也说:"要教会工作队做工作,有的学校没有工作队恐怕不行。"陈伯达的意见被否决。

然而,刘少奇、邓小平尽管代表了大多数同志的意见,但他们采取的一系列稳定局势的措施,却同毛泽东的"天下大乱,达到天下大治"的设想大相径庭。

毛泽东终于表态了。7月24日、25日,他连续两次召集中共中央政治局常委、中央"文革小组"负责人和正在北京开会的各大区中央局书记谈话,明确地表示了他的意见。他说:有这么一段,运动冷冷清清,就是6月20号左右以后,有许多地方搞得冷冷清清;工作组一不会斗二不会改,只会起阻碍运动的作用;许多工作组,包括张承先的工作组,都是阻碍运动的,都要把它撤出来。

对毛泽东的表态,中央"文革小组"以最快的速度作出反应。

7月25日、26日两个晚上,中央"文革小组"全体出动来到北京大学,参加在东操场举行的两次万人大会。陈伯达、康生、江青在大会上竭尽挑拨煽动之能事,声称"毛主席一个工作组也没有派",宣布撤销张承先为首的北大工作组,"搬掉这个障碍物"。7月27日,他们又到北京师范大学,主持召开揭批工作组大会,当场宣布罢免北师大工作组组长孙友余的职务、撤销工作组。康生在大会上还公开放出"彭真策划二月兵变"的奇闻,借以蛊惑群众。

形势急转直下。

消息像旋风般传遍北京大中学校,产生了极大的轰动效应。反工作组立即成为合法而又时髦的行动。学生们再度躁动起来，在学校内外掀起阵阵狂潮。

工作组是肯定留不住了。7月26日，根据毛泽东的意见，中共中央政治局常委扩大会议决定撤销工作组，7月28日由中共北京市委正式下达文件。

7月29日，上午10时许，人民大会堂中央大礼堂座无虚席。上万名师生挤满了整个三层大厅。这是根据中共中央指示召开的北京市大专院校、中等学校文化革命积极分子大会。

大会由中共北京市委第一书记李雪峰主持。他首先宣读了关于撤销工作组的决定，接着宣布由总书记邓小平代表中共中央讲话。邓小平讲完后，由周恩来讲话。

周恩来、邓小平在讲话中，都对派工作组承担了责任。邓小平说：以新市委名义向各大中学校派出工作组，是根据中央的意见办的，工作组有好、比较好的和犯有严重错误的三种情况。周恩来传达了毛泽东提出的"文化大革命"要完成"一斗二批三改"三大任务的指示。他们不约而同地用"老革命遇到新问题"这句话来表达自己跟不上形势的心情。

接下来，是刘少奇讲话：

同学们，同志们：

我同意邓小平同志、周恩来同志的讲话。

我也是在党中央工作的人员之一。党中央，包括我在内，热烈支持北京高等、中等学校革命的同学、革命的教师、革命的员工进行无产阶级文化大革命。把无产阶级文化大革命进行到底是我们党中央的方针。

至于怎么样进行无产阶级文化大革命，你们不大清楚、不大知道，你们问我们怎么革，我老实回答你们，我也不晓得。我想党中央其他许多同志、工作组的成员也不晓得……

会场内鸦雀无声。师生们安静地听着这位老革命的肺腑之言。此时，他们还不知道在工作组等问题上刘少奇受到了毛泽东的批评，因此都怀着崇敬的心情聆听中央首长的讲话。

刘少奇像是在和大家谈心：

怎样革命，现在只能讲一句话，放手发动群众，依靠广大的群众，依靠革命的同学、革命的教师、革命的员工，团结广大的群众，放手发动他们进行革命。更具体的方法你们不知道，我也不知道。现在，北京各学校的文化大革命已经有两个月，你们知道的比我们多，我们要向你们学习。你们现在有饭吃，吃饱了又不上课，党中央决定半年不上课。半年不上课干什么？干革命，专门干革命。在这半年中间你们可能取得很大的进步。我们也可以跟着你们学习一些。

过去曾经派工作组，刚才雪峰同志、小平同志、恩来同志都讲了，派工作组是中央决定、中央同意的。现在发现，工作组这个方式不适合于当前无产阶级文化大革命运动的需要，中央决定撤退工作组……工作队员过去这一段时间的工作是在你们学校里面做的，他们犯了错误或者做了好事，是在你们学校里面做的，成千上万的人看到了，你们都清楚。

师生们听得很认真，许多人在做记录。接着，刘少奇用商量的口气讲了他的建议：

根据最近运动中的经验，我只是提一点建议。就是你们在运动中间要保护少数，保护那些意见不同、而占少数的人……你今天是多数，经过辩论之后，明天可能变成少数。你在这个问题上是多数，在另外的问题上你又是少数。不只是错误的意见是少数，有的时候正确的意见也可能是少数。我自己有这个亲身经验，有些意见我提得并不错，讲得并不错，结果是少数。毛主席在过去一段时期内，也有过这种情形。所以，保护少数这个问题是一个重要问题，不然，运动不能很正常地开展……

刘少奇讲话结束后，毛泽东从后台走出来，接见全体师生代表。

当上万名满怀热情的青年看到毛泽东出现在他们面前的时候，激动的心情难以形容。扩音器里响起《大海航行靠舵手》的雄壮乐曲，"毛主席万岁！万万岁！"的欢呼声响成一片！

工作组撤了，可毛泽东对运动情况仍不满意。他认为前一段运动走了弯路，刚刚兴起的"文化大革命"被压了下去，为了排除阻力，必须再作一次发动。8月1日，毛泽东主持召开中共八届十一中全会。

全体大会的会场设在人民大会堂东大厅。出席这次会议的，有中共中央委员和候补委员141人，各中央局、各省市自治区党委和中央有关部门的负责人按惯例列席会议。与往常不同的是，中央"文革小组"成员、首都高等学校"革命师生代表"聂元梓等也列席了会议。

8月1日下午两点45分，出席会议的人员都已到齐，毛泽东宣布开会。他作了简短的开场白，说："这次八届十一中全会，今天以前算作小组预备会议，从今天起正式开会。大概是1号、2号、3号、4号、5号，开五天。今天开一次大会，全体到，中间开三天小组会，最后开一天大会，就行了。现在请小平同志宣布几件事情。"

邓小平也用简洁的语言报告了会议出席人员情况和议程。接着是刘少奇作报告。

刘少奇报告的前半部分，主要是以中共中央政治局日常工作主持者的身份，向全会汇报中共八届十中全会以来中央所做的工作，特别是在国际、国内各方面所采取的重大政策措施。后半部分，他讲"文化大革命"以来的工作，并且在工作组等问题上作了自我批评。

毛泽东开始频频插话，会场气氛紧张起来。

刘少奇："……在'文化大革命'时期，北京的情况一星期向主席汇报一次。这一段我在北京，'文化革命'中有错误，特别是工作组问题上出了问题，责任主要由我负……陈伯达同志正式写了一个不要工作组的书面提议，有两条。讨论时，多数同志的意见还是要工作组。最后我也发言，说我是主张要工作组的，工作组这个方式比较方便，要去就去，要撤就撤。"

毛泽东插进来说："当时只有去的问题。"

刘少奇解释说："那个时候已经是撤的问题。我说这个比较简单，要撤，下一个命令就撤了。"

毛泽东反驳道："陈伯达撤了，你们就没撤。"

刘少奇只得又解释："当时我考虑，这样大的运动，北京各院校大部分组织已经瘫痪了，怕中断了党的领导不好。"

"怎么会中断呢？"毛泽东又插了一句。

场内静寂无声。人们屏息静听着两位主席的不寻常对话。

刘少奇继续说下去："当时我想，是不是下这个决心撤，还是先看一看。这个时候主席回来了,我们就请示。主席就下了决心,撤销工作组。主席头一天就跟有些同志说了。陶铸同志、李雪峰同志也到我那个地方谈了。"

毛泽东再次打断了刘少奇的讲话,厉声说:"工作组,不到百分之十是好的,百分之九十以上的工作组完全是错误的。不管怎么样是做了坏事,一不能斗,二不能批,三不能改,起了一个镇压群众、阻碍群众的作用,起了坏作用。"

这天的会议共进行了两个钟头,下午4点40分散会。

8月2日,全会鉴于有些负责同志还有话说,又安排了一次大会。周恩来、陈毅、李雪峰等讲话。他们都在派工作组问题上作了检讨。周恩来6月中旬至7月初出访欧洲不在国内,对工作组一事参与较少,但他也主动承担了责任,说:"对于工作组问题,我认为常委特别是在北京主持中央工作的,我们几个人都要对决定派遣工作组负责任。"

这天晚上,刘少奇来到北京建筑工业学院。毛泽东在前几天的一次讲话中说,中央所有负责同志和各地来北京开会的负责同志,都应该亲自参加学校的"文化大革命",以便取得感性知识。这样,刘少奇经与同李雪峰商量,选择北京建工学院做试点,直接参加学校的运动。这个学校在北京地区高校中最早形成两派组织,而且对立比较严重。刘少奇希望通过做思想工作,使分成两派的学生团结起来。

北京建工学院归口属国家基本建设委员会领导,建委主任谷牧决定随刘少奇一起到学校参加运动。刘少奇又通知中央"文革小组"派人参加,他们派来了戚本禹。外地来开会的刘澜涛等几位领导同志听说后,为响应毛泽东的号召,也跟来了。

刘少奇等出席了这天晚上北京建工学院两派学生的辩论会,耐心地听取了几种不同意见,最后讲了话。他说:"看来工作组在你们学校是犯了错误的。这个错误也不能完全由工作组负责,我们党中央和北京新市委也有责任。派工作组是党中央同意的。工作组在你们学校哪些做对了,哪些做错了,你们清楚,我们还不清楚。有党中央、新市委的错误,谁的就谁负责。"

同一天,邓小平、陶铸去人民大学做学生工作,希望保学校党委书记郭影秋过关。邓小平对康生等人有意讹传"二月兵变"一事十分生气。他在会上以总书记身份公开辟谣说:"没有这回事。告诉你们,我们的军队彭真调不动,我也调不动。"

8月3日,刘少奇再次来到北京建工学院。他把"八一团"和"革命团"这两个群众组织的头头找来,分别听取了他们的意见,谈了话。

8月4日下午,按原定计划,中共八届十一中全会举行全体会议。代表们陆续来到人民大会堂东大厅。刚坐下,有关工作人员宣布,下午不开全体会了,改开小组会。与此同时,中央政治局常委和另外一些人接到通知,下午3点到人民大会堂福建厅,出席毛泽东召集的政治局常委扩大会议。

在这次政治局常委扩大会上,毛泽东严厉地指责派工作组是"镇压学生运动","是路线错误"。

刘少奇主动出来承担责任,说:"这段时间,主席不在家,我在北京主持工作,我负主要责任。"

毛泽东接过话头,说:"你在北京专政嘛,专得好!"

当叶剑英讲到我们有几百万军队、不怕什么牛鬼蛇神时,毛泽东声色俱厉地说:"牛鬼蛇神,在座的就有。"

第二天,毛泽东采取更为严厉的措施,写了一篇异乎寻常的文字:

炮打司令部
——我的一张大字报

全国第一张马列主义的大字报和人民日报评论员的评论,写得何等好呵!请同志们重读一遍这张大字报和这个评论。可是在五十多天里,从中央到地方的某些领导同志,却反其道而行之,站在反动的资产阶级立场上,实行资产阶级专政,将无产阶级轰轰烈烈的文化大革命运动打下去,颠倒是非,混淆黑白,围剿革命派,压制不同意见,实行白色恐怖,自以为得意,长资产阶级的威风,灭无产阶级的志气,又何其毒也!联系到一九六二年的右倾和一九六四年形"左"而实右的错误倾向。岂不是可以发人深省的吗?

犹如巨石投入水面,激起层层波浪。密云不雨的局面终于打破,形势急速发展。

8月5日下午,刘少奇按原定安排在人民大会堂河北厅会见了赞比亚工商部长率领的友好代表团。回家后接到周恩来的电话,要他最近不要公开露面，不要再会见外宾。

8月6日晚，林彪结束休养从大连飞抵北京，直接住进人民大会堂浙江厅，出席中共八届十一中全会。

8月7日，毛泽东的"大字报"在全会上印发。

8月8日，全会通过《中共中央关于无产阶级文化大革命的决定》（简称《十六条》）。

原定计划五天开完的中共八届十一中全会，现在是无论如何不能如期结束了。从8月8日下午开始，会议转入讨论毛泽东的"大字报"，批评刘少奇、邓小平。

弯子实在拐得太急，大多数人思想不通。在讨论刘少奇、邓小平"错误"时，表示同情者有之，沉默不语者有之，亦赞亦批者有之。自然，也有一些人一反常态，狠揭猛批，用词刻毒。

一天，刘少奇来到一个小组参加讨论，听取批评。这个小组里有一位老大姐叫陈少敏，是中共中央委员、全国总工会副主席。1939年刘少奇任中共中原局书记时，陈少敏曾任中原局组织部部长。陈少敏对自己尊重和了解的老领导忽然受到这样不公正的对待，非常难过。等到讨论主持人宣布休息时，她特意走到刘少奇身旁，亲切地说："少奇同志，有时间我要向您汇报女工工作问题。"

刘少奇马上明白了这位老大姐的好意。他缓缓站起来，环顾了一下周围那些正默默注视着的同志们，淡淡一笑，说："错误与同志们无关，我一个人负责，请大家放心。"陈少敏强忍着的眼泪一下子滚了出来。

在全会分组讨论的同时，中共中央政治局开了几次生活会，批评刘少奇、邓小平。

江青不是政治局委员，却成了生活会外的活跃角色。她策动一些人打头阵向刘少奇、邓小平"开炮"。然而并未完全如愿，陶铸第一个拒绝了她。结果，谢富治放了头炮。

8月1日，是中共八届十一中全会的最后一天。根据毛泽东的意见，全会在这天改选中共中央领导机构。中央委员们在事先印好名单的选票上画了圈，投了票。

重新选出的11名中共中央政治局常委中，最显著的变化有两个：一是林彪由原来的第六位上升到第二位，二是刘少奇由原来的第二位下降到第八位。

刘少奇在选举后当即表示，他保证服从党的决定，努力认识自己的错误，不做任何不利于党的事。

这次全会没有重选中共中央副主席，但后来对刘少奇、周恩来、朱德、陈云四人的副主席职务不再提起，对林彪却仍称他副主席。这样，林彪实际上成了唯一的副主席，没多久便明文称他为毛泽东的"最亲密战友和接班人"。

检讨"资产阶级反动路线"

中南海福禄居比原来安静多了。

中共八届十一中全会结束后，刘少奇由过去的紧张忙碌一下子变为清闲无事，开会、外出等活动急剧减少。现在，他可以整天整天地待在家里，有充分的时间看书看报，阅读材料。

刘少奇的办公室、卧室是一排坐北朝南的平房。正门开在当中一间的正中。进得门去，迎面靠近北窗是一张办公桌，靠西壁放着两把简易沙发。这一间是作为刘少奇秘书的王光美的办公室。

从中间屋东壁的侧门进去，是刘少奇、王光美的卧室。卧室的陈设十分简单，主要就是两张床，两把椅子，一个挂衣架。两张床没有床架，是两个放在地上的床垫。因为王光美1963年冬天以后长期在农村参加四清，很少回家，刘少奇为防止夜里从床上滚下来，就索性摆成了地铺。这个习惯也就一直沿用了下来。卧室西北角立放着一架国产熊猫牌收音机、唱机，这算是房间里最贵重的东西了。

从中间屋西壁的侧门进去，是刘少奇的办公室。办公桌也是面朝东放在靠近北窗的地方。靠北壁立着一个书架，陈列着一些日常用的经典著作、工具书。靠南壁是一张放报纸的小桌，一把藤躺椅。每天早饭后，刘少奇总是先靠在这把躺椅上，把当天的报纸浏览一遍。西边靠墙处，是圈成半圆形的四把单人沙发，中间一张圆茶几。这是为一些领导同志来谈工作和会见少量客人而设的。

刘少奇在中共八届十一中全会上仍当选为中央政治局常委。但这时常委已由原来的7个增加到11个，好几个常委只是挂名。刘少奇、邓小平因为在工作组问题上犯了"路线错误"，这时只能闭门思过，不再参与中央日常工作。

就在刘少奇、邓小平变得清闲的同时，另外一些人却突然忙乎起来。

8月13日，是林彪作为第二号人物发号施令的第一天。当天他作了著名的"罢官"讲话，一口气说了好几个"罢官"，提出要"罢一批人的官，升一批人的官"。

这天，林彪还把有人在叶群指使下写的揭发刘少奇、邓小平的材料，送江青"酌转"毛泽东。这是林彪、江青继《部队文艺工作座谈会纪要》之后的又一次勾结，是他们合谋直接陷害刘少奇、邓小平的第一笔肮脏交易。

康生在这一天也行动起来。他让他的老婆曹轶欧出面，向中央一位领导同志写信，揭发刘少奇、王光美。

江青、陈伯达等"文革小组"要员，更是忙得不亦乐乎。他们频繁地组织大会，发表演讲，鼓动青年学生起来批判前一阶段的"方向路线错误"，同时把对毛泽东的个人崇拜推向高峰。

8月18日，在天安门广场举行百万人规模的"庆祝无产阶级文化大革命群众大会"。广场上人声鼎沸，配上五色杂陈的彩旗、标语牌，确实盛况空前。

大会上午7点半开始。林彪、陈伯达讲话。毛泽东身穿军装，戴着"红卫兵"袖章，检阅了游行队伍。

这是刘少奇降职以来第一次上天安门。休息的时候，他在靠边的一把藤椅上坐下，默默地抽烟，一面拿起一张报纸随意翻看。

中共中央联络部副部长伍修权走过来，攀谈了几句。刘少奇指了指报纸说："我把北京大学聂元梓的大字报翻来覆去看了几遍，实在看不出它的意义为什么比巴黎公社宣言还要重大。"伍修权无法作答，笑了笑走了。

8月18日大会后，红卫兵运动犹如脱缰的野马，爆炸般地向全国各地扩散、奔腾。青年学生已是一片狂热，成千上万的群众也莫名其妙地卷进了"文化大革命"的旋涡，身不由己地跟着疯转。林彪有一句话："要弄得翻天覆地，轰轰烈烈，大风大浪，大搅大闹，这半年就要闹得资产阶级睡不着觉，无产阶级也睡不着觉。"这话确实不过分。

红卫兵浪潮也波及刘少奇家里。正上中学的平平、源源、亭亭三个孩子也成了红卫兵，有的跟着抄了一回家。孩子们以为这是参加了"革命行动"，十分兴奋，回到家里还在兴致勃勃地议论。

别人的事管不了了，但对自己的儿女不能不管，要对他们负责。刘少奇听孩子们说到红卫兵组织通知晚上还要去抄家时，当即阻止道："不要去！"

吃过晚饭，刘少奇把儿女们叫到办公室。他从书架上拿下一本《中华人民共和国宪法》，指给他们看宪法的有关条文，说："你们'破四旧'，我不反对，但不能去抄家、打人。我是国家主席，必须对宪法负责。许多民主人士，跟我们党合作了几十年，是我们多年统战工作的重要成果，来之不易呀！不能使它毁于一旦。现在，由于我的处境，不能拦阻你们，你们也拦不住别人。但是我要对你们讲清楚，要对你们负责。"

孩子们虽然已经风闻刘少奇犯了错误，但他们心目中的父亲仍是崇高的、权威的。他们似乎懂得了宪法的神圣，从此不再去参加抄家。

刘少奇对这种不要法制和秩序，鼓动不谙世事的学生娃娃胡闹的做法实在不理解，但他无能为力。他已经得到通知，9月份召开北京各工作组领导干部会议，要刘少奇、邓小平在会上检查。所以他现在要做的事就是写检讨。

他努力按照毛泽东在《炮打司令部》中的口径，着重检查在派工作组等问题上的"路线错误、方向错误"。他写道：

> 在今年六月一日以后的五十多天中，我在指导无产阶级文化大革命中发生了路线错误、方向错误。这个错误的主要责任应该是由我来负担。其他同志的责任，例如在京的中央其他领导同志，某些工作组的领导同志，某些地方的领导同志等等，他们虽然也有一定的责任，但是，第一位要负责任的，就是我。
>
> ……在工作组派出之后的五十多天中，我是一直支持工作组的，这样就增加了工作组犯错误的可能性和严重性。有少数工作组实在不能维持下去了，把工作组撤离之后，接着又派了新的工作组去。工作组的负责人大多数既不理解无产阶级文化大革命，又没有好好向群众学习，一开始就要业已发动起来的广大群众按照我们和工作组主观设想的计划和步骤行动。这样，就违背了革命的群众运动发展的规律，就发生了许多严重事件，就在事实上站到反动的资产阶级的立场上去了，实行了资产阶级专政，将无产阶级轰轰烈烈的文化革命运动打了下去，颠倒了是非，混淆了黑白，长了资产阶级的威风。灭了无产阶级的志气……

9、10月份，检讨终于写成了。刘少奇让秘书把检讨稿送呈毛泽东审阅。

毛泽东很快有了回话。他给刘少奇写来一封短信：

少奇同志：
　　基本上写得很好，很严肃，特别后半段更好。建议以草案形式印发政治局、书记处、工作组（领导干部）、北京市委、中央文化小组各同志讨论一下，提出意见，可能有些收获，然后酌加修改，再作报告，可能稳正一些，请酌定。

刘少奇当然同意毛泽东的意见。他立即给主持中共中央日常工作的周恩来写信：

恩来同志：
　　我的检讨提纲，毛主席已经看过，并批了一段话，退还给我。现送上，请你看看。我赞成毛主席的意见，以草案形式印发政治局、书记处、工作组领导干部、北京市委、中央文化革命小组各同志讨论一下，并请他们提出意见，退还给我，然后酌加修改，再作报告。关于印发事，请你批办，请各同志在几天之内提出意见告我，给我以帮助。主席的批语也印发。如何？请你酌情安排。

周恩来也很快照办了。可是，原定的北京各工作组领导干部会议因故取消，改开中共中央工作会议。刘少奇、邓小平的检讨也就随着移到工作会议上去作。

10月9日下午3点，中共中央工作会议在人民大会堂东大厅开幕。中共八届十一中全会批判了刘少奇、邓小平，通过了开展"文化大革命"的《十六条》，但是从中央到基层的各级领导干部，真正积极贯彻的很少，多数消极应付，不少人用各种方式抵制。对这种情况，中央"文革小组"很是恼火，毛泽东也不满意。于是，决定召开一次中共中央工作会议，解决这种两头热、中间顶的局面。

经过几天小组讨论之后，中央"文革小组"组长陈伯达10月16日在会上作《无产阶级文化大革命中的两条路线》的报告。报告指名道姓地批判了刘少奇、邓小平的所谓"资产阶级反动路线"。

在会场之外，在中央"文革小组"的暗中操纵下，社会上批判"资产阶级反动路线"更是一浪高过一浪。自10月6日北京红卫兵第三司令部召开10万人的"全国在京革命师生向资产阶级反动路线猛烈开火誓师大会"，江青、张春桥亲临讲话之后，北京的各个大学又一次骚动起来。许多工作组成员被揪被斗，抢广播站、冲击机关、围攻批斗等野蛮行动又一次在各学校流行。点名批判刘少奇、邓小平的大字报也开始在一些校园和大街上出现了。清华大学的造反派还采取许多手法企图把王光美揪到学校批斗。这些动向明显是对陈伯达报告的呼应。

10月23日，刘少奇、邓小平在全体会议上分别读了他们的检讨。

第二天晚上，毛泽东主持了一个汇报会。各小组的召集人汇报了对刘少奇、邓小平检讨的讨论情况。然后，毛泽东讲话：

> 把刘、邓的大字报贴到街上不好，要准人家革命，不要不准人家革命。叫学生们把鲁迅的《阿Q正传》看一看。

为什么要学生们看《阿Q正传》？意思是要他们不要学鲁迅笔下的那个假洋鬼子，不准别人革命。毛泽东和颜悦色地继续说下去：

> 刘、邓二人是搞公开的，不搞秘密的。对刘、邓要准许革命，准许改。说我和稀泥，我就是和稀泥……对少奇同志不能一笔抹煞。

在一旁听讲的康生突然有意插话说："八大的报告当中就有取消阶级斗争的思想，刘、邓两个人的报告中都有这个问题。"

毛泽东马上说："我们都看了的嘛！大会通过了的嘛！不能单他们两人负责。"康生讨了个没趣，不吭声了。

10月25日，在人民大会堂东大厅召开全体大会。议程比较简单，就是毛泽东、林彪讲话。

林彪先讲。他在讲话中也指名批判"刘邓路线"，说："中央有几个领导同志，就是刘少奇、邓小平同志，他们搞了另外一条路线，同毛主席的路线相反。""这次文化大革命运动的错误路线主要是刘、邓发起的。"

毛泽东的讲话同林彪、陈伯达的调子不一样，显得和缓多了，并且认为中央的问题现在已经基本解决。他说：

> 我感觉到，在北京我的意见不能实行，推行不了。为什么批判吴晗不在北京发起呢？北京没有人干这件事，就在上海发起。姚文元同志的文章，就是在上海发表的。北京的问题，到现在可以说基本上解决。
>
> 你们过不了关，我也着急呀。时间太短，可以原谅，不是存心要犯路线错误，有的人讲，是糊里糊涂犯的。也不能完全怪刘少奇同志、邓小平同志。他们两个同志犯错误也有原因。

周恩来、陶铸也在为制止群众的过火行为费尽心力。10月12日，周恩来断然拒绝了清华大学红卫兵要王光美到学校接受批判的要求。10月19日，他回答哈尔滨工业大学造反派说："你们把少奇同志的大字报贴到天安门，你们要考虑考虑。少奇同志是政治局常委，是国家元首，你们贴到天安门，外国人就会怀疑我们是发动群众、制造舆论。少奇同志不是普通党员，也不是普通的领导，就是要撤换也不需要去发动群众。"11月2日，新当选中共中央政治局常委的陶铸，明确要求把中央组织部机关内张贴的批判刘少奇的大字报取下来。他对在场的群众说："我不赞成写打倒刘少奇的大字报。他还是国家主席、中央政治局常委，犯了路线错误，也是团结—批评—团结的问题，是人民内部矛盾问题。"

11月3日，毛泽东第六次接见全国各地来北京串联的红卫兵群众。天安门广场人山人海，欢呼声震天动地。

天安门城楼上，毛泽东慢慢转过身，同刘少奇亲切交谈。毛泽东特意问了王光美和孩子们的情况。刘少奇一一回答，然后说："现在文化大革命起来了，我也要到群众中去锻炼锻炼。"毛泽东说："你年纪大了，就不要去了。"

休息的时候，刘少奇迎面碰见邓小平。

"小平同志，你怎么样？"

邓小平笑了笑说："横直没事。"

刘少奇也笑了笑说："没事，学习。"

刘少奇、邓小平共事多年。自中共八大以来，他俩一个负责中央政治局的日常工作，一个负责中央书记处的日常工作，工作关系相当密切；"文化大革命"开始后，又在工作组问题上一起犯了"路线错误"，一起检讨。当时他们谁也没有想到，这次的简短交谈，竟是他俩的最后一次对话。

回到家里，刘少奇除了看书看报，仍然无所事事。每天，他仔细阅读着孩子们从外面买回来的各种红卫兵小报、传单。他看到的是，这些满天飞的印刷品上，充斥着对"刘邓路线"的攻讦之词。

毛泽东不是已经几次表态了吗？为什么还这个样子呢？

刘少奇指着那些小报、传单对王光美说："他们有极大的片面性，主席迟早要批评的。"

一天，王光美对丈夫说："能不能跟中央说说，你辞掉国家主席，我和孩子们劳动养活你。"

刘少奇摇了摇头说："已经向中央提过，总理说有个人民代表大会的问题。不能再说了，不要让组织为难。"

可是，局势会朝什么方向发展呢？

各方面打击接踵而来

1966年的冬天，出奇的寒冷。

宽阔的中南海湖面结起了厚厚的冰，灰白一片。路边、园中的林木，大都光秃秃的，毫无生气。原本是姿态各异的假山怪石，这会儿也显得冰冷而又凶险。凛冽的西北风从坦荡的冰面席卷而来，又从树林、房舍间呼啸而过，把整个中南海大院搅得满园寒彻，一片萧索。

12月18日下午2点来钟，在中南海西门传达室的里间，两个戴眼镜的人正在关着门密谈。这是两个"文化大革命"以来炙手可热的人物：一个是中央"文革小组"副组长张春桥，另一个是清华大学的造反派头头、人称"蒯司令"的蒯大富。

"蒯大富同志，从全国来讲，资产阶级反动路线必然相当猖獗，现在还是要深入批判资产阶级反动路线。中央那一两个提出资产阶级反动路线的人，至今仍不投降。"

"敌人不投降，我们就叫它灭亡！"

"你们革命小将应该联合起来，发扬彻底革命精神，痛打落水狗，把他们搞臭，不要半途而废。"……

蒯大富领受旨意后，迅速离去。

几个小时后，在中南海西楼一个小会议室里，是又一番情景。

公安部长谢富治和另一位中央办公厅负责人，正在召集从军委办公厅、公安部等单位抽调来的四个人开会。

谢富治宣布："中央决定成立一个专案组审查王光美，名称暂叫中央办公厅丙组。"接着他交代了领导关系、工作方法等事项。末了，他又从公文包里取出一张纸交给他们，说这是王光美专案组领导成员名单，要他们好好保存。

没有任何正式文件，"王光美专案组"这样就算成立！

从此开始，形形色色针对刘少奇的大动作小动作，像西伯利亚南袭的寒流，一阵又一阵接踵而来。

12月24日，中央"文革小组"成员戚本禹在北京矿业学院公开宣称："刘、邓是党内最大的走资本主义道路的当权派。"

12月25日，蒯大富根据12月18日张春桥的密谈授意，发动"打倒刘少奇、邓小平大行动"。他率领5000多人到天安门广场，大事张扬地举行"彻底打倒以刘、邓为代表的资产阶级反动路线誓师大会"。会后这支人马兵分五路，由天安门广场向王府井、西单、北京站、菜市口等繁华地带一路辐射开去，沿途呼口号、作演讲、贴标语、撒传单。"大行动"把"打倒刘少奇"、"打倒邓小平"、"彻底打垮刘、邓资反路线的猖狂反扑"作为主要口号，一路呼喊，还用大标语醒目地贴上了天安门城墙。这一活动持续了多日。

12月26日，中央"文革小组"顾问康生在人民大会堂接见"全国红色劳动者造反总团"，讲话中公然将刘少奇称作赫鲁晓夫。

12月27日，北京高等院校造反派在工人体育场联合召开"彻底批判刘、邓资产阶级反动路线大会"，参加者达10万之众。会上公开喊出："刘少奇、邓小平是党内最大的资产阶级当权派，是中国现代修正主义的祖师爷，资产阶级司令部的黑司令！"

12月30日，中央"文革小组"代组长江青带着王力、关锋、姚文元到清华大学，对蒯大富表示"坚决支持"。

12月31日，江青单独召见刘少奇的女儿刘涛，要她彻底跟刘少奇划清界限。在江青的策动下，刘涛很快贴出造刘少奇反的大字报。

从1967年1月1日起，中南海内的造反派开始时不时地去刘少奇住处骚扰，1月3日第一次直接面对面地围攻、批斗了刘少奇、王光美。

发生在北京和中南海的这些举动，通过各种渠道迅速传遍各地。到1966年底、1967年初，"倒刘"活动蔓延全国，愈演愈烈。毫无根据地攻击、丑化刘少奇的舆论和行动到处出现，"打倒刘少奇"的口号已经在各地随便呼喊。

1月6日傍晚，清华大学造反派"井冈山兵团"在北京第二人民医院设下所谓"智擒王光美"的圈套。他们谎称刘少奇的女儿平平遭车祸压断了腿，需要家长签字后动手术截肢，将刘少奇、王光美骗到医院，当场扣押了王光美。刘少奇在警卫人员的护卫下，好不容易脱身返家。周恩来闻讯后连夜派秘书去清华大学交涉，造反派才将王光美放回。

1月12日，戚本禹在钓鱼台16号楼召集中共中央办公厅的一些人开会。他说："中南海冷冷清清，外面轰轰烈烈"，"刘、邓、陶在中南海很舒服，你们为什么不去斗他们?"当晚，秘书局造反派"红色造反团"联络了150多人，喊着口号强行冲进福禄居，围斗刘少奇、王光美。造反派要刘少奇低头弯腰，背语录，回答问题，要王光美站在一张独腿桌子上。刘少奇背不出语录，造反派便大声起哄嘲笑。刘少奇回答说："叫我背词句我背不出，你们可以问我毛主席的哪篇文章，写的内容是什么，当时的历史背景是什么，针对什么问题，在当时起到什么作用，在理论上有什么创见，这些才是毛泽东思想的精髓。我是毛泽东著作编辑委员会主任，无论哪一篇文章的问题我都可以解答。"

第二天深夜，一辆华沙牌小汽车冒着严寒开进福禄居前院。从车上下来的是毛泽东的秘书徐业夫。他是奉毛泽东之命，接刘少奇去人民大会堂谈话。

毛泽东在他的临时住处人民大会堂北京厅等候刘少奇的到来。他一见面便关心地问："平平的腿好了吗?"

这显然是指1月6日清华大学造反派"智擒王光美"开头时的情节，没有想到传到毛泽东那里竟误以为真了。刘少奇立即据实答道："根本没这回事，是个骗局。"

毛泽东客气地问候了刘少奇家人的近况。刘少奇则表示，自己在"文化大革命"中犯了错误，已不适宜再担任领导职务。他提出："一、这次路线错误的责任在我，广大干部是好的，特别是许多老干部是党的宝贵财富，主要责任由我来承担，尽快把广大干部解放出来，使党少受损失。二、辞去国家主席、中央常委和毛泽东著作编委会主任职务，和妻子儿女去延安或老家种地，以便尽早结束'文化大革命'，使国家少受损失。"

针对有人在大字报中不惜用造谣来进行人身攻击的恶劣行径，刘少奇告诉毛泽东，此人品质极坏，话不可信，并拿出一封群众检举信作证明。

毛泽东表示信不看了，建议刘少奇认真读几本书。他特别介绍了德国动物学家海格尔写的《机械唯物主义》和狄德罗写的《机械人》两本。

谈话结束，毛泽东起身为刘少奇送行，一直送到北京厅门口。分手时毛泽东亲切地说："回去后好好看书学习，保重身体。"

刘少奇平静地踏上归途。回到家里，他对焦急地等待着的家人说："主席没有批评我的错误，很客气，叮嘱我认真学习，保重身体。"

但是，现实情况却不容乐观。到了1967年3月，随着"文化大革命"的恶性发展，刘少奇问题明显升级，毛泽东似乎也改变了原来的态度。

1967年3月9日、10日，陈伯达、康生在部队军以上干部会议上讲话，点名对刘少奇从历史到现实作了系统批判。3月21日下午7点半，毛泽东、林彪等中央政治局常委接见与会人员，然后留下来议论一些问题，决定了几件事情。其中一项就是，把运动中揭发刘少奇历史问题的材料交"王光美专案组"调查研究，并指定由康生分管这件事。

从此，审查刘少奇似乎有了"合法依据"，专案工作紧锣密鼓地展开。社会上，攻击、批斗刘少奇的种种行为更加肆无忌惮。

3月下旬，一份红卫兵小报披露张春桥等人的揭发，说刘少奇曾经吹捧电影《清宫秘史》，还自称"红色买办"。刘少奇凭他的政治敏感发觉这是一个不寻常的信号，背后藏有杀机。3月28日他在看到小报后当即给毛泽东写信，叙述了当时看这部电影的经过，驳斥张春桥等的诬蔑，说明自己"根本没有《清宫秘史》是爱国主义的这种想法和看法"，也不可能说出〈清官秘史〉是爱国主义的这类话，要求中共中央调查。

可是，这封信没有起到作用。4月1日，各大报纸一齐抛出戚本禹的文章《爱国主义还是卖国主义？——评反动影片〈清宫秘史〉》。文章继续散布刘少奇赞扬《清宫秘史》的谎言，用所谓八个为什么肆意攻击刘少奇，说："你根本不是什么'老革命'！你是假革命、反革命，你就是睡在我们身边的赫鲁晓夫！"

刘少奇从报纸上读到这篇文章，极为愤慨。他把报纸狠狠一摔，说："这篇文章有许多假话。我什么时候说过那个电影是爱国主义的？什么时候说过当'红色买办'？不符合事实，是栽赃！党内斗争从来没有这么不严肃过。"他越说越生气，"我在去年8月的会议上就讲过'五不怕'，如果这些人无所畏惧，光明正大，可以辩论嘛！在中央委员会辩论，在人民群众中辩论嘛！"

然而没有人理会他的要求。相反，从戚本禹的文章开始，一个所谓"革命大批判"的高潮迅速掀起。从北京到各地，针对刘少奇的"大批判"文章充斥于各个报刊的版面，形成强大的政治压力。在全国任何一个地方，这时对刘少奇只能说他坏，不能说他好，如果有人敢于表示出不同意见，轻者遭批斗，重者打成反革命甚至逮捕判刑。

在这种风雨如磐的情势下，在刘少奇身边工作的秘书、警卫、服务人员也成立了造反组织，起了个名称叫"南海卫东革命造反队"。为了表示自己并非"保皇派"，他们在4月6日、12日也对刘少奇采取了两次"革命行动"，要刘少奇回答戚本禹文章中提出的"八个为什么"。

面对这些平时朝夕相处的工作人员，刘少奇采取了尽量不对立的态度，耐着性子回答他们的问题，同时据理力争。但当人们七嘴八舌地追问到所谓"61人叛徒集团"时，刘少奇发火了。他终于控制不住，大发雷霆说："这个问题简直是岂有此理！61人出狱之事，是经过党中央批准的。在日寇就要进攻华北时，必须保护这批干部，不能再让日寇把他们杀了。当时王明路线使白区党组织大部分受到破坏，这些同志是极宝贵的。中央许多领导同志都知道，早有定论嘛！"

陷入怪圈的"文化大革命"欲罢不能。对刘少奇的种种打击迫害仍是接二连三袭来。

1967年4月9日，刘少奇获悉，清华大学造反派第二天要召开30万人大会，批斗王光美，还有彭真、薄一波、陆定一、蒋南翔等300人陪斗。他看出这是针对自己的一个严重步骤，心中万分不服，却不得不作最坏的打算。刘少奇的儿女们在《胜利的鲜花献给您——怀念我们的爸爸刘少奇》一文中记述了当时的情景：

> 爸爸一听，立即震怒了。他推开饭碗，大声激昂地说："我有错误我承担，工作组是中央派的，光美没有责任。为什么让她代我受过？要检查，要挨斗，我去！我去见群众！我是一个共产党员，死都不怕，还怕群众？"爸爸胸中的激愤终于像火山似的爆

发了。

妈妈急切地说:"清华大学的运动是我直接参加了的,当然应该是我去向群众检查……"

"你是执行者,决策的不是你嘛。"爸爸激动地说,"我绝没有反过党,没有反过毛主席。别人反对过毛主席,林彪反过,江青也反过,我一直是拥护主席的。在我主持中央工作的几十年里,违反毛泽东思想的错误有,但没反过。工作错误有,但都是严格遵守党的原则的。我没有搞过阴谋诡计。工作是大家一起做的,要我承担责任,可以!但错误得自己去改!"爸爸说到这里,把手中汤勺猛地往桌上一摔,手都微微颤抖了。"别人就是一贯正确的吗?要一分为二。为什么不许人家向'中央文革'提意见?有不同意见就把人抓起来!?"

爸爸继续说:"去年8月,我就不再过问中央工作。从那以后,错误仍在继续;将来,群众斗群众的情况还会更厉害,不改,后果更严重。责任不能再推到我身上。这么多干部都被打倒了,将来的工作谁去搞?生产谁来抓?"

我们凝神静听,感到爸爸的心胸是那样坦荡,那样光明磊落。爸爸神情严肃地望着我们,语气坚定地说:"有人要逼我当反革命,我可以问心无愧地说,不论过去和现在,就是将来也永远不反毛主席,永远不反马列主义、毛泽东思想!一个革命者,生为革命,死也永远为共产主义事业,一心不变。"

爸爸停了一下,长出了一口气,似乎他的话已经说完了,激动的情绪也安静下来,恢复了以往的安详神态,亲切地望着我们,缓慢地说:"将来,我死了以后,你们要把我的骨灰撒在大海里,像恩格斯一样。大海连着五大洋,我要看着全世界实现共产主义。你们要记住,这就是我给你们的遗嘱!"

妈妈哭了。她泣不成声地说:"还不知道孩子们能不能看到你的骨灰呢?"

"会把骨灰给你们的。"爸爸语气坚定地对我们说,"你们是我的儿子、女儿嘛!这一点无论什么人还是能做到的。你们放心,我不会自杀的,除非把我枪毙或斗死。你们,也一定要活下去,一定要在群众中活下去,要在各种锻炼中成长。你们要记住,爸爸是个无产者，你们也一定要做个无产者。爸爸是人民的儿子，你们也一定要做人民的好儿女。永远跟着党，永远为人民。"我们几个孩子眼泪早已流尽，瞪大着眼睛，仔细静听，生怕漏掉一字，默默记在心里。爸爸说完，站了起来，坚定而又响亮地说："共产主义事业万岁！""马列主义、毛泽东思想万岁！""共产党万岁！"说完，便回到他自己房间去了。

第二天清晨，王光美果然被清华大学造反派拉到学校，先是在小范围接受审问，然后被揪到大操场批斗。造反派强迫她穿上旗袍，戴上一串乒乓球"项链"，还对她拳打脚踢，施以种种人格污辱。王光美在武力面前不屈服，坚持说理斗争。她严词回答造反派说："我不是反动的资产阶级分子，我是毛主席的共产党员！""你们要是不摆事实不讲道理，那我就不讲了，你们斗吧！"

4月14日，刘少奇向"南海卫东革命造反队"交出一份书面答复，具体回答了戚本禹文章中"八个为什么"对他的攻击诬蔑，逐一说明事实真相。工作人员把原件上报，另外用大字报形式抄了一份在中南海院内贴出。但几个小时后，这份答辩大字报不知被什么人撕了个粉碎。

在这险象环生的日子里，刘少奇还不能不为儿女们的处境担忧。他无法估计等待着孩子们的将是什么命运，但他确信人民群众能够理解和保护他的后代。他叮嘱眼前几个尚未成年的孩子，一定要在群众中活下去。最小的女儿小小只有6岁，平时活泼可爱，是刘少奇夫妇的掌上明珠。可现在，刘少奇预料自己已经无法保护和抚养她了。他决定把小小托付给保姆赵淑君，让这位朴实的农村妇女把小女儿带出去，带到群众中去。他交代妻子说："要记住小小的特征，将来一定要把她找回来。"

连续不断的打击使刘少奇的精神和身体每况愈下。7月4日，中共中央办公厅主任通知刘少奇说，中央的意见要刘少奇向北京建工学院"新八一战斗团"写一个检查。刘少奇实在写不出什么新东西来，只好按他在中共中央工作会议上检讨的内容改写。

"检查"由刘少奇签名送出后，他又把它要回来，在第三部分的开头加了一句话："在毛主席不在北京时，是毛主席、党中央委托我主持党中央日常工作的。"

这份检查尤其是后加的这句话，被造反派指责为"假认罪、真反扑的铁证和宣言书"。在中央"文革小组"的煽动下，北京和外地的上千个造反派组织成立所谓"揪刘火线"，纠集数以万计的人在四周安营扎寨，包围中南海，扬言要把刘少奇揪出中南海。

围困中南海的造反派几次三番"勒令"刘少奇检查。刘少奇十分气愤，拒绝再写检查。他手持《中华人民共和国宪法》，对送"勒令"来的人抗议道："是谁罢免了我的国家主席？凭什么向我下勒令？"他当即把这些"勒令"原封不动转送中共中央，听凭处理。

尽管刘少奇作了最坏的打算，但重大的打击还是比他预计的来得更快、更严酷。

7月中旬，江青、陈伯达、康生趁毛泽东、周恩来去武汉视察不在北京之机，决定组织群众批斗刘少奇、邓小平、陶铸和他们的夫人，由戚本禹具体指挥。其中重点是批斗刘少奇夫妇，决定在批斗会的同时抄家，批斗会后对刘少奇、王光美分别"监护"。

7月18日上午，刘少奇、王光美得到了当晚要开大会批斗他们的消息。刘少奇预感到生离死别的日子也许就在今天。他对王光美说："好在历史是人民写的。"

晚上，一群造反派闯进福禄居前院，七手八脚把刘少奇、王光美分别押送到中南海西大灶食堂和西楼大厅两个地方。批斗会开了两个多小时，不许刘少奇说一句话，却强行要他自始至终低头站着。他掏出手帕想擦一下汗，被造反派一巴掌打落在地。

批斗会结束，刘少奇被带回到已经查抄过的福禄居前院，王光美被带到后院。两个人被分别看管，互相见不到面，也不准子女同他们接近。

从此以后，刘少奇完全失去自由，除关押地点外同犯人没什么两样。他和王光美的一举一动都处于严密监视之下，随时写成书面报告上呈。

8月5日，天安门广场召开百万人大会庆祝《炮打司令部——我的一张大字报》发表一周年。与此同时，中南海内的三四百人又批斗了刘少奇、王光美，由中央"文革小组"曹轶欧、王道明坐镇指挥。算起来，这已是对刘少奇、王光美的第六次批斗。

这次批斗是最残暴的一次。

刘少奇的几个儿女，也奉命参加批斗会，目睹他们的父母遭受凌辱。他们看到了这样惊心动魄的一幕：

爸爸被打得鼻青脸肿，鞋被踩掉，光穿着袜子。就在这时，妈妈突然挣脱，一把紧紧抓住爸爸的手，爸爸不顾拳打脚踢，也紧紧拉着妈妈的手不放。他俩挣扎着挺着身子，手拉手互相对视。这是爸爸跟妈妈最后握手告别……几个坏人狠狠地掰开了他们的手，妈妈又奋力挣脱，扑过去抓住爸爸的衣角，死死不放……

批斗会持续了两个多小时。结束之后，造反派们将刘少奇押回福禄居前院。一进办公室，刘少奇不顾浑身伤痛，拿出一本《中华人民共和国宪法》，愤慨地对来人抗议道："我是中华人民共和国的主席，你们怎样对待我个人，这无关紧要，但我要捍卫国家主席的尊严。谁罢免了我国家主席？要审判，也要通过人民代表大会。你们这样做，是在侮辱我们的国家。我个人也是一个公民，为什么不让我讲话？宪法保障每一个公民的人身权利不受侵犯。破坏宪法的人是要受到法律的严厉制裁的！"

这次批斗会后，刘少奇、王光美仍被分别关押在福禄居前后院。看管措施更加严格，昼夜有哨兵监视。从这一天起，一直到1969年刘少奇逝世，他再也没有见到过任何一个亲属。

8月7日，《北京日报》发表《篡党篡国阴谋的大暴露》一文，说刘少奇策划和支持了所谓的"畅观楼反革命事件"。刘少奇读到后立即提笔给毛泽东并中共中央写信，反驳这种毫无根据的指责。他写道："说我的目的就是要'反党'、'反社会主义'、'反毛主席'、'反毛泽东思想'、'要在中国复辟资本主义'、'要阴谋篡党篡国'等，我是不能接受的。因为我从来没有这样想过，而我想的都是同这些相反的。""我没有在党内组织任何派别，没有在党内进行过任何非法的组织活动。"他再次郑重提出辞职，"我请求毛主席、党中央免除我党内党外的一切职务。如果有任何一项要写出什么书面文件，我随时都可以写出。"

但是，随着林彪、江青、康生一伙地位的上升，他们逐渐垄断了处理刘少奇问题的大权。刘少奇一次又一次的申诉、抗议、要求辞职，都被置之不理。9月13日，王光美被正式逮捕。他们的子女被赶出家门，住到各自的学校，接受批判审查。刘少奇孤零零一人被关在福禄居前院，对他的迫害还在一步步加剧。

刘少奇终于意识到，他已经落入一伙坏人的魔掌，一切争辩都将无济于事。从此，他不再写信，不再申述，说话越来越少，最后索性连一句话也不说了，用沉默来表示他无声的抗争。

中共历史上最大的一桩冤案

北京城西的玉渊潭东北侧，有一个风景幽雅、设施考究的去处，人称钓鱼台。传说金章宗完颜璟在这个地方钓过鱼，钓鱼台由此得名。金代还有一个文人叫王郁，也曾在这里"筑台垂钓"，可见当时这一带大概鱼不少。到了清代，乾隆皇帝也看中了这块地方。他调集大批工匠在这里整治湖面，大兴土木修建行宫，盖起了登漪亭、潇碧轩、养源斋等别墅型建筑，成为一处著名的皇家园林。1949 年后，人民政府经过多年修葺建设，把钓鱼台辟为国宾馆，用以接待最重要的来宾，作为外国国家元首和政府首脑的下榻之地。

中央文革小组成立后，江青坚持要把文革小组的办公地点设在钓鱼台。她自己率先搬进来占据了地势、环境优裕的 11 号楼。其他文革小组要员也陆陆续续跟着搬了进来。陈伯达进了 15 号楼，康生占了 8 号楼，张春桥、姚文元住了 16 号楼，王力、关锋、戚本禹等散住在 16 号楼等处，可谓各得其所，优哉游哉！

钓鱼台成了"文化大革命"的前线指挥部。中央"文革小组"的大员们，在这里密室策划，基层点火，把个平静的中国搅得天下大乱，浊浪滚滚。

在中央文革小组指挥"文化大革命"的诸多繁杂事务当中，有一件事是他们始终紧抓不放的，这就是千方百计打倒刘少奇。

中央"文革"一帮人，还有林彪一伙，几乎都是靠反刘少奇起家和攫取高位的。随着"文化大革命"的进展，他们获得了处理刘少奇专案的权力。为剪除后患，他们加紧从政治陷害和人身摧残两方面入手，置刘少奇于死地。

他们首先控制了刘少奇专案的领导权。"刘少奇专案组"的组长是执掌公安大权的谢富治，他是专案工作的前台负责人。但帅上有帅，谢富治又唯江青的马首是瞻。1968 年 2 月 22 日，他在专案组的一份报告上批道："大叛徒刘少奇一案，主要工作都是由江青同志亲自抓的。今后一切重要情况的报告和请示都要直接先报告江青同志。"他还专门开会向专案人员交代："要有组织观念，脑子里要有个江青同志，重大事要请示江青同志，有利于把案子搞好，有利于把叛徒抓完，有利于把文化大革命搞好。"还有一个康生，他作为中央常委分管这个专案，也加入了穷凶极恶迫害刘少奇的行列。刘少奇的命运落到这伙人手里，其结果就可想而知了。

为了搞到刘少奇的"罪证材料"，江青、康生、谢富治等人真正是不惜代价，不择手段，使尽了浑身解数。他们建立了庞大的"刘少奇专案组"，动用大量人力物力在全国范围内搜索材料。光为寻找"1929年在沈阳被捕叛变"的证据，就在沈阳组织了400人的"彻查队伍"，调阅的敌伪档案汗牛充栋，结果一无所获。为逼取口供，他们又以莫须有的罪名抓来一批人审讯，仅专案组直接关押的就达64人。把这些人抓来之后，他们采取勒令交代、长期隔离、日夜审讯、轮番批斗、软硬兼施等手段，编造假情况，拼凑能陷害刘少奇的伪证。

1968年9月，在江青、康生的一再催逼下，谢富治指挥"刘少奇专案组"日夜奋战，终于整出了三份所谓"罪证材料"，陆续送到了钓鱼台11号楼江青的手里。

江青审阅后用极端的语言为刘少奇问题定了性。9月16日，她虚张声势地批示道："我愤怒！我憎恨！一定要把无产阶级文化大革命进行到底！刘少奇是大叛徒、大内奸、大工贼、大特务、大反革命，可说是五毒俱全的最阴险、最凶狠、最狡猾、最歹毒的阶级敌人。"林彪、康生、陈伯达也都批了意见，林彪还特别提出"向出色地指导专案工作并取得巨大成就的江青同志致敬！"

1968年10月13日至31日，中共八届扩大的十二中全会在"文化大革命"的高潮中召开了。这次会议极不正常。195名中共中央委员、候补中央委员，竟有71%的人被打成"叛徒"、"特务"、"里通外国"、"反党分子"，剥夺了他们出席会议的权利。97名中央委员当中，除上次全会以来去世10人外，允许参加这次会议的只有40人。开会时从候补中央委员中有选择地补了10人为中央委员，才勉强过半数。允许出席会议的候补中央委员只有9人。而扩大进来出席会议的中央"文革小组"、军委办事组成员和"文化大革命"以来提升的各类人员达74人，超过总人数的一半。

江青、康生、谢富治关在钓鱼台紧张策划，把逼供得来的三份"罪证材料"综合改写成《关于叛徒、内奸、工贼刘少奇罪行的审查报告》，由张春桥修改定稿后提交中共八届扩大的十二中全会。报告中提出："撤销刘少奇党内外一切职务，永远开除党籍，并继续清算刘少奇及其同伙叛党叛国的罪行。"

在强大的政治压力和极不正常的情况下,全会在最后一天批准了这个用伪证写成的《审查报告》,从而铸成了中国共产党历史上最大的一桩冤案。但就在这种令人窒息的紧张气氛中,中共中央委员陈少敏还是不畏高压,在讨论《审查报告》时拒不表示同意,在全会表决通过时坚决不举手。

这时在中南海福禄居,刘少奇已是重病缠身。对中共八届十二中全会和关于专案的种种情况,他一无所知。在对他立案、审查、定案的整个过程中,没有人向他透露过有关专案的消息,更没有人来听取过他的任何申述。为了捍卫自己的政治生命,他曾经几次三番地口头争辩、书面申诉,但这一切均如泥牛入海,杳无音信。

精神上的重重打击和生活水平的大幅度下降,使刘少奇的身体急剧地垮下来了。1968年3月以后,他的病情明显加重。4月12日中央警卫局整理的《刘少奇情况反映》写道:"据大夫检查:刘的神志不大清楚,表现定向,辨别不清,表情呆板,对问话没有反应,说不清一句完整的话。两脚移动吃力,走路迈不开步。在穿衣、安假牙时,几次发现上下倒穿、倒安的情况,当别人告其错了时,还不知纠正。"

由于得不到有效的医治,刘少奇的病情终于恶化。7月9日,他的支气管炎急性发作,转为支气管肺炎,生命危急。这时才赶紧从北京医院和军队医院调来几个医生组织抢救。医生们会诊提出,"现病人的情况处于十分危重的状态,随时可能发生意外",建议将病人撤离监护环境住院治疗,但得不到批准。没办法,只好从北京医院拉来一些医疗器械,就地治疗。

刘少奇的卧室很快布置成了病房,放上了氧气钢瓶、点滴注射吊架。经过抢救医治,到7月24日刘少奇总算又缓了过来,脱离了危险期。

打那以后,刘少奇只能整天躺在床上,在重病的折磨下苦熬。他已经失去生活自理能力,可得不到应有的护理。他的身边没有一个亲人,他不知道自己的妻子儿女眼下身在何方,遭遇怎样?只有严密的监视仍像影子一样从早到晚跟随着他。

刘少奇的家人已经不可能来看望他、照顾他了。这个时候,他的妻子王光美正被关在秦城监狱一间阴暗霉湿的牢房里;在包头某国防工厂任副总工程师的长子刘允斌,已在1967年底挨斗后卧轨自尽;在内蒙古自治区计委工作的长女刘爱琴,正被关在"牛棚"里,不准回家;在七机部一院当技术员的次子刘允若,1967年被江青点名后被捕入狱。原来一直同刘少奇、王光美生活在一起的4个子女，也早已被赶出家门，流落各处：19岁的平平被关在单人牢房；17岁的源源四处逃亡，1968年12月又被抓进拘留所；15岁的亭亭一个人住在学校，还时不时要她检查；年仅7岁的小小也饱受欺负和歧视。

刘少奇的病情反反复复，频繁发作，一次比一次严重。1968年10月11日以后，他不能用嘴吃东西了，医护人员只好对他实行从鼻孔插管灌食。这种维持生命的方式，一直继续到他逝世。

1969年7月，刘少奇的支气管肺炎再度大发作：高烧，咳嗽，呼吸加快，两肺湿罗音明显增多，心率加快。医生们又紧急会诊，一致认为他的病情已经相当严重："因他年龄大，久病长期卧床，消瘦，抵抗力极差，容易发生休克、心力衰竭、糖尿病酸中毒等并发症，故预后不良，可能随时发生死亡。"经过一阵紧张的抢救治疗，病情总算又暂时稳定了下来。

到了10月份，中国北部边疆局势紧张，战云聚集，毛泽东作出了国际形势有可能突然恶化的估计。10月17日，正在苏州休养的林彪以副统帅的资格发出指示，要求全军进入紧急战备状态。全国据此进行大规模备战行动。

在这种背景下，中共中央决定将一些重要的审查对象分别转移外地。刘少奇当然首当其冲，决定将他送往河南开封。

10月17日晚，一架伊尔—14型飞机早已停在北京西郊机场待命。19点23分，躺在担架上的刘少奇，在两名专案人员的押送下，被七手八脚抬上飞机。由于走得匆忙，有关人员只给刘少奇套了一件上衣，连裤子鞋袜都没穿，就用一条被子往他身上一裹，放在了担架上。

飞机到开封机场着陆已是21点30分。同机跟去的还有一名医生、两名护士和原卫士长李太和。刘少奇被抬下飞机直送监护地点——开封市革命委员会机关一号楼小天井院。

这个地方是旧中国的同和裕银行。小院四周是连接着的三层楼房的墙面，墙体高大坚固，只有一条安装了铁门的通道可以出去。刘少奇被安置在北楼一层一个套房的里间。在通道门口和刘少奇卧室门口布置了两道警戒线，还有昼夜24小时双哨床前监视。警卫方面确是严密到了万无一失。

这些如临大敌般的看管措施显得荒唐可笑，实际上也毫无意义。因为刘少奇已经病得神志不清，不能下床了。

11月6日，从北京跟来的人全部奉命返回。刘少奇的监护、医疗工作完全交由开封驻军负责。

看管、护理刘少奇的人员是从开封驻军部队抽调来的。尽管事前他们都接受了"激发对刘少奇阶级仇恨"的阶级教育、保密教育，可大家还是十分惊讶：眼前所见的景象，同报纸上所谓"最凶恶敌人"的说法，反差实在太大，怎么也对不起头来。他们看到的是，这位"重点监护对象"瘦成皮包骨头，病得奄奄一息，靠鼻饲维持生命，似乎连说一句话的气力都没有了。

到开封没有几天，刘少奇的病情就发作了3次。第三次是在11月10日，刘少奇又高烧不退。当地医护人员限于水平和条件，又不熟悉病史，只得仍按肺炎治疗。

11月12日凌晨1时许，刘少奇身体状况急趋恶化，发生点头张口呼吸、嘴唇发紫等现象，吸氧后也不见改变。值班护士仍按原处方用药，到6点38分，发觉情况不妙，连忙叫其他医护人员来抢救，然而为时已晚。6点42分医护人员到齐，三分钟后，刘少奇的心脏停止了跳动，终年71岁。

此刻，是1969年11月12日早晨6点45分，离刘少奇被送往开封还不到26天。在他临终前后，身边没有一个亲属。他的妻子儿女在几年时间里对他的生死下落一点也不知道，一直到林彪灭亡后的1972年，才得知刘少奇已于三年前离开了人世。

11月13日午夜，刘少奇的遗体被送到开封火葬场秘密火化。

火化手续是从北京赶来的专案组人员办的，登记申请人时冒用了刘原的名字。对死者则填了"刘卫黄"这个刘少奇少年时曾经用过但不为外界所知的名字。

刘少奇的骨灰被装在一个临时从商店买来的普通木质骨灰盒里，交费后寄存在开封火葬场骨灰存放室。火葬场没有一个人知道这是谁的骨灰。中国广大的老百姓，更是对刘少奇之死毫无所知。史无前例的"文化大革命"，仍在如火如荼地进行着……

共和国不会忘记

斗转星移，岁月悠悠，历史的脚步沉重而又迅速地跨过了一个又一个年头……

1971年9月，林彪反革命集团灭亡。

1976年，中国共产党和中华人民共和国的主要领导人毛泽东、周恩来、朱德先后与世长辞。

1976年10月，以江青为首的"四人帮"反革命集团覆灭。"文化大革命"的十年内乱至此结束。

1978年12月，中国共产党召开十一届三中全会，开始全面认真地纠正"文化大革命"中的"左"倾错误，审查和解决党的历史上一批重大冤假错案和一些重要领导人的功过是非问题。

中国共产党终于摆脱了"左"的思想的长期束缚，彻底清算了给党和人民带来巨大灾难的"文化大革命"错误，实现了伟大的历史转折。

党内外的许多干部群众早就对刘少奇一案表示怀疑和不满，这时纷纷向中共中央写信，要求为刘少奇平反。

1979年2月，中共中央决定，由中央纪律检查委员会和中央组织部联合对刘少奇一案进行复查。11月，复查组经过认真周密的核查，证明"文化大革命"中作出的《关于叛徒、内奸、工贼刘少奇罪行的审查报告》是江青、康生、谢富治等人用伪证写成的，"报告"中加给刘少奇的种种罪名没有一项符合事实。

1980年2月，中共十一届五中全会作出《关于为刘少奇同志平反的决议》。全会发表公报指出："为刘少奇同志平反昭雪，是五中全会的另一项主要议程。全会认为，前中共中央副主席、中华人民共和国主席、伟大的马克思主义者和无产阶级革命家刘少奇同志，几十年来一贯忠于党和人民，把毕生精力献给了无产阶级革命事业，在我国新民主主义革命、社会主义革命和社会主义建设中，建立了不可磨灭的功绩。文化大革命前夕，由于对党内和国内形势作了违反实际的估计，提出了党内存在一条反革命修正主义路线，随后又提出了存在一个以刘少奇同志为首的所谓资产阶级司令部，这些论断是完全错误和不能成立的。林彪、'四人帮'一伙出于篡夺党和国家最高领导权、颠覆无产阶级专政的反革命目的，利用这种情况，捏造材料，蓄意对刘少奇同志进行政治陷害和人身迫害，并把一大批党政军领导干部诬为刘少奇的代理人，统统打倒，造成了极其严重的后果。这是我党历史上最大的冤案，必须彻底平反。近一年来，中央纪律检查委员会员针对一九六八年十月党的八届十二中全会提出的刘少奇同志的各项'罪状'，进行了周密的调查研究工作，反复核对材料，向中央作出了详尽确切的审查报告。中央政治局一致同意这个审查报告，据以作出了关于为刘少奇同志平反的决议（草案）。全会经过严肃认真的讨论，一致通过这个决议，决定撤销党的八届十二中全会强加给刘少奇同志的'叛徒、内奸、工贼'的罪名和把刘少奇同志'永远开除出党，撤销其党内外的一切职务'的错误决议，撤销原审查报告，恢复刘少奇同志作为伟大的马克思主义者和无产阶级革命家、党和国家的主要领导人之一的名誉；在适当时间为刘少奇同志举行追悼会；因刘少奇同志问题受株连造成的冤假错案，由有关部门予以平反；本着团结一致向前看的精神，把全会的决议向全党和全国人民进行传达，消除过去对刘少奇同志的错误处理所造成的影响，鼓舞全党同志和全国人民同心同德、充满信心地献身于实现四个现代化的宏伟事业。"

1980年5月15日，由中共中央、全国人大常委会、全国政协、中国人民解放军负责人以及各方面代表人士组成的刘少奇治丧委员会发出公告："为深切悼念已故中共中央副主席、中华人民共和国主席刘少奇同志，定于1980年5月17日在北京举行追悼大会。同日首都天安门，新华门，外交部，中央、国家机关，我国驻外使领馆和其他驻外机构，北京市和其他省、市、自治区政府所在地的机关、部队、企业事业、学校等单位，下半旗志哀，停止娱乐活动一天。"在这之前的5月13日，刘少奇治丧委员会派出代表，同刘少奇的亲属一起，前往河南迎取刘少奇的骨灰。河南省暨郑州市举行了隆重的骨灰迎送仪式。

5月17日这天，北京天安门广场国旗低垂，气氛肃穆。下午，党和国家领导人以及首都各方面代表1万多人，来到人民大会堂，出席刘少奇追悼大会。邓小平致悼词。他说：

> 今天，我们怀着无比沉痛的心情，悼念伟大的马克思主义者和无产阶级革命家刘少奇同志。刘少奇同志为共产主义事业战斗了一生。他是受到全党和全国各族人民爱戴的、久经考验的、卓越的党和国家领导人。
>
> 文化大革命时期，林彪，江青一伙出于阴谋篡党夺权的反革命目的，利用我们党的缺点和错误，蓄意诬陷和残酷迫害刘少奇同志。一九六九年十一月十二日，刘少奇同志在河南开封不幸病故。这是我党和我国人民巨大的损失。党中央经过周密的调查研究，根据确凿的证据，在党的十一届五中全会上，彻底推倒了强

加在刘少奇同志身上的种种罪名,郑重地为他平反昭雪,恢复名誉。我们党采取的这种实事求是、有错必纠的原则立场,受到全党全军全国各族人民的衷心拥护……

敬爱的少奇同志离开我们已经十多年了。林彪、江青一伙制造伪证,隐瞒真相,罗织罪名,企图把他的名字从中国革命的历史上抹掉。但是,正如少奇同志在处境最艰险时所说:"好在历史是由人民写的",历史宣告了林彪、"四人帮"一伙阴谋的彻底破产。历史对新中国的每个创建者和领导者都是公正的,不会忘记任何人的功绩。和毛泽东同志、周恩来同志、朱德同志一样,刘少奇同志将永远活在我国各族人民的心中。

刘少奇生前曾在不同场合多次表示,他去世后遗体火化,骨灰撒在大海里。刘少奇治丧委员会和他的亲属尊重他的遗愿。中共中央书记处将散撒骨灰的任务交由中国人民解放军海军执行。

5月19日上午,刘少奇的骨灰在治丧委员会代表和刘少奇家属子女的护送下,由北京乘专机运抵青岛军港。

众多的人民群众和解放军官兵聚集在青岛码头,为这位一代伟人作最后的送行。中午,执行散撒仪式的五艘海军军舰在绵绵细雨中编队驶向黄海海域。午后1时许,在哀乐和21响礼炮声中,刘少奇的骨灰撒向了浩瀚无边、滔滔不息的大海。

(黄　峥)

度量宏大　胸襟宽广
——朱德在"文化大革命"中

1966年至1976年,在中国大地上发生的"文化大革命",是一场新中国成立后空前的政治浩劫。它是由领导者错误发动,被反革命集团利用,给党、国家和各族人民带来严重灾难的内乱。朱德正是在这场历时十年的

"文化大革命"的惊涛骇浪中，度过了他的最后岁月。

当"文化大革命"将要开始的前夜，国内的政治生活中早已处处可以感觉到那种"山雨欲来风满楼"的紧张气氛了。1965年12月在上海召开的中共中央政治局常委扩大会议上，海军政治委员李作鹏、空军司令员吴法宪秉承林彪的意旨，发动突然袭击，制造伪证，诬陷中国人民解放军总参谋长罗瑞卿借林彪身体不好逼林"让贤"。同时，还对罗瑞卿不赞成林彪关于"毛泽东思想是当代马克思列宁主义的顶峰"等提法进行批判。在会上，朱德实事求是地表示同意罗瑞卿反对"顶峰"的提法。他也认为，马列主义、毛泽东思想还会发展的，不能讲顶峰，到了顶峰就不会发展了。他没有料到，这次发言以后竟成为林彪、康生等人攻击他的重要口实。对于罗瑞卿的所谓"篡军反党的问题"，朱德同刘少奇、周恩来、邓小平等人一样，事先毫无所知。康克清后来回忆说："朱总参加上海会议（指那次中央紧急会议）后不久，到了杭州。当时，我正在江西搞'四清'，便赶来看他。吃饭时，我发现他常常停住筷子，沉思摇头。我不清楚发生了什么事情。看他这个样子，我很担心，就问他：'老总啊，身体不舒服吗？'他摇头不语。饭后，他把我叫到他的办公室，对我说：'你就不要多问了。'然后，又自言自语地说：'如果这样搞下去，面就宽了，要涉及到很多人，怎么得了呀！'我听了觉得很奇怪。后来他的秘书告诉我是因为罗瑞卿同志的'问题'，我才知道朱总当时忧心忡忡的原因。"

这以后，局势发展得很快。1966年5月4日起，中央政治局扩大会议在北京召开。会议以"反党集团"的吓人罪名对彭真、罗瑞卿、陆定一、杨尚昆进行了错误的批判。会议通过了毛泽东亲自主持制定的中共中央通知（简称《五一六通知》），对当时党和国家状况作了完全错误的估计，提出："混进党内、政府内、军队里和各种文化界的资产阶级代表人物，是一批反革命修正主义分子，一旦时机成熟，他们就会要夺取政权，由无产阶级专政变为资产阶级专政。这些人物，有些已被我们识破了，有些则还没有被识破，有些正在受到我们信用，被培养为我们的接班人，例如赫鲁晓夫那样的人物，他们现正睡在我们的身旁。"

朱德在小组会的发言中，强调要认真学习马列著作，学习唯物辩证法。他说："朝闻道，夕死可矣。我也有时间读书了，读毛主席指定的三十二本书，非读不可。准备花一二年的时间读完，连下来读就通了。毛主席也是接受了马克思列宁主义的理论……"他的话还没有说完，就被打断了。林彪重新提起他去年在上海会议上关于"顶峰"的发言，攻击朱德有野心，是借马克思主义来反对毛主席。康生也攻击朱德"想超过毛主席"，"组织上入党了，思想上还没有入党，还是党外人士"。

这次会议决定由陈伯达、康生、江青、张春桥、姚文元、王力、关锋、戚本禹等组成的中央文化革命小组取代以彭真为组长的文化革命小组，并掌握了中央的很大一部分权力。同年8月，中共中央召开八届十一中全会。毛泽东写了《炮打司令部——我的一张大字报》。会议通过了中共中央关于无产阶级"文化大革命"的决定（通常称为"十六条"）。一场由毛泽东亲自发动、席卷全国达十年之久的"文化大革命"从此开始。

"文化大革命"会那样发展，是朱德原来所没有想到的。这一年，他已经八十岁了。当他看到中央和地方许多党政领导干部被作为"反革命修正主义分子"、"黑帮分子"、"叛徒"、"走资派"，受到批斗、抄家，看到工厂农村的生产秩序受到严重冲击，整个社会陷入极端混乱时，他的心情十分沉重。一个当时在朱德身边工作的秘书回忆说："1966年冬的一天，我去给朱总送文件时，看到他仰靠在沙发上，紧闭双目。直到我走近前，他才睁开眼睛，他像是在对我说，又像是自言自语地说：'看来这次要打倒一大批人了，连老的也保不住了。'看他当时的表情，心事很重。"

但朱德在参加中央的会议时，还是坦然地说出自己的看法。12月6日，他在中央政治局扩大会议上说："现在群众已经起来了，我有点怕出乱子，特别是怕生产上出乱子。"九天后，他在另一次政治局扩大会议上又说："现在有一个问题，就是把你也打成反革命，把他也打成反革命。我看，只要不是反革命，错误再严重，还是可以改正的。一打成反革命就没有路可走了，这个问题要解决。"

可是，整个局势却越来越恶化了。1967年1月，从上海扩展到全国，掀起一场由造反派夺取党和政府各级领导权的"全面夺权"的狂潮。"打倒一切"和"全面内战"，造成比以前更严重的社会动乱和社会灾难。1月11日，朱德在中央政治局扩大会议上说："现在'文化大革命'运动搞到破坏生产的程度，忘记了'抓革命，促生产'，这是新出现的问题，要注意解决。""我们制止武斗这么久了，可是有些人还在武斗，甚至还有砸烂机器、烧毁房屋的，这里面有反革命分子在捣乱，要注意。"这自然使朱德更被林彪、江青等视为眼中钉。

1月中旬，在江青指使下，中央"文革小组"成员、当时担任中央办公厅负责人的戚本禹，在钓鱼台（中央文革办公地点）邀集中央办公厅的造反派，鼓动他们在中南海里对刘少奇、邓小平、陶铸、朱德等人进行批斗。于是，这些造反派先后冲进刘少奇等家中，对他们进行围攻和批斗，也包围了朱德的家。康克清回忆说："一天晚上，我回到家，中南海造反团的造反派们围在楼前，高呼'打倒''炮轰'的口号，把大字报、大标语贴到我们家里，墙上、地下，到处都是。还提出要把我们从中南海轰出去。当时，朱总还在玉泉山。他们一直闹到很晚才散去。"

朱德从玉泉山刚回到中南海的家中，就接到造反派的"勒令"，要他必须去看批判他的大字报，交代"反对毛主席的罪行"。周恩来的卫士高振普回忆道："造反派在中南海内贴出了攻击朱老总的大字报。周总理闻讯赶到朱老总的家，安慰他要保重身体，劝说老总到比较平静的玉泉山休息。在老总身边工作的同志告诉我，朱老总已去看了那张大字报，边看边用手中的拐杖敲打着地面，说那张大字报只有两个字是对的，那就是'朱德'，其他内容不知是从什么地方造出来的。"

1月底，戚本禹又煽动中国人民大学的造反派，把批判朱德的斗争引向社会。一时间，攻击朱德的大字报、大标语纷纷出现在北京大街上。造反派还贴出海报，准备召开万人大会，公开批斗朱德。

北京大学的造反派头子聂元梓得到这个消息后，立刻召集北大造反派开会。她在会上说："清华大学揪出刘少奇，我们这次也要搞一个大的。"会后，她给康生打电话，探询中央文革的态度。康生回答说："你们自己搞就搞成了。要说是我让你们搞的就搞不成了。"于是，聂元梓几次召集会议，组织班子撰写批判朱德的文章登在《新北大战报》上，印了五十万份，散发到全国各地。

面对突然袭来的恶浪，朱德泰然自若地向康克清谈了两点看法：第一，历史是公正的；第二，主席和恩来最了解我，有他们在，我担心什么。同时，他还劝慰康克清："你不要怕他们批斗，要每天到机关去，群众是通情达理的，和群众在一起，他们就不会天天斗你了。"

造反派要揪斗朱德的消息传到周恩来那里。他征求毛泽东的意见后，在开会的前一天要秘书通知戚本禹，必须立即取消"批判朱德大会"。由于周恩来的干预，批斗大会没有开成。事后，戚本禹责备造反派们："你们以为你们很聪明，其实最傻了。要不要搞，你们自己考虑。"

周恩来在非常困难的环境中，还设法取得毛泽东的同意，保护了一批被揪斗的老干部和著名的民主党派人士及专家学者。这年2月，在他的具体安排下，正受到造反派批斗围攻的江苏省委第一书记江渭清、浙江省委第一书记江华、广西区党委第一书记韦国清、湖北省省长张体学等，从外地被接到北京保护起来。江渭清回忆说：

"我到北京后，听到朱德同志也受到批判、攻击的消息后，很为他老人家担心，便拨了个电话给朱德同志。接电话的是康克清同志。我提出想去探望朱德同志，她很快答复欢迎我去做客。

"之后，我来到朱德同志的家中。一见面，他便亲切地询问我的身体和安全情况。说心里话，在当时那种处境下，听到他老人家的一番问候，我不禁热泪盈眶，紧紧握住他的手，不知该说什么是好。'今天请你来，我们随便谈谈心。'朱德同志微笑着说。我更加感动。

"落座后，我把自己心中的疑虑一股脑儿地倒了出来。我向朱德同志叙述了江苏省'文革'运动的情况后，又谈了自己对'文革'的看法。我说：'主席提出要抓革命、促生产，可是现在是专抓革命，不抓生产，田里的稻谷没人收，工厂停工不生产，这样下去怎么行呢？'朱德同志要我向主席反映江苏的情况。我说去年召开中央工作会议时，我就向主席提到这个问题。接着，朱德同志严肃地说：'停产闹革命并不是主席的意见，也不是中央的意见，是造反派要这样搞，而且他们整人也整得很厉害。'

"他又说：'渭清同志啊，你要能忍耐。忍得一时之气，免得百日之忧，不忍不耐，小事成大啊！'他老人家一番语重心长的教诲启发了我。我想，他作为党和国家的领导人，也受到造反派的攻击，而他却十分坦然，使我不禁肃然起敬。

"谈话后，已近午时，朱德同志留我吃饭。这时，我不免担心地问：我是江苏'最大的走资派'，会不会牵连到您？'你这样老的同志，我是了解的，吃顿饭就会受牵连吗？'他开心地笑着说。我心中充满着感激之情，可还是犹豫不决。康克清同志在一旁说：'老总啊，你决定吧。'朱德同志斩钉截铁地说：'没关系，他是主席、总理用专机接来的，怕什么？'我听了他老人家的话，心里踏实了许多，也很感激他对我的关心。"

可是，局势还在继续恶化。就在1967年2月前后，谭震林、陈毅、叶剑英、李富春、李先念、徐向前、聂荣臻等政治局和军委的领导人，在不同的会议上对"文化大革命"的错误做法提出了强烈的批评，但被诬为"二月逆流"而受到压制和打击。朱德没有参加这几次会议。但从此以后直到党的九大的召开，中央政治局的会议不再举行，中央"文革小组"实际上取代了政治局的职权。朱德的文件被停发了，他的保健医生被调离，他的行动也受到各种限制。只是由于毛泽东在一次会议上谈到朱德时表示"我要保他"，朱德才没有遭到残酷的人身迫害。

这年5月以后，在中央"文革小组"煽动下，许多地方相继发生大规模武斗，公检法机关以及军事机关遭到冲击，银行、仓库、机要档案部门遭到抢劫，铁路交通遭到破坏，违法事件不断发生，整个社会处在大动乱中。康克清回忆说：朱老总听到有些地方武斗很凶，甚至有的部队也参加了武斗的消息后，很痛心。他说："用这种狂轰滥炸的方式解决矛盾，怎么行呢？"他的秘书在谈到当时情况时说："这一段时间，朱总一直很沉闷，他想去找主席谈谈，可是，得到的答复是：主席很忙，没有时间。有一次，朱总要我陪他去找总理，可到了总理门前，他又犹豫了，最终还是没有进去。"

1967年，朱德是在十分艰难的处境中度过的。有些人不敢再接近他。个别曾在他那里工作的人甚至写大字报和揭发材料来批判他。他的夫人康克清被妇联的造反派弄去游街、批斗。他的子女被禁止进入中南海。他的儿媳赵力平回忆说："这时，中南海已不让我们进去了。一次，我们到北京，是妈妈（康克清）从妇联来接我们，然后在前门外的一家饭馆里一边吃饭，一边交谈。当时，我看到这种情况，心里很难过。"

然而，林彪、江青等没有就此罢手。在党的九大召开之前，他们更加紧了打击迫害一批党和国家领导人的活动。

1968年7月，康生将他分类的党的第八届中央委员、候补中央委员的名单送给江青。名单中，刘少奇、邓小平等89人被列为"特务"、"叛徒"、"里通外国分子"、"反党分子"；朱德、陈云等29人被列为"有错误的或历史上需考查的"；此外，还有"靠边站的"7人，有病的三人和去世的28人，只余下37人（名单中漏了林枫和黄克诚）。前两项占中央委员、候补中央委员总数的61%。

同月，公安部长谢富治按照江青、康生的要求，抽调七百多人在公安部清查历史档案。他对参加的工作人员说："清档是从档案中查党内最大的一小撮死不改悔的走资派的反革命罪行。"不久，康生在谢富治送审的报告上批道："从现在清查出的材料，已经看出问题的严重，我想进一步清查，还会发现更多更大的内奸们的阴谋罪行。"他们先后整理出诬陷朱德等14

位党和国家领导人以及44位中央和地方党政军负责人的材料四百余件，制造出一起起假案、错案。

这年10月13日至31日在北京召开八届十二中全会扩大会议。出席会议的八届中央委员、候补中央委员只有59人。朱德参加了这次会议。当一些人在会上猛烈攻击所谓"二月逆流"问题时，朱德在小组会上依旧坦然地说："一切问题都要弄清，怎么处理，主席有一整套政策，批评从严，处理按主席路线。谭震林，还有这些老帅，是否真正反毛主席？"他的发言不时被吴法宪、张春桥等人打断。他们攻击朱德"一贯反对毛主席"、"有野心，想黄袍加身"。谢富治在10月17日的小组会上说："朱德同志从到井冈山第一天起就反毛主席。""陈毅同志是朱德同志的参谋长。这些人都该受批判。""刘邓、朱德、陈云都是搞修正主义，'二月逆流'这些人不死心，还要为他们服务！"

面对这种极不正常的气氛，82岁的朱德始终泰然处之。正如萧克后来评价的那样："在党内生活不正常的情况下，他也作过检讨，只从自己主观上找原因，不用浮夸言辞哗众取宠……他的度量之大，胸襟之宽广，无不令人钦佩。"朱德在全会结束以后，用了近半月的时间，把自己从1950年至1966年的380件讲话稿、文章重新认真地翻阅了一遍，检查自己的言行。

从八届十二中全会结束到九大召开的五个月间，林彪、江青、康生一伙继续加紧对朱德等的攻击和诬陷。11年后，吴法宪、邱会作等被押上法庭，在事实面前，他们承认所讲的话"没有根据，都是捏造的，就是为了突出林彪"，"完全是跟着林彪摇旗呐喊"。

在他们制造的种种冤假错案中，所谓"中国（马列）共产党案"就是其中最骇人听闻的案件之一。1968年12月，中国科学院经济研究所实习研究员周慈敖在办案人员的诱逼下，诬供朱德、董必武、叶剑英、李先念、李富春、陈毅、贺龙、刘伯承、徐向前、聂荣臻、谭震林、余秋里等几十位中央及地方领导人组织了一个"中国（马列）共产党"，说朱德是"伪中央书记"，陈毅是"伪中央副书记兼国防部长"，李富春是"当总理的角色"，常委有陈毅、李富春、徐向前、叶剑英、贺龙等九人，委员有王震、萧华、伍修权等16人，并且成立了"中共（马列）起义行动委员会"，"各系统都有他们的人"。还说朱德等签署了一份给蒋介石的电报，希望蒋配合"制止危险局势的发展"，等等。这样一份荒诞离奇的供词，却引起谢富治的极大兴趣，他看到汇报后说："情况很重要，不能不信，不能全信，要是准的话就是个大成绩。"直到党的九大以后,谢富治仍对办案人员说:"有的目前找不到证据,下决心斗争,案犯口供也算数。"

在1969年4月1日至24日召开的九大上,尽管林彪、江青一伙百般阻挠,由于毛泽东的表态,朱德等还是被选入中央委员会。在九届一中全会上,朱德继续当选为中央政治局委员。

就在九大开幕前夕,发生了苏联军队多次侵入我国黑龙江省珍宝岛地区的边境武装冲突事件。中共中央对发生战争的危险性作了过分的估计,在九大后开始全国性的备战工作,并决定:10月20日前,将在京的老同志疏散到各地。董必武、朱德、李富春等去广州;陈云去南昌;陈毅去开封;聂荣臻去邯郸(后去郑州);徐向前去石家庄;叶剑英去长沙……

10月18日,总参谋长黄永胜紧急传达林彪的"第一个号令":全军进入紧急战备状态。康克清回忆说:"战备手令下达后,朱总对我说,现在毫无战争迹象,战争不是凭空就能打起来的,打仗之前会有很多预兆,不是小孩打架,现在看不到这种预兆、迹象。"

10月20日中午,朱德和董必武、李富春、滕代远、张鼎丞、张云逸、陈奇涵及家属分乘两架飞机抵达广州白云机场。随后,住进广州郊区的从化温泉宾馆,在这里居住了九个月。

在广东的这些日子里,朱德的生活虽然清静,却受到种种限制和冷遇。平时只能在划定的区域内活动,离开宾馆需要经过广州军区主管领导批准,连去一次广州市区都不容易,更不要说到工厂、农村去看看。广州军区司令员丁盛还多次在会议上攻击朱德"是一个老军阀","从井冈山起,就是反对毛主席的"。

1970年7月,朱德接到通知:准备参加在江西庐山召开的九届二中全会。他离开广东返回北京,住进西郊万寿路的"新六所",没有回到他居住了二十年的中南海。

8月23日至9月6日,中共九届二中全会在庐山举行。会上,林彪一伙发动突然袭击,准备夺取更多权力。8月31日,毛泽东写了《我的一点意见》,严厉批评在这次突然袭击中打头阵的陈伯达。

庐山会议后,随着"批陈整风"的进展,毛泽东又采取一系列措施,削弱林彪一伙的权势。林彪一伙决心铤而走险,策划武装政变。1971年9月13日,林彪因发动武装政变的阴谋败露,仓皇乘飞机出逃,终于摔死在蒙古的温都尔汗。

林彪集团失败后，朱德的心境舒畅多了。他参加中央召开的"批林整风"汇报会议时，在军委直属组说："我好几年没有和军队同志在一起开会了。现在我还能看到大家，看到我们的军队还是好军队，心情很愉快，很高兴。"

他仍十分关心生产，随着处境的好转，又能到工厂、农村中去走一走，看一看；并且恢复了会见外国议会代表团和外国友人的活动。

1973年8月下旬召开的中共十大和十届一中全会上，朱德当选为中央委员、中央政治局委员和中央政治局常委。

这年12月21日，毛泽东在他的住所会见参加中央军委会议的人员，朱德也应邀前往。当时在毛泽东身边工作的张玉凤后来说："当我送朱老总到会议室的时候，毛主席一下就看见了这位许久未见面的老战友，要站起来迎接。还没等他起身，朱老总已来到他的面前。毛主席微欠着身体，拍着身边的沙发请朱老总挨着自己坐下。此时，毛主席很动情，他对朱老总说：'红司令，红司令你可好吗？'朱老总操着四川口音高兴地告诉主席说：'我很好。'在座的其他领导同志的目光早已集中到毛主席和朱老总这里。毛主席习惯地从小茶几上拿起一支雪茄烟，若有所思地划着火柴点燃香烟吸了一口，又环顾四周，继续对朱老总说：'有人说你是黑司令，我不高兴。我说是红司令，红司令。'他重复着，又说：'没有朱，哪有毛，朱毛，朱毛，朱在先嘛。'"在这次谈话中，毛泽东对"文化大革命"中处理贺龙、罗瑞卿、杨成武、余立金、傅崇碧等人的问题，做了自我批评。他说："我看贺龙同志搞错了。我要负责呢。""杨、余、傅也要翻案呢，都是林彪搞的。我是听了林彪的一面之词，所以我犯了错误。小平讲，在上海的时候，对罗瑞卿搞突然袭击，他不满意。我赞成他。也是听了林彪的话，整了罗瑞卿呢。有几次听一面之词，就是不好呢，向同志们做点自我批评呢。Self – criticism，自我批评。"

尽管毛泽东这时作了一些自我批评，但他并没有认识到他所发动的"文化大革命"是根本错误的。当周恩来在批判林彪过程中提出批评极"左"思潮时，毛泽东又觉得这样发展下去，势必会导致对"文化大革命"的否定，因而又错误地支持江青一伙把林彪集团的性质定为极右而不是极"左"，使周恩来等纠正"文化大革命"中"左"倾错误的努力归于夭折。江青等乘机打着"批林批孔"的旗号，把斗争矛头集中指向周恩来等。

1974年1月25日，江青在中直机关、国家机关"批林批孔"动员大会上，以"批林批孔"为名，对周恩来、叶剑英等不指名地进行攻击。康克清参加了这次大会，她回忆说："我参加了在首都体育馆召开的'批林批孔'大会回来，感到紧张，就把开会的内容向朱总讲了。我说：'听了江青的讲话，一个突出的印象就是她把手伸到军队里去了。'朱总听了我的话，说：'你不要害怕，军队的大多数是好的，地方干部大多数是好的，群众也是好的。你想想，群众会同意受二茬罪吗？你到农村去问问农民，地主回来他们赞成不赞成？你到工厂去问问工人，资本家回来他们赞成不赞成？你再去问问知识分子，做亡国奴他们赞成不赞成？他们一定都不会赞成的。'"事隔两年多，当周恩来、朱德、毛泽东相继去世、党内健康力量同"四人帮"之间发展到殊死搏斗的关键时刻，康克清乘车到西山叶剑英的住处。她后来说："1976年9月中旬的一天，我去看望叶帅，他把我带进一间很小的办公室里，打开收音机，音量放得很大。他问我：'朱老总逝世前留下什么话没有？'我就把朱总对形势分析的那段话说给了他。他听后说：'噢，朱老总还有这样的分析。'"

这年8月，88岁的朱德来到秦皇岛海军基地，在接见舰艇指战员时，又说了一番意味深长的话。他说："我们党的老干部是宝贝呀……我们做的事情是光荣的，是有前途的。"

这年，被林彪、江青一伙关押了七年半的原解放军总政治部主任萧华走出监狱，便来看望朱德。朱德对他说："共产党员受点委屈不算事儿。瑞金、井冈山、二万五千里长征，那么多困难，那么多挫折，我们都踏着熬过来了，现在这点磨难，能让我们丧失信心吗？!""这几年，不过是历史的一个插曲。革命总是要经历曲折反复的，总是要向前发展的。""凡是违背唯物辩证法的东西，别看它眼前兴时得很，但从长远的观点看，最后在历史上总是站不住脚的。"这次谈话，正是在四届人大即将召开的前夜。

1975年1月13日至17日，第四届全国人民代表大会第一次会议在北京举行。朱德主持了开幕式。周恩来带着重病在会上作了《政府工作报告》，重申发展我国国民经济的两步设想，即第一步在1980年以前，建成一个独立的比较完整的工业体系和国民经济体系；第二步在本世纪内，全面实现农业、工业、国防和科学技术的现代化，使我国国民经济走在世界的前列。从三届人大到四届人大，中间相隔十年，又重新提出实现四个现代化的宏伟目标，并决定以周恩来、邓小平为核心的国务院领导人选，使经受了多年"文化大革命"磨难的人民心中又燃起新的希望。

朱德在这次会上继续当选为人大常委会委员长。这时，他已是89岁高龄的老人了。他在人大常委会第一次会议上说：在庄严的四届人大一次会议上，我们被选为人大常委会委员，党和人民委托我们贯彻执行宪法规定的职权，责任重大，任务很艰巨。我们一定要刻苦学习马克思列宁主义、毛泽东思想，勤勤恳恳地努力工作，完成党和人民赋予我们的光荣而艰巨的任务。不久，他又写下"革命到底"的条幅以铭志，他在1973年也曾多次写过这一内容的条幅。在这以后到他逝世的一年半时间里，他承担了大量的外事活动，频繁地会见外国国家元首、政府首脑、议会领导人以及友好代表团，单单出席接受国书的仪式就达到四十多次。

四届人大后不久，周恩来总理病情加重。邓小平受毛泽东的委托，主持党中央和国务院的日常工作，对工业、农业、科技、国防、教育、文化等各方面进行全面整顿。在短短九个月里，形势有了明显好转，各个领域的工作取得显著的成效。

对邓小平取得的成就，朱德是十分欣慰的，他称赞道：在毛主席的领导下，由邓小平同志主持中央的日常领导工作，很好。原辽宁省委书记周桓回忆说："1975年底，我去看望总司令，他对我说：'现在形势很好，组织上顺过来了，思想上还未顺过来。'接着，他又谈到，要抢班是不行的，林彪不是垮了嘛？！他们要打倒我，这不是我个人的事，我是党树起来的，要打倒我，就得先打倒共产党。现在虽然有人还在捣乱，但是，毛主席的革命路线一定要胜利。"

然而，整顿工作从一开始就受到"四人帮"的阻挠和破坏。同时，由于毛泽东不能容忍邓小平系统地纠正"文化大革命"的错误，又发动了所谓"批邓、反击右倾翻案风"运动，全国再度陷入混乱。

正是在这样一个异常严峻的时刻，周恩来总理在1976年1月8日逝世。全国人民顿时沉浸在巨大的悲痛中。

朱德同周恩来有着半个多世纪的深厚情谊。他是1922年在德国由周恩来和张申府介绍入党的。五十多年来，他们曾经一起度过了多少个生死与共的日日夜夜。周恩来是在发现癌症两年后的1974年6月才住院的。朱德同他最后一次相见是1975年7月11日。那天周恩来身体稍好一些，起床后在病房内作"八段锦"运动。他的卫士高振普回忆道：

"他边运动边对我说：'你去打电话，问一下朱老总的身体怎么样？他现在有没有时间？前些日子他想来看我，因为我当时身体不太好，没能请他来，今天可以了，看朱老总能不能来。'我答应马上去打电话。总理接着说：'现在是四点多钟，如果老总可以来，5点可以到这里，大约谈上半个小时，5点半可以离开，6点他可以回到家吃饭。按时吃饭是朱老总多年的习惯。他有糖尿病，年岁又大，不要影响他吃饭。如果今天不能来，过几天他要去北戴河了，最好在此之前来一趟。'

"周总理住院后，朱老总几次想来看望，只是怕影响总理的正常治疗。周总理也不愿让年近九旬的朱老总看到他在病榻上的样子，所以一直没有来。今天，总理约朱老总来，是想到朱老总过几天去北戴河，需两个多月才能回来。总理担心到那时自己的身体条件不会比现在好，所以，请朱老总在去北戴河之前先来见见。

"我把朱老总可以来的消息报告了总理，同时转达了康大姐的问候。总理在病房里来回走了几趟，对我说：'换上衣服，到客厅里去见老总，不要让他看到我穿着病号衣服。'

"5时50分，朱老总到了，迈着稳健的步子走向客厅，周总理起身迎向老总，两人同时伸出双手，朱老总用颤抖的声音问总理：'你好吗？'总理回答说：'还好，咱们坐下来谈吧。'朱老总已89高龄，动作有些迟缓，我们扶他坐在沙发上，总理关心地问老总：'要不要换一个高一点的椅子？'老总说：'这个可以。'总理示意关上客厅的门，我们都退了出来，客厅里开始了两位老战友的谈话。

"6时15分，谈话结束了，总理送老总走出客厅，紧紧地握手告别，警卫员搀扶着老总上了车，总理目送着汽车开走，才转身回到病房。谁能想到，这次相见竟是两位几十年出生入死的老战友的最后相见！"

周恩来这样快地去世，是朱德怎么也想不到，也难以相信的。她的女儿朱敏在第二年回忆道：

"去年元旦，我父亲病刚好一些，就出了院。他在生病期间，组织上没有告诉他总理病重的消息。1月8日，总理逝世时，一开始也不敢告诉他。那天下午，他正去接见外宾，接受国书。回来后，妈妈慢慢地对他说：'总理病情最近恶化了。'他听了后，连这也不相信，认为：有那么多的好大夫给总理治病，病情不会发展得那么快。敬爱的周总理会这么快去世，他没有想到，也不愿想到呀！晚上八时，当他得知总理逝世的消息后，眼泪马上就流了下来。我是从来没有看到过我父亲掉泪的。1974年，我哥哥因病突然去世，父亲听到这个消息后，都没有掉一滴眼泪。

"当他听到总理临终遗言，要把骨灰撒在祖国的大地和江河里时，便很严肃地说：'过去人们死后要用棺材埋在地里，后来进步了，死后火化，这是一次革命。总理为党、为国家、为人民鞠躬尽瘁，死而后已，真是一个真正的彻底的革命家。'他一边说，一边流泪，还问我们：'你们知道总理的革命历史吗？'我们说：'知道一点，看了一些别人的回忆。'他却说：'你们应该了解总理的革命历史！'说着，就开始讲总理革命的一生。当时，我们怕他过分伤心，身体受不了，没有让他说很多，但他不时自言自语：'你们知道总理的革命历史吗？'他自己陷入深深的回忆之中。

"向总理遗体告别时，父亲一路上都在掉泪，在车上他就要脱帽子。在总理的遗容前，他庄严地向总理举手致敬！回来后，他一句话不说，也不吃东西。治丧委员会的同志征求他的意见，是否只参加一次吊唁仪式，他却坚持要全部参加。开追悼会时，他原来决定是要出席的，但是就在出发之前，九十高龄的父亲，由于哀悼总理过分悲痛，两条腿说什么也站不起来了，因而没有去成！"

周恩来的逝世，在全党全军和全国人民中引起强烈的震动。人民英雄纪念碑周围布满的花圈、挽联、悼词……不仅表达了广大人民群众对失去这位卓越领导人的悲痛与怀念，而且反映了人们对中国前途命运的焦虑心情。这年4月清明节前后，在全国范围内掀起了悼念周总理，反对"四人帮"的强大抗议运动，为后来粉碎江青反革命集团奠定了广泛的群众基础。

朱德有一次同江西省委常委刘俊秀谈话，针对江青一伙的倒行逆施，愤慨地说："别听他的'革命'口号喊得比谁都响，实际上就是他们在破坏革命，破坏生产。不讲劳动，不搞生产，能行吗？粮食不会从天上掉下来。没有粮食，让他们去喝西北风！"

这年6月21日上午，朱德前往人民大会堂会见澳大利亚联邦总理马尔科姆·弗雷泽。由于会见的时间推迟，而朱德事先没有得到通知，在放有冷气的房间里等了近一个小时。回到家中，他便感到身体不舒服，经医生诊断，是患了感冒。25日晚，朱德因病情加重，被送入北京医院治疗。

几天后，朱德的病情稍有缓解。但进入7月后，他的病情又再次加重，多种病症并发。

朱德住院后，中共中央副主席叶剑英委托他的女儿几乎每天打电话到医院，询问朱老总的病情。邓颖超、聂荣臻、李先念等纷纷前往医院探望朱德。在病榻上，朱德同看望他的国务院副总理李先念作了最后一次谈话。

他说:"我看还是要抓生产。哪有社会主义不抓生产的道理呢?!"

7月5日,朱德的病情急剧恶化。当他看到站在病床前的李先念、聂荣臻、王震、邓颖超、蔡畅等人时,他努力地要抬起右臂和他们握手,却终于没有抬起来。在场的老帅、大姐们都难过地流下了眼泪。很快,朱德进入昏迷状态,再也没有睁开眼睛。

1976年7月6日下午3时1分,朱德的心脏永远停止了跳动,享年九十岁。

在中南海毛泽东的寓所里。

刚从生命垂危中被抢救过来的毛泽东,静卧在病榻上。这时主持中央日常工作的华国锋赶来向他报告了朱德逝世的消息,毛泽东听完华国锋的报告,用微弱、低哑的声音问:"朱老总得的什么病?怎么这么快就……"他嘱咐华国锋一定要妥善料理朱德的丧事。

朱德的逝世,使中国人民再一次沉浸在悲痛之中。当他的遗体被送往八宝山革命公墓火化时,人们聚集在十里长街,含着热泪,目送着灵车西去。

朱德的逝世,在世界各国或地区的领导人中引起了广泛的反响。他们纷纷发来唁电、唁函,表示深切的哀悼,并且称赞这位具有传奇色彩的中国领导人是:

"本世纪最伟大的民族领袖之一。"

"中国红军之父。"

"为争取中国人民解放而奋斗的传奇式的统帅和战士。"

"中国人民优秀的儿子。"

"无私地忠于职责的典范。"

"中华人民共和国历史的伟大象征。"

1976年12月1日,是朱德九十周岁诞辰日。一个多月前,中国共产党和中国人民刚刚毅然粉碎了江青反革命集团,结束了"文化大革命"这场灾难。这一天,康克清携带家人来到绿荫环抱的八宝山革命公墓。她把一束鲜花放在朱德的骨灰盒上,她要将"四人帮"被粉碎的消息告诉九泉之下的朱德,让他和中国人民一起分享喜悦……

十年后,朱德一百年诞辰的时候,胡耀邦代表中国共产党中央委员会在隆重的纪念大会上对朱德的一生作出高度的评价:

"朱德同志的一生，对中国革命和建设事业的建树是多方面的。他运用马克思主义的普遍真理解决中国的实际问题，对于毛泽东思想特别是毛泽东军事思想的形成和发展作出了杰出的贡献。他功盖千秋，更令人怀念的是，朱德同志既是伟大的统帅，又是普通士兵，堪称楷模，他的德行与日月同辉。

"朱德同志光辉的一生，是同中国革命的艰难历程和伟大胜利融合在一起的。四十年前，在他六十诞辰时，毛泽东同志称他为'人民的光荣'。其他中央领导同志也给他以高度评价。对这些称誉，朱德同志是当之无愧的。

"朱德同志是伟大的，又是平凡的。他一生思想的高尚，人格的伟大，给全党、全国人民留下了亲切难忘的印象。它将传诵千古。对新一代年轻的领导者的成长，更是一笔十分宝贵的精神财富。"

（姚建平）

残酷斗争　无情打击
——关于在中央苏区的"邓、毛、谢、古"事件

王明"左"倾冒险主义和宗派主义来到了中央苏区，来到了中央红军，并把它的触角伸向各个革命根据地。

1932年10月，中共苏区中央局在江西宁都召开会议，"左"倾冒险主义者认为要坚决地攻打大城市，攻击毛泽东"消极怠工"，"不尊重"他们的领导，犯有"等待敌人进攻"的右倾错误。毛泽东在会上同"左"倾错误进行了坚决的斗争，于是被撤销了他所担任的红一方面军总政委的军事职务，调他"专做政府工作"，实际上是剥夺了他的军权。

1933年1月，由于"左"倾冒险主义的错误政策，使我白区工作丧失几乎百分之百，中共中央临时政治局也不得不从上海迁入中央革命根据地的瑞金，这就使执行王明路线的临时中央，形成了对中央苏区工作的更加直接的领导。

九一八事变后，蒋介石的南京政府对日本帝国主义的侵略采取了一味

的不抵抗政策，致使日本侵略者肆无忌惮地占领了我国东北三省，并于1932年建立了日本操纵下的伪"满洲国"。日本军队对中国东北实行残酷的殖民统治，疯狂"讨伐"抗日组织和抗日力量，杀害无辜平民，使我国东北人民沦于水深火热的悲惨境地。1933年1月，日军继续扩大侵略，强行武装占领了我华北要冲山海关，大肆屠杀中国军民，并把侵略矛头直指我热河省，3月初，日军攻占热河省会承德，同时进抵长城各口，已经摆开大举进犯我中原之势。

在这国难当头、强房压境之形势下，蒋介石竟然不顾全国各界民众的强烈反对，从1932年7月到1933年3月，调集了81个师、29个旅另39个团，共65万兵力，对红军发动了第四次"围剿"。蒋介石亲自坐镇武汉，自任"剿匪总部总司令"，兼豫鄂皖三省"剿匪"总司令。

1932年6月至10月，蒋介石首先调集十万兵力，向湘鄂西洪湖和湘鄂赣三个革命根据地进攻，我各根据地均受到了重大损失，红军被迫撤离和转移。在这种形势下，由于张国焘等的"左"倾错误，使红四方面军未能打破敌人的"围剿"，主力两万余人退出鄂豫皖苏区，转至川北。由此，红军对武汉所构成的威胁基本解除。

1933年2月至3月，蒋介石气焰嚣张地出动50万兵力，向我中央苏区发动进攻。此时，毛泽东已被排挤离开了红军，周恩来、朱德抵制了中共苏区中央局的"左"的干扰，坚持了正确的战略战术，经过黄陂、草台岗等战斗，巧计歼敌，粉碎了敌人第四次"围剿"，共全歼敌人第一纵队的三个师，生俘敌二十五师师长李明和五十九师师长陈时骥，缴枪万余，俘敌万余。

红军的第四次反"围剿"的胜利，正如毛泽东所说的，是取得了"空前光荣伟大胜利"，而蒋介石则在致陈诚书信中哀叹为"有生以来的隐痛"。

经过第四次反"围剿"的战斗，中央苏区扩大到地跨湘赣闽粤四省，并和闽浙赣苏区连成一片，中央红军发展到十万人，全国红军30万人，全国共有中共党员30万人。

第一、二、三、四次反"围剿"的胜利，是由于红军采取了机动灵活、正确得当的战略战术，也是由于中央苏区在建立红色革命政权的同时，开展了土地革命，毛泽东等实行了正确的土地政策，广大贫苦农民分到了土地，各阶层人民群众的生产积极性和革命积极性都空前高涨，在人民群众的支持和配合下，革命根据地一天天巩固，红军一天天壮大，红军的战斗取得了一次又一次的胜利。

但是，天下从来没有天生成就的大道坦途。有真理就有谬误，二者就像正数和负数般的不可分割。真理，也只有在与谬误的较量中，方可显示其不朽的光辉。历史的发展总是曲折的，总是有许许多多的跌宕起伏。有时真理占据主导，而有时，则是谬误占据主导。

1933年初，中共临时中央政治局迁入中央苏区后，以博古为代表的"左"倾冒险主义的一些人，反对毛泽东等在苏区所施行的政策，他们不但将毛泽东排斥出对红军的领导，而且对于其他抵制"左"的政策的同志大加排挤和打击。他们还派出代表到各苏区，开展所谓的"反右倾"斗争和"改造各级党的领导"，大行宗派主义。

1933年2月，中共福建省委代理书记罗明，由于不赞成"左"倾错误政策，提出"党在闽西上杭、永定等边区的条件比较困难，党的政策应当不同于根据地的巩固地区"等建议，被"左"倾领导者斥为犯了右倾机会主义和对革命悲观失望的错误，即所谓的"罗明路线"，并受到撤职处分等种种打击。

3月，中共临时中央的斗争矛头指向了江西。

3月12日，中共江西省委给赣南会昌、寻乌、安远三县发出指示信，指责会、寻、安党和团组织犯有"与罗明路线及单纯防御路线相同的机会主义"。

这个事情的起因是"寻乌事件"。

1932年，中央苏区进行第四次反"围剿"战争中，广东军阀向我苏区南部步步紧逼，地处苏区边缘地区的会昌中心县委，在敌强我弱的极端困难的斗争环境中，领导三县群众坚壁清野，以灵活的游击战术粉碎敌人的进攻。但是，王明"左"倾冒险主义者却片面地强调扩大中央红军，把会、寻、安三县的一部分地方武装编入正规红军，大大削弱了苏区南部边缘地区的地方武装力量，而后，又命令守卫在苏区南部前线的红军独立三师离开筠门岭一带，开往北线。这样，在中央苏区的南大门，就只剩下少数地方武装力量，进一步造成了苏区南部的兵力空虚。1932年11月，敌军大举进攻，由于敌我力量悬殊，地处最南端，位于赣粤闽交界处的寻乌县城失守，被广东军阀占领。

王明"左"倾错误的领导人抓住这个"寻乌事件"，诬陷会昌中心县委"在敌人进攻面前惊惶失措，准备逃跑退却"，执行的是"单纯防御路线"。

从这里开始，拉开了会寻安反对"江西罗明路线"的序幕。

"寻乌事件"仅是一个由头，这场斗争实际上是"左"倾政策和反对"左"倾政策的一场斗争的结果，是王明"左"倾领导向持有不同意见的党内同志实行宗派主义打击的一个战略部署。

1931年11月中央苏区党的一大前后和1932年苏区中央政治局宁都会议上，批判了毛泽东的"富农路线"并排斥了毛泽东在红军的领导，但是，广大中央苏区和中央红军的党员和干部不赞成王明的"左"倾政策，并对它进行了坚决的抵制和斗争。在福建，就是罗明，而在中央苏区，则以邓小平等为代表。

会昌县的《中国共产党会昌中心县委史稿》中这样记载着：

> 以邓小平为书记的会昌中心县委从它成立开始，就坚决拥护毛泽东提出的正确主张，反对和抵制王明的"左"倾错误。他们根据边缘地区的实际情况出发，进行了卓有成效的工作，使会寻安三县的革命斗争形势大有改观，在一段时期内比较稳定。在具体做法上，他们主要采取了如下几个方面：
>
> 第一，在粉碎敌人"围剿"的作战方针问题上，面对强大敌人的进攻，不硬拼，不搞"堡垒对堡垒"和"拼消耗"。邓小平质问坚持"左"倾错误的人：这样的堡垒对堡垒、工事对工事、壕沟对壕沟、公路对公路，这种打法能行吗？而仍然坚持过去几次反"围剿"的打法，采用游击战和游击性的运动战，把敌人引到群众条件好的苏区来消灭。不同意向中心城市交通要道发展苏维埃，而主张向敌人力量弱的地方发展，巩固农村根据地，积蓄力量和敌人作长期斗争。
>
> 第二，在扩大革命武装的问题上，他们认为群众武装、地方部队和中央红军都应不断发展，并应注意质量，反对用削弱地方部队与群众武装的办法来扩大中央红军和不顾质量单求数量地要求"武装一切工农群众"的做法。他们认为，与其这样，"不如扩大地方武装"。
>
> 第三，在经济政策问题上，他们不同意"动员一切经济力量为了战争"的口号，认为苏区地瘠民贫，加上连年作战，"群众负担太重"，反对大量推销公债的做法，并主张主力红军要把打土豪

筹款当作自己的主要任务。

第四，在土地问题上，他们坚决执行按照人口平均分配和"抽多补少，抽肥补瘦"的正确政策，反对"地主不分田，富农分坏田"的错误主张。

在一系列问题上，以邓小平为书记的会昌中心县委，认真贯彻了毛泽东所主张的，也完全适应当时边缘地区特点的正确路线，在理论上和实际工作中坚决抵制了王明的教条主义错误，力图减轻这一错误给党造成的损失，这就成为王明"左"倾冒险主义者在中央苏区全面推行"左"倾政策的严重障碍。

以上关于会昌中心县委抵制"左"倾政策的这一段记载，说明了以邓小平为书记的会昌中心县委，是如何对王明"左"倾错误进行抵制和斗争的。

如果说，在红七军的时候，邓小平虽心存异议，但还被动地去执行"左"倾冒险主义错误的话，那么，这一次，在中央苏区，他则是毫不犹豫地、旗帜鲜明地对"左"倾错误身先士卒地进行抵制和斗争。

红七军的遭遇，党的事业和革命事业所遭受到的损失，使得像父亲这样的一大批共产党人对于"左"倾冒险主义错误有了十分清醒的认识，王明的教条主义的大帽子和宗派主义的逼人气势，并没有吓倒他们，他们开始斗争了，自觉地进行斗争了。

在这场反对"左"倾政策的斗争中，站在前锋的，除了邓小平，还有毛泽覃、谢唯俊、古柏等人。

毛泽覃，乃毛泽东的弟弟，1923年加入中国共产党，曾在长沙地团委、黄埔军校、中共广东区委工作，从1927年开始在赣西南井冈山、宁冈等地担任领导工作，参加了第一、二、三次反"围剿"战争，任永丰、吉安、泰和中心县委书记。

谢唯俊，湖南耒阳人，1924年加入中国社会主义青年团，1926年参加中国共产党，长期从事工会和农会工作，参与领导耒阳的肥田暴动，1928年到井冈山后在红军工作，后曾任中共赣东特委书记、江西省苏维埃政府委员、红一方面军总前委秘书，1932年时任江西第二军分区司令兼红军独立五师师长。

古柏，江西寻乌人，1925年加入中国共产党，曾参加广州起义，后从事农运工作，任中共寻乌县委书记、寻乌苏维埃主席、红一方面军总前委秘书长，1931年任江西省苏维埃裁判部长兼内务部长、江西省党团书记等职。

他们三人都是坚决抵制"左"倾政策，因而，与邓小平一道，受到了王明宗派主义的残酷斗争和无情打击。

一场批判"邓、毛、谢、古"的斗争就这样紧锣密鼓地开场了。

1933年2月，苏区中央局机关报《斗争》上，以反对"罗明路线"为题，点了邓小平、毛泽覃、谢唯俊、古柏四人的名，说他们是"江西罗明路线"的"领袖"。

在另一篇《什么是进攻路线》的署名文章中，点名批判了会昌中心县委犯了"纯粹防御路线"的错误，指责"永吉泰与会寻安长期陷在纯粹防御的泥坑中"，提出要"反对一切机会主义的动摇，反对机会主义逃跑和纯粹防御的路线，反对对于这些路线的调和"。

"左"倾领导人，责成江西省委一再向这四人工作的地区和单位发出指示，反复发动基层干部和党员，开展对于邓、毛、谢、古进行直接的批判和斗争。

3月12日，中共江西省委又根据中央局的意图，向江西苏区全党公布了有关会寻安的指示文件，指责邓小平领导的会昌中心县委在敌人大举进攻时，"仓皇失措"、"退却逃跑"，犯了"单纯防御的错误"，"是与罗明路线同一来源"的"机会主义"。

3月下旬，会昌中心县委书记邓小平被派到万泰、公略、永丰解决有关问题。

3月底，在筠门岭召开了会寻安三县党的积极分子会议，由中央局代表洛甫（张闻天）主持会议并作了政治报告和结论。3月31日，会议通过了《会寻安三县党积极分子会议决议》，对邓小平实行了围攻，决定"加强和部分地改造中心县委和会寻安县委之常委"，"召集各级代表以及三县党各级领导保障三县工作的彻底转变，在中央局领导之下开展这一反机会主义路线的斗争，使这一斗争深入到支部中去"。会后，邓小平被调离会昌中心县委，撤销其中心县委书记的职务，调任江西省委宣传部长。

1933年4月，"左"倾宗派主义继续对邓、毛、谢、古四人不断进行"残酷斗争，无情打击"，责令他们作出"申明"和"检查"。邓小平等四人并没有屈服，在原则问题上未作丝毫让步，旗帜鲜明地与"左"倾宗派主义者进行斗争。他们两次写出声明书，在声明书中陈述了自己所坚持的观点和做法，并把强加于他们头上的污蔑、攻击和不实之词顶了回去。他们毫不妥协的立场，更加触怒了"左"的领导，他们以更加凶猛之势向邓、毛、谢、古发起了大规模的围攻。

5月5日，在临时中央和中央局派员主持的江西省委工作总结会议上，江西省委通过了《江西省委对邓小平、毛泽覃、谢唯俊、古柏四同志二次申明书的决议》，对他们作了组织处理，部分或全部地撤销了他们的职务，还当众缴了他们的枪，责成他们去基层改造，进一步"申明"和"揭发"自己的错误，作出新的检查，"再不容许有任何的掩藏"。

邓小平被撤销了省委宣传部长的职务，给予党内"最后严重警告"处分；毛泽覃被撤销军内职务；谢唯俊被处分调离工作；古柏被撤销职务并给予"最后严重警告"的处分。

这次人为制造的反"江西罗明路线"的斗争，不仅打击和斗争了邓、毛、谢、古四人，而且在"将反机会主义的斗争深入到下层去，深入到实际工作中去"的口号下，从上到下，把坚持正确意见的省、县直至支部的各级干部打成"罗明路线"的代表人物。不仅在会寻安、永吉泰搞得乌烟瘴气，而且中央苏区的其他地区也不得安宁，宜乐崇中心县委书记胡嘉宾、宁广石中心县委书记余泽鸿等都受到了打击。各地还撤换了大批干部，造成党内人心惶惶。在会寻安三县，宗派主义者们一边排挤掉反对"左"倾政策的人，一边轻率地提拔了一批新的各级领导干部，而这些人，由于只能执行"左"的政策而谨小慎微地工作，致使苏区南部形势日趋严重，敌人步步深入，直接威胁中央苏区的南大门筠门岭，给根据地的工作造成了严重的损失。

邓、毛、谢、古虽然受到批判、斗争，乃至撤职与处分，但他们都是坚定的共产主义者，都是久经锤炼的革命者，他们最终也没有屈服，而是始终坚持正确主张，始终坚持真理，甚至在相当一段时间内忍辱负重，继续坚定地履行他们作为一名中国共产党党员所应尽的义务，继续在革命斗争崎岖而又艰难的道路上奋进，直至生命的最后一息。

有人会问，为什么，这是为什么？为什么他们没有向谬误低头？为什么他们没有因受到不公正的对待而意气用事？为什么他们不因此而离开革命队伍？

这就是因为，他们是中国共产党人，他们具有坚定的信念。他们相信，他们的事业是正义的，虽然有时会遇到曲折。他们相信，他们的党始终是伟大的，尽管有时会为谬误所误导。他们相信，救国救民的革命事业是前途光明的，虽然途中多有险阻。他们是真正的中国共产党的优秀党员，是真正的革命者。

毛泽覃，在中央红军于1934年10月开始向湘西转移并开始长征后，留在中央苏区坚持游击战争，任中央苏区分局委员和红军独立师师长。1935年初，率独立师一部前往福建长汀，任闽赣边界军区司令部领导成员。1935年4月率领游击队进军时，在江西瑞金红林山区英勇牺牲，时年30岁。

谢唯俊，在受到"左"的打击后，曾任巡视员，做过筹粮和扩大红军的工作，在逆境中忍辱负重，努力工作，任劳任怨。1934年参加长征，1935年遵义会议后，曾任红军总政治部地方工作部秘书，到达陕北后任中共三边特委书记。在率领部队向保安挺进时，途遇土匪袭击，在激战中壮烈牺牲，时年27岁。

古柏，受到"左"的批判后，曾做过筹粮工作，1934年长征开始后，留任闽粤赣红军游击纵队司令，1935年春夏之交率部到达广东龙川，由于叛徒告密，被反动民团包围，在战斗中壮烈牺牲，时年29岁。

他们三人都是十几岁参加革命，二十多岁经历了"左"倾错误的打击，不到三十岁便为革命献出了年轻的生命。

十几岁，二十几岁，三十岁，都是多么好的青春时光啊！谁不珍惜青春，谁不热爱生命？而他们，为了革命，则义无反顾地全部奉献了。

现在的十几岁，二十几岁，三十岁的青年们，你们现在又在做些什么呢？是在校园内努力学习？是已走上工作岗位勤奋工作？还是终日闲散碌碌无为？遇见社会上和个人生活中的不如意事，你是意志坚定，信念明确，胸襟宽阔，勇于克服？还是是非不明，刚愎自用，或者意气消沉，牢骚满腹？

面对那些与你们有着同样的青春年华，而又经历过与你们大相径庭的生活道路的革命先烈们，你们是否应该悟出一点什么人生的哲理？是否更应该学习一点做人的准则和气概呢？

是啊，在任何一个人的人生道路上，挫折和困难总是难免的。有的人在挫折面前畏惧了，有的人在困难面前却步了。而对于革命者来说，对于作为一个革命者的邓小平来说，在其漫长而又充满传奇色彩的革命生涯中，困难和挫折，早已成为寻常之事，而每当他战胜和克服了这些挫折和困难之后，他便又向前迈进了一步。

两千多年前，春秋时期著名思想家老子就曾说过：祸兮福所倚，福兮祸所伏。这就是说，祸福之间的关系是辩证的，甚至是可以转化的。一件事情的发生，究竟是祸是福，并不是一个绝对的概念，这要因人而异，也会因时而异。

在中央苏区遭受"左"倾错误打击的这次事件，当时的确使父亲在政治上蒙受了相当沉重的负担，但是，在40年后，这个在30年代发生的事件，却成为决定父亲政治生命的相当重要的因素之一，而且是好的因素，积极的因素。

事情是这样的，1966年，"文化大革命"爆发，1967年，邓小平被当做"全国第二号最大的走资本主义道路的当权派"而被打倒。1971年，被毛泽东指定为接班人的林彪妄图早日篡权，阴谋谋害毛泽东未遂事泄，在逃跑时因飞机坠毁而自我灭亡。1972年，邓小平在他正在被软禁的江西听到了林彪罪行始末的传达。他十分激动，提笔给毛泽东写了一封信，叙述了对于林彪事件的自我看法。8月14日，毛泽东对邓小平的这封信作了批示：

> 邓小平同志所犯的错误是严重的。但应与刘少奇加以区别。（一）他在中央苏区是挨整的，即邓、毛、谢、古四个罪人之一，是所谓毛派的头子。整他的材料见两条路线，六大以来两书。……（二）他没历史问题。即没有投降过敌人。（三）他协助刘伯承同志打仗是得力的，有战功。除此之外，进城以后，也不是一件好事都没有做的，例如率领代表团到莫斯科谈判，他没有屈服于苏修。这些事我过去讲过多次，现在再说一遍。
>
> 毛泽东
> 七二年八月十四日

这是毛泽东的批示，在当时就是神圣的最高指示。

从这个批示开始，父亲遭受彻底批判的政治命运开始得到了转机，并终于于1973年3月回到了北京，重新恢复了中华人民共和国国务院副总理的职务，协助周恩来总理主持国务院的日常工作。1975年，父亲再被任命为中共中央军事委员会副主席兼中国人民解放军总参谋长，此后，他开始逆当时的"左"的疯狂的潮流而动，开始了对于全国各个领域的全面的整顿。

父亲在第二次倒台后之所以能受到毛泽东的起用，除了在毛泽东的批示中所谈到的和毛泽东认为邓小平"人才难得"等因素以外，三十年代的"邓、毛、谢、古"事件，的确是一个不可忽视的重要因素。这是因为，邓小平当时挨整的原因，就是邓小平当时执行的是毛泽东所主张的政策和做法，也就是"毛派的头子。"

"党外无党，帝王思想；党内无派，千奇百怪。"

这是毛泽东的一句名言。

三十年代的这一场斗争，把邓小平划进了毛泽东这一派里面。

对于这一点，毛泽东是记得的，而且记了整整40年。

这，是当时挨整的邓小平连想也没有想到的。

（毛　毛）

遭遇敌军　沉着应对
——陶铸在辽吉境内的四次遇险

1945年11月24日，中共中央东北局为了适应当时的形势，决定将刚刚在沈阳成立不久的中共辽宁省委，分成辽西、辽东两个省委，并主动撤离随时可能被国民党军占领的沈阳。次日，这两个省委机关与东北的野战部队开始撤离沈阳，并迅速完成我军兵力向中东铁路两侧的集结。当时担任辽宁省委书记的陶铸被任命为辽西省委书记。

就在陶铸撤往法库的时候，东北局书记彭真找他谈话。彭真告诉陶铸："辽西从前是日伪统治多年的地区，现在那里不但有国民党特务潜伏，而且还有大量日伪特务。所以，你千万要注意自己的安全。我们已经从内线那里得到了可靠的情报，敌人要在辽西施行一系列的暗杀计划，其中列入暗杀黑名单第一名的，就是你这个省委书记。因此，东北局希望你一定要注意安全。"

慧眼识破伪装成父女的刺客

1946年2月，陶铸率领辽西省委从法库转移到双辽县的商埠小镇郑家屯，省委设在城西的天主教教堂里。当时，国民党军队刚撤离不久，当地还隐藏着许多敌伪反动势力。双辽县委书记陈凤池在陶铸率辽西省委进驻该县郑家屯不久，即得到县公安局局长李国栋的报告——一个名叫单雨时的特务供出一条情报：国民党反共先遣军总部为了暗杀辽西省委书记陶铸，已经从沈阳派出一个特务，潜进了刚解放不久的郑家屯，对住在教堂里的陶铸伺机行刺。执行刺杀陶铸任务的特务名叫刘春，是国民党先遣军的副团长。据单雨时介绍，此人心狠手辣，但是潜伏何地不详。

县委书记陈凤池对陶铸的安全不敢掉以轻心。他将得到的相关情报告诉了陶铸。同时，陈凤池还将双辽县委为保卫陶铸安全所制定的一系列措施，也一并报告给他，希望引起他本人的高度注意。陈凤池除提醒辽西省委有关人员加强对陶铸的警卫力量之外，又派县公安局治安股股长郭永德具体负责对陶铸的安全保卫。

但是，陶铸谢绝了陈凤池的好意，他认为住在教堂里很安全。

北满的早春，乍暖还寒，相隔几日就会降场大雪。陶铸到双辽县不久，由于日夜部署肃清敌特和领导支援前线等工作，他的肺病又复发了。当时军区医院在距此100多公里的洮南，省委有关人员想电令医院为陶铸派一位善治肺病的军医来郑家屯，可是陶铸却坚决不同意。

陶铸每天上午都前往教堂前街一家名叫"德庆会"的药店看病。药店的坐堂中医名叫陈汉章，绰号"陈高手"，在当地有些名气。但是因为国民党军第七十九师在郑家屯驻防时，陈汉章的女儿嫁给了该师师长熊天来，所以县公安局对此人接触陶铸很不放心。治安股股长多次到省委说明情况，希望陶铸千万不要再到"德庆会"去找陈汉章看病。陶铸对此不以为然。他认为：我看陈先生并不像你们想的那么可怕。他女儿嫁给国民党军的师长，并不等于老先生就反对共产党嘛！

县公安局见无法劝止陶铸，又不放心陈汉章与陶铸频繁接触，最后不得不请县委书记陈凤池再次出面，向辽西省委组织部部长曾固和社会部部长肖桂昌报告情况。

自从陶铸去"德庆会"药店诊治肺病以来，暗中负责监视陈家的治安人员发现：在"德庆会"药店后院，最近有一个人隐藏在陈家，行迹非常可疑。监视人员还发现：陈家后院平时不常住人的东厢房里，最近夜间常有人活动。陈汉章常常在夜深人静的时候单独到东厢房去，和那个隐藏在他家的陌生人密谈。但是，由于治安人员只能在院外监视，无法得知陈汉章和那个神秘人在谈什么。县公安局据此认定，那个秘密隐藏在陈家东厢房里的陌生人，很可能就是国民党地下先遣军派往郑家屯秘密行刺陶铸的特务刘春。

辽西省委常委曾固也感到情况严重。他和肖桂昌一起向陶铸作了汇报，希望陶铸停止前去"德庆会"药店看病。

但是，陶铸仍然坚持去陈汉章家里看病。他认为陈汉章不但医术高超，而且通过几次接触，感到这位老中医品德高尚，言语之间流露出对国民党的愤恨。特别是陶铸与老中医在攀谈中了解到，他女儿之所以嫁给了国民党军第七十九师师长熊天来，绝非外界所传老中医以女儿巴结国民党要人，而是好色成性的熊天来恃强凌弱所致。

县委书记陈凤池鉴于县公安局人员多日秘密监控得到的情报，决定同意对隐藏在陈汉章家后院的陌生人进行抓捕和紧急审讯，以求尽快查找那个带着谋杀任务潜进郑家屯行刺的特务刘春。县公安局人员从陈家逮捕了那个陌生人后，经过多次审讯，得知此人名叫周占山，是个惯匪。

县公安局虽然没有抓到刺客刘春，却意外地在陈汉章的家里逮捕了一名惯匪，这无疑也是个令人振奋的收获。当陈凤池将在陈汉章家里逮捕了惯匪的消息报告给陶铸，并劝他不要再接近"德庆会"药店的时候，陶铸仍没有采纳陈凤池的意见。同时，他要求县公安局马上搞清陈汉章和周占山之间的关系。陶铸坚决不同意县公安局马上逮捕陈汉章，这件事当时曾引起了县委的不解。

在辽西省委社会部的配合下，经过县公安局的连续审讯，终于搞清了惯匪周占山隐藏在陈家的真正原因。周占山因与我土改工作队发生交火受伤，偷偷潜入"德庆会"，请陈汉章为他医治枪伤，没想到却被县公安局误认为国民党派来行刺的特务刘春加以逮捕。陈汉章为周占山治病，是出于医生的天职，与行刺无关。

就在双辽县公安局加紧搜捕刺客刘春一无所获的时候，陶铸却在"德庆会"药店里发现了可疑的人。

在县公安局秘密逮捕周占山后，陶铸和警卫员仍然每天上午来"德庆会"请陈汉章诊治肺病。陶铸发现只要自己来"德庆会"，就有个瘸腿老人由一位姑娘搀扶着走进诊室。有一次，陶铸甚至发现那瘸腿老人几次示意搀他的姑娘，让她接近正在内室诊治的陶铸。但是陶铸也观察到那姑娘有畏缩神色。陶铸感到这两人怀有某种不可告人的动机。

根据陶铸的意见，辽西省委社会部配合双辽县公安局，在"德庆会"当场将再次伪装成来此求诊的瘸脚老人和搀扶他的姑娘拘捕。

经过分头审讯，那位姑娘终于供出她每天搀扶去"德庆会"求诊的人，就是县公安局正在搜捕的国民党特务刘春。刘春被捕后负隅顽抗，坚称自己和那位姑娘是父女关系。然而，他想不到的是，那位姑娘在公安人员的感召下，已经供出了实情。

原来刘春潜入郑家屯以后，始终无法接近辽西省委，更无法接近陶铸。刘春为躲避搜捕，只好住在城区一家妓院中。在获悉陶铸每天都去"德庆会"求诊的情况后，刘春决定在"德庆会"暗杀陶铸。但是，刘春又担心他行刺陶铸后无法逃离现场，便在妓院用金钱收买了一个妓女。他俩伪装成父女，以去"德庆会"治病为由，设法接近陶铸。刘春多次怂恿收买的妓女对陶铸行刺。因陶铸身旁始终跟随着佩枪的警卫人员，从而使这个妓女不敢开枪。就在刘春准备亲自对陶铸行刺的时候，陶铸识破了他的伎俩。

在证据面前，刘春被迫交代了自己在沈阳受命前来郑家屯行刺陶铸的经过。那个被收买的姑娘经教育后，被释放回原籍。1946年5月23日，因战争形势所迫，陶铸率领辽西省委向北满白城子转移前夕，刘春在我军北撤的路上，因企图在火车上磨破绳索逃跑，而被军区警卫人员击毙在四洮铁路的路基下。

因迟归而躲过土匪在乱石山布下的死阵

1946年夏天，国民党军队占据了四平、双辽等广大地区。随后，大批国民党军队开始沿四洮铁路向北推进，一步步进逼我解放区。在这种形势下，陶铸率领的中共辽西省委，随以黄克诚为首的辽西省军区，避敌锋芒，继续向辽西的东北部地区撤退。

7月，陶铸率领辽西省委在洮南和白城子一带组织地方武装。他一面在洮辽地区进行土地改革试点，一面组织地方武装开展消灭国民党残余势力的斗争。那一时期，反霸和肃清日伪残渣的斗争成为陶铸的工作重点。

陶铸亲自负责反霸除奸的斗争。他提出了一个响亮口号，即："省委上马是游击队，下马是政府。"

当时，茂林区一带，有一伙气焰非常嚣张的土匪，匪首名叫魏连海。

陶铸来到茂林区指导土改试点和领导反霸斗争时，魏连海及其匪徒和远在双辽、四平的国民党军队取得了联系，成为破坏土改和反攻倒算的一伙凶神。陶铸来此之前，茂林区委曾经先后向服先、连珠等屯派了几批工作队。但是，每批派往服先和连珠的工作队，都受到隐藏在北山里的魏连海匪徒的袭击。特别是向连珠屯接连派了三次工作队，每次都被当地地主暗中勾结魏连海暗加袭劫，工作队队员多有伤亡。

连珠屯一带成了茂林地区土改的死角。附近几个村屯由于担心再发生魏连海匪徒的夜间奔袭，已经建立起来的农会和反霸组织也发生了动摇。在这种情况下，陶铸决定亲自带一支工作队进驻连珠屯。

当时，省委远在白城子，茂林区委书记徐步云对陶铸亲率工作队进入离匪区很近的连珠屯领导反霸工作表示担心。很多区委领导都劝陶铸不要孤军深入。可是，陶铸却在茂林区委会议上郑重地说："现在连珠屯连续三次遭到了匪徒的袭击，弄得人心惶惶。如果我不亲自去那儿，谁还敢到那个连续发生血案的屯子去开展工作呢？"

7月下旬，陶铸力排众议，亲自去了连珠屯。此次他随身只带三名佩枪的工作队队员。陶铸来到连珠屯后，一改前三个工作队的做法，他没有住在大庙（村农会所在地）里，而是住到当地最大的地主魏连山（魏连海的叔伯兄弟）家隔壁院子里，他把村农会和反霸武装的指挥部也安在了魏连山家的隔壁。陶铸的用意十分明显，他是想就近监视和震慑暗中私通魏连海匪徒的地主魏连山。

魏连山本人在当地是个十恶不赦的恶霸，连珠屯接连发生的三次血案都与魏连山的暗中策划有关。魏连山在屯子里的几个家族兄弟，也大多参与制造了袭击工作队的血案。

此次农会分了魏氏家族的财产后，魏连山等人心中非常仇视农会。对魏氏兄弟暗中勾结隐藏在北山里的魏连海匪徒继续作案，陶铸有充分的估计。因为尚未抓到魏家兄弟通匪的确证，陶铸化名老曹继续在连珠屯活动。他表面不动声色，暗中却密切注意魏连山和他几个兄弟的行迹。

陶铸在连珠屯工作了十几天，隐藏在北山里的魏连海匪徒却一反常态，没有任何行动。

陶铸仍在屯里开会、走访，不动声色。区武工队已在土匪进屯的必经之路五道岗子暗布防线，工作队也对魏家兄弟采取了明松暗紧的措施，意在诱使魏家兄弟向北山里递送情报，以促使匪徒再次对连珠屯进行血洗，从而进入陶铸设下的埋伏圈。可是，以魏连山为首的魏家兄弟好像听到了什么风声，或对陶铸的"来者不善"有所估计；所以，一贯在屯里横行的魏家兄弟并未再敢进山。

农历七月十五日那天，百姓俗称"鬼节"。陶铸去茂林区召开紧急会议。他原定下午回连珠屯召集群众大会，部署开展秋季攻势，可因临时有事，延至当天晚上也没回屯。这样，随他同来区委的工作队队员马尚德和农会干部刘德才赶着马车（马车为农会干部刘德才从地主魏连山家分得的），先返回连珠屯。

就在两人经过回村必经之路乱石山东坡的时候，山上突然滚落下几块大石头，径直向驾辕的马的头部狠狠地砸了下来。那马受惊，向山路上奔逃而去。又有许多石头从山上抛落下来，马尚德当场被砸死，刘德才在马车惊奔的时候从车上滚下，跌进了路旁的深沟，脊椎骨被折断，躺在深沟里爬不起来。那匹受伤的马也一路向山下奔去，最后撞在一棵大树上，马腿折断了。

次日上午，陶铸在区委获悉乱石山发生血案后，当即骑马从茂林直奔出事地点。

区武工队虽未逮住在乱石山制造惨案的土匪，但将去北山里送密信的魏连德（魏连海的弟弟）在归路上逮捕。经连夜审讯，魏连德供出了魏连山派他去北山里搬魏连海匪徒偷袭陶铸的经过。

自陶铸率工作队进驻连珠屯以后，魏连山对陶铸和工作队恨之入骨。但因陶铸和工作队就住在自家的隔壁，他担心露马脚，便暗中寻找对陶铸下手的机会。农历七月十五那天，他获悉陶铸去区委，这才派魏连德装成去屯外上坟的人，趁机混出屯子。

魏连海接信后，派出五六个土匪，化装成上坟回屯的人，混过五道岗子以后，悄悄埋伏在陶铸从区委回屯时的必经之路乱石山上。日落时分，几个土匪发现一辆马车沿山路而来，并认出那车正是地主魏连山家的，而车上的马尚德，被他们当成了陶铸。于是土匪们将准备好的石头向马尚德接连抛去，致使马尚德当场遇难。

区委和武工队根据魏连德的口供，连夜将准备外逃的魏连山捕获。魏连山百般抵赖，最后让魏连德和他对质，方才低头认罪。

当月下旬，魏连山和魏连德经区委批准以反革命罪宣布死刑，为了震慑北山里的土匪，陶铸亲自在连珠屯召开了四乡反霸斗争大会，公审魏氏兄弟，然后公开在五道岗子执行枪决。从此，连珠屯的土改斗争才真正开展起来。但是，武工队对北山里的魏连海匪徒进行的围剿，却收效不大。

当年9月，陶铸结束了在茂林区的蹲点，返回了省委所在地——白城子。

1947年春天，我军第二次解放双辽。这时，陶铸又一次来到了茂林。在他的亲自督促下，由县大队配合区武工队，终于在北山里将隐藏多年的魏连海匪徒全部聚歼。匪首魏连海在连珠附近各屯游街批斗后，在五道岗子被枪决。

遭遇敌军　果断突出重围

同年深秋，国民党军队继续向北推进，占领了康平、保康和太平川。随着斗争的深入，辽西省委根据中央的指示精神，改建为辽吉省委，陶铸任省委书记兼辽吉军区政治委员。这时候内蒙古的一部分地区也划归了辽吉省委管辖。

10月12日，在内蒙古奈曼旗八仙筒，发生了一起叛军袭击我民主政权的事件。在一些反动分子的策划下，一部分不明真相的官兵，在奈曼旗八仙筒发动了叛乱，并和内蒙古骑兵第六支队尼木德率领的叛军秘密纠合了当地的土匪，袭击了我在奈曼旗的驻军。

当时正在白城子坚持斗争的陶铸，发现内蒙古地区形势紧张，如不及时进行现场指挥，很可能被国民党军队左右夹击，分化瓦解。

于是，他不顾身上有病，亲自率领一营骑兵从白城子出发，直奔奈曼旗。

那时奈曼旗由于刚遭受叛军的洗劫，旗府所在地弥漫着血雨腥风，形势非常紧张。陶铸又是第一次深入到荒凉、偏僻的科尔沁大草原深处，所以，他的行踪很快被国民党军队得知。

陶铸来到奈曼旗以后，马上和当地的老三师独立旅取得了联系。他在奈曼旗住了一个多月，在这期间他以高超的斗争策略，解决了蒙汉军队中存在的问题，并把"八仙筒血洗事件"所遗留的问题一一理顺。

11月25日，陶铸即将离开奈曼旗，返回开鲁县城，然后经太平川北返省委所在地白城子。这时候，国民党军队已侦察到陶铸返回开鲁的时间和路线。就在陶铸率领少数骑兵和十五团部分蒙古族战士离开奈曼旗的当天上午，在半路上发生了敌匪合谋的偷袭事件。

当时正是个雪天，北风怒吼，就在陶铸率队经过一个名叫扎兰营子的小村时，村外突然响起了密集的枪声。陶铸知道他们被埋伏在附近的国民党军队包围了。当时他身边的人，加起来也不过三十几个，枪支弹药也十分有限，加之对地形不熟，一旦和数倍于己的敌匪在村里激战，肯定寡不敌众。但陶铸毕竟久经沙场，他从腰里拔出驳壳枪，对身边的战士们说："谁也别怕，他们都是冲我来的，现在我们决定分开行动，大家都要听从我的指挥。"

陶铸首先派一名叫巴赫的蒙古族骑兵，带着他的一封信趁乱从村里骑马冲出去。由于巴赫是蒙古人，又善于骑马，所以从村外包抄上来的国民党军队起初并没有注意到他，等到意识到的时候，巴赫早已骑马冲出了重围。

这时，村子里的形势十分危险，陶铸身边兵力寥寥，弹药有限。他又向村外一看，发现南北两边包抄的敌匪已经黑压压地冲进了村子。

枪声越来越近，这时，随行护送的蒙古族骑兵队队长协尔巴拉，坚决要求率身边的骑兵先冲出去，掩护陶铸等省委干部突出重围。陶铸坚决不同意，他对协尔巴拉说："蒙古族战士不多，伤亡大了，不好补充啊，还是让省军区的战士先出击吧！请你们都放心，我打过仗！"

陶铸果断地命令大家集中火力，向敌军防守空虚的村西突围，在将敌军火力压下去以后，陶铸率领省军区干部在前冲锋突围，而让蒙古族士兵在后掩护。这样一来，陶铸等人很快就从村西打开了缺口，杀出一条血路，暂时脱离了险境。

陶铸率领大家来到距开鲁县城很近的荒草甸子时，他召集所有人员开会说："大家千万不要松懈，敌人虽然在扎兰营子没有得手，但他们一定还会再次发动进攻。所以，大家都要提高警惕，同时也不要住在蒙民的村子里，以防发生不测，对蒙族群众造成伤亡。"

那天夜里，陶铸和省委随行同志都宿在露天大草甸子里。当天深夜并没有发生突发事件。次日，天色刚刚微明，国民党军从开鲁县城出动了大批骑兵和步兵，还配备了迫击炮，向陶铸一行人追来。陶铸决定率部队且战且退，避敌锋芒，直向扎鲁特旗方向退去。

当陶铸率骑兵冲出敌人的包围圈，快接近扎鲁特旗的时候，已是下午两点了。这时，人困马乏，陶铸感到这是他从南方来到东北战场以后遇到的最危险的困境。敌人的追兵距他们只有300米了。陶铸见有些人感到恐慌，便对大家说："谁也不许慌！只要我们能到扎鲁特旗，就有生存的希望！"

一个更加不利的情况发生了，原来后面的追兵发现陶铸仍在策马狂奔，就派出一队骑兵迂回奔袭，突然出现在陶铸的左前方。敌军马队将所有马匹都横在路上，然后一齐向陶铸和他身边的人开枪。

就在这千钧一发的时刻，右侧大草原突然传来了机枪的响声。敌人的马队见我军有大队援兵开进了大草原，这才放弃了前堵后追，大溃而逃。

原来，这是第五军分区司令员高体乾和副政委曾敏凡收到陶铸派巴赫送去的信后，连夜率兵奔袭赶来。陶铸又一次转危为安。

沉着应对敌机空袭

1947年夏天，我军开始攻打战略要地四平。在经过多次拉锯战之后，强大的夏季攻势终于开始了。

这时，陶铸率领辽吉省委一班人，从白城子回到了曾经住过的郑家屯。这里离四平有100多公里，成了我军发起夏季攻势的前线指挥部。

6月15日，攻打四平的战役打响后，陶铸在郑家屯发动群众，组成担架队前往四平前线。为了就近参战，他率省委干部来到距四平较近的八面城。陶铸在这里指挥省委干部不时进入四平，协助我野战部队攻城和加强支前工作。当时省委的主要任务是抢救和转移伤员。

一般情况下，我军都是在午后3点向四平国民党守军开炮，省委组织的救护队便在炮火掩护下随之进入城区。当时，国民党军的侦察机不时在八面城上空巡视侦察，前敌指挥部首长已将敌机随时可能轰炸八面城的消息，及时通告给了陶铸。罗荣桓为此也曾亲自打电话给陶铸。

尽管形势如此严重，可是陶铸并没有放在心上。6月28日下午，陶铸发现我军已经攻占了四平城区的四分之三，而几次随军进到四平的省委工作队队员大多显得极度疲劳，有人甚至恶心、呕吐。于是，他决定亲自带队进入四平。陶铸带领新任四平市委书记吴甄铎等人，在枪声最激烈的时候进入四平。

陶铸要求吴甄铎等人，尽快将四平市委在战火中建立起来，以便在前线指挥救援工作。

吴甄铎等随陶铸从八面城来四平时，就已将市委的牌子准备好了。听了陶铸的命令后，吴甄铎等人马上在一幢破楼门前将牌子挂上。但是，就在陶铸和四平市委的同志刚走进那幢被炸得发黑的大楼，准备印制安民布告的时候，外面突然响起了飞机低空飞行的声音。原来是国民党城防守军派出的4架执行轰炸任务的飞机。

这时如果向楼外跑去，就会暴露在敌机之下，即便不死于飞机投下的炸弹，也会被低空飞行的飞机扫射而死。因此，当敌机开始向市委机关投弹的时候，陶铸果断地喝止住了那些惊慌失措向楼外跑去的干部："都到楼下去，地下室可以当防空洞！"

由于陶铸的临危不惧，一些初上前线的地方干部很快冷静下来，分头从三楼向一楼跑去。这时，4架飞机早已围着这幢危楼开始接连投弹。整个大楼内外一片火海，从楼上刚撤下来的机关干部都庆幸听了陶铸的话，不然都将葬身在三楼了。

可是，一楼是个空旷的大厅，一时也找不到地下室。飞机仍在狂轰滥炸，大有将大楼炸平之势。陶铸发现楼外激起的烟尘可以作为撤出大楼的掩护，于是他临时改变主意，下令市委干部分成两路，随自己和吴甄铎分别从大楼南北两个门退出楼去，然后就近寻找防空洞。

吴甄铎率领的一批人冲出来后，很快找到了防空洞，虽是土洞，但可以安全躲开敌机的轰炸。这时，吴甄铎发现陶铸率领的另一队人，冲到了一座距大楼10米远的破房子里。在那里，陶铸等人被掀起的尘土埋在废墟里。急得吴甄铎等人都在防空洞里捏了一把冷汗。他们担心陶铸会在敌机的轰炸中牺牲。但由于当时的情况非常危险，任何人都无法冲过去保护陶铸，只好眼巴巴望着4架飞机在楼上盘旋、投弹和扫射。一个钟头过后，敌机才悻悻地向南飞去。这时，吴甄铎等市委机关干部纷纷从土洞里爬出来，找到被尘土掩埋在废墟里的陶铸。

陶铸出来后，首先问："老吴，你给我清点一下，牺牲了几个？"经过清点，只牺牲了一名组织干事，陶铸这才松了口气说："好险！"

吴甄铎等人要求陶铸马上撤回八面城，可陶铸却说："现在不是撤退的时候，我们还是要把市委的牌子挂出来。天黑以后再撤出去，明天还要进城。总之，只要我们的部队在打，我们地方干部就要进城！"

当陶铸率领市委干部从四平战场撤回八面城时，半路上又一次遭到了敌机的轰炸。但是，由于太阳已经落山，四周又都是庄稼地，陶铸指挥机关干部退至路两旁的青纱帐里。敌机在路上又胡乱轰炸一阵，最后灰溜溜而去。

次日，战斗打得更加激烈，我军独立一师师长马仁兴在城区指挥冲锋的时候，不幸被敌人的流弹击中。这件事发生以后，陶铸又率一批干部来到尚未解放的四平。有人劝他千万不要再冒险了，可陶铸却说："你们不要以为他们打死了个马师长，别人就不敢进四平了。在这个时候，我应该去，因为我去了，声势会更大一些。这对震慑敌军有利。"

四平战役结束后，陶铸亲自为在战役中牺牲的地方干部主持了追悼大会。陶铸还为牺牲在四平的独立一师师长马仁兴题写了挽联："英雄已著千秋业，辽吉长留一瓣香。"解放战争结束以后，陶铸的这一挽联被当地政府镂刻在四平战役纪念塔上，成为这位烽火中转战辽吉的"马背书记"留给辽吉人民的珍贵纪念。

（窦应泰）

身入虎穴　胆识过人
——陶铸厦门破狱救战友

厦门，是一座饱受帝国主义、地主资产阶级盘剥和掠夺的海港，又是具有反帝反封建革命传统的城市。1927年1月，中国共产党在厦门成立了厦门市委，建立了30多个基层工会，领导厦门工人运动，会员发展到几万人。1927年4月9日，中共厦门市委负责人被国民党反动派突然抓去，秘密押往福州杀害。革命的烈火，并没有在反革命的屠刀下熄灭。在党的领导下，在厦门先后爆发了海员工人、牛车工人反对国民党政府逮捕工人的罢工斗争，大、中学生争取集会结社自由和保障人权的罢课斗争；中、小学教职员反对国民党裁减教育经费，要求发清欠薪的罢教斗争等等。人民群众革命斗争的发展，引起了国民党反动派的恐惧。后来，福建党的工作受立三路线的影响，经常举行飞行集会，党员带头散发传单，把党的力量公开暴露在敌人面前。敌人派出大批军警特务，破坏罢工、罢课、罢市，疯狂搜捕共产党人。中共厦门地下市委第二任书记刘瑞生、团省委书记陈柏生，都在1930年春先后被捕，关押在思明监狱。当时在厦门伪思明县政府的思明监狱里，就关押着我党40多位同志，其中除刘瑞生、陈柏生这两位福建党的负责干部外，还有曾在国民党厦门市党部工作的地下党员谢仰堂夫妇，以及30多位从闽西革命根据地捕来寄押的苏维埃干部、红军指战员，有许多还是毛泽东创办的广州农民运动讲习所培养出来的，这些同志大都是经过大革命时期斗争考验的党的重要干部。

1929年春，毛泽东、朱德、陈毅率领的红四军主力进入闽西后，同年5、6月间，以龙岩、上杭、永定、连城、长汀五县为中心的闽西革命根据地初步形成，并逐步巩固、扩大，1930年3月，成立了闽西苏维埃政府，革命形势的发展，急需大量干部，特别需要经过斗争考验，富有斗争经验的领导骨干。在这个形势下，怎样尽快营救这些被捕的同志出狱，把在狱中的这一批党的优秀干部输送到闽西革命根据地去，加强革命根据地的巩固和发展，这个紧迫的任务，首先就落到了肩负地下省军委主任的陶铸身上。

陶铸此时年方22岁，革命斗争的锤炼，已使他迅速在斗争中成长为一个有胆有识的年轻军事指挥员。

当年的厦门，是个不方不圆的孤岛。它的东南面俗称厦门港，是个渔港，著名的南普陀寺和厦门大学，就在厦门港地区。西北面是商业区，俗称厦门市。伪思明县政府就在靠近南普陀寺和厦门大学这一地区，国民党的厦门军政机关都设在这里。思明监狱就在伪思明县政府内，也就是现在的厦门思明南路458号旧址。县政府坐东偏北，背靠鸿山与蜂巢山交接处，面向厦门港。走进县政府的大门，是一个大长方形石条铺地的宽敞庭院，东边的房子是县政府，往西拐有一道围墙，墙边有一个大铁门，那就是进出监狱的大门。监狱没有通向外面的门户，进出监狱，都必须通过县政府的大门。监牢里有两个大监房，每个监房都是南北长，东西窄，各约30多平方米。人多地窄，连床铺也没有，只在地上铺上稻草，"犯人"挤在一起，背挨背的席地而卧。四五月份的厦门，气温常在摄氏30度以上，几十人挤在狭窄的牢房里，人像装在蒸笼里，热得透不过气来。夜晚浑身叮满蚊子，汗水把稻草都浸透了。这两座监房，就是个活地狱。当时国民党在厦门有两处监牢，一处是思明监狱，一处是警备司令部的看守所。被抓来的"犯人"，若是关押在警备司令部的，还有释放的希望；若是关进思明监狱，就等于判了无期徒刑。关押在这里的"犯人"，既不提审，也不判刑，更不释放，关进来的人，只有活着进来，死了出去，这个关押政治犯的监狱，等于就是个"死牢"。

陶铸最先接到监狱里的同志通过内线送出来的一个消息：他们关在这个活地狱里，与其死在牢里，不如拼着一条命冲出监牢，活一个算一个，他们有这个打算，请示省委决定。当时狱中同志已遵照省委指示，成立了狱中临时党支部，由刘瑞生担任支部书记，领导狱中斗争。

省委书记罗明把王海萍、陶铸找在一起，研究了监狱里的情况和狱中同志的意见，他们都认为：狱中同志的意见不妥，不能这样性急乱动，招致不应有的损失。陶铸提出：如果采取里应外合的办法，还是有可能把狱中的同志安全营救出来的。决定以"探监"的名义，通知狱中同志，暂勿盲干，等候条件成熟，相机行事。

正在这时，省委接到密报，国民党政府已准备把关押在厦门思明监狱的这一批共产党要犯，秘密押解福州。形势的突然变化，使省委把营救狱中同志提到了最紧迫的日程。省委连续召开了四次会议，对营救狱中同志作了详细的研究。罗明、王海萍、谢景德、王德、陶铸都认为：如果这批同志被押解福州，更无生还的希望。大家都感到必须立即采取果断的营救行动。就是冒再大的风险，也要把这批党的富有政治军事斗争经验的干部营救出来。省委对敌我双方情况，从成败的各个要素进行分析估量后，决定武装劫狱，成立了由省委直接领导的一个由五人组成的"破狱委员会"，为了保密，改称为特别委员会。特委五位委员是：罗明（省委书记）、王德（团省委书记）、谢景德（省委组织部长，又名谢汉秋）、王海萍（省军委书记兼省委宣传部长）、陶铸。革命互济会主任黄剑津担任破狱委员会秘书长，富有军事斗争经验的陶铸被指定担任直接指挥武装破狱行动的总指挥。

1930年3月底开始，陶铸在省委的直接领导下，就着手积极准备武装劫狱的具体行动。

陶铸充分认识到这次破狱斗争的复杂与艰巨，既要敢于冒大风险，又要具有出敌不意的谋略，才能完成破狱救人的任务。他首先从调查研究入手，摸清破狱所需要掌握的一切情况，采取多层次的思维和多层次的准备工作，包括敌情的侦察、内外的配合、破狱的部署，以及破狱后的接应、转移，等等，每一个侧面，每一个细节，都十分审慎周到地做了计划。身为一个指挥员，陶铸清楚地理解：这是在白区敌人心脏里打响的一次战斗，战争是一种复杂的社会现象，只有把各个方面的问题都想到了，各个细节的具体行动都准备了，才能保证任务的完成。

1930年春夏之交，厦门党组织领导展开了一系列重大斗争，反对白色恐怖。3月18日，厦门革命群众在党的领导下，响应全国争取自由大同盟的号召，在厦门中山公园举行了有两千多人参加的"三一八惨案纪念会"，通过了反对军阀混战、反对国民党捕人等决议，国民党驻厦门海军司令部派军队包围会场，逮捕了厦门大学四位革命师生，多人受伤。惨案发生后，激起了厦门广大学生的愤怒和抗议，纷纷召开紧急会，组织援救被捕师生。4月9日，是厦门工人领袖罗扬才同志等被捕遇害纪念日，革命群众高举红旗示威游行，抗议国民党枪杀革命战士。4月25日，工人群众占领天主教堂，召开赤色工会代表大会；五月一日在大同酱油厂门口，举行"五一节"纪念大会。党在领导的这些活动中，与前来镇压的国民党军警，展开了面对面的斗争。这些活动表明：革命群众反抗国民党的斗争情绪是高涨的，革命群众的这些行动和强烈的斗争要求，已为这次武装破狱斗争作了充分的思想准备。

陶铸首先调查了厦门国民党军事力量的部署情况：厦门统治阶级主要军事力量有两个营，第一营有兵士400人，第二营兵士450人，武装警察20余人，侦探队40余人，此外，还有炮台的炮兵、炮台的特务营几百人。陶铸根据敌军部署的情况分析：第一营驻扎在禾山，离厦门20余里地，动员到厦门，至少要一个半小时，远水救不了近火。在禾山的第一营里，还有党的地下组织。第二营虽然驻扎在芩石，离厦门港只有两里地，但当时国民党军队，除站岗放哨的卫兵外，其余的士兵，平时都不发子弹。就是他们听到劫狱的枪声，从接到命令集合，给每个士兵发子弹，等到他们从驻地赶到监狱，起码也要半个小时以上。炮台的炮兵和特务营，任务是守卫炮台，不可能来支援。剩下的只是警察和侦探。这些人白天都分散在整个厦门岛执行勤务，一旦劫狱打响，集合起来增援，至少也需要半个时辰以上。陶铸还亲自侦察调查了解思明监狱的敌人警卫部署。驻守思明县政府和思明监狱的敌人兵力，只有警卫队36人，三四条驳壳枪和一些不好用的单响毛瑟枪，战斗力很弱。监狱里面只有卫兵四人，分散在三个地方放哨。监狱铁门外面，是一个天井，看守监狱铁门的哨兵，平时就站在天井里放哨，都不带枪。只有看守所所长一人身上带着短枪，但他平时都待在天井西边的小楼上。那时统治厦门的国民党军警，只知对犯人和前来探监的家属敲诈勒索，还未学到国民党那套法西斯的统治手段，对思明监狱的管理比较松懈。每星期三、六两天允许探监，只要暗地里给看守和卫兵一些钱，谈话时间不限，交头接耳也行，把大包小包的衣物食品送去也行，都可以不受盘查。陶铸在制订详细的劫狱行动计划之前，他亲自带领准备参加破狱行动的同志，以探监为名，多次进入思明监狱，对守卫伪县政府和思明监狱的敌军部署、监狱内部的地形地物以及破狱路线，都侦察得一清二楚，了如指掌。

这次破狱斗争的攻击点，就集中在敌人防范比较松懈的厦门思明监狱，在省委召开的制订破狱行动计划的会议上，陶铸根据侦察的情况，对敌我双方力量进行了正确的估计之后提出：根据敌强我弱的情况，为了顺利营救狱中同志，破狱行动必须快速，只能智取，不能强攻，战斗打响，在敌人来不及增援时，就要完成任务。陶铸详细计算了驻守厦门敌军赶来增援的到达时间，具体提出：破狱战斗，必须在敌人到来之前的20分钟内结束，才能保证出狱的同志安全转移。

这次破狱斗争，既是在敌人统治的中心城市一次出色的武装斗争，又是在白色恐怖下，地下党与苏区根据地密切配合下一次成功的武装行动。厦门地下党组织动员了党团员积极分子担任破狱后引带出狱同志撤退和隐蔽的工作，并筹备中装、西装和衬衣，准备给出狱的同志进行改装。苏区的中共闽西特委负责人邓子恢、郭滴人等同志，亲自部署控制从龙岩至漳州的交通线，防止敌人增援。闽西特委还选派了有武装斗争经验的漳州红军游击队队长王占春、龙岩乡苏维埃主席老谢等来到厦门，参加武装劫狱。同安县委还根据省委的指示，安排了两条木帆船到厦门港接应。罗明、王德两人，还亲自到同安县的彭厝等地，选好隐蔽地，一旦破狱救出狱中同志，就立即在厦门港乘木帆船到彭厝隐蔽，然后转移到闽西根据地。

出乎陶铸的意料之外，地下省委把这一周密的劫狱计划告诉狱中同志时，狱中的同志却不同意。省委的破狱计划是：劫狱人员伪装成探监家属，选择有利的适当日期，从县政府大门进去，打开监狱之后，劫狱人员掩护出狱同志，都从大门冲出来，立即从县政府大门对面直通厦门渔港的街道小巷穿过去，到海边渔港，登上预先停靠在那里接应的木帆船，迅速从水路离开厦门。而狱中的同志却主张打开监狱后，应从监狱的后门出去，监狱后面就是鸿山与蜂巢山，山高林密，利于分散隐蔽。如果从县政府的大门冲出去，与守卫县政府的40多个警备队员遭遇，寡不敌众，有全被打死的危险。

破狱委员会在罗明的主持下，对狱中同志的意见，又再三考虑，权衡利弊。陶铸身为破狱总指挥，他知道营救同志出狱成败的重责主要落在自己的肩上。陶铸从复杂的斗争中已形成了他特有的思想方法和工作方法：遇事先做调查研究，当他充分的掌握了实际情况，作出正确的分析和估计后，他就果断地作出决策。经过深思熟虑之后，陶铸提出：这个破狱计划，是经过我们亲身深入监狱侦察，精确地从敌人的各个方面都作了充分的估计之后作出的，连敌人赶来增援的时间，我们都做了分秒计算。狱中同志提出从后门冲出，上山隐蔽，避开与警备队正面交火的意见，乍看起来，似乎安全些，实则危险极大。因为一出后山，就是一大片山岭，我们路径不熟，而敌人却比我们熟悉山上的情况，何况厦门又是一个孤岛，破狱的枪声一响，敌人把进山各个路口和水路交通一封锁，从四面八方赶来"围剿"，我们孤立无援的隐蔽在山上，一时难以快速转移，等于我们把自己装进了敌人搜捕的口袋，不要说狱中的同志难逃魔掌，去破狱的人也会一一被捕。从大门冲出去，出敌不意，速战速决，实则安全稳妥。

罗明、王德、王海萍、谢景德等破狱委员会的负责人，都赞成陶铸的胆识与分析，一致确定，原破狱方案不变。陶铸还再次化装进监，以探监为名，把省委的决定向狱中同志详细商量说明，终于说服了狱中同志。对破狱计划，狱内狱外取得了一致。

陶铸亲自参与决策，并负责直接指挥的一场厦门破狱斗争，已进入紧张的准备阶段。

破狱日期，定在5月25日，因为这天是星期日，军警各界放假，官长不上机关办公。敌人的指挥首脑机关毫无防备，劫狱枪声打响，也使敌人晕头转向，措手不及。

破狱时间，就定在这一天的上午九点半。这也是经过精心选定的时间。陶铸已多次侦察查明，每个星期日的这个时间，国民党的士兵、警察多在戏院看白戏，防务空虚。等敌人发现劫狱，我们早已接出狱中同志扬帆远去。确定破狱的这一具体时间，也是罗明、陶铸等精确地掌握了这个季节的海上潮汛规律而精心选定的。上午九点半正值退潮时间，只有趁潮汛时才能使出狱同志上船后，安然撤离厦门岛。这时出击厦门思明监狱，时机最为有利。

根据敌人的兵力分布和调兵增援的规律和时间，破狱委员会决定：破狱的动作，要突然袭击，速战速决，严格要求在15分钟内结束劫狱行动。

按照省委的决定，陶铸和谢景德两人，立即着手在破狱委员会领导下，组织"特务队"和"接应队"两个行动组织。特务队负责武装劫狱，接应队负责把营救出狱的同志，安全护送撤离出厦门市区。特务队是破狱斗争的一支武工队，陶铸精心挑选了十一位政治素质好，并掌握了一定军事技能的同志组成，其中有王占春等从闽西苏区和漳州游击队抽调来的，有从厦门士兵地下党支部抽调，还有从码头工人纠察队抽调来的地下党员。鉴于这次破狱斗争非同寻常，破狱委员会决定：在鼓浪屿设立秘密训练班，对参加特务队的人员，进行严格的训练，由陶铸兼任训练班主任，集中全部精力，做好队员的军事训练工作。训练的目的，省委决定对队员暂时保密，以防破狱行动泄露。

从4月末起，陶铸就和特务队的11名同志，住在鼓浪屿山后的一个隐蔽地，进行为期四周的秘密训练。陶铸为训练班制订了具体的训练计划，训练分两个阶段进行：第一阶段讲政治形势，由破狱委员会的五位成员轮流上课，讲课不涉及破狱之事，主要是分析共产党必胜，国民党必败的道理，指出当时政治形势很好，革命力量不断壮大。敌人方面，蒋（介石）、冯（玉祥）、阎（锡山）混战已爆发，蒋介石叛变革命后的反动政治，正受到内外夹击，强调每个革命者，认清形势，增强斗争的决心和勇气，夺取全国的革命胜利。讲课和讨论相结合，进行了两个星期。政治训练结束之后，就进入第二阶段的军事训练。

参加破狱特务队的王占春、黄宛、林雪榕、白文庆、容古、老谢等11位同志，有的打过仗，但一半以上的人还没有摸过枪。陶铸深深知道，他指挥的这一支精悍的武工队，不仅在政治素质上，绝对要求忠于党的事业，敢冲敢打，不怕牺牲；而且在军事技能上，也要绝对要求枪法熟练，打得准、打得稳、打得狠，保证不能发生临阵慌张，乱了枪法，贻误大事。在军事训练中，陶铸要求严格，一丝不苟，先在室内学习如何熟悉枪支的性能，他亲自示范，教会每个队员如何拆枪和安装。陶铸指导得十分细致具体，例如射击时如发生卡膛，应该如何处理等技术问题。然后分批渡海在新安、霞阳一带山沟，练习地形侦察、实弹射击、拼刺和巷战。陶铸还亲自率领几个特务队员，化装为家属，以探监为名，分别到思明监狱实地侦察，熟悉地形地物和撤退路线。陶铸在制订破狱计划时就清醒地认识到：国民党反动派是武装到牙齿的。厦门又是军警特云集的孤岛，思明监狱又设在官府里头，虽然敌人腐败，有弱点可以利用，有空子可钻，破狱是有胜利的把握，但切不可排除仍然存在着巨大的危险性，不能掉以轻心。胆大心细的陶铸，对武装劫狱的准备工作，做的特别细致，对特务队行动的每一个细节，他都作了周到的考虑和安排，保证劫狱万无一失。

当时地下党经费十分困难，想尽了方法，只筹措到440元买来两支驳壳枪。闽西苏维埃政府负责人邓子恢知道后，先后两次送来2200元买了13支手枪，支援武装破狱。特务队的队员，人手一支崭新的手枪，个个犹如下山的小老虎，就等着省委一声令下，跃出隐蔽点，向指定的目标扑去。

5月23日，破狱的前三天，省委书记罗明、破狱行动总指挥陶铸和11名参加武装破狱的特务队员，化装成游客，陆续来到鼓浪屿的一个偏僻的山岭上，陶铸此时才正式宣布：11位无产阶级的革命勇士，庄严举行破狱誓师大会。

罗明高高的个头，炯炯目光，向每一位特务队员传达出党的最大的信任和胜利的期望。这是在白色恐怖下举行的革命誓师大会，罗明以激动的感情，向参加破狱的战友，作战前政治动员。他压低着嗓门，铿锵有力地说："同志们，你们是党挑选出来的破狱英雄，40多位在狱中的战友，期待着你们去营救，你们去执行的是一项非常光荣、非常重要的革命使命，省委要求你们，服从命令听指挥，发扬革命英雄主义精神，完成营救同志的破狱任务！"

陶铸昂首站立在山岭的一处高坡上，带领特务队的全体同志宣誓。11位破狱英雄，共同发出庄严的声音："我们向党宣誓，不怕牺牲，英勇战斗，坚决完成破狱任务。"

5月24日破狱前一天晚上，破狱委员会在思明戏院左门边的"罗克咖啡馆"聚会，对破狱的各项准备工作作最后一次检查。省委书记罗明在听取了陶铸、谢景德、王德和同安地下县委等关于破狱、接应以及安全撤出的路线、出狱同志的安置等的详细汇报后认为一切准备就绪，武装破狱按预定计划：明天，5月25日上午九时半打响，特务队从思明县政府大门巧妙直插牢房，智破厦门思明监狱。

从闽西苏区、同安地下县委,到厦门狱中内外,各方密切配合,一切准备就绪。

1930年5月25日这天是星期天,5月正是南方梅雨季节,又是闽南杨梅上市的时节。久雨初晴,从厦门市区来到思明监狱所在地区附近著名的南普陀寺进香的游客,扶老携幼,成群结队,川流不息,远比预料的要多得多。王德带领早就组织好的厦门的党团员和工人、学生,装扮成游客,混在游客中,掩护劫狱。破狱委员会已周密设计,打开监狱后,如敌人闻讯追赶,他们就马上装作打架,制造交通事故,阻碍敌人追赶。谢景德指挥的十余名接应队,也早已按照预定时间,到达思明县政府附近。县政府旁边就是一个露天市场,接应队的队员也化装为游人,有的在摊贩上买香烟,有的装作久别重逢的好友,站在路旁攀谈。他们的任务是接应出狱同志,迅速把他们带到直通渔港的碧山路尽头的打石字堤岸上船。同安地下县委准备接运出狱同志的两只木帆船,已在头天傍晚悄悄停泊在打石字堤边,中共厦门市委领导人许宗英装扮船工,亲自来到船上,负责指挥,眼下这两只木帆船已船帆张起,随时起锚开航。

破狱临时指挥部就设在离伪思明县政府不远的琼州会馆。省委书记罗明和破狱委员会秘书长黄剑津就在琼州会馆坐镇指挥,派出联络员了解破狱第一线的情况,以便及时处理破狱过程中临时发生的各种意外情况。

此时,肩负破狱成败重任的陶铸,沉着果敢地指挥特务队的11名勇士,腰插手枪,子弹上膛,按照破狱部署,分为外队和内队,外队5人,内队6人,内队以探监、找同事为名,进入监狱,打开牢门,外队是破狱的主攻队,由陶铸亲自率领,对付门警和思明县政府的警备队,用火力压住敌人,救出越狱同志。

在南昌起义的战斗中,陶铸是连长,曾亲率一个连的兵力,和萧克指挥的一个排,明枪实弹,展开巷战,负责解决了敌驻军的一个团部;在广州起义战斗中,他是团参谋长,亲自指挥一个营,顶着敌人的枪林弹雨,直捣敌人军部。现在,他亲率的这一支仅由11位战士组成的武工队,是在一个特殊的环境下,和敌人开展的一场特殊的智斗。

时针指向破狱的规定时间,陶铸向内队的六位队员,发出行动的信号,两人一批,分三批进入思明监狱。有位队员是福州人,曾在监狱当过伙夫,一点也没引起敌人的注意。第三批进入监狱的一位叫"客古"的龙岩人,是厦门到集美的电船上的水手,个头不高,身强力壮,他头戴草帽,身穿省委书记罗明平时穿的一件"香云"大长褂,他和另外一名队员,腰里各插一支手枪和一把老虎钳,他的任务是进入牢房,用老虎钳拧开铁锁,放出狱中同志。他此时手捧一桶"马玉山饼干厂"出品的饼干桶,计划在看守打开铁门,让他把饼干送入牢内时,开枪打死看守。以这一声枪响为信号,内外一齐动手破狱。就在这时,发生了意外的情况,留在监狱看守所的副所长卢永忠,发现这位身穿"香云"长衫的人有些可疑,他正要动手搜查这位叫"客古"的队员时,站在旁边的另一位内队的队员,见势不妙,立即拔出枪来,一枪击毙了这个看守所的副所长。伪看守李瑞凯正想企图抵抗,也被我进入监狱的队员一枪打死。在内队的 6 名队员顺利进入监狱时,陶铸已分配外队的 5 名队员,按各人的任务,已经紧紧地控制住守卫县政府大门和岗哨的敌人。枪声就是信号,在县政府大门口装扮买杨梅的外队队员老谢,接到陶铸的命令,立即从腰间掏出手枪,只用两粒子弹,就把县政府的值勤门警打死在地,陶铸身先士卒,迅速率领王占春等三名队员,冲进县政府大门,蹲伏在大门的台阶上,以台阶为屏障,严密监视守卫县政府内的警备队的动向。正在吃早饭的警备队员,听到枪声,开始还不在意,做梦也想不到是共产党来武装破狱,仍在继续埋头吃饭。警备队长吴广成刚刚从边门探出头来吆喝"干什么?"话音未落,蹲伏在台阶北边的陶铸,眼明手快,立即打出一梭子弹,击倒吴广成和另一个伪警备队员。国民党的这些警备队,平时敲诈勒索,吃喝嫖赌,哪里见过这样的惊险场面,个个吓得魂不附体,没有一个敢回警备队队部拿枪抵抗,拔腿四散逃命。

与此同时,进入牢内的六名内队队员,抽出老虎钳,钳断了牢房的铁锁,狱中的40多位战友,在狱中党支部书记刘瑞生的指挥下,在特务队员的保护下,一个紧跟一个地冲出牢门,仅用了10分钟,以迅雷不及掩耳的神速行动,智破戒备森严的思明监狱。

出狱的同志在陶铸指挥的特务队的掩护下,根据事先约好的联络暗号,他们一冲出县政府大门,早就散布在县政府门口附近的接应队,每人带领三五名出狱同志,迅速撤离县政府,分头穿过通往海边的碧山路和小巷道,奔赴打石字堤岸,登上早就停靠在那里接应的两只木帆船,在敌人还未发觉思明监狱的"政治犯"已被共产党的地下武工队破狱接走的行动时,两只木帆船早已出敌不意,顺风扬帆,越过鼓浪屿与嵩屿之间的海面,在靠近南安县和同安县的边界海边登陆,分别隐蔽在彭厝村和珩厝村。在大革命时期，党在这个地区搞过农民运动，群众基础好，出狱的同志在这里休息几天后，省委就把党的这一批骨干，分批送到闽西根据地。

从破狱到出狱同志安全撤离厦门市区，前后仅用了10分钟。敌人只在我们撤离现场半个小时后，才得悉情况，急忙宣布戒严，派出大批军警，包围厦门大学，冲进南普陀寺，并派出巡逻艇在海上拦截。陶铸指挥特务队完成破狱任务后，把随身带的短枪埋藏妥当，装扮成一位阔气的游客，进入南普陀寺游玩，观察敌人动静。当敌人冲进南普陀寺抓劫狱的共产党时，他正巧遇见一位在厦门伪政府机关做事的湖南老乡，两人若无其事地聊天他乡遇老乡，两人谈得格外亲切，一点也没有引起敌人的注意。

这次震撼全国的厦门破狱斗争，在陶铸的直接指挥下，前后只用10分钟时间，就打死敌人20多人，我无一伤亡，安全营救40多位同志出狱，突出地表现了年方22岁的陶铸和厦门共产党人的胆略、才能和大无畏的革命精神，显示出厦门地下党和陶铸的光辉形象。

（郑笑枫　舒　玲）

历史真相　公诸大众
—— "六十一人集团" 出狱经过

两位红卫兵要我写出草岚子监狱（即 "北平军人反省分院"）的情况和我1936年出狱的经过。我考虑过了，认为有必要把这段历史写清楚，公诸大众。

在我还未来到这里以前，就看到过一篇红卫兵驻国家经济委员会联络站油印的小传单，上面是一个集体的《启事》，在《启事》上署名的有九人：徐子文（即安子文）、周斌（即周促英）、杨仲仁（即杨献珍）、徐之荣（即徐子荣）、董旭生（即董天知，已在抗战中牺牲）、张永璞（即薄一波）、刘华甫（即刘澜涛），夏维勋（即冼维勋，已在抗战中牺牲）、冯俊斋（即马辉之）。这个《启事》登在民国25年8月31日和9月1日、2日的伪《华北日报》上。

登《启事》是事实。当时（1936年8月下旬）被监禁在北平西安门里草岚子监狱的政治犯，在这个《启事》上按手印出狱的，不只上述9人，共有60个人左右。

登《启事》出狱，岂不都成了自首变节分子了么？不是，完全不是。草岚子监狱是一个极其尖锐的阶级斗争场所。他们的出狱，是经过长期残酷斗争的结果，是上级党组织的决定。他们做得没有错。

这些同志从被捕入狱到根据党组织决定假自首出狱，有一段曲折的斗争过程。我分十一个问题来讲。

一 顺直省委和河北省委遭到大破坏

1931年1月，中共中央在上海召开了扩大的六届四中全会。会上，两条路线的斗争十分激烈，在继续批判李立三"左"倾机会主义错误的同时，又被王明的"左"倾机会主义所统治。会后，王明推行"左"倾冒险主义的政治路线和宗派主义的组织路线，派遣许多中央代表或"新的领导干部"到各地去，对革命根据地和白区地方党组织进行所谓"改造"。就是在这种情况下，原顺直省委（它管理的范围差不多是整个华北地区）被撤销，中央派陈原道、徐兰芝到天津组成新的顺直省委。当时，多数党员对六届四中全会和党中央的一些做法有意见，因此省委成员经常在旅馆里开会，激烈地争论问题，甚至忘记了所处的下工作环境，吵起架来，被敌人侦知。2月，省委遭到了大破坏，30多人被捕，主要有省委成员陈原道、徐兰芝及省委部分工作人员，还有原中央委员罗章龙（此时已被开除党籍）擅自成立的"中央非常委员会"（即"第二中央"）派来的王仲一（又名王振翼），以及与"中央非常委员会"挂钩而成立的"华北紧急会议筹备处"成员张金刃（即张慕陶）等。

省委机关遭破坏后，中央又陆续派来一批人重新组建了河北省委。他们是殷鉴（任省委书记）、郭亚先（即果振祥，任省委秘书长）、杨缉庵（任北平市委书记）、李国瑜（即李国伟，任省团委书记）、赖德（即耒肇铭，任互济会党团书记）、潘问友（任报刊编辑）等人。省委机关随后迁至北平。当时，党内情况仍很混乱，新来的人跟下面不联系或联系不上；原来的人有的对六届四中全会极度不满,有的对革命前途悲观失望,都不积极工作。而北平基层组织又与党失掉了联系,单独活动。就在这个期间,中央政治局候补委员、参与领导中央特科工作的顾顺章于4月在武汉被捕叛变,担任中央政治局党务委员会主席的向忠发6月在上海被捕叛变,给党造成了很大损失。6月份,河北省委又遭到大破坏。由于出了很多叛徒,破坏的面特别大,包括天津、北平两个市委的人员在内,不到一个星期的时间,被捕入狱者达300多人(其中有些不是共产党员)。我就是在这一次省委遭大破坏中,被叛徒廖划平出卖而在北平被敌人逮捕入狱的。

二 在伪北平宪兵司令部拘押期间

伪宪兵司令叫邵文凯,自称是东北军的"革新派"。这里纠集了一批共产党的新老叛徒(如李天民等)和国家主义派组成的审讯团,专门对付共产党和抗日青年。省委第二次大破坏就是他们搞的,被捕的人全部关押在北平城帽儿胡同看守所。

审讯团对被捕的共产党员革命群众采取突击审讯的办法,要你立即"转变"(即叛变),立即供出组织关系,立即破获共产党机关和逮捕共产党员。三个"立即"做到了,就让你加入他们的"青年爱国组织",从事反共事业,也叫做给以"出路"。

在头一周内,敌人的办法从表面上看来是"成功"的。那些对党不满的分子,对革命悲观失望的分子,在敌人这一猛击之下就立即"转变"了。叛变者多是中央新派来的人,而其中又多是留苏学生(群众对他们很讨厌,把他们叫做"吃过面包的人"),例如廖划平、潘问友、杨缉庵、李国瑜、郭亚先、赖德、史汉仙等人都是。他们的叛变又影响一些其他的人,一时就形成了所谓叛变浊流。

伪宪兵司令部的看守所是把一幢大房子隔成三间牢房,每个牢房关十多个犯人。我和乔国桢、胡锡奎等分别关在这三个牢房里,我们三人在外边一块工作过,互相了解,都对这股叛变的浊流愤慨而着急,便隔着墙缝互相商量制止叛变歪风的对策。经过暗中串联和积极工作,向大家说明革命并不会因为省委的破坏而失败,革命总是要胜利的。要求每个革命者都要经得起法庭上的考验,并给大家提出一些对付审讯的办法:不要在敌人准备的什么宣言上(那时我们已经知道敌人准备了一个什么青年爱国宣言)

签名，打"官司"只打自己的，不要跟其他人连在一起。在不违背这三个条件的原则下，可以根据自己的具体情况对付敌人。这样教育的结果，使一些思想不坚定的人坚定起来。经过一个多月的斗争，我们粉碎了敌人的阴谋，取得了胜利。敌人在无可奈何下，把我们39名重要政治犯移送伪陆海空军副总司令行营军法处。

三　天津、北平、红二十四军被捕的同志在伪行营军法处会合

伪陆海空军副总司令行营军法处是一个审讯、判决的军事法庭。军法处长颜文海，外号"活阎罗"，是张作霖时代的老军法处长。

我们39人被转押到该处的时候，天津被捕的同志早已在那里了，红二十四军被捕的两位同志是晚些时候才来的。

经过个把月左右时间的审讯，军法处对我们作出了判决，刑期一般是10年左右。我们曾利用伪行营军法处和伪宪兵司令部之间的矛盾，坚决要求把在伪宪兵司令部工作的叛徒廖划平等提来对质。伪军法处几次去提，都被伪宪兵司令部回绝了，这有利于我们翻供和减轻案情。

红二十四军是1931年7月间党在山西省平定县发动高桂滋部兵变后建立的，有1000多人。兵变后，带到河北省阜平县开展游击战争，进行土改，并且建立了苏维埃政府。石友三部旅长沈克派人跟红二十四军联系，要求"起义"、"一道干革命"。红二十四军领导人信以为真，缺乏经验的军长、政委等带了四五十人亲自到沈克部去，结果被全部缴械，有的（如军长）当场被打死，有的（如政委谷雄一）被送伪行营军法处关押。沈克杀害红二十四军领导人作为投靠奉系军阀的礼物。谷雄一同志不久被判处死刑，英勇就义。

四　在草岚子监狱开始了反对"反省政策"的斗争

经过伪行营军法处的判决，全部政治犯于1931年8、9月又被移送到草岚子监狱。

这所监狱完全由东北军统治，他们经常抵制南京国民党势力的侵入，同南京国民党的关系是又统一（在反共、反人民问题上）又矛盾（在争取

反革命领导权问题上，以及争取这块吃饭的小地盘上）的。他们的统治方法，是军人法西斯（改进了的"红胡子"的办法）加上国民党法西斯的"反省政策"。

开头，由院长宣布了"反省政策"的主要内容：必须放弃共产主义思想，接受三民主义思想；每半年举行一次"审查"，"反省"了就释放，经过三次"审查"仍不悔改者枪毙！以后又宣布，每周由天主教神甫来说教一次，每周要写一篇文章等。

政治犯戴一副大铁镣（女犯不戴），禁止阅读任何书报，伙食很坏，每天只放风一次，时间是半小时。谁要是触犯了"院规"，轻则住独居监房（监狱中的监狱）或加戴大镣，重则拷打或两者全来。

敌人对我们肉体上的摧残、精神上的折磨、政治思想上的进攻，目的只有一个，就是要达到他们反革命"反省政策"的反动目的。

我们则展开了针锋相对的斗争，党的支部委员会建立起来了（由化名吴维德的孔祥祯同志任支书），成为领导监狱斗争的核心。在斗争过程中，我们逐步地确定了监狱斗争的大纲：（1）争取无条件释放全体政治犯；（2）反对"反省政策"，首先冲垮反革命的"审查"；（3）不断地进行争取改善日常生活待遇的斗争；（4）组织好政治、理论的学习，组织好集体生活。这四条始终是密切联系着的。

五　争取无条件释放的两次统一行动

九一八事变、一二八上海抗战以后，监狱又收进好多政治犯，大部分来自北平，小部分来自河北各地。他们告诉了我们外面的情况：国内形势很好，抗日救亡运动正在走向高潮。

党支部立即提出，要抓紧目前的有利时机，开展一次争取无条件释放全体政治犯的斗争。

首先在全体政治犯中间进行酝酿，使大家在斗争的内容和方式上取得了一致的意见。"华北紧急会议筹备处"成员（有曹策、蒋晓海、徐东平等）、韩麟符派（包括杜振声、郑丕烈等，这是个骗子集团，因骗取石友三的20万元军火款而被捕入狱）、新来的政治犯，都同意发动这样一次斗争。这是我们同各派政治犯在对敌政治斗争方面的第一次统一行动，时间大约在1932年3月。

我们同各派政治犯共同给当局写了一封要求无条件释放的公开信，主要内容是：国民党采取不抵抗主义，把东北三省3000万同胞拱手送给日本帝国主义，中华民族处于危亡时期。一切不愿当亡国奴的人们，都应当奋起抗日。我们都是抗日爱国青年，你们应当立即无条件释放我们。

每个监房（共二十几人）都推出一个"说话的人"（后来用英文简称"索皮克"），组成监狱犯人代表委员会。

一天，利用放风回来还未收监的时候，"索皮克"提出要管理当局来，我们有话讲，讲话内容同信的内容大体相同。各派的人都讲话了。最后，把全体政治犯签名、捺印的公开信交给管理当局，让他们向上边转达，并限期答复。

这次斗争是个尝试，是冲破敌人的重重封锁、限制而发动起来的。

这次斗争没有达到也不可能达到目的，但确有很大的收获：首先是敌人不再简单地把我们当做"共匪"来看待了，他们一方面说我们是"聚众要挟"、"无理取闹"；一方面却又不得不承认我们是"共产党政治家"，讲得都是对的，道理上驳不倒。他们说不能释放我们，是上面的决定。从政治犯内部来说，我们找到了各派统一行动的政治基础就是说，在抗日救亡的大目标下，政治犯各派可以统一行动，大大有助于以后的斗争。

第二次统一行动大约在1932年初夏，即在一二八抗战后，国民党召开"国难会议"，准备从南京向西逃跑的时候。这次斗争的内容和方式同上次大体相同。唯公开信的内容，更多地揭露了国民党的不抵抗主义和"先安内后攘外"的卖国政策。

六 反对"反省政策"的长期斗争

在进入反省院同敌人斗争的第一个回合，是反对天主教神甫说教的斗争。敌人还很不认识这批政治犯面貌的时候，请来了天主教神甫（还带一批修女），每周说教一次。神甫是从根本上来反对共产主义，用有神论来反对无神论，用唯心主义来反对唯物主义。神甫的说教虽然是不堪一击的，但支部还是认真严肃地布置了这场斗争，用辩证唯物论的观点，驳斥了"世界是上帝创造的"、"世界的起源是神"、"地球不是圆的"等谬论。经过不到三个月的工夫，神甫、修女一齐滚蛋了。我们取得了第一个回合的胜利。

同敌人斗争的第二个回合，是反对强迫政治犯每周写一篇文章的斗争。敌人在神甫说教垮台之后，又规定政治犯每周都要写一篇文章，看"反省"的程度如何。这首先在支部内引起了争论：一部分同志主张根本不写，不能让敌人摆布；一部分同志主张可以写，借此机会揭露敌人的黑暗，写我们的要求和主张。两种意见没有统一起来，一部分同志始终坚持不写，一部分同志写了。经过几个月的斗争——不写、揭露，终于把这个每周"写一篇文章"的规定也给打掉了。我们取得了第二个回合的胜利。

这只是前哨战，最重要的还是反"审查"。

七　"审查"和反"审查"

前面我已说过，敌人宣布的"反省政策"有这样的内容：每半年"审查"一次，三次不"反省"就枪毙。其实，这既是真的，也是吓唬人的。但经不起这一场考验的人，就不能算是一个革命者，就不能算是一个共产党员。

对"反省政策"、"审查"采取什么态度，是否在《启事》上捺手印，这是摆在每个政治犯面前必须表态的问题，是革命和反革命的分界线。政治犯各派的意见是很不一致的。韩麟符派认为在一个《启事》上捺手印就可以恢复自由，这是打"官司"的大胜利。赵玉祺、王书青等人则公开号召说：在《启事》上捺手印，出狱后继续干，这才是真英雄，躲在监狱里是逃避斗争，是机会主义！

这一场斗争是尖锐的复杂的，既要同敌人作战，又要在政治犯内部开展斗争。

"把反'审查'当成一次战役来打，粉碎敌人的一次反革命'审查'，就是一个战役的胜利。"这是支部委员会提出的号召。这两个战役之间所进行的一切工作，都要围绕着反对"反省政策"，都是为了粉碎敌人的反革命"审查"。

最重要的问题是教育。在支部统一领导下，加强了党的小组生活，加强了政治、理论学习。大家面前经常摆着两个课题：一是坚定对革命胜利的信心，坚定每个同志的革命人生观（当时我们叫人生观，即现在说的世界观）；二是加强无产阶级的革命气节，要随时准备牺牲自己的生命，为革命而牺牲是最光荣的。两个课题实际上是一个：没有对马克思列宁主义不可动摇的信念，没有辩证唯物论的哲学观，就谈不到什么无产阶级的革命气节。既要有革命必然胜利的信心，又要有为革命而牺牲的决心。每个共产党员都要把革命利益放在首位，政治生命是共产党员的第一生命；要有革命的坚韧性，经得起长期考验，目前就是要经得起长期坐牢的考验。同志们喜欢用文天祥的"慷慨赴死易，从容就义难"的诗句来相互鼓励。

在"审查"之前，支部设想了敌人可能要提出的许多问题，作了"假审查"。这对青年同志特别有帮助。

1932年底，第一次反革命"审查"开始了。它是由南京国民党的什么"政训处"（军统特务）主持的，每天提审三五人。"审查"是谈话式的，从政治上、家庭关系上、个人前途上、生活问题上以及其他方面展开对共产党员的进攻，又威胁又劝诱，企图达到他们要求"转变"的目的。这次"审查"的结果，除早已准备好要叛卖革命的"筹备处"分子和韩麟符派以外，敌人可以说是扑了空。这一回合我们是大胜利了。

粉碎了敌人第一次反革命"审查"后，支部总结了经验，认为最主要的问题还是教育。

同样的，第二次、第三次的"审查"也都被我们粉碎了，第三次"审查"大约在1934年，成了最后的一次"审查"。

打垮了敌人的"审查"，并不等于敌人放弃了他们反革命的"反省政策"。严重的斗争还在后面。

八　争取改善日常生活待遇的斗争

对政治犯的虐待、迫害和折磨，既是从肉体上直接摧残（几年来许多同志害病了，少数人被摧残而死去，如赵志昌同志、郝清玉同志），又是敌人实施"反省政策"的一个侧面。所以，我们也把反虐待、反迫害、争取改善日常生活待遇的斗争，作为反对"反省政策"的一个组成部分。改善日常生活待遇的斗争，总是同争自由、反"审查"、争取造成对学习有利条件的斗争密切联系着的，是贯彻始终或者交替进行的。

争取改善日常生活待遇的斗争，内容极其丰富，包括的方面很广，反对克扣囚粮，要求改善伙食、下镣，要求看书看报、理发洗澡，要求保外就医，都是我们斗争的题目。临时发生的问题，如打骂政治犯，也可作为斗争的题目。斗争的方式也是多种多样，放风拒绝收监（即暂不回监房），包围管理当局，是经常采取的方式。开饭时，先拒食（不是绝食），逼迫管理当局来提出要求，也是一个方式。

斗争是拉锯式的。我们选择的时机好，题目对，斗争策略运用得正确，总是取得胜利。但是，敌人并不甘心，总是找机会反扑，例如经常采用突击"搜监"（即把政治犯赶出监房进行搜查）的办法，每次都有可能找到我们的文件或秘密书刊，对我们发起进攻。我们也是再找机会斗争，再次取得胜利。如此拉锯式的斗争，一直进行到我们出狱的时候。

大约在1934年冬，支部总结了几年来争取改善日常生活待遇斗争的经验，并吸取了其他监狱政治犯斗争的经验（这时从北平第一、第二监狱转来十几位同志，其中有刘振邦、赵芸生、张鹏德、陈云祥等），决定进行一次绝食斗争。在绝食前，我们宣布了要求，也就是我们复食的条件：（1）改善伙食，实现一米一面、一菜一汤；（2）全体下镣；（3）阅读书报自由；（4）每日放风三次，每次一小时半；（5）每一监房生一小火炉；（6）打开监房门，允许互相往来。

绝食的消息，北平个别的小报登出来了；但争取群众来反省院慰问则没有实现（这两件事是我们预先布置争取的）。开始，敌人很野蛮、凶横，不理会我们，到第7天，敌人开始软下来了，要跟我们谈判。我们分析了当时形势，同意谈判。商定：一面实现条件，一面复食。结果，在复食后一个星期左右，有四个条件完全实现了。有两个条件基本实现，即：下镣只给病号下了（约占全体政治犯的三分之一多些），其余的是大镣换小镣；火炉不是每一监房一个小火炉，而是每一号筒加一个大火炉。

绝食过程中，只有一个逃兵半路复食，其余同志表现都很勇敢、很坚定。

绝食斗争对敌人的压力很大，我们谨慎地保持着这一威力，还乘胜取得了一些其他的胜利。绝食斗争的胜利，给政治、理论学习创造了有利的条件。这些条件一直保持了两年之久。当然，中间还是不断有斗争的，而且也只有不断斗争，才能保持胜利果实。

九　在支部统一领导下的政治理论学习生活

多数同志都是六届四中全会以后不久被捕的，他们把外面的争论（意见分歧）带进反省院来了，对时事政策的研究讨论特别感兴趣，每一问题都有对立的两种不同意见，而且阵线分明。第一个争论的问题是一二八上海抗战的性质问题。一部分同志认为，上海抗战，是十九路军在全国人民和工农红军反对国民党不抵抗主义、要求抗日救国的影响和推动下，发动起来的抗日民族革命战争，我们应该拥护它、支持它，把抗日救亡运动推广到全国，把抗日民族革命战争更加扩大。一部分同志认为，这是国民党用旧的统治方式统治不下去了，因而采取了更加狡猾的更能欺骗群众的办法，上海战争的性质是反革命的，比不抵抗主义更危险，我们应该揭露它。第二个争论的问题是福建人民政府的性质问题。一部分同志认为，他们举的旗帜是抗日反蒋，并愿跟红军订立抗日作战协定，这是从国民党内部分裂出的比较进步的一派，福建人民政府是抗日的、反蒋的、进步的，我们应该联合他们抗日反蒋。一部分同志认为，这是国民党用旧的统治方式统治不下去了，因而采取新的欺骗方法来转移群众的革命视线，它对革命的危害性较之蒋介石更大，首先还是揭露它。第三个争论的问题是察哈尔抗日同盟军的问题；第四个问题是对"北方落后论"的看法问题；第五个问题是红军北上抗日问题。

  这些问题的讨论，不是无可无不可的。它对提高同志们的政治思想水平有很大的意义，既对过去的争论有了总结，又对将来工作选择正确路线有帮助。

  支部对政治、理论学习抓得很紧，提出的口号是："要把草岚子监狱变成我们学习马克思列宁主义的大学校。"组织学习的内容有：（1）马恩列斯的著作，大部分是翻译过来的中文本，少数是原文本（狱中能直接看原文的同志很少），分类分批分期去读。（2）长期（有时中断）订阅国际共产主义运动的刊物，如《国际通信》、《布尔什维克》（这是从北京法文图书馆秘密订阅的，由少数同志翻译好，给大家看）。（3）我们党的文件和刊物。这里值得特别提出的是，我们学习了瓦窑堡会议的决议和毛主席在这次会议上的报告。这里许多同志还是第一次接触毛主席的著作，这个报告对这批人出狱以后立即参加抗日救亡工作、执行党的抗日民族统一战线政策，起了积极的持久的指导作用。学习是由支委会下面的学委来具体组织的。它是我们在监狱斗争生活中最重要的组成部分，对不断提高同志们的思想政治水平、理论水平起了很大的作用。有了它，就更加加强了反对"反省政策"的斗争。

十　伪宪兵第三团打进"反省院"

伪宪兵第三团是有名的屠杀共产党员、进步人士的刽子手。大约在1934年秋冬之交，监狱里来了两个特殊的"政治犯"，一个放在"南号筒"（南监，通常不反省的政治犯放在这边），一个放在"北号筒"（北监，通常准备在《启事》上捺手印的政治犯放在这边），这就是伪宪兵第三团的先遣特务。他们是企图打入我们监狱党组织，从内部来搜集情况进行破坏的。但很快就被我们识破，把他们孤立起来了。

伪宪兵第三团团副吴振挺（名字记不清了，山西文水人），也以"法官"的身份出现在反省院的办公大楼内。他经常来监房突袭、窃听、窥视。

这三个特务的任务，看来是考察、研究并重新处置这批不反省的政治犯，同时对原管理当局（东北人）表示不信任。

由于他们的到来，我们从前在斗争中取得的一切改善了的生活待遇，几乎全部取消了，新的斗争又开始了。

支部作了动员，指出伪宪兵第三团伸进反省院，其中必大有文章，它可能进一步迫害所有不反省的政治犯（比如说抓住新的证据，判处死刑），这次重新"审查"，将比以往的"审查"更加法西斯化。但也没有什么了不起，只要我们站稳立场，一个一个地坚决地顶回去，最后胜利还是我们的。支部作出决定：把一切秘密的书刊文件统统送走或毁掉（这里有许多看守和看守班长可以帮助我们做这件事），每一个同志（包括党外革命群众）都要从思想上精神上准备随时可能到来的突击"审查"，甚至做好牺牲的准备，坚决打退敌人这一次新的法西斯进攻。

敌人经过大约半年的侦讯、"审查"，给12位同志判了死刑，并重新起诉，只等"上头"（据了解是南京某机关）批准执行。就在这个时候（1935年6月上旬），"上头"还没有批下来，卖国的"何梅协定"签订了，国民党党部、军队撤出华北，反省院的三个特务也一齐溜走了，伪宪兵第三团的进攻就此告终。

十一　北方局的两次来信和我们出狱的经过

伪宪兵第三团撤出反省院，反省院的统治逐步由宋哲元的人代替。

反省院又掀起了新的斗争浪潮，监狱的生活、学习条件又得到了某些改善。

一年以后，大约在1936年6、7月间，北方局经过吴维德同志（即孔祥祯同志，现任第一轻工业部党组书记兼第一副部长。他坐过这个监狱，是用"保外就医"的办法出狱的）给殷鉴秘密送来一封信。信的内容大意是：目前外面的形势非常好，我们各方面的工作都开展了，就是没有人去做，各方面都很需要人。北方局指示你们可以履行"出狱手续"（主要是在敌人预备好的《启事》上捺手印登报出狱），争取早日出来。

接到这封信以后，支部委员会（当时我任支书，殷鉴、刘澜涛任支部委员）谈了一下，认为这封来信形迹可疑，北方局不会不知道我们多年来坚持的就是不在反共《启事》上捺手印，怎么会作出这样的决定呢？也考虑到这可能是吴维德同志个人和北方局某人的意见，决定"不付讨论"。

隔了一两个月，又接到吴维德同志写来的第二封信。信的内容大意是："上次写给你们的信，你们知道是谁让写的么？就是中央代表胡服（即刘少奇）同志让写的。信去后，未见你们动静。胡服同志和北方局让我再给你们转去这封信。现在外面工作开展，各方面都很需要人。你们不但可以而且必须履行'出狱手续'（即可以而且必须在《启事》上捺手印），争取早日出来，为党工作。你们过去多年坚持反对'反省政策'，坚持不在《启事》上捺手印，做得是完全正确的；也正因为这样，你们才更可以履行'出狱手续'，党需要你们这样做。过去你们坚持不履行'出狱手续'是完全正确的；但如果现在你们还继续坚持不履行'出狱手续'，不执行党的决定，那你们就要犯严重的错误，现在要你们立即执行这一指示。外面也正在活动，想找一个进步的人打入反省院，帮助你们早日出狱"（后来来了一个新管理员，据说是外面经过宋哲元的高等法院院长过之翰打进来的）。

接到这封信以后，支部委员会（当时支部已改选，赵镈同志任支书）首先研究了这封信是否中央代表和北方局的正式指示，经过反复研究，确认这是中央代表和北方局的正式决定。然后又仔细地研究了这封信的内容和它的含义，认为：（1）"外面工作开展，各方面都很需要人"，是指党和工作的需要。（2）"你们不但可以而且必须履行'出狱手续'，争取早日出来，为党工作"，"可以"，是指我们这些人长期坚持反对"反省政策"，经过了考验；"必须"，是指工作上需要，是从全局着眼的。（3）"你们过去多年坚持反对'反省政策'，坚持不在《启事》上捺个手印，做得是完全正确的",这是把我们过去的做法肯定了下来。(4)"如果现在你们还继续坚持不履行'出狱手续',不执行党的决定,那你们就要犯严重的错误",这仍然是从全局需要来考虑的。

支委会经过几天的研究后,认为应该执行中央代表和北方局的决定,于是把北方局的来信和支委会考虑的意见,分头向支部全体党员作了传达。有的党员虽仍有疑虑,但也表示服从组织的决定。

刘格平同志(刘系1934年或1935年被捕,被判处无期徒刑,他当时即使履行"出狱手续",也不能出狱)表示不同意北方局指示。此外,还有一个与刘格平同志同监房的革命群众张良云也反对。

支部还将北方局指示和支部讨论的结果告诉给当时未参加监狱支部生活的四个同志(刘锡五、赵林、马辉之、王德),征求他们的意见。他们表示完全同意组织的决定。刘锡五同志要求第一批出去的同志再证实一下是否北方局的决定,他们可后一批出去。

于是支部安排了出去的顺序。

所谓履行"出狱手续",一是在《启事》上捺个手印,在伪《华北日报》上登两三天;二是出狱时再找个铺保。

第一批出狱的共九人,前面已说,接着在随后的几个月里,其他同志分八批也陆续出狱了。

出狱后,仍由狱中的支委会负责,将所有同志的情况和他们在狱中的表现,向北方局作了汇报。这些同志与党组织接上了关系,党组织及时把他们分配到新的工作岗位上去了。

1943年秋天,我到延安学习,并准备参加党的七大。毛主席找我谈话时,我将这一段监狱生活和出狱经过向毛主席作了简要汇报。当我汇报到监狱中对某些问题有很大争论时,主席说:"这也是两条路线的斗争。"当我汇报我们是执行中央代表刘少奇和北方局的指示登了《启事》之后出狱的,主席说:"这件事我们知道,中央完全负责。"后来,主席让我把这次出狱的人开个名单,我写好后送给了主席。主席在这个名单上写下了:"北方出狱干部,1945年1月薄一波写出,存。"

(薄一波)

"人要一口气，佛争一炉香"
——彭德怀遭劫持内幕

一

岁序依旧不息地轮转。太阳还是天天从沧海升起在桑田沉没。

抚今追昔，彭德怀越发感到时间的珍贵。他本想在下面多跑些地方，然后写一份综合调查材料，呈报毛泽东和党中央，可是时间对于他已经变得异常吝啬，时间将宣告他重新工作的机会并不多了。

这天一大早，景希珍突然接到建委的电话，要彭德怀马上返回成都开紧急会议，什么内容没有透露。

"什么事这么紧急，又这样秘密？"彭德怀感到奇怪。

"彭总，要不要我回电话问一下？"一直陪同视察的副秘书长杨焙也感到莫名其妙。

"既然来电话不肯告诉会议的内容，那就算了。反正到那里就晓得了。"

回到成都后，才知道会议的内容是贯彻中央《五一六通知》。参加人员是建委局长以上的干部。会议进入后期时开始联系实际，理所当然地把矛头指向了彭德怀。

大会要彭德怀做检讨，要他承认庐山会议和军委扩大会议上揭发出来的一系列罪行，要他交代到西南后所进行的新的"反党"活动。

会议开了一个多月。收获呢，便是拟定了彭德怀到西南后的十余条"罪状"，编印出简报，上报中央，下发各局。

彭德怀对这种以突然袭击的手法，造谣生事、胡编乱造、栽赃陷害的行为，极端气愤。他在会上摆事实讲道理，没有做任何检讨。

"人要一口气，佛争一炉香。毛主席对我彭德怀总还有一些情分呢？可这些人却毫不留情！我刚出来工作，就又拉开架势批判我来了！娘的，批吧！叫我认罪，叫我低头，无论如何做不到！休想！"他向杨焙等人滔滔不绝地诉说满腔的愤恨与苦衷，"噢，不管怎么说，我总算建委的一名成员吧？为什么中央文件不发给我？我要向毛主席告状！我要给李井泉写信，不让我看党的文件是谁决定的？"

杨焙劝慰他说："彭总，您只知其一，不知其二啊！建委为何对您这样，这是有来头的。中央文革几次打电话询问情况，让建委也很为难。上边的态度那么坚定，建委也只得照办啦……所以，您思想上还是得有个准备才是啊。经请示井泉同志，现在把中央文件给您送来了，您好好看看吧！"

彭德怀叹了一口气说："我早就是个败名朝野的人了，思想准备不准备都无所谓，无非是打倒了再掀起来再打倒！"

暮色四合。

他的心里就像四合的暮色一样，越发感到沉重。

他一动不动地坐在藤椅上，双目凝滞，面色铁青，一坐就是几个小时。景希珍悄悄把屋里的电灯拉亮了，他也没有察觉。他的心里依然是黑漆漆的。他陷入了空前的苦闷与茫然之中。

他想念自己的侄儿、侄女，他渴望向自己的亲人倾诉衷肠。他在给彭梅魁的信中写道：

> 西南局在《五一六通知》下来后，很快召开了会议，这个会的目的完全是冲着我来的……文化大革命开始了，这和我有什么关系呢？但他们揪住我不放，又在逼我，又说起了庐山会议和军委扩大会议，翻起了旧账，围攻我，让我写检讨，揭发自己，批判自己，和1959年一样，在逼我，让我承认我要翻案，我是反党分子……
>
> 梅魁你若能抽出时间的话，来成都一次，我有事给你说……

没想到就在他发信后的第三天，彭梅魁已经到了成都——说来多巧啊，也许是心灵的感应吧？伯伯思念侄女，侄女也思念伯伯。伯伯给侄女写信的同时，侄女正在去看望伯伯的路上。

彭梅魁的到来给彭德怀带来了莫大安慰！

是政治气候的骤变触动着她敏感的神经。她感到有种不祥之兆向伯伯袭来。她实在为伯伯担心。她清楚地记得在伯伯来西南之前，她请求伯伯无论有多忙，也要半个月给她写封信，好让他们姐弟们放心。彭德怀当即不假思索地应诺下来。到西南的前几个月里，尽管视察工作很忙，他都坚持每到一地给侄女写信，将自己的情况告诉亲人。可是最近一个来月，彭梅魁一直没有接到来信。她着了急，每天总要三番五次到传达室的信箱里看看，每次都失望而归。这天夜里她做了个噩梦，梦见伯伯在视察途中遇到一场罕见的山体滑坡，崩塌的山岩遮天盖地地压了下来，她的伯伯在一片可怕的黑暗中挣扎、挣扎……她惊醒了。汗水和泪水浇了个透湿。于是，她急匆匆买了车票，登上了西去的列车。

现在，她端坐在伯伯面前，悬着的心落了下来。但她不愿将那该死的噩梦讲给伯伯听，那太不吉利了。

父女俩一直谈到深夜。从《海瑞罢官》谈到"彭、罗、陆、杨"的倒台，从《二月提纲》谈到《五一六通知》，从领导文化大革命的"中央文革小组"谈到连篇累牍的大批判文章……越谈越困惑不解，越谈越疑窦丛生。这是一场什么性质的革命？为什么非要发动这场革命不可呢？父女俩谁也说不清楚。

彭德怀说："《五一六通知》我看了多遍。怕是党内又出了右倾机会主义——噢，新名词叫'党内走资本主义道路的当权派'。可是凭毛主席在全党和全国人民心目中的威望，在中央开个会就可以解决了嘛，为什么这么上上下下大动干戈?! 如何解决党内矛盾，我党是有着优良传统的，毛主席不是不知道，可为什么硬要成立个高于党和国家权力机构的所谓'文革小组'"？

彭梅魁讲了北京的形势。

彭德怀听后长长叹了口气："唉！中国，乱套了！我是注定躲不过去了。我感觉到了，有些人总想打我的主意。俗话说，明枪易挡，暗箭难防啊……"

接着，他把话头转开了，问起他交给她的那包材料怎么样了。

那是1962年的春天，彭梅魁去吴家花园看望伯伯。彭德怀向侄女倾诉了自己"犯错误"的详细经过之后，就把在庐山会议上写给毛泽东的信，即"彭德怀同志的意见书"底稿和在吴家花园给毛泽东的两封信的底稿交给了彭梅魁保管。后来，他又把"万言书"的底稿也交给了她。他对她说："梅魁，你是最了解伯伯的人了，你将这些材料保存好，千万别丢了，它十分重要，关系着伯伯的政治生命。问题迟早要搞清楚，没有了材料可说不清了。"

彭梅魁将材料用塑料纸包了好几层，锁在柜子里。她没有对丈夫张春一说过此事,因为她不愿意牵连丈夫和孩子。

突然有一天,彭德怀对前来看望他的侄女说:"梅魁,我考虑了很长时间,我的事你们没必要扯进去,你把材料拿回来吧!"

彭梅魁只好把材料交给了伯伯。

在彭德怀将要开赴大西南之前,他又重新把材料交给彭梅魁。

这次,彭德怀给彭梅魁写信和彭梅魁来成都,父女俩都惦记着这包材料。

"梅魁,那包材料还在吧?"

"在。伯伯您放心。"

"好!早晚有一天能用上它。"

"我一定会保存好的。"

"这样吧,梅魁,"彭德怀又将考虑好的新方案讲了出来,"你不是来信说妈妈老想让你们回湖南老家一趟吗?你就把那包材料带回老家去吧,这样更保险,你看怎么样?"

"伯伯,我和您想到一块去了!"

"好!梅魁,这样我就一百个放心了!"

二

他突然被一种浩大的激情所鼓动!

他在得到某种抚慰的同时,更坚信自己依然年轻,依然血气方刚!

——这便是他一口气读完报纸上公布的党的八届十一中全会通过的《关于无产阶级文化大革命的决定》(即"十六条")之后,所产生的一种激情。这种情绪犹如灿烂的朝霞在胸中鼎沸。

他突然觉得对眼前中国的这场运动理出了头绪,感到充分理解了。他眼含热泪说:"还是毛主席伟大呀!不再搞庐山那种形式,而是充分相信群众,依靠群众,让群众起来进行一场大运动,分清是非好坏。我赞成,我赞成!叫人民说话天不会塌下来!"

他立即打电话给建委办公室,问有没有八届十一中全会发给他的文件。

对方在回答了没有发给他什么文件之后,建议他最好到远离都市的工厂或者农村去躲一躲,形势对他和当权派们很是不利:大街上已经出现了"炮轰西南局,打倒李井泉"的标语口号,一些"战斗队"、"赤卫队"正在冲击西南局机关……

谁知，没等对方把话说完，他就冲着听筒吼了起来："岂有此理！哪有共产党干部害怕群众呢？只有那些做了亏心事、对不起人民群众的人才害怕哩！我要和群众在一起，绝不躲避！"

在院内忙活的景希珍听到他的声音，赶忙奔进来，一把夺下了他的电话，劝他不要发火："看您激动的样子，好像人家欠您八百大洋似的……"

彭德怀瞪起眼珠子说："你欠了我大洋我倒不至于这样。你，你知道他说什么？他说现在风声紧，叫我躲。"

"彭总，人家这是好意。现在是运动的风头，社会秩序乱了，要注意安全嘛！"

彭德怀一听，不以为然地说："我看你呀也是'怕'字当头！你看报纸没有？有什么好怕的？街上乱，我知道。好人坏人，好事坏事，只有大家都说话，才有办法分清楚。你有嘴巴，我也有嘴巴，最后会辩出个真理来的。让大家讲话，我们国家好多问题都能解决了……"

正当他滔滔不绝地发表"意见"的当儿，建委办公室副秘书长杨焙悄悄进了屋。

彭德怀转眼看见他，便毫不客气地说："噢，你来了。你是不是来通知我，叫我走开躲一躲呀？"

杨焙一脸阴云，说："彭总，西南局情况不好啊！已经陷入半瘫痪状态。造反派勒令我们把办公楼让出来，作为他们的指挥部，一三二厂也被他们占领了。所有领导躲的躲，逃的逃。您是不是也尽快离开成都，我们已经给您安排好了地方，在川南……"

"我没说错吧，你一来准是下逐客令的。也不知道是我不明白还是你糊涂，群众起来了有什么可怕呢？你越怕不越说明你没鬼也有鬼吗？"

"彭总，造反派可不是当年的红军战士，也不是一般的老百姓呀！"

"他们是革命小将，很好嘛！我们党有缺点应当让揭！你们走吧，我不走！"

"您不走，万一有个三长两短，我们怎么向建委、向党中央、向毛主席交代呢？走吧，彭总！"

"杨焙同志，我问你，中央派我到西南来干什么的？是叫我和大家一道建设强大的后方基地的。现在基地还没建好，就惊慌失措地溜之大吉，我该怎么向中央、向毛主席交代呢？这跟为了逃命丢下阵地有什么两样？你们都走好了，我一个人也要坚守阵地！"

景希珍见秘书长也说不动这个"倔老头"，就气呼呼地吐出一句："我看您呀，被胜利冲昏了头脑，犯了'左'倾蛮干错误！"

彭德怀一听，愣了愣，没有发火，反而嘿嘿一笑说："好家伙，你小子给我扣大帽子！哈哈，我告诉你吧，我这是革命英雄主义！"说罢，转身翻出报纸，指着上面某些被他用铅笔画了红线的条文念道："这上面讲'放手发动群众'，'不采用任何包办代替的办法'，'严格分清两类不同性质的矛盾'，'提倡充分的辩论'，'要用文斗，不用武斗'……你们听听，这有什么不好？嗯？"

杨焙摇摇头说："彭总，文件是文件，行动是行动，造反派的行动跟冠冕堂皇的文件根本就对不上号！你把事情看得太理想化了！现在可是横扫一切的！"

彭德怀说："可话说回来，他们真的把一切都横扫掉，躲是躲不脱的，960万平方公里，你能躲到哪儿去？"

"好好，我说不过您。"杨焙无奈地摊开双臂，转身就走。

"稍候，我还有事相求呢。"彭德怀拦住他，然后打开抽屉取出两封信，"这两封信请秘书长负责呈送一下，一封是写给建委领导的信，请批准我去看大字报，参加辩论会；一封是写给毛主席的，主要是汇报我来西南后工作的情况和提出的几点建议，另外谈谈我对'文化大革命'表示赞成和支持的态度。"

杨焙接过信，沉思了半天，然后说："好吧，我尽最大努力想办法呈上去。但有一点，在没有接到我的通知之前，您无论如何哪儿也不能去！"

彭德怀随声应道："好好，我听你的，不过你不能拖我，要尽快明确答复我。"

杨焙长长叹了一口气，重重点了点头，还想说什么，却什么也没说，默默地走了。

从某种意义上讲，这时的彭德怀只不过是暂且歇个脚，喘口气的"反面角色"，导演们会随时根据剧情的需要令他立即出场。就在他暂且坐下来观赏前台演出的时间里，幕内已经闹得纷纷扬扬，乱乱哄哄了。

作为"文化大革命"纲领性文件的《五一六通知》，在4月中旬就由康生、陈伯达着手起草了，后经毛泽东审阅并做了若干次修改之后，准备交政治局扩大会议讨论。康生就利用这个"时间差"，同江青密谋制订"从北大点火，尔后往上搞"的计划，抢先一步秘密派遣曹轶欧（康生的老婆）绕过北大党委，鼓动聂元梓等人起来造反。康生在听了聂元梓政治、作风各方面都有问题的反映后说："她就是乌龟王八蛋也要支持！"

5月25日下午，聂元梓等七人联名贴出一张矛头直接指向北大党委、北京市委和"一切赫鲁晓夫式的反革命修正主义分子"的大字报。仅半天时间，就有上千张大字报对此进行反击或支持。当晚周恩来派人到北大，重申在运动中贴大字报要内外有别，要注意保密等有关规定，并且批评了聂元梓等人。然而，这张大字报的作者们却带着几分傲慢的神采四外宣扬"过几天你就会知道了"，使得一些敏感的人领悟到这张带有神秘色彩的大字报可能有着秘密的大背景！

5月31日经毛泽东批准，陈伯达率领工作组到人民日报社夺权。6月2日，《人民日报》在头版头条以《北京大学七同志一张大字报揭穿了一个大阴谋》的通栏标题，刊登了大字报全文，并发表了陈伯达参与起草的评论员文章《欢呼北大的一张大字报》。仅几天时间，千千万万封声援聂元梓的信件和电报像雪片似的从四面八方飞进北大校园。北大顿时成了全国"文化大革命"的中心。聂元梓成了显要的新闻人物，被无数的敬慕者簇拥着走上轮番飞转的政治舞台。而学校的当权派、学者、专家们被毫不留情地踢了下来，推上了"斗鬼台"、"斩妖台"，抹黑脸，戴高帽，坐"喷气式"，剃"阴阳头"……

6月上旬，在京主持中央日常工作的刘少奇、邓小平，面对着北京大、中学校的混乱局面，专程飞往杭州向毛泽东汇报，并请求毛泽东尽快回京主持工作。毛泽东提出暂时不准备返京，"请二位相机处理运动问题"。二人立即赶回北京，急忙召集有各部委负责人参加的政治局常委扩大会议，讨论原校党委垮了，谁来代替领导。会议决定派工作组进校，越快越好，要像派消防队救火一样快。刘少奇将此决定电告毛泽东。毛泽东回电同意。

7月8日，毛泽东分析了中央文革频频传递给他的情况后，在致江青的信中说："现在的任务是要在全党全国基本上（不可能全部）打倒右倾。""天下大乱，达到天下大治。"

7月18日，毛泽东回到北京。刘少奇闻讯立即驱车前往毛泽东住处，打算汇报前一段时期的工作。只见毛泽东住所门前停着几辆小轿车，屋里灯光明亮。显然，毛泽东在接待客人。刘少奇只能回转。

7月19日，毛泽东听取了刘少奇的汇报后，十分严肃地说："回到北京，感到难过。冷冷清清，有些学校大门都关上了。甚至有些学校镇压学生运动。谁去镇压学生运动？只有北洋军阀。凡是镇压学生运动的人都没有好下场！运动犯了方向、路线错误。赶快扭转，把一切框框打个稀巴烂。"

对于毛泽东的尖锐批评，刘少奇毫无思想准备，犹如当头一棒，却又摸不清头脑。他做了自我批评，承认工作中有缺点，但对彻底否定工作组仍持异议："这么大的运动，党的领导总得通过一定的形式……工作组大多数是好的……"

不等刘少奇讲完，毛泽东驳斥说："谁反对文化大革命？美帝、苏修、日修、反动派。共产党怕学生运动是反马克思主义的。有人天天说走群众路线，为人民服务，而实际上是走资产阶级路线，为资产阶级服务。"

7月26日，毛泽东在接见"中央文革小组"全体成员时指出全国95%的工作组犯了方向路线错误，并下令撤销。当晚，陈伯达、康生、江青去北大，组织召开第二次万人辩论大会。江青做了长篇发言。

7月27日，刘少奇想找江青、康生谈谈。但他知道江青是不会给面子的，刘少奇只找了康生单独谈话。刘少奇坚持搞运动要有党的领导。他说："工作组是中央决定的，蒯大富炮轰工作组不是革命行动，而是反动！你们说镇压是不对的，不是镇压。"康生根本不把这位党中央副主席、国家主席放在眼里。于是二人发生了冲突，各不相让。

7月29日，人民大会堂召开了一个盛大的会议。清华大学学生蒯大富作为一个显要代表参加了大会。会上，宣读了北京市委关于撤销工作组的决定。刘少奇、邓小平、周恩来被迫做了检查。刘少奇在讲话中掏出心里话："至于怎样进行无产阶级文化大革命，你们不大清楚，不大知道，你们问我们，我老实回答你们，我也不晓得。我想党中央其他许多同志，工作组成员也不晓得。"他称自己是"老革命遇到了新问题"。

8月1日，由毛泽东主持的党的八届十一中全会在北京召开。就在这天，毛泽东给清华附中的红卫兵写信说：你们的行动"说明对反动派造反有理。我向你们表示热烈的支持"。"在这里，我要说，我和我们革命战友都是采取同样态度的。不论在北京，在全国，在文化大革命运动中，凡是向你们采取同样革命态度的人们，我们一律给予热烈的支持。"于是，被领袖点燃了心扉之火的青少年学生们把革命造反的锣鼓敲得震天响。于是，红卫兵组织像雨后春笋般在全国勃起。于是，一种狂热的政治集团在神州大地大显威力。

8月5日，毛泽东在中南海大院贴出了《炮打司令部——我的一张大字报》、全文虽只有230多个字，但却气势磅礴，言辞激烈，可谓字字千钧。周恩来看了大字报后，对其中提到的"1962年的右倾和1964年的形'左'而实右"一语颇费思索，脸颊上两道刀刻般的皱纹愈显深沉。他找到毛泽东询问:"主席,这是不是指我那个'马鞍型'的问题(指他主持制订年度钢生产计划时,曾一度压缩指标,与上、下年份相比,形成一个'马鞍'状)?我要重新加深认识吗?"毛泽东摇摇头:"那算不得一回事。"看来此时毛泽东的意思是集中炮打刘少奇的"司令部",还不打算四面出击。

8月8日,林彪在接见中央"文革小组"成员时,激情满怀地说:"这次文化大革命最高司令是毛主席。我们就是要跟着毛主席弄得翻天覆地,轰轰烈烈,大风大浪,大搅大闹,这半年就要闹得资产阶级睡不着觉,无产阶级也睡不着觉。"

8月18日,毛泽东登上天安门城楼,接见来自全国各地的红卫兵代表。毛泽东神话般地出现在天安门城楼上,所有的人却在刹那间被震撼了,顿时热血沸腾。"我——们——要——见——毛——主——席!"一千遍一万遍的欢呼声通过广播电台振奋着全国人民。

这一切,对彭德怀来说既新奇又新鲜,既神秘又生动。他显得书生气十足,天真气十足。他不再有愤懑,不再有指责,甚至不再有摇头叹息。他总希望相信点什么,并把相信的东西神圣化。

他久久凝视着毛泽东身穿绿军装、神采奕奕地向红卫兵招手致意的照片,仿佛得到了某种享受和安慰。

然而,当一个美好的"新纪元"像江河洪峰冲下来的时候,有谁还能保持着冷静的大脑思考呢?

三

8月的成都在滚滚红尘里骚动着。

彭德怀被圈得百无聊赖,一个上午他竟让景希珍和綦魁英给杨焙打了七八次电话。看情形,不叫他出去"经经风雨,见见世面",杨焙休想安静!

杨焙最后只好回话:"这个老头啊,依了他,依了他。他只能悄悄地去机关看大字报。要是到街上去,千万不能暴露了,要绝对保证不出问题才行。"

景希珍将这一意见转达给彭德怀后,老头高兴极了,起身就要走。景希珍和綦魁英慌了,跑过去把他拦住:"彭总,您不能这样出去!"

"怎样出去?"

"得给您化装。"

"啊，演戏呀?"

"是的，不化装绝不能让您出去!"

尽管他老大不高兴，但无奈身不由己，只好听任二人的摆布：头上压了顶太阳帽，鼻上架了副茶色镜，身穿宽松的浅色布衫和深蓝色工作服裤子，脚蹬圆口布鞋，看上去俨然是一位退休老工人。

"师傅，这样可以走了。"景希珍忍俊不禁地下达"通行令"。

"这么说，你们二人甘当我的徒弟了?"他打趣道。

"不得不委屈您了。"綦魁英说，"我们两个人交换了一下眼色，就把您的官罢了，一罢到底。"

"不过您不必担心，"景希珍说，"我们根据情况，随时给您官复原职。"

"不，官我是坚决不当了，就当个老工人或者老农民，蛮不错呢!"

就这样，经过一番"伪装"，彭德怀上街去看大字报了。

满街全是人的洪流。大字报铺天盖地。无数的扩音器呜哇乱叫。宽阔的马路被争论不休的人群堵塞得水泄不通。

这位工人"师傅"硬往人群里挤，听人家争论，不听清了绝不肯走。

当他在西南局大院看到有人贴出揭发他的大字报时，他丝毫没有生气，反而认认真真地看了起来。那个大字报上说他到西南后，"开足马力，营造反革命大本营"，"到处放毒，搜集炮弹，妄图东山再起"。他看后竟然笑了，笑得悠然自得。

看完大字报回来，已经很晚了。他脱下"伪装"，毫无倦意，非要和景希珍杀盘棋不可。

景希珍说："算了，师傅，我装不出唱空城计的诸葛亮!"

他开心地笑道："你以为我是在唱空城计吗? 不，我有后台!"

"谁是你的后台?"

"毛主席啊! 揭发我的人不了解我，可是毛主席了解我呀! 要是毛主席看到这样的大字报，他一定会说：'这个彭德怀不错，到西南干得卖力气咧!'你说，是不是?"

景希珍没有点头，露出一丝苦笑。

他好像看透了景希珍的内心，温和地说："小景，恐怕你是'杞人忧天'，大可不必呀! 这么大的运动是前所未有的，我们不能袖手旁观，得跟上形势呀! 我还是那句老话：彭德怀宁可毁灭自己，也希望看到有什么好路子把国家整治好! 我们都是马克思的信徒，要让他的在天之灵高兴，不能叫他难过、哭!"

第二天，他仍旧去看大字报。

当他刚刚挤进人群去看那满墙墨迹未干的大字报时，突然有人惊奇地朝他发问："老同志，你是哪个单位的？"他马上回答："噢，我是退休工人，出来看看热闹。"

那人两眼直勾勾地盯着他："我看你不像老工人吧？"

他笑了笑："你看我怎么不像呢？"

那人摇摇头，断定说："我认得出，你是彭德怀元帅！你可真厉害，别人都跑了，你还敢来看大字报。真厉害，果真名不虚传！"

这一声张不要紧，人们"呼啦"一下子把他包围了。谁不想看看这位大名鼎鼎的元帅呢？被惊奇震撼了的人们潮水般地涌过来，都想一饱眼福。

景希珍和綦魁英都着实紧张起来。二人护着彭德怀往外冲，可四周是一堵堵人墙，无论怎么"突围"都无济于事。

就在二人不知所措的当口，不远处骤然响起喧闹的锣鼓和鞭炮声。綦魁英急中生智，跳起来对人群大喊："快去看哪，那边出了特大新闻！快去呀！"

这一招真灵，围观的人弄不清出了什么事，听他这一吆喝，纷纷向那喧闹处奔去⋯⋯

这下总算解围了。二人毫不迟疑地拉起彭德怀就往外跑。

"慢！那边发生了什么事？"他问。

"不知道。"

"不行，咱们得去看看！说不定真是重要新闻哩！"

景希珍和綦魁英拗不过他，只好向他妥协：由景希珍陪着他在不远处一个角落等着，让綦魁英去看个究竟回来禀报。

那是一家新华书店。门前高悬朱红宫灯。张贴大红"喜"字，大幅标语醒目地写着："努力学习毛泽东思想，忠实执行毛泽东思想，热情宣传毛泽东思想，勇敢捍卫毛泽东思想。"高音喇叭里广播着《人民日报》刊登的《全国人民的大喜事》：为了让《毛泽东选集》"人手一册"，普及本规定了新价格，一至四卷，售价二元。雨雾中，一字人蛇阵痉挛般地蠕动着，吞食着高大的书山。

等了许久，綦魁英大汗淋漓地跑回来了。手里捧着一套《毛泽东选集》。

彭德怀接过"红宝书"，兴奋地说："怎么样，这趟出来收获不小吧？得到了无价宝！干革命没有武器可不行，咱们要好好地学习和掌握它。"

在返回的路上，一个又一个奇迹出现了：一队队"牛鬼蛇神"被押解过来，接受"战火洗礼"。

一箱箱龙衣蟒袍、凤冠霞帔被从剧场拉向火堆。

一件件价值连城的名画、雕塑成了粪土不如的殉葬物。

"破四旧立四新"突击队员手挥剪刀，强行给过路的妇女们一律剪成三八式齐耳短发；穿火箭式尖头皮鞋者当场削去尖头；着奇装异服者立地受罚。原有的商店招牌被砸得稀烂，统统换上了"卫东"、"向阳"、"反修"一类的字号。

"这么搞太过分了，简直是胡闹！"彭德怀看不下去了，怒不可遏地吼起来，撒开步子奔将过去。

"您要干什么！"景希珍和綦魁英立即死死地抱住他。

"别拦我，我要去劝劝这些年轻人，不能这样搞，这样搞是犯罪呀！"

"算了吧，您这是螳臂挡车！"

是啊，这是一个狂乱的时代。内心狂乱的青年们要推动时代车轮去冲垮历史，划破时间，去实现历史的直角转折！任何纯真的、忠诚的奉告和劝说，都将受到嘲弄。

四

永兴巷小院再也不是一块"安定的绿洲"了。名目繁多的红卫兵组织频频派代表到此"拜见"彭德怀。

"来吧！我敞开大门请你们来，时间由你们定，我随时欢迎。"彭德怀很坦诚地表明自己的态度。

他还特意向景希珍等人交代：来者不拒，买烟、茶、糖、果，盛情款待。

他要以父爱之心，去唤醒一代麻木的灵魂。

一支整装待发的红卫兵长征队开进小院。他们大都是十六七岁的中学生，他们要彭德怀讲讲当年红军长征的路线——那次长征离他们太遥远了，那时的故事也已经老掉牙了。所以，他们要进行革命的大串联，走出一个新时代的"二万五"，重新编织新的长征故事！

彭德怀向他们深深鞠了一躬，说："我作为当年的一个红军战士，向你们学习致敬！当年红军长征是为了寻求中国的解放不得已才进行的，而你们今天的长征是为了什么呢？小将们，时间对你们很宝贵呀，应该抓紧时间学知识、长本领，建设好我们的国家。我敢说，你们只要不怕艰苦，努力学习，那就是同样伟大……"

一位学生打断他的话说："彭德怀，你不要放毒蒙骗我们了！你要我们'两耳不闻窗外事，一心只读圣贤书'，走白专道路，当资产阶级的牺牲品，你用心何其毒也！"

又一位学生说："彭德怀，你们当年的长征有什么了不起？那是老皇历了，摆什么老资格！告诉你，我们不但要长征，而且还要大军南下，挥师北上，东征西进，而且还要进行全球旅行！你们做到的我们能做到，你们做不到的我们也能做到！今天的革命比你们那时的革命更伟大。你要是反对我们革命，我们就坚决斗倒斗臭斗垮你，把你打入十八层地狱，让你永世不得翻身！"

彭德怀笑了笑："十八层？多少米？能打出石油吧？"

哗，逗得满屋哄堂大笑。

紧接着响起一阵口号：

"我们坚决长征！"

"活着是毛主席的红卫兵，死了是毛主席的红小鬼！"

"谁反对串联就是镇压革命，就是白色恐怖，我们就坚决和他血战到底！"

彭德怀望着这一张张生动可爱、天真烂漫被革命激情冲得忘乎所以的青春脸庞，一股凄怆与慰藉相交融的辛酸涌上心头：他们是一群孩子啊！这种所谓的革命把他们引入迷途，在难以忍受苦难的年龄去忍受苦难，这样会把他们毁了啊！

他只好万般无奈地摇摇头。然后检查了他们那简单的装束、问："你们就这样长征吗？"

小将们回答："就这样长征！"

他说："你们这个样子是过不了雪山和草地的。"

小将们回答："我们不怕！我们比你更能克服困难，更能吃苦！"

多气派！气派一时的小将使气派大半辈子的老将无言以对。他们是"毛主席的红卫兵"，他们天不怕、地不怕、鬼不怕、神不怕……世界上什么都不怕，其志可嘉，其情可敬，然而目的呢？

彭德怀还是再三嘱咐他们，到了雪山下，要做好御寒准备，过草地前要找个熟悉地形的向导……并给他们讲了红军爬雪山过草地的情景。最后又语重心长地说："说到底你们还是些孩子，光有一股子热情只能打莽撞仗，要学会思考，弄明白为什么革命？怎样革命？革谁的命？……"

没听完他的话，"只争朝夕"的小将们就急不可耐地出发了。

"我祝你们成功！"他一直送小将们到大门外。久久凝视着他们走远了的身影。直到看不见了，他还站在那儿，嘴唇翕动着，不停地嗫嚅，像是在祈祷……

要对一种重大的社会现象做出判断，并不容易。随着局势的恶化，彭德怀原先怀有的愿望很快被残酷的现实击得粉碎。

11月下旬，在毛泽东先后8次在北京接见了1300多万红卫兵而使崇拜的狂热达到沸点之后，"造反"与"夺权"的"红色风暴"席卷全国。

北京的红卫兵到成都搞串联，贴出了"打倒刘、邓，炮轰西南局"的大幅标语，公然持械冲击了西南局机关和兵工厂。

紧接着武斗升级，大刀、长矛、机枪、大炮……

成都在淌血！

大"三线"在刀枪棍棒的挥舞中战栗！

革命是暴力，是一个阶级推翻另一个阶级的暴烈的行动。红卫兵背诵着领袖的教导，一批接一批地找上门来，要彭德怀交代"罪行"，交代大"三线"的兵器重地……

彭德怀努力克制自己。他在观察和认识这批年轻的造反者。

"我的问题早已昭然天下了。毛主席最了解，所以他才让我到三线来。"

"革命的刀枪快20年不见血了，渴了，可那是时刻准备对付入侵之敌的。如果你们以为舞枪弄炮挺有意思，要拿自己人当靶子，那就先从我开始试刀吧！"

这些话，造反者能听得进去么？他们热血沸腾得肉体和灵魂都失去了知觉，唯一能支配他们行动的是各自手捧着的"红宝书"。他们对彭德怀念起了最高指示："坦白从宽，抗拒从严""凡是反动的东西，你不打他就不倒""枪杆子里面出政权"……

接着，一位头目说："彭德怀，看来你是对这场伟大的革命根本就不懂，我们得给你上一上政治课。"

彭德怀说："好，我洗耳恭听！"

这位头目显出满脸的傲气，侃侃而谈："你晓得么，8月5日这一天，我们最最敬爱的毛主席以他伟大的无产阶级革命家的胆略和气魄，在中南海贴出了一张震撼中外的大字报——《炮打司令部》！你晓得炮打的是谁吗？告诉你，炮打的就是刘少奇、邓小平的资产阶级司令部。在10月9日至 28 日召开的中央工作会议上，以毛主席为首、林副主席为副的红色司令部同刘、邓进行了针锋相对的斗争。我们红卫兵已经在天安门前贴出了打倒刘、邓的大字报。我们就是要彻底摧毁刘、邓黑司令部，建立一个红彤彤的新世界！彭德怀，我们郑重警告你，两个司令部摆在你面前，何去何从由你选择！"

彭德怀听着，一种疑惑和忧虑袭上心头，但他镇静地说："你说的恐怕是些靠不住的谣传吧？"

"骗你是王八蛋！告诉你，不光要打倒刘、邓，从中央到地方，自上而下都有一条资产阶级反动路线，都有刘、邓的死党。我们必须怀疑一切，打倒一切！告诉你，我们的消息直接来自红色司令部，绝对可靠！"说完，从包里掏出一张传单，"给你看看这个！"

彭德怀接过传单，戴上老花镜，仔细看了起来。从他那越皱越紧的眉头和微微颤抖的脸颊，不难猜出他心中狂飙骤起。看完，他沉默了。

"怎么样，彭老头，不骗你吧？"头目很自得地笑笑，"你何去何从，我们拭目以待！"

彭德怀说："好吧，我给毛主席写信，问问我是哪个司令部的人。如果说我是红色司令部的，那我就和大家同心同德把这场革命搞得真像革命的样子；如果说我是黑色司令部的，那我就只好等着你们把我打倒！"

五

"文化大革命"是非常时期，彭德怀却保持着正常思维，他怎么能理解得了呢？事实证明，红卫兵说的、传单上写的，并非全系子虚乌有。

终于他彻悟了，而彻悟后的遗憾、痛苦和忧伤却更加沉重了。

他像一尊泥塑蹲在被他翻腾得乱七八糟的报刊堆里，一动不动。而他胸中却是一腔滚动的岩浆，为一个民族的兴衰存亡和泣血的历史而燃烧，为一片轰然而至的震天撼地的癫狂而喷漏，血肉和灵魂顿然凝固，凝固成一块冰冷的坚石！

怎么弄到这般地步？这究竟为了什么呢？

一个曾经使马可·波罗惊叹不已的"亚细亚"东方大国。一个曾经让欧洲君主惊恐地虚构出"黄祸论"的伟大民族，一个曾经被盖世无双的拿破仑警告西方不要惊醒的睡狮，在摆脱了任人宰割、亡国灭种的绝境之后，为什么非要再搞出个四分五裂的局面不可呢？彭德怀苦苦地冥思……

六

彭德怀终于做好了充分的思想准备。

这天一大早，他把景希珍叫到屋里，说："小景啊，我看现在气候很反常，我们在思想上要有个准备才是呀！"

"彭总，您有什么事尽管吩咐吧！"

他把一样东西交给景希珍。

景希珍接过一看，是前几天他去银行存上的那个3000元存折。

"彭总，这是怎么回事？"

"去，你到银行将这笔存款转到你的户头上。"

"彭总，这……"

"去吧，这样更妥当。"

景希珍跑到银行照此办理了。当景希珍回来把存折交给他时，他却摇摇头，拦住了。"小景，这些钱是我送给你的，你一定要收下。"

"彭总，这怎么行呢？说啥我也不能要。"景希珍又惊又急。

"小景啊，"他让景希珍坐下，慢慢地说，"你跟我已经15个年头了。是我拖累你们了，尤其1959年我从庐山摔下来后，好几年没有爬起来，而你没有离开我，还有小綦和小赵。你们跟着我算是倒了霉了，级提不上去，职务也不能动，现在看来，更没有一点指望了……"

他说着，两颗强忍着的泪珠在眼眶里打转。

"彭总，您不要这样说了！"景希珍看到他极力抑制着的痛苦的表情，也止不住流下热泪，"跟着您是组织上安排的，也是我们应该做的。我们不应该离开您，也不愿意离开您啊！跟着您，才使我们懂得了人生，懂得了生活……"

"不，小景，这些钱你无论如何要收下，就这样定了！存折可以暂时放我这儿，以后随时拿走。小綦和小赵，我也会考虑的。"

这3000元钱，在彭德怀平反昭雪后，浦安修遵照他的遗嘱，如数交给了景希珍。当景希珍接过这3000元钱时，这位彭德怀的忠实卫士，跪在彭德怀的遗像前，呼天抢地，放声恸哭。

接着，彭德怀亲自动手把屋子清理了一遍，把一些有价值的书籍和珍藏品赠送给景希珍、綦魁英和赵凤池。

晚上，他把三人召集到一起，围坐在房前的小石桌旁，把自己的近日所思考的问题倾吐出来：

我们再给毛主席写封信。我要告诉毛主席，你发动的这场"文化大革命"已经被林彪、江青、康生、陈伯达搞得面目全非了！他们利用我们党的威望——说穿了就是你的威望，利用我们党在长期对敌斗争中积累下来的一套办法，把他们自己打扮成最"革命"的样子，把党和国家政权推翻，他们最后也会毫不客气地把你毛泽东打倒！老的都打倒了，留着你做什么？！

林彪这家伙，我到今天才算看透他了。他虚伪，又阴毒，那样阿谀奉承，完全是奸佞小人！他说你毛主席比马克思、恩格斯、列宁伟大得多，是全世界最卓越、最杰出、最伟大的人物，是最伟大的天才。他算把中国的语言用绝了，实在使人头皮发麻，你听了心里就舒服吗？

对于江青，我不必多说了，她是你夫人，你对她最清楚。她之所以那么狂妄，目空一切，对任何人都可以随随便便地褒贬，这与你对她管教不严有关。我并不是说主席夫人就不能担任领导职务，而是说她根本不具备这种德才。让她掌权，只会成事不足败事有余！

康生这个道貌岸然的老倌子，打从延安那次整风，我就看出他是危险人物，耍手腕，施诡计，干得巧妙而不露马脚。被他坑害的人还少吗？

还有个陈伯达，据说是大理论家。他那叫什么理论！可以把死人说活，把活人说死，一遇什么时髦，总要捷足先登，不然他就没饭吃。

在我们这块土地上，打了那么多年的战争，人们不愿再嗅到火药味了。可是战争一结束，便一个运动接着一个运动，从未间断过，总不该把"生命在于运动"推广到人世间的一切领域吧？人民需要安安静静、扎扎实实地创造财富来满足生活的需要。世界上许多先进国家已把中国远远地抛在后头，中国应该奋起直追才是正道啊！

你说怕中国出修正主义，才搞"文化大革命"的。我看你才是"杞人忧天"哩！中国这么大，人又这么多，出几个修正主义分子有什么了不起？谁搞歪门邪道，人民自然会起来把他打倒。

我给你写信的目的，就是要告诉你，如果说1958年的大跃进还有得有失，而这场"文化大革命"是得不偿失，劝你赶快刹车！你知道吗？全国大乱了，工人停工、学生停课，农民也无法种田了，都响应号召搞"革命"去了。成都目前已经打起派仗，发生流血事件，一些人冲击了大"三线"的兵工厂，把枪支弹药都抢去了。面对这种残局，我无法收拾，也无法向你交差，因为寻衅闹事者打的都是你的旗号。现在只有你说话还灵，你赶快下令刹车吧！

　　有人把今天的中国比作一座火山爆发了，任何一个中国人都逃避不了。我当然是在劫难逃了。主席，你呢？你在山的最顶上，总不可能乘坐宇宙飞船到外星球上去吧？

　　人们有时喊你一声"万岁"是出于对你的敬仰和热爱，如果张口闭口高喊"万岁万万岁"，这就让人怀疑他究竟是神经不正常，还是别有用心。我不喊你"万岁"，我祝你健康、长命百岁。

彭德怀就这样大胆地痛快淋漓地把"腹稿"一股脑儿地倒了出来。
在座的三位听呆了，听得惊心动魄，听得心旷神怡。
"怎么样？我这样写行吗？"他问。
景希珍说："听了够深刻的，是不是太那个了？"
綦魁英说："肺腑之言，感人至深！"
赵凤池说："彭总，还是我来帮你抄吧！"
"不！这封信由我自己包干了。"他很干脆地说，"当然罗，言辞可以再斟酌斟酌，大致意思就这样。"

　　他写了个通宵，字斟句酌。信中究竟写了些什么内容，外人不得而知。第二天，他把写好的信让景希珍送到建委办公室。随后，他又给办公室打电话："无论如何也要想办法把信送到中央，送到主席手里！"

　　信送走了，他坦然了，酣睡了一天。

　　信的下落如何，究竟毛泽东看到了这封信没有，至今仍是个谜。

　　到了晚上，他又把三个人召到一起，围坐在小石桌旁。他说："我不管三七二十一，都给毛主席说了！我也没有什么好怕的了！我要能再见上毛主席一面就更好了！"

　　他说得很爽朗，很轻松。

　　接着，他把目光在三个人脸上扫视了一下，说道："你们现在向成都军区要求调动一下怎么样?"

问题提得突然,三个人心头一阵紧缩。

借着月光,他们看到了他两眼闪着泪花,仰望夜空。"我是活不长了,可不能再连累你们呀!"他的声音滞涩。

"别想那么多,事情总会有个说清楚的时候。"三个人都这般安慰他,也都各自安慰自己。

"你们现在不也看清楚了,有人要逼着别人去当反革命。你不想当,就给你罪加一等,就是顽固到底的反革命!你们都知道,我给毛主席有三条保证:第一条永远不反党。现在不是谁要反,是有人非要给你戴这顶帽子不可!第二条是不自杀。不是谁要自杀,是有人要你死得比自杀还不如!第三条是自食其力。不是我不想自食其力,而是这一点权利也不给呀!"他面对犹如一张无边大网般的夜幕,倾诉着一个难以预测的命运。

"去他娘的:那些给别人扣反革命帽子的人才是真正的反革命!"三个人都愤愤不平地吼叫起来,像三头发怒的雄狮。

这时,他又不得不反过来叮嘱他们:"我担心的就是你们沉不住气,动感情,搞出一个什么事件来,不仅自己吃罪不起,还要连累家庭子女。所以呀,你们不要担心,我现在什么都不求,也什么都不怕了,反正我快要离开这个世界了……"

谁说世间没有预感?彭德怀这种预感的准确性将会很快得到证实。他要一个人默默地吞下苦果,一个人默默地迎向那即将扑来的厄运……

七

事情的发展,被彭德怀言中了。

1966年6月16日,"文化大革命"初期崛起的刀笔吏戚本禹、王力、关锋就写信给江青、康生、陈伯达三人,献策道:

> 我们觉得,分配给彭德怀做这个工作(指大"三线"建设副总指挥)是不恰当的。据我们了解,彭德怀到"三线"以后,还在积极进行不正常的活动。因此,我们再一次提出意见,希望中央考虑撤销他的"三线"副总指挥的职务。从这次文化大革命揭发的许多事实看,彭德怀到现在还是修正主义的一面黑旗。为了在广大群众中揭穿他的丑恶面目,为了彻底清除这个隐患,我们

希望中央能够考虑在适当时机在群众中公布彭德怀的反党反社会主义的罪恶活动。

由于这场夺权斗争,是革命和反革命的斗争,是我们推翻一个地方的部门的反动政权的斗争,因此,必须当机立断,采取断然手段,和平过渡是不行的。

为此,江青、康生、陈伯达多次在毛泽东耳边吹风《海瑞罢官》问题被那个司令部的人搅乱了,使现代海瑞溜之大吉,他(指彭德怀)现在在西南过着神仙日子,自在极了!必须首先拔掉这面黑旗!

毛泽东在这帮人的蛊惑下,在10月24日开的一次中央汇报会上,对彭德怀问题做了如下讲话:"高岗、饶漱石、彭德怀,是搞两面手法,彭德怀与他们勾结了。""彭德怀发动的'百团大战'是搞'独立王国',那些事情都不打招呼。"康生马上附和,添油加醋,戚本禹、关锋一哄而起,声称要"彻底清除这个隐患"。12月13日,林彪、江青在人民大会堂接见军事院校造反派代表。江青看似漫不经心,实则有意激将,对北京地质学院"东方红"头头朱成昭说:"你们红卫兵这也能,那也能,怎么就不能把彭德怀揪出来呀?让他在大山里头养神,将来好回来反我们,把我们打入十八层地狱呀!刘少奇在彭去西南之前,就对他说:'如林身体不好,还由你彭德怀当国防部长。'他要是再当了国防部长,我们就要千百万人头落地了!"

林彪挖空心思地在姓名上做文章,说:"你们知道彭德怀的原名叫什么?叫彭德华。他从小就有野心,想得到中华。"

12月15日,陈伯达、康生、戚本禹在人民大会堂北京厅接见了北京航空学院"红旗"造反派代表。当戚本禹看了造反派头目韩爱晶等人整理的叶剑英的"罪行材料"后,以高屋建瓴的神态说:"你们的攻击点没有选对,你们先不要搞叶剑英,'海瑞'还没有斗嘛!告诉你们,彭德怀现在在成都,是'三线'的副总指挥,在那里没有人敢动他。要把他揪回北京,打翻在地——这是首长指示,已经毛主席同意。"

为了尽快把彭德怀揪回北京,戚本禹经过反复筹谋,采取了双管齐下的手段,分别给朱成昭、韩爱晶打电话,下达进川揪彭令。

一夜之间、地院"东方红"、北航"红旗"组成了"专揪彭德怀战斗团"和"赴川揪彭敢死队",为了抢头功,竞相登上了西去的列车。

江青得知戚本禹已布置北航"红旗"和地院"东方红"去四川揪"海

瑞"的消息,极为赞赏:"现在就是打仗。你戚本禹是个聪明人,指挥有方,等文化大革命胜利后,我们也要评功论赏,封你将军,封你元帅!"

戚本禹得意于自己天生的玲珑剔透的好脑袋。他踌躇满志,趾高气扬。

请看1979年底戚本禹在监押期间写的笔供:

> 彭德怀在"三线",是我叫去四川串连的学生把他带回北京的。江青当时是力主此议的。康生也是这个主张。

区区戚本禹的一句话,就可以调兵遣将、随意剥夺闻名于世的一位军事家和政治家的人身自由,这对年轻的人民共和国不能不说是一个天大的玩笑!

12月24日凌晨3点钟,一辆吉普车发狂地冲到永兴巷7号大门口。站岗执勤的卫兵以强硬的躯干迫使夜袭者紧急刹车。

当从车上跳下的人亮出"圣旨"之后,卫兵才把绷紧的神经放松下来。他拨通电话,将情况报告綦魁英。

綦魁英以最快的速度穿好衣服。他刚跨出门,就与气势汹汹的"使者"们撞了个满怀。他被堵在屋里。

"你是彭德怀的秘书吧?"

"是的。有什么事吗?"

"马上带我们去见彭德怀!"

"有什么事情和我谈!"

"不行。要见本人才谈!"

"你们是哪个单位的?有证明吗?"

"我们是北京航空学院'红旗'战斗队的,有急事要找彭德怀!"

綦魁英并不太清楚什么"红旗"战斗队,但他预感到这些学生来者不善。他看了看介绍信,又递了过去。

这时,一位学生指着这位揣起介绍信的人说:"他是我们'特别行动队'队长,他和毛主席握过手,留过影,深受江青同志夸奖!"

"啊,久仰久仰!"綦魁英仔细打量着对方,吐出一丝讥笑,"能和毛主席他老人家握手,你这位队长了不起呀。"

队长看了看手表,突然满脸杀气地吼叫起来:"别他妈废话,赶快叫彭德怀起来。"

綦魁英也看了看手表,说:"你们可以在这里歇息歇息,等天亮了再说吧。"

"不行！我们是奉中央文革的指示来的，十万火急！你快领我们去见彭德怀！"

"这么说，你们不相信我这个秘书？不和我谈，那就等天亮了上班后再谈。"说完干脆一屁股坐在椅子上，一动不动。

"现在是文化大革命非常时期，你是当革命派还是当保皇派？嗯？"队长口气带着蛮横。

綦魁英索性闭上眼睛，不予理睬。

队长气得牙齿咬得咯蹦响。他后退几步，向周围的人使了个眼色。随即，几个人一拥而上，把綦魁英架起来向外拖。

綦魁英用力一挣，一步跨到队长跟前，怒目圆睁，逼视着对方："你想干什么？我倒要问问你，你刚参加几天革命？马列主义、毛泽东思想你懂多少？半夜偷闯人家住宅，又蛮不讲理，非法揪人，你算什么革命派？"

"妈的！"队长暴跳如雷，"你、你这条保皇狗，不给点厉害瞧瞧，就不晓得革命的味道！"他冲着綦魁英的心窝就是一拳。

紧接着又是一阵雨点般的拳打脚踢。

一股殷红的血从綦魁英嘴角溢出。他挣扎着从地上爬起来，两眼冒着怒火，鼻孔喷着粗气，像一枚拉着导火索的炸弹。

这伙红卫兵不禁被他的这副神态惊愕了好几秒钟，就在这几秒钟内，綦魁英想好了一个对策——只见他冲出包围圈，跑到院子里，用最大的嗓门高喊："老景，有一伙强盗闯来了！"他想以此给堂屋里的彭德怀和后院的景希珍报个信，以采取应急措施。一伙人马上扑上去，接着又是一阵毒打。

突然，一道亮光驱散了院中的黑暗。堂屋里的灯亮了，接着门开了，彭德怀一步跨出门槛，喝道："请住手！我是彭德怀！"

队长甩下綦魁英，率先冲了过去。

彭德怀被"来访者"团团围住，堵在屋内。

"你们从什么地方来呀？"彭德怀问。

"北京！"

"噢，找我有什么事情吗？"

"奉中央文革的命令，请你跟我们到北京一趟，批斗彭、罗、陆、杨，澄清事实。"

"什么时间走？"

"现在就走！"

"可以！"彭德怀迅速地扫视他们一眼，神情激愤而从容地说："等我拿点东西，马上就走！"

突然，綦魁英大喊一声："彭总，你不能跟他们走！"他一步跨在门中央，像一堵墙。他指着队长斥责："你们不是说要谈事情吗？怎么变成上北京了？搞的什么名堂？！"

"少废话，关你什么事！"

"我是秘书，当然要管。这样搞，不能走！"

"这是中央文革的命令，你敢违抗！？"

"这样搞，谁的命令也不行！"綦魁英同样用强硬的口气对彭德怀说，"彭总，您这样做是很不负责任的！我要请示！"说着去抓电话。

"您要请示中央文革吗？"队长酸溜溜地问。

"不，请示西南建委！"

"好，好，完全可以！"队长也忙去抓电话。

綦魁英抢去了电话听筒，可是怎么也拨不通。他扔下电话，大声说："我得去杨秘书长家一趟。在我没回来以前，彭总不能走，你们也别想带走他。"

"好，好，完全可以！我们去两个人陪着。"队长诡秘地笑了笑。

綦魁英怎么也没有想到中了他们的"调虎离山"计。等他走后不到10分钟，他们便强行把彭德怀劫持出屋，不容他说话，不容他拿一点东西，不容他去一下厕所！彭德怀挣扎着，仰起倔犟的头颅，声音嘶哑地高喊："毛主席！再过两天，可是你的生日了！你的红卫兵无法无天……"没等他把话说完，红卫兵竟用绿挎包堵住了他的嘴，连拉带推上了汽车。

此时，时针正指向凌晨5点。

吉普车疾驶过杳无人声的街市，在幽深的林荫路绕过几个弯，驶进成都地质学院的大门。

彭德怀被控制在北航"红旗"的手中。

景希珍的爱人张一兰起床准备去上早班，突然听到前院汽车声，又发现彭德怀住室的灯亮了，顿感惊诧，忙把景希珍叫醒。景希珍一边跑着一边穿衣服，冲过院子，闯进彭德怀住室，只见屋内空无一人！

他暗暗责骂自己失职！

当他风风火火闯进杨焙办公室时，杨焙和綦魁英正与两个红卫兵"谈判"。

"彭总呢?"景希珍急得眼泪几乎掉下来,一进门便嚷。

"彭总在家呀,红卫兵看着呢!"綦魁英说。

"哪有!家里一个人也没有啊!"

"啊!"綦魁英惊呆了,恍然大悟,"卑鄙!我中了这帮混蛋的奸计!"他吼叫着,像鹰叼小鸡一样一把揪住一个红卫兵的衣领,"说!你们把彭总弄到哪儿去了?"

景希珍、杨焙也围上去,直逼两个红卫兵。

红卫兵见势不妙,连忙又亮出介绍信:"解放军同志,别耍态度嘛。我们是奉中央首长命令专门揪'海瑞'的。你们应当站在毛主席革命路线一边,不要当保皇派嘛!"

景希珍看了一眼介绍信,劈手甩了过去:"你说,是哪位中央首长的指示!"

"是江青同志的指示!"

"我们没有接到中央任何首长的指示!"杨焙愤慨地说,"就凭你们的嘴说说就行了?鬼晓得你们是什么人?不行!坚决不行!"

景希珍一直追问:"你说,把彭总弄到哪儿去了?不说,我可不客气了!"他握紧了拳头。

綦魁英说:"那好吧,不交出彭总,你俩休想跑掉!"

杨焙见此情景,沉思了一会儿说:"我看,请示一下总理办公室吧。"他转身抓起电话要长途台。

此时,天已大亮。一名警卫战士跑来通知綦魁英:又有一群红卫兵冲入了彭德怀住处。綦魁英跟着警卫返了回去。

经过一番盘问,来人是北京地质学院"东方红"战斗队的,也是专门赴川揪彭的,带队的是赫赫有名的王大宾。王大宾得知彭德怀已被北航"红旗"的人抢走,气势汹汹地硬要綦魁英领着去见北航的人。

綦魁英心想:好吧,先把你王大宾引开这里,让你们鸡狗相斗去吧!

"你们把彭德怀藏到哪里去了?"一见到北航的人,王大宾劈头就吼。

"你们是哪儿的?"北航的红卫兵也不示弱。

"北京地院的!"

"啊,原来是兄弟部队。你们不必操心了,彭德怀由我们押回北京!"

"彭德怀必须给我们,由我们押回北京!"王大宾以不容商量的口吻道,"我们是奉中央文革的指示来的,你们不交出彭德怀,就是反对中央文革!"

"哼!我们也是奉中央文革的指示!"

169

双方唇枪舌剑，争执不下。

王大宾见这样吵闹下去也是枉然，脑瓜子一转来了计谋：先退避三舍，在门口留下"探眼"，看北航的人往哪儿走，然后跟踪追击，再把人抢过来，亲自把胜利"果实"献给江青。于是，他带着人扬长而去。

清晨6点钟，西南建委与总理办公室的电话接通了。

总理秘书周家鼎听取了杨焙的汇报后，马上将此事报告给周恩来。

周恩来问："彭德怀同志现在在什么地方？"

"已被红卫兵绑架，去向不明。"

周恩来一惊："哪儿的红卫兵？"

"北航'红旗'。"

"他们窜得好快呀！"周恩来沉思片刻，凝重的眉峰微微颤了颤，当机立断，"立即告诉西南建委和成都军区，马上寻找彭德怀同志，找到后将他保护起来，尔后迅速报告中央！"

周家鼎认真记录着总理指示：

请以中央和我的名义给西南建委、北航"红旗"的同学们、成都军区、北京卫戍区去电：

中央同意彭德怀同志回京。

但要严格执行以下三条：

一，由成都军区派出部队和红卫兵一道护送彭德怀同志到京。沿途不许任何人截留，不得对他有任何侮辱性的言行，绝对保证他的安全；

二，不许坐飞机，由成都军区联系火车来京；

三，由北京卫戍区派出部队在北京车站等候，并负责安排彭德怀同志的生活和学习。

以上三条，同时通知成都军区、北京卫戍区的负责同志，也必须通知北航"红旗"的同学。各单位必须严格执行，绝对保证彭德怀同志的安全，对他的生命安全各单位要向中央负责。

周家鼎特意叫北航"红旗"的人接电话，要他们必须很好地协助西南建委落实总理指示。尔后，他又急忙回到办公室向周恩来请示："总理，成都军区给哪位负责同志通话？"

周恩来说："给黄新廷司令员打电话。"

"他已经失去自由了。"

"那……就找甘渭汉政委吧!"

"他也失去自由了。"周家鼎说,"是韦杰副司令员在暂时负责。"

"那就赶快通知韦杰同志!"

周家鼎给韦杰打通电话,传达了总理指示后,又立刻要通了北京卫戍区司令员傅崇碧的电话,通知他立即赶到总理办公室接受任务。傅崇碧因正在主持一个会议,实在离不开身,经请示周恩来,由卫戍区政治部主任周述清代傅崇碧前来接受任务。

周恩来向周述清说:"你们卫戍区立即组织力量,近日准备将彭德怀同志接过来,负责他的生活和学习,要专人负责。到火车站去接人,绝对不能让红卫兵将人抢走,加害于他。有问题要及时报告。"

周述清走后,周恩来叮嘱周家鼎:"要时刻注意西南的消息。"几乎同时,戚本禹也从北航"红旗"得到消息,得意地写密信报告江青说:"彭德怀现已经被红卫兵抓住,一二日内即押回北京。北京的学生已经做了斗争的准备。"

接到周恩来的三条指示后,杨焙、景希珍、綦魁英三人立即分了工:杨焙负责与军区取得联系,筹备列车;景希珍随两个北航的红卫兵去找彭德怀;綦魁英回永兴巷7号,收拾东西,陪彭德怀一起进京。

景希珍一步紧一步地急催两个红卫兵赶到成都地质学院。他们刚到门口,成都军区派出的警卫班已乘车火速赶到了。但那个北航"特别行动队"队长不允许部队和彭德怀接触,警卫班只好守在门口。景希珍要随来的两个红卫兵传达了周恩来的指示,并谈到地质学院王大宾也带人来抓彭德怀的事。队长感到事情复杂,为了不让"海瑞"失落他手,决定和几个人留下与警卫班一起看管彭德怀,另派一人跟军区代表一起去联系飞机,尽快返京交差。

在一所空教室里,景希珍见到了彭德怀——他就坐在冰凉的水泥地板上,没戴帽子,穿着那身破旧的薄棉衣,脚上穿着布鞋,连袜子也没穿,脚趾头从鞋前沿的破洞里露了出来,双手插在袖筒里,蜷缩着身子,低着头,浑身瑟瑟颤抖……

"彭总,我来了!"景希珍哭喊着扑上去,把他搀扶起来。

彭德怀大吃一惊,继而说:"小景,你怎么来了?你回去吧!我随他们的便,我不怕!"

景希珍立即脱下大衣给他披上,可他又把大衣甩过去:"我不要!冻

171

死，饿死，杀死，都一样！我绝不叫一声！"

景希珍重又把大衣给他披上，并用他曾说过的话劝他："彭总，不能这样，一个共产党员的生命不是他自己的，是人民的，是党的！"

接着景希珍把周恩来的指示讲给他听。彭德怀沉思片刻，说："小景，这是真的？"

"是真的，彭总！"

"总理还称我同志？"

"对！两次！清清楚楚，两次！"

"恩来同志……总理……他还想着我！"他双肩抽搐起来，抱着头，转向墙壁……他落泪了，泪水滴洒在破棉衣前襟上。他被周恩来那战友间深沉而又真诚的友谊所感动。他不由得想起去年在中南海和毛泽东会面时，周恩来因会见西哈努克未能参加，他常为此事而感到深深的遗憾。好一阵子过去了，他转过身，对景希珍说："小景，有总理指示在，我很放心，你也应该放心。回去吧，你有老婆孩子，需要你去照顾他们。回去吧！"

景希珍说："彭总，看情况很快就得动身了。我回去给你取衣服和常用东西来，随你一起上北京！我决心已定，你上哪我上哪！"

"不行不行！我不能再连累你们了！"彭德怀固执地摇摇头，"你回去吧，保险柜里还有中央文件，赶快收拾一下，不要丢了。还有我在红军、抗战时期的文件和我写的一些材料，千万不要丢了！"

景希珍说："綦秘书正在家收拾，那些东西不会丢失的。"

"不行，我不放心，你现在就回去！"

景希珍万般无奈，退身出去跟警卫班的战士交代了几句，疾步返回永兴巷。

在一个出乎意料的场合，一个出乎意料的人干出了一番出乎意料的"壮举"，这个人就是王大宾。

王大宾派人侦探到彭德怀在押的确切地点之后，抢先赶到永兴巷7号，抄袭了彭德怀的住处，连綦魁英的办公室也抄了，把大量的历史资料、书籍、照片、笔记等，整整装了几大箱，运到了地质局。等綦魁英赶到，扔给他的是这么一句话："用不着你多费力，我们替你代劳了。有事请到地质局找我王大宾！"

中午，12点30分，王大宾趁北航"红旗"的人和军区警卫班的战士吃午饭，率一班人马突然闯入地质学院，一拥而上，冲进楼内。打倒看守，架起彭德怀就走。等北航的大队人马闻讯扑来，北京地院的人已驾起汽车，横冲直撞地开跑了。

成都军区迅速将情况向总理办公室报告:"彭德怀同志先被北京航空学院'红旗'战斗队绑架至成都地质学院,后被北京地质学院'东方红'战斗队抢走,现关押在省地质局大院。"

周恩来心急如焚,随即回电:

> 成都军区应迅速派出负责干部率警卫部队赶往省地质局,向北京地院"东方红"战斗队同学传达中央指示,做好思想工作,绝对保证彭德怀同志的生命安全。
>
> 同时,迅速与成都铁路局取得联系,尽快做好彭德怀同志回京的工作,保证安全返回北京。

于是,成都军区再次派出警卫部队,由某师参谋长谷正岭率领,马上赶到地质局。谷正岭严肃地向王大宾传达了周总理的指示。王大宾不得不同意与成都军区一起护送彭德怀回京。

12月25日上午11时许,北京卫戍区从总理办公室接到通知:

> 据成都军区报告,彭德怀同志一行,定于25日晚出发,预计27日晚抵达北京。

八

1966年12月25日晚,成都火车站。

当一列客车缓缓驶过来时,早已挤满站台的旅客和四处串联的红卫兵便像沙丁鱼似的从车门、窗口拥进车厢,嘈杂的喊声叫声、哭声、骂声混成一片,空气令人窒息……

然而,人们不知道,这是一列"特别"客车。一位昔日的功臣、今日的"罪人"就坐在车上!若在以往,人们会因此而庆幸。一生都不会忘记这次值得炫耀的旅程!可眼下,又当别论了。

一节软卧车厢悄悄挂在了列车尾部。由成都军区和北京地院"东方红"战斗队联合组成的护送队,以闪电般的速度,把一位面色忧郁疲惫不堪的老头送上了车——尽管如此,许多围观者还是禁不住地把惊诧、迷惑的目光投向这节笼罩着神秘气氛的车厢：这老头是谁？是犯人还是大官？若是大官，为何这般装束？若是犯人，为何受此待遇？

王大宾立即在这车厢派了足够的"警卫军"，而军区护送部队和景希珍、綦魁英却被堵在车厢的二道门过道上。

北航"红旗"的人趁机也登上了此次列车，并派代表找王大宾谈判，要求加入"护送"行列，平分"功劳"，但遭到王大宾的断然拒绝。

景希珍两眼虎视着不可一世的王大宾，手不听使唤地几次去摸腰间的手枪，他真想就此干个痛快。綦魁英和谷正岭几次给他使眼色，对他摇头，劝他冷静。

正是慑于几位军人的威力，王大宾才不敢对彭德怀放肆。然而，他绝不会放过这一路途的大好时机。他要在这位蕴藏着历史的深奥和神秘的"老头子"身上展露一下斗争的触角，他要从"老头子"身上捞取政治稻草。他让轮流值班者展开政治攻势，轮番"进攻"。

"可以，谈吧！只要不强加于人，我很愿意和你们谈。"彭德怀坦率表明自己的态度。

接着，他讲自己的历史，讲中国革命战争史，讲一个共产党人对革命、对人民的责任、使命和良心，评述人们对他的这样那样的揭发和责备。

王大宾怕造反战士被这"老头子"的花言巧语所蒙骗，便马上改变策略，进行审讯式的批斗。

问：你为什么公开反对唱《东方红》？这难道不是反对毛主席吗？

答：你的话不对！我一生最佩服的是毛主席。毛主席对中国革命贡献很大，是个很有学问的人，比我强得多。没有毛主席，中国革命不知要吃多少亏。但是，我不同意喊那么多万岁，不同意喊那么多伟大，红太阳，大救星，唱那么多《东方红》，这不好嘛！毛主席也不赞成嘛！你们说我这是反对毛主席，我不同意。我劝你们要好好学习历史。如果毫无事实根据地妄加罪名，还有什么是非标准呢？

问：你要把庐山会议的情况说出来！
答：那是党的机密，我无权奉告！
问：你的《意见书》是怎么出笼的？
答：哈哈哈！年轻人，你们不懂。根本不存在什么意见书，那是我写给毛主席的一封私人信件，所谓《意见书》是强加于我的。

问：你历来就反对毛主席，早在遵义会议后，你就暗中指使别人写信，逼毛主席交权……

答：不对！你所说的那个人是林彪。他在庐山和军委两个会议上声明过，信是他写的，与我无关！

问：你承认不承认，百团大战是你欠下人民血债的铁证？

答：胡说八道！要说我欠了债，那是我欠了日本鬼子三万条狗命的债！

问：抗美援朝你为什么抢着出兵带兵，贪天之功为己有？

答：混账话！出不出兵，那是中央、毛主席决定的。至于我带兵，不要说是组织决定的，就算我抢着去消灭敌人有什么不好？请问，难道让他去他不去的人，比我这抢着去的人还好吗？

问：你说的那个人是谁？

答：对不起，无可奉告！

问：彭德怀，你老实坦白，毛岸英同志是怎样被谋害的？

答：怎么能这样血口喷人？毛岸英同志是被敌机扔下的汽油弹炸死的，怎么说是被谋杀的呢？谁谋杀的？是我，还是你们？……岸英牺牲已经16年了，可一直是我的心病，什么时候想起来就心里难过。现在你们不是用刀子剜我的心吗？

他依然挺着一副坚硬的脊骨，昂着一颗不屈的头颅。他面对一个气势汹汹、声称要把他打翻在地的人笑着说："来吧，你打吧，朝我的致命处打！我老了，今年快70岁了。年轻的时候，我一个人打得过20个人，打得他们逃跑的逃跑，告饶的告饶，却没有打过一个老人！"

列车在茫茫夜色中疾驰。

夜的诱惑引得车厢一片鼾声。

从被绑架到现在已经三天了，除了在那冰冷的水泥地板上睡了几个小时外，他几乎没有得到一分钟的安静。现在好了，一批接一批轮番"进攻"的挑战者，没精打采地进入了梦乡，他也可以躺下来睡一觉了。可是，他睡不着。他在思考：此次北京的真正目的是什么？无论怎样，这次一定要找毛泽东彻底谈谈！把我的一切都公开，向全世界公开，就是焚尸扬灰也心甘情愿！

他深深地吐了一口气，像是倾泻出他那波澜起伏的心潮和无处诉说的话语，又像是以宽阔的胸膛纳进这无边的黑夜。他望着那一张张被睡神支配的脸，那完全隐去了善与恶的脸，那如同梦一样的脸，不由得长叹一声。

他轻轻地拉开门，走了出去。昏暗中，他看到两张熟悉的此刻却十分倦怠的脸，霎时，一股难以言喻的酸楚袭上心头。他伸出粗大的手抚摸过去："你们两个，还是来了……"声音颤抖得难以辨清了。

景希珍和綦魁英从迷糊中醒来，紧紧握住他的手："彭总，您可要多保重啊！""您不要跟他们说那么多，他们人多势众，变着法儿整人！"

彭德怀摇了摇头："我不怕，我现在一无所有，只有一张嘴了！不抓紧时间说，恐怕以后连说话的机会也不多了！"

他不让他俩搀扶，独自摸着走进厕所，然后到洗漱间拧开水龙头，用冰水洗洗脸，又接了几捧水喝下去。没有毛巾，就撩起旧棉袄的前襟擦了擦。接着，他用手抹去车窗玻璃上的冰花，想看看外面的世界。可是外面一片漆黑，只有时隐时现的灯光流星似的划过去，划过去——就这样，他把脸对着窗外凝视了许久，突然，被冻得几乎失去知觉的腿一颤，跌倒了。他马上挣扎着，挣扎着站了起来。隆隆的车轮声使他想到了跑步，于是便在原地踏起步来。不知是否受到感情的驱使，他向紧挨着的一节普客车厢走去。

啊，普客车厢里拥挤不堪！连车顶两旁的行李架上都趴满了人——而在这么多人中，大都是青年学生。他们胳膊上戴着鲜艳的红卫兵袖章，胸前佩挂着各式各样的精美的毛主席像章。那一张张纯真的面孔，没有人生挫折的疑虑，没有严肃的沉思，一味地憎恨一切、横扫一切、打倒一切，接着便是胜利、庆祝、欢呼、歌唱，世界一片红海洋——这便是生活，便是被信仰支配的生活。在他们的瞳孔里，每一事物的存在，小至脚下的地球，大到银河系所有的星星，都是为一种信仰而生存。

他的腿，他的全身都在随着列车行进的节奏而颤抖！

"咣当——咪"，不知为何，列车猛地刹车。他身不由己地倾倒了，将一位睡梦中的青年撞醒。

"啊，对不起，对不起，让你受惊了。"他连连道歉。

这位青年火冒三丈地把他推倒在座位下，瞪眼一瞧，突然大喊："快，快抓住彭德怀，他要逃跑！"原来这青年是北航"红旗"的人。

刹那间，整个车厢骚乱起来。很多人争抢着一饱眼福，却又不相信自己的眼睛和眼前这种场面。

"这就是大名鼎鼎的彭德怀？不像啊！"

"我见过彭德怀的照片，穿着元帅服，可精神了！"

"哎，如今是什么年月，落地的凤凰不如鸡嘛！"

景希珍和綦魁英闻讯赶到，搀起彭德怀返回软卧包厢。王大宾狠狠训斥了当班看守，又布置了新的"进攻"方案。

彭德怀裹衣朝铺上一躺，对王大宾吼道："你们放心，早在庐山我就向毛主席下了保证，绝不自杀！也绝不逃跑！我干吗逃？我还要去见毛主席哩！"

"呜——"列车发出一声嘶鸣！

九

1966年12月27日晚8时许，彭德怀所乘列车抵达北京。

在25日晚，北京地院"东方红"和北京卫戍区几乎是同时得到了彭德怀动身回京的消息，双方都投入了紧张的准备工作。

地院"东方红"的头目接到王大宾打来的长途电话后，欣喜若狂，立即向戚本禹汇报，并讲了周恩来关于彭德怀回京的三条指示。戚本禹说："什么三条指示，事情不要搞得那么复杂嘛！文化大革命期间，一切都要听中央文革的，中央文革是代表毛主席的。"接着吩咐："'海瑞'到京后，你亲自到火车站去接。有事情注意多和我联系。"

"东方红"马上召开紧急会议，布置到火车站去接人的队伍和车辆，筹划在学院关押彭德怀的秘密地点和措施。一切安排妥当之后，他们以"中央文革"的名义三番五次地给车站打电话，询问列车到京的确切时间、停车站台——他们要以铁的手腕扼住这一具有历史性的时刻，以头号"爆炸新闻"传遍全国。

北京卫戍区政治部主任周述清从周恩来处接受任务后，立即向司令员傅崇碧做了汇报。傅崇碧决定：由周述清到火车站接人，参谋长刘光甫负责安排彭德怀的生活和学习。刘光甫马上指示警卫1师选择一处既保密又方便的住所。很快，地点选在五棵松东北角五团团部。这里营房周围都是雪地、农村社员住宅，目标小，僻静，是个理想的地点。

刘光甫挑选卫戍区司令部警卫处参谋王金岭作为彭德怀生活和学习的直接负责人。王金岭原为陆军第三十八军司令部参谋，刚调卫戍区不久，人们对他还不熟悉。26日，傅崇碧特意把王金岭叫到自己办公室，向他交底说："王金岭同志，你身上的担子很重啊！总理对彭德怀同志的人身安全十分关心和担忧，他寄希望于我们。我们一定要护理好彭德怀同志。要保证这位老人吃好，休息好。不经我批准，不准任何人来找他的麻烦！明天，你和周主任一块去接站，绝不能让红卫兵把人抢走，要用生命保卫彭德怀同志！"

接着，秘书将一封介绍信交给王金岭，并告诉他："联系人是成都军区谷正岭同志和地院'东方红'的王大宾。列车到站时间是8点左右，停在2号站台。我和北京站已经联系好了，把车子直接开进站台。1师参谋长杨真荣同志和参谋崔满仓同志也去接站，已安排他们多带车辆，以防万一。你和红卫兵要人的理由是：奉总理指示，彭德怀同志的生活和学习由卫戍区安排。就讲这么多！"

周述清、王金岭、杨真荣率队提前赶到火车站，将汽车开到了2号站台，只等列车到来。同时，地院"东方红"的几十个人也到了火车站，立即拉开架势，将出站口围得水泄不通，看样子拼命也要把彭德怀夺走。

当列车缓缓驶进站时，王金岭迎了上来，登上软卧车厢，红卫兵见状，马上将软卧车厢口包围住。

王金岭上车后正碰到景希珍、綦魁英和谷正岭。他立即自我介绍："我是北京卫戍区的，奉总理指示接彭德怀同志。"说着，将介绍信交给景希珍。

景希珍顿时悲喜交加，迅速闪开道，引王金岭来到彭德怀的包间。

"喂，等等，你是干什么的？"王大宾等人堵住门口。

王金岭向他宣布："我是北京卫戍区的，奉周总理指示，前来接彭德怀同志。"说着示意景希珍把介绍信给他看，乘机跨进包间，恭恭敬敬地给彭德怀致以军礼，随后搀起他就朝外走。

这时，从站台跑过来一群红卫兵，冲着车门喊："王大宾，不要交出'海瑞'！你把那个解放军领下来，双方要进行谈判！"

王金岭见车厢被红卫兵团团围住，只好跟着王大宾先下了车。

此刻，站台上的双方正展开着激烈的争论。

周述清严厉地指责"东方红"的头头："我们奉周总理指示来接彭德怀同志，你必须马上叫你们的人撤下来！"

那位头头盛气凌人："什么同志？他是反革命！我们只听中央文革的，别人谁的指示也不行！不经中央文革同意，绝不能把彭德怀交出去！"

"你是存心制造事端,惹出后果,你要负责的!"

"那好,我负一切责任!我勒令你们现在退出现场!"

王金岭奔过来,将介绍信递给头头。这头头看也不看,揉成一团,甩在脚下。王金岭怒目圆睁,一把揪住头头衣领,将拳头举了起来。要不是周述清阻拦,早就砸了下来。

1小时过去了,双方仍在争执。

周述清只好同意头头打电话请示中央文革。

此时,中央文革和政治局正在召开"碰头会"。电话要通后,戚本禹接了电话。那头头在电话里吼叫:"我们已把'海瑞'揪到北京,卫戍区要把人抢走,我们坚决不给!"

"好!你们一定要顶住!中央正在开会,我再请示一下。"戚本禹放下电话,走进会场,眉飞色舞地向会议通报:"彭德怀已由红卫兵押送到北京站,请示如何处理?"

周恩来马上站起来说:"此事我已布置卫戍区了,让他们去接,将他的生活和学习管起来。"

"卫戍区没有来电话,是地院'东方红'的同志打来的。"戚本禹冷冷地说。

"噢?"周总理问,"卫戍区没有人去接吗?"

"……"戚本禹故意把脸转向一边。

周恩来预感事情不妙,马上离开会场,嘱咐秘书周家鼎快打电话询问傅崇碧。

在会场的江青趁机向戚本禹咕哝了几句,戚本禹心领神会地匆匆走出会场。

戚本禹拿起电话机,对那个头头说:"喂,你让卫戍区的人接电话。"

"戚本禹同志,我是周述清,彭德怀同志……"

"周主任,中央正在开会,时间很紧。中央决定,将彭德怀交给红卫兵,你们卫戍区不要再管他的事情了。"

"这……"周述清愕然了。

在周述清又打电话向傅崇碧汇报时,"东方红"的人已把彭德怀押到一辆大轿车里。景希珍、綦魁英和护送人员也上了轿车。

周述清对王金岭说:"我就不大相信戚本禹的话。王参谋,你带车辆跟着去,看他们把人带到什么地方,搞清下落,随时联系。"

王金岭安排好跟踪小车之后,随即登上了大轿车,在紧靠着彭德怀身后的座位坐了下来。

大轿车向地质学院驶去。

周恩来跟傅崇碧要通电话,才得知是戚本禹从中作梗,假冒中央名义,要卫戍区把彭德怀交给了地院"东方红"。他指示傅崇碧立即派人去地院把人要回来。

周恩来把戚本禹叫到办公室,极为愤慨地斥责他:"戚本禹同志,你知道你这样做会造成怎样的恶果吗?如果你以为你的权力还不够,那就把总理的位置夺走吧!把中央的大权统统夺走吧!"

戚本禹低下了头:"总理,我可没这个意思,我不知道你事先有了安排。"

周恩来十分严肃地说:"现在你知道了吧?请你立即向地院'东方红'传达我的指示,彭德怀同志必须交卫戍区管理!"

"好吧,我去。"

戚本禹一出门就直奔钓鱼台,请示江青去了。

江青一听,火了:"哼,他总理要面子,我也要老娘们的面子哩!我的指示不算中央指示,他总理的也不算!对彭德怀他要卫戍区管,我非要红卫兵管不可,要不双方一同管!我现在说话就得算!毛主席不让我说,我就造毛主席的反!"

戚本禹绞了一阵脑汁,向江青出主意道:"您给林副主席打个电话,要他出面干预一下。就按您说的,双方一同管。"

28日清晨,傅崇碧接到"中央文革"打来的电话:彭德怀由北京卫戍区和红卫兵共同管理。望卫戍区即派人与红卫兵协商管理办法。

中央文革又将此通知传达给地院"东方红"头头和北航"红旗"头头,并确定去卫戍区的红卫兵由北航"红旗"负责。

就这样,在中央文革的干预下,同意将彭德怀交给卫戍区,地院和北航各派两名红卫兵与卫戍区共同管理。

当晚11点,彭德怀由两名战士搀扶着,登上了卫戍区的大轿车。极度的疲劳和长时间的折磨,使他两腿无力,他那宽阔微驼的脊背,仿佛又被重荷压驼了许多。他比平时更显得苍老了。

啊!1966年的12月啊,你有勇气回首18年前的今天吗?1948年的岁末,毛泽东、刘少奇、周恩来、朱德、彭德怀与各位共和国的缔造者们并肩举步,神话般地向京城走来……

此时此刻,跟随彭德怀10多年的景希珍和綦魁英,各自的心头紧缩着。

他俩怎么也不敢相信,就在眼前,他们就要与朝夕相处的老首长分手告别了!谁知这一别,还有没有相见的日子!两人想着,想着,不觉泪流满面。

"彭总,您老人家千万多保重啊!"

"我们要走了,您需要什么就写信来,我们给您送……"

二人再也抑制不住,号啕大哭起来。

彭德怀抬起头,吃力地站起来,同他俩紧紧地握手,眼含泪花:"谢谢,谢谢!……我谢谢你们了!……你们放心地去吧……"

他向他的警卫参谋和秘书深深地鞠了一躬。

(马泰泉)

敌机轰炸　再次遇险
——彭德怀在朝鲜战场上遭空袭

中国人民志愿军跨过鸭绿江后,志愿军第13兵团司令部进驻鸭绿江南岸朝鲜境内的朔州以东偏南的大榆洞(北镇西北)。

在大榆洞,于1950年10月25日正式组成中国人民志愿军司令部。这是志愿军进入朝鲜抗美援朝,志愿军司令部的第一次指挥位置。

中国人民志愿军司令部在大榆洞指挥了第一、第二次战役。

第一次战役后,敌人的空中活动更加猖狂了,野马式轰炸机,沿公路、穿山沟低空飞行侦察,发现可疑目标就轰炸扫射。对志司所在的大榆洞沟这条山沟也注意了,不断地飞来飞去。11月中旬,我们加强了防空措施:一是要求机关各部门一定要提高对加强防空的认识,不能存在一点麻痹大意的思想;二是没有挖猫耳洞的,一定都要迅速挖好;三是都要在拂晓前做好早饭午饭,烧好开水,天亮后白昼不准冒烟;四是白天人员都离开住的房屋到猫耳洞去工作;五是将车辆隐蔽好,白天不准开车进出沟里,在山沟口加设岗哨检查车辆进行拦阻。

11月23日,敌人的侦察机对大榆洞这条山沟低空飞行好几次。我即向解方参谋长报告:"参谋长,情况不妙呀!敌人大概发现了我们这条山沟驻部队了,今日敌机的侦察飞机很异常,建议研究布置一下明日的防空,彭总住的那间独立房子目标大，必须特别注意防敌飞机的轰炸。"

解方参谋长即召开机关各部门领导干部开会，重申防空纪律，严格要求明早拂晓前，吃完饭都一律进入防空洞。他随即去与邓华、洪学智、韩先楚、杜平等首长研究如何去说服彭总能在拂晓前进入猫耳洞去防空。

不久，解参谋长来到作战室，我向他汇报了机关布置防空落实的情况后，即问他："彭总同意进猫耳洞去防空吗？"

解参谋长说："彭总不愿意去猫耳洞内防空，还说：'谁怕死，就去躲飞机。'我们几个人研究、商量好了，不管彭总愿不愿意躲飞机，也不管彭总骂人，明早必须要动员彭总甚至拉着他去防空。我们几个人都推举洪学智副司令去劝说彭总，因为他们两人休息时爱下象棋，谁也不服输，就要他拉彭总去防空洞下棋。"

第二天（即11月24日）拂晓前，我派参谋分头去检查防空落实情况，我自己也准备到重点地方去检查。这时，邓华副司令员派人来找我，对我说："你到彭总那里去看看，看洪副司令是不是已把彭总拉进防空洞了？"我迅速跑向彭总的防空洞，正看着洪副司令推着彭总进防空洞，并说："老总，我和您下三盘，今天非赢你不可。"因为彭总唯一的爱好就是休息时下象棋，平时休息总是和洪学智对弈。洪副司令棋下得好，有时连赢彭总两盘，彭总就急了，说："洪麻子，你搞什么鬼名堂？"洪学智说："老总，我敢在您面前搞鬼名堂吗？再下就下，可不要悔棋。"结果总是洪学智在彭总不觉得是让棋的情况下，让彭总赢一盘棋，形成平局。

趁彭总和洪副司令正在摆棋子时，我赶快跑去向邓副司令报告。在我路过彭总办公室时，看到烟筒冒烟，立即跑进里面去看看，房里还有三个人正在用鸡蛋炒米饭吃。这些鸡蛋是前一天黄昏，我看到朝鲜人民军最高司令部派到志愿军任副政治委员的朴一禹次帅（朝鲜金日成是元帅，下有三位次帅）给彭总送来一小筐鸡蛋（约10多个）。这在当时的朝鲜是极难得的，当时彭总已吃过晚饭，还没来得及吃。三人中我只认识成普同志，那两位同志我只知道一位是彭总的俄文翻译，一位是才从西北调来的参谋，他们的姓名我不知道。

我问成普："老成，你们怎么敢用送给彭总的鸡蛋炒饭吃呢？赶快把火弄灭。"

成普说："我怎么敢呀，是那位翻译同志在炒饭。"我不高兴地说："你要他赶快不要炒饭了，快将火扑灭，赶快离开房子，躲进防空洞去。"

成普说："我们马上就走。"

说完，我就向邓副司令的防空洞跑去。

拂晓后，敌人的飞机编队飞临大榆洞上空，也不绕圈子就投弹，第一颗凝固汽油弹正投中彭总那间办公室，敌机群先将凝固汽油弹和炸弹投下后，绕过圈来就是俯冲扫射，然后就飞走了。

我迅速跑出来看看敌机轰炸情况，一眼就看到彭总办公室方向正着大火冒烟，迅速跑去，彭总办公室已炸塌。看到成普满脸黑糊糊地跑出来，棉衣也着了火，我要他赶快把棉衣棉裤都脱了，躺在地下打滚，将火滚灭。（凝固汽油弹，在当时是美空军的一种新式炸弹，用水扑灭不了）

我问成普："你是怎么跑出来的？"成普说："听到飞机投弹声，就从你让我打开的窗户门跳出来的。"

我急着问："那两位同志呢？"成普说："他们往床底下躲，没有出来。"

我着急地大声说："他们怎么向床底下躲？一定被凝固汽油弹烧焦了。"我就要求随来的参谋赶快去叫警卫营派部长来救火，叫医护人员来救人。

这就是毛岸英同志牺牲的真实情况。

随后，我迅速跑到彭总和洪副司令的防空洞，看到他们很安全就放心了。

我急喘喘地向洪学智副司令报告："洪副司令，不好了，彭总办公室被炸毁了。"

洪学智副司令急着问："里面的人都出来了吗？"

我说："只有成普跳窗户出来了，还有两位同志没有出来。"

彭总和洪副司令一听那两位同志没有出来，就急了，洪学智喊着赶快派人抢救。我说："已调部队和医务人员抢救。"

洪学智副司令很快向着火的房子跑去，我也跟着跑去。

火被扑灭了，那两位同志牺牲在里面了。洪学智副司令很着急地说："这可糟了，这可糟了！"我听了莫名其妙，又不好问。洪学智副司令要我赶快去报告邓副司令，他去报告彭总。

当邓华副司令等首长听了我的汇报后，都奔向那烧塌的房子，也很着急很悲痛地说："这可糟了，这怎么交代呀！"

我仍是不明白彭总和其他首长们为何这样着急和悲痛。由此，我突然想起在11月13日志愿军司令部（简称为"志司"）开作战会议时，彭总严厉批评梁兴初军长，大家都很紧张，都不敢说话，我指地图稍偏了一点，彭总就批评我。唯独那位俄文翻译，年纪轻轻的，在当时会议那样严肃的气氛中，敢在彭总面前说这说那，彭总没有说他什么，而只坐着不吭声，邓华副司令等首长也没有制止他说话。我想，这位年轻同志大概不是一般的翻译。

邓华副司令对我说："杨迪，快迅速找个安全的地方作为彭总的指挥室。"

我说："山下有个用钢筋水泥制作的有两公尺高，约有200公尺长的夏天下雨的流水洞，上面有土覆盖还有枯黄的小树和草，不易被敌机发现。我看这条流水洞，可以作暂时的隐蔽部，我即派部队很快去清理，并很快在洞里隔出若干个木板房间，彭总和首长们及作战室、机要部长都可进去。"

邓华副司令说："好，你赶快将这个流水洞清理出来，先隔一个木板房间，请彭总先进去。"

随后我指示警卫营及工兵连迅速清理出流水洞，做了指挥室。

洪学智副司令请彭总进住流水洞后，彭总表情很沉重严肃，除了看电报看地图和研究正在进行的作战问题外，其余时间就一个人坐着不说话，发闷。其他志司首长也都不像过去那样有说有笑了，在一起只是研究作战问题。

就是平常有说有笑的丁甘如处长，也不说笑了。我实在憋不住了，就问他，我说："丁处长，今早牺牲的两位同志到底是什么人？为什么由于他们的死而使彭总等首长们都沉浸在悲痛中？还有你也很沉寂了，不和我们有说有笑了，这是为什么？"

丁甘如同志长叹一声。悄悄对我说："炸死的那位俄文翻译，是毛主席的儿子毛岸英同志。那位参谋是彭总从西北第一野战军刚调来的高瑞欣同志。毛主席的儿子炸死了，这怎么向毛主席交代？老杨，这件事是绝对保密的，因为你是作战处副处长，来问我，我也了解你、信任你，不会乱讲，就告诉你。你一定要遵守纪律，这事在没有正式公开以前，你不准对任何人讲。"

我听后说："啊！原来如此，请你放心，我绝对遵守保密纪律。"

第四次战役后，志愿军司令部在向上甘岭北麓转移途中，1951年4月7日拂晓，遭到美机轰炸，这是彭总第二次遇险。

1951年4月6日半夜，彭总和解放军参谋长到达寺洞。因只在此住一个昼夜，就选择在山下没有被炸毁的几间民房，临时住一昼夜。

我看着彭总和其他首长们都住在山下民房里，很不放心，天亮后，敌人的飞机肯定会到这儿来飞转寻找目标。

天刚拂晓，我们听到了防空哨鸣枪报警：敌机来了！我和丁处长一道跑到树林边，向天上一看，敌机已快临头了，往下看，首先看到彭总房间里的人员在往防空洞跑，再往邓华、洪学智等首长住的房间看，他们也出了房间在跑，可是都没有往防空洞跑，而是沿着山边跑到另一条沟岔里去了，看到洪副司令还摔了一跤，爬起来后，被警卫员搀扶着跑，也跑过山沟里了。

我和丁处长看到敌机扫射完最后一梭子弹后，经验告诉我们敌机要飞走了。我们还没有等敌机飞离上空，就向彭总住的房屋跑去，看到彭总住的民房被炸中，被机关炮子弹扫得很厉害，躺的行军床都中了机关炮弹。当我们赶到彭总防空洞，看到彭总安然无事，我们的心就放下了。

彭总看到我们后急着问道："几位副司令、参谋长、主任怎么样？没有事吧？"

丁甘如回答说："敌机飞临上空前，我们在山坡上看到他们都出了房屋，但没有进防空洞，都跑到那面小山沟去了，我们现在就去看他们。"

我们跑到邓副司令等首长那个房屋一看，他们睡的行军床都被扫了一溜子弹眼，被褥都被打坏了。

这时邓华等首长也都返回来了，看到这个情况，邓华对洪学智双手抱拳说："老洪，这次我这条命一半是马克思在天之灵，一半是得到你老弟嗓门大、个儿高、力气大，要不是你把熟睡的我连喊带推地叫醒拖走，我就报销了。"

洪学智副司令说："那你怎么感谢我，请客吃狗肉。"

邓华副司令说："那好、好，我一定从国内搞一条狗、搞一瓶好酒，请你和大家喝一杯、吃一顿。"

听了我们的汇报后，邓华、洪学智等立即跑向彭总的防空洞，正好彭总从防空洞内出来。彭总说："你们都来了，一个不少，都安全，这就好。刚才他们告诉我，我的住房被扫射中了……我们去看看。"大家即随彭总到他的住处看了一遍。

彭总风趣地指着被炸的房子说："美国鬼子总想找我，找到后，连皮都没碰着我。过去国民党、日本鬼子的炸弹，子弹总想打中我，就是打不中，现在连美国鬼子的炸弹、子弹也打不中呀！大家都平安无事就好。"朝鲜战争期间，志愿军司令部六次变更指挥位置，九次遭敌机轰炸，彭总有两次遇险。

（杨　迪）

遭遇险境　指挥有方
——刘伯承险走何小寨

刘伯承戎马大半生，什么样的恶仗没打过，什么样的惊险场面没遇到过？唯独首脑机关和敌军在同一村寨过夜还是头一回。

1947年12月13日，晋冀鲁豫野战军司令刘伯承率后方指挥部和中原局机关顶风冒雪匆匆北上，走了70里山路，于夜晚10时许进入湖北、河南交界处何小寨宿营。战争史上罕见的情况发生了……

一

夜静更阑，何小寨的乡民们早已进入梦境，唯有寨西头那间茅舍里仍亮着一盏昏黄的油灯。雪花夹杂着雪霰随风飘拂，不时敲打着茅舍的窗棂，沙沙作响。

身经百战的刘伯承戴一副破旧的老式眼镜坐在油灯下的木圈椅上，挥毫修改《苏联红军合同战术》译稿。抓住繁忙军务的间隙，结合古今中外作战经验和亲身体会来译书著述，用以训练干部，指导部队建设和作战，已是他多年的习惯了，这种习惯是受一幅标语启迪养成的。1927年初，他就读于莫斯科伏龙芝军事学院，一天偶然发现一幅标语上写着："离开实际的理论是死理论，离开理论的实际是瞎实际。"顿使他耳目一新，思路豁然开朗。回国后，便以战争的实践去丰富修正军事理论，又以理论指导战争实践，常常带领部队打胜仗，因而被世人誉为常胜将军。

"首长！不能再工作了。"不知什么时候警卫员小王站在他身后，这样请求着，但也带着命令的口气。"风雪行军一天太累，您的身体又不好，该睡觉了。这可是邓政委要我照顾好您……"

刘伯承搁下手中的毛笔，扶正眼镜，扭头笑嘻嘻地望着小王，操着川东口音和蔼地说："要得！要得！生活起居我听你的。"

小王上前，在他脚下的烘笼里拨开火星，加了一些煳炭，又把一块烤得金黄喷香的红薯放在桌上，然后掩门离去。

烘笼是大别山人用黏土烧制而成的一种带把的盆状陶器，冬天用它盛煳炭取暖。所以，小王特意借来为将军暖暖手脚。将军已是50开外的人，着一身灰不灰、黄不黄的薄棉袄，没有烘笼，寒冷的深夜很难熬过。不过，就是这样的棉袄还是他亲自指导做成的呢。

11月上旬，部队在长江北岸展开时，已是秋风阵阵，初冬降临。然而部队是在远离根据地的无后方作战，棉衣一时运不来，所以战士们还穿的是从太行山穿来的单衣，无可奈何，只好发动群众自制棉衣。干部战士一齐动手，无论白布、花布、红布、蓝布，只要是布，统统找来，用稻草灰水、黄泥浆、绿叶汁等染一染，胡乱铺些棉花，大针粗线地缝起来，便成了棉袄。方法虽然简单，但在机关里却有许多参谋、战士做不成。一日，几个参谋把布剪成了方块，袖子和前后襟也成了形，就是领口不知从哪里开？有人提议请房东大嫂帮忙，但又难以启齿。正在为难时，刘伯承信步走来看了一会儿，哈哈笑："这有啥子难的，把搪瓷饭碗给我。"他接过碗翻扣在前后襟中央，用铅笔沿碗口画了个圆圈。"好了，这就是领口，下剪子吧。"参谋照着圆圈剪开，果然出现一个不大不小的领口。这一巧妙的裁剪技术，很快在司令部传开。冬衣解决了。

小王走后，刘伯承望一眼桌上的马蹄钟，已是深夜12点多。他人虽然上了床，脑子并没有休息，仍在考虑怎样才能顺利出淮西？

刘邓大军自9月初进入大别山以来，战胜了种种困难和敌人20多个旅的围追堵截，至11月上旬先后在皖西、鄂东和长江北岸完成了战略展开，站稳了脚跟。与此同时，晋冀鲁豫野战军第四纵队司令员陈赓、政治委员谢富治率领8万人和华东野战军司令员兼政治委员陈毅、副司令员粟裕率领18万人，也分别在豫西和豫皖苏地区完成了战略展开。此时，国民党军对大别山的进攻也停了下来。但蒋介石并非就此善罢甘休，正在南京召开高级军事会议，酝酿更大的阴谋。会议决定：由国防部长白崇禧组成九江指挥部，指挥34个旅以及海、空军和江防部队、五省地方武装，对大别山采取军事打击与政治攻势相结合的全面围攻，企图一举歼灭刘邓大军。

蒋介石下令悬赏：得刘伯承者，赏洋2000万元。

11月末的一天傍晚，刘伯承、邓小平率指挥部来到湖北黄陂东北黄陂站宿营。他俩进屋还未安顿下来，毛泽东和中共中央前委的一份急电便摆在他们面前：

刘邓并陈粟、陈谢：

　　大别山根据地的确立与巩固，是中原能否确立与巩固的关键，足以影响战略的发展。因此，南线三军必须内外配合。刘邓军应积极坚持大别山的斗争，陈粟军和陈谢军应在平汉、陇海线展开大规模的破击战，斩断敌人在中原地区的南北东西大动脉，积极寻机歼敌，以达共同建立巩固的中原根据地。

　　速告你们的行动计划。

　　此时，敌五个整编师已在长江北岸和皖西地区展开，分五路向大别山腹地攻击前进；八个整编师在孝感至武胜关和信阳至光山地区担任重点防守堵截。另有两个整编师守江防。这种铁桶式的合围部署，表明形势相当严峻，处境极其险恶，被围者怕是插翅难飞！不过，毛泽东的部署又胜蒋介石一筹。他以陈粟、陈谢分别在豫皖苏和豫西各按住蒋介石的一条腿，以刘邓在大别山按住他的头，这就可以把他的主力困在中原，然后各个歼灭之。但现在的关键是在大别山如何既能粉碎敌人的全面围攻，又能牵制敌人的兵力。这一点没有难倒足智多谋的刘伯承，他提议：以第二、三、六纵队留在大别山，采取内线坚持，外线机动，以小部队牵制大敌，以大部队消灭小敌，积极分散，拖住敌人的作战方针，与敌周旋，坚持斗争。另以三个纵队实施战略再展开：以第一纵队向淮西，与陈粟、陈谢打通联系；以第十纵队和第十二纵队、中原独立旅，分别直出桐柏、江汉地，建立根据地。从这三个方向拖散进攻大别山的敌人，配合大别山的斗争。

　　这个作战方案，当即得到副司令员李先念、副政委兼政治部主任张际春、参谋长李达的赞同。

　　邓小平为了指挥方便，也提出了一个建议：刘伯承和张际春带领第一纵队和指挥部大部以及直属队和中原局机关，向淮西展开。从指挥部抽部分人组成前方指挥部，由邓小平和李先念、李达带领，留在大别山指挥第二、三、六纵队的行动。

　　刘伯承对于邓小平的建议既同意又有一点不情愿。大别山的斗争复杂艰巨，留在大别山的应该是司令员，而不是政委。他明白小平同志是为了照顾自己年岁大、身体差，才这样安排的。

　　上述决定的请示电发出不久，中央前委复电：同意你们的行动方案。伯承到淮西符合中央意图，有利于协调三军内外配合作战。

中央批准，刘伯承无话可说，于12月上旬按既定方案实施反围攻。各纵队开始行动。邓小平率前方指挥部登上大别山主脉，穿行在深山老林中。刘伯承率后方指挥部、中原局和直属队北上，沿湖北麻城向河南光山方向前进。第一纵队司令员杨勇为保障刘伯承平安出淮西，颇费了一番脑子，将第二十旅作为前卫，安排在刘伯承的前方行进；以第二旅在其左侧、第一旅在其右侧行进。这样，全纵队成三角队形，把刘伯承及首脑机关拱在中央，三个旅都能对其进行直接掩护，安全系数大为提高。

从麻城到光山，敌军封锁极其严密，刘伯承指挥部队寻隙绕行，随时提防与敌遭遇。军政处长杨国宇紧紧跟在刘伯承身边，时刻准备处理应急情况。他深感责任重大，政委把司令员交给了自己，这是全军的重托啊！参谋处处长梁军更是多方设法掌握敌情，为司令员提供分析判断、定下决心的资料，丝毫差错不得。

就这样小心翼翼地走了几天，还是被白崇禧的空中侦察发现了。白崇禧大为惊讶！他原以为刘伯承绕道东面从商城出淮西便调动两个整编师到商城防备，没想到刘伯承会迎着自己原来位置的重点堵截线前进。刘伯承正是利用这位有名的"小诸葛"心眼多，而对着他的不意之处而去。白崇禧急令位于光山的五大主力之一胡琏的整编第十一师南下，又把商城吴绍周的整编第八十五师等部调来协助拦截刘伯承。刘伯承得知后，立即命令第二旅抢占浒湾两侧制高点，控制胡琏南下道路，掩护首脑机关和纵队主力北进。

此刻，刘伯承躺在床上，辗转反侧难以成眠，清楚地认识到中央让自己出淮西的意图，恐怕不仅仅是协调三军粉碎敌人对大别山的全面围攻，很可能还有更大的行动。因为淮西是位于三军在大别山、豫皖苏、豫西三足鼎立之地的连接点上，又与平汉线相沟通，指挥调动部队均很便利。

二

破晓前，风停雪止，代之而起的是乌云当空、浓雾低垂，把个山冲里的何小寨罩得严严实实。

朦胧中刘伯承被小王的喊叫声惊醒，他连忙披衣坐起，问道："有啥子事？"

"老大爷有重要情报向首长报告。"警卫员小王神色慌张地回答。

一位50多岁的老汉从小王身后转出，结结巴巴地说："首长！方才俺到屋外尿泡，听到东面有砍树挖土的响声。俺心里直犯嘀咕：那里没驻俺们的大军呀？俺们的部队不带锯子、斧头，宿营时不锯树的。俺踮起脚尖朝东走，一瞧真有些人在那里。雾很大，瞧不清他们的模样。"

刘伯承心头一紧：八成和敌人驻到一个寨子了。

他戎马大半生，从护国讨袁、军阀混战、南昌暴动、井冈山反"围剿"、长征巧渡金沙江、出征抗战到解放战争，什么样的恶仗没打过？什么样的惊险场面没遇到过？唯独首脑机关和敌人驻到一起还是头一回。何小寨仅有一个警卫连，后方指挥部里全是拿笔杆、打电话、发电报、看病治伤、运输物资的人员；张际春驻在离此两里地之外，他那里更无战斗力可言，除一个警卫班外，全是政治部和中原局的机关干部。太危险了！就近可以来援的只有第一旅。他思索片刻，断然决定趁敌尚未发觉，利用浓雾作掩护，迅速撤离何小寨，与敌脱离接触；同时命令第一旅前来接应。于是，立即派小王去通知杨国宇和梁军组织行动，又派出三名侦察员前往查证敌情。

小王前脚刚迈出门槛，杨国宇就闯来报告："一号，我们和敌人驻到一个寨子里了！"

原来，20分钟前，作战值班参谋马焕越根据梁军的指示，准备用电报通知第一纵队有关行动事项。电台呼叫不通，只好派骑兵通讯员小李送信。小李牵一匹黑马走到寨口，发现寨边柳树下似乎有两个人影站在那里。小李以为是警卫连派出的警戒，仍继续朝前走，再仔细一看：他们身背卡宾枪和望远镜，还时不时地搓手跺脚。而我们警卫连没有卡宾枪，更不会带着望远镜站哨，这两位可能是敌人，而且是侦察员。小李想躲避也来不及了，便急中生智，把马牵到围墙后隐蔽，然后摘下军帽，大摇大摆地朝敌人走去，主动和他们打招呼："你们辛苦啦！"敌人没有注意小李的装束，一个问："你们到这里不久吧，有吃的吗？"一个说："老子又冷又饿，饿熊了。"小李忙回答："有。馍馍、香肠全有。"两个敌兵高高兴兴地跟着小李来到作战值班室。马焕越立即缴了他们的枪。

杨国宇闻讯惊诧不安，顿时困意全消，立即审讯俘虏。俘虏供称：整编第十一师第十八旅第五十四团就驻在这个寨子的东面。杨国宇一听头皮发炸，来不及报告请示，便马上派出骑兵通知第一旅派部队来保驾。梁军得知，命令马焕越集合警卫连准备战斗；又挑选八名身强力壮的战士，带着担架到大路边等候，准备抬着刘司令员转移。

刘伯承听了杨国宇的报告，更加证实了老乡反映的情况和自己的判断是正确的。

就在此时，寨子东边突然传来阵阵枪声。这枪声，使杨国宇浑身毛孔紧缩，立即掏出手枪，大张机头，在屋里团团转，是走是就地抵抗，一时拿不定主意。刘伯承也下意识地摸着枪柄，侧耳静听。

小王上前架着刘伯承的胳膊就要往外走，刘伯承甩开他的手，仍纹丝不动地听着。不大一会儿，枪声渐渐稀疏下来，随后停止。刘伯承的手离开枪柄，并作出判断："可能是我们的侦察员暴露了目标。"

不多时，派出查证敌情的三个侦察员匆忙返回报告：

侦察员们来到寨子东面一间大房子前，见虚掩着的门缝里射出一束亮光。他们以两人在外掩护，一人摸进去探明虚实。这位侦察员侧身挤入，不慎碰响门轴。室内几个军官正围着桌子嘀咕什么，闻声望见这位不速之客，慌忙掏枪就打。侦察员转身退出，一面还击，一面奔跑。

听了侦察员的报告，杨国宇急了，说："我们已经被敌人发现，怕是很难撤出去了，怎么办？"

"莫急。"刘伯承又问侦察员，"你们是从哪个路线撤回的？"

"从南边绕道返回的。"

刘伯承那紧锁的眉头舒展了，赞道："很好！不愧为老侦察员，做得对。"转头对杨国宇，"这说明敌人还没发现我们。这样吧，马上把警卫连拉上去，从南向北再打他一下，然后向南且战且退，把敌人引开，掩护我们转移。还有，不要忘了通知张副政委他们和担架队也立即转移。"

刘伯承向杨国宇交代完毕之后，挂着小王为他预备上山用的棍子来到大路上，梁军和机关干部，还有那几个抬担架的战士已经等候在那里了。刘伯承以感激的目光看着抬担架的战士，说："谢谢你们，用不着。"说罢，扔掉棍子，迈开双腿走了几步，"喏，这不是很好么。"他回头望见杨国宇跟来了，又气冲冲地说道："你不去招呼直属队，跟着我干啥子？我不是娃娃，不需要保姆。"

"直属队我已安排好了。保护您的安全是邓政委交代的任务啊。"杨国宇立在那里一动不动。

刘伯承哼了一声，摇摇头，朝北抬脚就走。没走几步，又回头张望那迷迷茫茫的浓雾和那离去的寨子，若有所思地对梁军说："当年的大雾为诸葛亮草船借箭帮了大忙，今天的大雾也帮了我们的忙啦。"

身为参谋处处长的梁军，竟把宿营地选在敌人驻的寨子里，严重地威胁着司令员和首脑机关的安全，内心深感不安，难过地低下头，喃喃地说：

"一号,是我的疏忽……"

"一个人一生不可能不犯错误。"刘伯承打断梁军的话,"今天犯错误,以后就会少犯错误或不犯错误。况且今天主要是我这个当司令员的过问少了,有责任,你不要往心里去。我打了几十年的仗还是头一回遇到嘛。现在处置得还好,可以说是'险中有胜'啊。"

刘伯承说这番话,既是为梁军担担子,也是教育梁军以后注意。梁军对勤务保障工作一贯精细周到,这次为何办了傻事?杨国宇想起俘获的敌人侦察员交代的一个细节,说道:"我看不是梁军同志的疏忽,一号也没有责任。据敌侦察员讲,他们那个团是后半夜到达何小寨东面赶修工事,而我们是夜里10时来到何小寨西面宿营。这说明我们是先到,敌人是后到,因此,不存在我们选择宿营地不当的问题,完全是一次互不相知的巧遇。他们在东,我们在西;他们做他们的工事,我们睡我们的大觉。敌我和平共处,太有意思了。"杨国宇愈说愈兴奋,哈哈大笑起来。

"你乐啥子?我可是你的保护对象,我的脑壳搬了家,你想得蒋介石那两千万元赏金啊?"刘伯承说罢,自己也笑起来。继又大发感叹:"说巧也不巧啊。敌军几十万人深入大别山腹地,敌我犬牙交错,互相渗透、互相掺和的情况,我们事先也没有充分估计到哇。"他们说说笑笑,拼命赶路,想尽快把何小寨那块险地甩得远远的。

梁军走路有个特点,总爱左顾右盼,悉心观察周围地形、环境、情况,这大概是做参谋工作的职业习惯。他的目光刚转到右前方,忽见一个骑影从山坳下的浓雾中冲来。他一个箭步跳到路旁的高坎上大声喊道:"准备战斗!"

机关干部就地卧倒,掏出手枪。杨国宇、小王连忙把刘伯承按倒在路旁的雪沟里。刘伯承摆摆手,示意大家沉着,在没有弄清情况前不能开枪。

那骑影由小变大,由远变近,大声疾呼:"不要开枪!我是一纵队何参谋。"

人们松了一口气,从地面跃起。

何参谋翻身下马,直奔刘伯承跟前,单腿跪地,失声痛哭:"首长!你处分我吧,我有罪!"

"何罪之有?"

"昨晚我第一旅从一名俘虏口中得知:敌第十八旅第五十四团奉命于今晚赶到何小寨构筑工事,企图阻止我军北上。随第一旅行动的纵队副司令员尹先炳,立即将这一情况报告杨勇,请纵队司令部转告刘司令员改变宿营地。纵队电台偏偏在这个时候出了故障,联络不通,于是便派我乘马口头报告。我离开纵队司令部不远,便碰上狂风暴雪,迷失了方向,在山沟里转悠了几个小时,又回到原地。急得他呼天喊地,直至破晓,风雪虽然停止了,可是浓雾又降临大地。我又在浓雾中辨别方向,寻找路径,又折腾了几个小时,才赶到何小寨北侧。可为时已晚。"

刘伯承上前扶起何参谋,宽容地说:"意外,意外。你吃苦了。"

这确实是意外中的意外。两军互不相知驻到一起是意外,一方知道了又因通讯器材出故障和受恶劣气候的影响,不能及时告诉遇险者,又是一个意外。一向强调掌兵要严,不能心慈手软的老将军,心软了,宽恕了。

这时,东面大路上,尹先炳带领第一旅一个团急急赶来。战士们枪上刺刀、弹上膛,个个跑得大汗淋漓,气喘吁吁。尹先炳深感没有尽到掩护刘司令员和首脑机关的责任,心里惶恐、内疚、不安。当他望见刘伯承那高大的身影健步走着时,眼泪一下夺眶而出,这是为司令员平安无事而流出的热泪。他如释重负,忙说:"一号,我们来得不晚吧?我们……"他喉头梗塞,说不下去。

刘伯承连忙安慰他:"不晚,我这不是好好的?这不怪你们,战场情况多变嘛……"

刘伯承的话还没说完,何小寨方向就传来急促的枪炮声。大家对此并不惊恐,知道这是警卫连奉刘司令员的命令,从南向北攻击何小寨西边的敌人。不多时,枪炮声渐渐远去,这是敌人中了将军的调虎离山计,他们在追击南撤的警卫连了。

刘伯承扶正眼镜,遥望何小寨方向,轻松地一笑,说道:"敌人还是听话的嘛。"略停,又对尹先炳说,"欺骗是不能长久的,敌人一旦发现上当,会返回寻找我们。这样吧,把你们留在这里准备狙击他们,掩护我们指挥部北进。"转脸看着梁军,"这里发生的情况,我想白崇禧会很快知道,他们很可能要派大部队堵截我们北上必经之地北向店。为抢在敌人前面,马上命令杨勇派第二旅迅速前往控制北向店,要不惜一切代价坚决狙击敌军。同时派出第二十旅绕道淮河南岸,选择渡口,保障后方指挥部渡过淮河。"

三

果然不出刘伯承所料,白崇禧得知后,当即判断驻在何小寨的共军绝非一般部队,可能是刘伯承的首脑机关。他欣喜若狂,若逮住了刘伯承,大别山的共军不战自灭。于是，急令整编第十一师和位于罗山的罗广文的整编第十师，分路向北向店猛扑。

胡琏气得发抖，在电话里大骂第十八旅旅长覃道善："你的部队和刘伯承驻到一个寨子就没发现？竟让他溜了！你那个五十四团现在在哪里？"

"他们被共军狙击在何小寨北侧，一时回不来。因此，我想请求增加兵力。"覃道善握着话筒回答。

胡琏一听更加光火，怒吼道："你放走了刘伯承，又让刘伯承困住你一个团。我警告你，这次你的部队要在北向店堵不住刘伯承，让他从我的堵截区逃走，咱们军事法庭见。本来2000万元的赏金已经到手，让你给搞吹啦！"接着语气转向缓和，"当然罗，你手头只有两个团，兵力是少了点，我再给你拨一个团，但一定要堵住！"

一时间，光山以南的大地上有无数支乘车徒步的队伍，成多路队形，从不同方向朝着北向店火速开进。

一场争夺战即将打响！

我第二旅旅长戴润生走在前卫团先头，选择捷径，指挥部队快速前进。9时整，部队终于先敌到达北向店。

北向店位于两山夹一冲之间，其左侧是与大别山余脉相连的嶙峋怪石，车马不易通行；右侧是一条湍急的河流，水面虽不宽，但较深，不架设桥梁很难通过；唯有那条纵贯北向店的大路，可北通光山，直达淮河南岸。戴润生看罢这里的地形，不由得赞叹：刘司令员这一招高啊！不先敌控制此地，出淮西必成泡影。他回身站到高坡上给各团长明确任务，大声喊道："同志们，现在到了关键时刻。谁英雄？谁好汉？谁孬种？谁软蛋？北向店的阵地上比比看。谁要当了孬种、软蛋，我戴润生饶不了他。杨勇司令员讲了，执行战场最高纪律！"他把高举的右手朝下一劈，做了个杀头的动作。"这个话要传达到每一个人，大家要懂得这一仗的重大意义，关系到刘司令员和首脑机关能否出淮西，刘司令员能否出淮西又关系到中原三军协同作战的成败。这一点务必向全体人员讲清楚。"

他一口气讲完这一仗的利害关系之后，指着前方的两个制高点下达命令："五团控制东侧高地，四团占领西侧高地，六团位于北向店南侧担任预备队。我要求大家在北向店东西一线筑成一道铁墙，坚决把胡琏和罗广文阻在这里，不让他们前进一步，保障刘司令员和首脑机关通过，向淮河前进。"

各团按照戴润生的命令抢占阵地，构筑工事，准备战斗。

10时许，敌部覃道善率领第十八旅前卫赶到北向店北侧。由于我第二旅伪装严密，没露一点痕迹，覃道善以为自己先于共军到达，甚是高兴，即令部队抢占当面的高地。敌兵们提枪猫腰，踩着脚脖深的积雪，吃力地朝山脊攀登。戴润生看在眼里，给部队规定："敌人不到前沿50米不打。"300米，250米，200米……50米，打！成排的手榴弹在敌群中爆炸；接着，步机枪开火。敌军遭此猝不及防的袭击，纷纷倒地，向后溃退。

覃道善叫苦不迭。

赶来督战的胡琏，见罗广文的十师一部已到，便对覃道善下死命令："必须在12时前夺占北向店东西高地！否则让你的勤务兵抬你的尸首来见我。"

覃道善豁出全部血本，调集全旅82毫米口径以上的火炮100余门，把所有的炮弹倾泻到北向店西侧我第二旅四团的阵地上；又将三个步兵团和旅部机关干部及勤杂人员编成四个梯队，从狭窄的正面上，成密集队形轮番攻击我四团阵地，企图从这里打开口子，一举突破。

我四团阵地上，爆炸声声，火光闪闪，烟尘蔽日。顷刻之间，银色的山头，变成黑色的焦土。

我第二旅指挥所里，突然响起一阵急促的电话铃声，戴润生抓过话筒，传出我四团团长晋士林那紧张而又急躁的声音：

"旅长！敌人的炮火很猛，像倾盆大雨，我们临时构筑的工事顶不住了。敌人的步兵又不断攻击，我们的战士伤亡很多……"

戴润生双眉紧锁，烦躁不安地对着话筒嚷嚷："你急什么？沉着应战，一定要守住阵地，我设法支援你。""噢！问题很严重吗？"这声音从戴润生的身后传来。戴润生扭头大为惊讶："哦！一号，您怎么来啦？这里危险！"

刘伯承的身躯已经跨进了门槛，杨国宇和小王跟在后面。戴润生想堵也来不及，只好把气撒在杨国宇身上："老杨！你怎么不阻止？"

杨国宇无可奈何地把手一摊："你不是不知道他的脾气，我有什么办法。"继而又用玩笑的口气说："反正今天他到了你的阵地上，他的安全由你负责啰。"

"你……"戴润生急得张口结舌。

四团阵地上正在吃紧，又添了一项绝对保障刘司令员安全的任务，戴润生能不急么！

刘伯承扶正眼镜，瞪了戴润生一眼："看你急成啥子样子，少操点闲心，多考虑打仗。"先是责备，后又温和地问："听你接电话的腔调，是不是阵地上出了麻烦呀？若是这样，我们到前沿阵地去看看嘛。"

旅指挥所是在敌人的炮火控制之下，戴润生认为刘司令员到此已经是很不安全了，现在他又提出到前沿上去。前沿是在敌人枪弹射程以内，更不能让他去。戴润生想了个阻拦的绝招，忙说："老首长，我们打个商量吧。你在这里替我坐镇，我到前面去组织抵抗。"

戴润生的几句话，岂能拦住这位哪里作战有艰险必到哪里去的老将？果真刘伯承转身出了指挥所。小王连忙上前要拦，杨国宇知道无用，向小王使了个眼色，随又招呼戴润生跟上。

刘伯承急匆匆走着，不慎被路旁的树枝刮落了眼镜。戴润生俯身替他捡起一看：镜架、镜腿全是用麻线、铜丝等缠过好几遍的，说道："哎呀！我的老首长，您这眼镜是多次负伤啊。现在腿又断了，不能再戴了。"

小王拿过眼镜，从挎包里取出一根细铜线，把镜腿缠了缠，然后递给刘伯承。

这副既旧又破的老式眼镜，小王不知修过多少次了。小王每修一次，总要嘀咕一次："堂堂野战军司令员，戴这种丢在地上没人捡的眼镜，我都替您……"

"不愿修啊，我自己来。"刘伯承一把夺过，自己动手了。

他为何不忍遗弃这副眼镜，是有一段故事的。1916年讨袁护国战争时，他在川东护国军第四支队任参谋长，丰都一战，城池是攻下来了，右眼却被北洋军的一粒子弹打伤，经德国外科医生沃克治愈后，就戴上这副眼镜加以保护。戴久了便摘不下来，不戴影响视力。从此眼不离镜。后来，镜框破了，用膏药或胶布粘一粘；镜腿断了，用麻线或铜丝缠一缠。就这样多次修复，使用至今，视为终生纪念物。

刘伯承戴上眼镜，戴润生在前面领路。他们翻山越岭，来到一块大石头后面隐蔽。戴润生指着浓烟滚滚的地方说："那里就是四团的阵地。"

刘伯承顺着戴润生手指的方向看去：几排炮弹爆炸过后，紧接着是黑压压的蚁群似的步兵开始冲锋。前面倒下了，后面又蜂拥而上，其后尾拉了有两里多地长，真有点锐不可当啊！司令员随手接过小王手中的望远镜，从敌战斗队形的前头到后尾，逐一仔细观察。他看了一会儿，脸上露出了兴奋的神采，自语道：

"哼！别看它龟儿子气势汹汹，原来是一个铜头蛇尾豆腐腰的家伙，在它的蜂腰部捅一刀，他胡琏就受不了。"他放下望远镜问戴润生，"你们的预备队是哪个团？"

"六团。"

"把六团拉上去，向敌人的腰部出击！"

六团团长薛宗华是个精明人，为了不暴露目标，他要求全体战士身披白布单，与雪地保持同色。然后，全团成三路纵队，在丛林的遮掩下，以最快的速度沿沟谷前进。

此时，覃道善的全部注意力集中到对我四团阵地的攻击上，而且眼看就要突破。却未料到薛宗华率部对他的蜂腰部发起了突然猛烈的攻击。顿时，敌人的后尾乱了阵，纷纷后撤；前面的敌人失去了后劲，又在四团的反冲锋和五团侧射火力的夹击下，也开始四散奔逃。很快，在北向店西侧闪开了一条宽阔的通道。

刘伯承紧握戴润生的双手，深情地说："谢谢你！我代表指挥部和全军感谢你！好啦，我们该扬长而去了。"他松开两手，转身吩咐杨国宇："给邓政委发报：说我们遇险又脱险了，下一个目标——直出淮西。"

当敌军胡琏、罗广文的主力赶到时，已由堵截大军变为"欢送"大军了。他们只能呆呆地望着那北去的队伍消失在茫茫雪原里……

（屈德骞）

大雪压青松　青松挺且直
——陈毅元帅坚守岗位

历史是严峻的，历史又是公正的。"大雪压青松，青松挺且直。"在"文化大革命"中，陈毅以其无产阶级革命家的坚定信念和不屈不挠的斗争精神，向党和人民致了最后的军礼。

"乾纲独断"和坚守岗位

1966年6月1日晚，中央人民广播电台向全国播放了北京大学聂元梓等人点名攻击中共北大党委的一张大字报的全文，陈毅很感意外，连夜去询问周恩来。五天前，周恩来根据中共中央政治局的决定，曾派人去北大批评了贴大字报的聂元梓等人。周恩来现在却告诉陈毅：他刚才接到康生电话，说毛泽东主席赞成这张大字报，并亲自决定今晚由中央台播放全国。

陈毅惊讶，一时语塞。似这样令人震惊的意外之举，近几个月来已经不是第一次了。

4月中旬，陈毅夫妇陪同刘少奇和夫人出访后回到昆明，中央发来急电：速至杭州开会。陈毅走进会场，才知是批判彭真主持制定的"二月提纲"。

时隔半月，在北京人民大会堂举行的中共中央政治局扩大会议上，"二月提纲"突然被定性为"反党纲领"，彭真因"反党错误"被撤职后隔离审查。

5月16日，通过由毛泽东主持制定的中共中央通知（即《五一六通知》）。

10天后，中央文化革命领导小组（简称"中央文革"）成立。组长陈伯达直接从毛泽东处领命，带领工作组夺了《人民日报》社党委的领导权。

这些事，不仅是政治局委员陈毅事先毫无所知，在京主持政治局工作的中共中央副主席刘少奇事先也不知道。今天的事，同样身为中共中央副主席的周恩来又是事后才知道的。这种完全违背集体领导原则的异常举动，怎么不令陈毅震惊和担忧！

6月2日，《人民日报》全文刊登了聂元梓大字报，并发表了社论《横扫一切牛鬼蛇神》。这一来，北京几十所大学，几百所中学都闹开了。外交部下属的外语学院等几所大学当然也不例外。上街的学生乱哄哄，阻碍正常外交活动的情况屡有发生。

面对这种突如其来、"史无前例"的"文化大革命"的冲击，陈毅态度鲜明：对反修防修的"文化大革命"是拥护的，积极进行的，但如此冲垮党委领导，乱揪乱斗，造成社会混乱，他有不同意见。在政治局会上，陈毅得到了毛泽东批准派工作组的消息，当晚召集国务院外办中共党组会议，具体商定工作组成员名单，向外交系统迅速派出八个工作组。

然而，工作组进驻各外事系统不到一周，各单位造反派贴满了轰赶工作组的大字报，仿佛有人统一布置的一样。

陈毅每天听取各个工作组汇报，不断提醒大家："工作组是中央决定派的，我是投的赞成票。你们一定要挺住，坚信党中央的领导。""中央的八条规定，一定要坚决贯彻落实！"

1966年6、7月，全国大乱，中共各级党委受冲击，大半冲垮或险难中的共和国领袖与将帅处于瘫痪状况。外交部党委在陈毅主持下,始终行使着领导权。机关干部坚持工作岗位,业余时间搞运动,保证了国家外事活动的顺利进行。

然而,在"中央文革"的煽动下,外事口所辖大专院校的学生冲垮校党委、哄赶工作组,并计划在北京召开的亚非作家紧急会议上"揪走资派",以造成国际影响。

对"文革小组"幕后挑唆学生企图制造国际事端的阴谋活动,陈毅非常恼火,在刘少奇主持的中央碰头会上,他义正词严地进行斗争:"既然中央把召集这次大会的任务交给我,我就不怕负这个责任!谁要冲击大会,就是现行反革命,我陈毅绝不会客气的!"并在周恩来的布置下,采取了有力的预防措施,保证了亚非作家紧急会议在京顺利地举行。

运动发展到7月中旬,政治局内关于工作组问题的争论,以刘少奇、邓小平等为一方,以"文革小组"组长陈伯达、顾问康生为另一方,日趋剧烈、尖锐。争论的焦点是:"文化大革命"运动究竟要不要坚持党的领导。

大约在7月16日晚间的政治局会上,双方都拍了桌子。

陈毅支持工作组,愤起辩驳。陈伯达大骂陈毅派往对外文委的工作组是全国最坏的工作组。7月24日,毛泽东召开会议,决定撤销工作组,并在第二天的政治局会议上宣布:派工作组"犯了方向路线性错误"。

中央宣布撤销工作组后,外交部副部长姬鹏飞想不通,他曾询问陈毅,工作组怎么说撤就撤了?陈毅满脸不高兴地说:"哎……我也不清楚是怎么回事!说怎么样搞,就怎么样搞。现在我们是乾纲独断啰!"①

"乾纲独断"这就是陈毅1966年8月对中共全党政治形势的见解。

8月5日,毛泽东写了《"炮打司令部"——我的一张大字报》。按照政治局规定,只传达到参加中共八届十一中全会的省委第一书记和大军区司令员、政委。然而,"中央文革"却把大字报内容很快泄露给造反派,并开始对刘少奇、邓小平发起进攻。

汇集到北京参加中共八届十一中全会的中央委员、中央候补委员,特别是各省、市、自治区的主要负责人,个个忧心忡忡,满面愁云,谈起各地的运动情况,没有不摇头的。

他们这次来,是向中央告急的,都关切地询问"文化大革命"结束的日期,因为按中央原先布置:文化大革命只开展三个月。

---

① 姬鹏飞1982年11月与《陈毅传》编写者谈话。

不料，得到的答案是异常严酷：

中共中央主席毛泽东的大字报在全会发表后，大家感到吃惊、不解。紧接着是政治局改选，副主席只保留林彪一人；在世界各国共产党的党史上绝无先例地增加了一个"最亲密战友"的特殊称谓。看来运动不但不会结束，还会更猛烈、更疯狂地开展下去。

陈毅感到中国革命的航船已偏入危险航道，他个人无力纠正航向。但是，他要坚守自己的指挥岗位，保持外事口的稳定。他在外交部全体工作人员大会上，旗帜鲜明地说过："只要中央一天不撤我外交部长的职务，我就要顽强地表现自己，并企图影响这个运动！"

外事口各单位批斗工作组，陈毅总要为工作组承担责任，讲公道话。鉴于每次讲话后，造反派攻击陈毅的声势越轰越大，许多人劝陈毅不要出面讲话。方毅专门请秘书转告："陈总不要再多讲话了！""陈总不能倒，陈总一倒，外事口就会像快刀割韭菜，一倒一茬。"陈毅的回答是："人家劝我少讲点话，他们都是好心。可是我压不住，还是要讲。见到问题不讲，这不是共产党员的态度。"

第二外国语学院批斗工作组时，陈毅赶到会场，旗帜鲜明地指出："派工作组的错误是当时局面造成的，我是支持派工作组的；工作组的错误应该进行批判，但我们无权把他们整死，要帮助他们改正错误；把工作组打成反革命，打成黑帮，不如把我陈毅打成反革命，打成黑帮。"

面对造反派"你到底跟不跟毛主席走?!"的斥责，陈毅义正词严地答复说："我决定跟毛主席走，但是，我不敢保证将来就不反对毛主席的一些意见！"

陈毅的举动，当然会被某些人视为"文化大革命"的巨大障碍。有人开始操纵造反派集中火力向陈毅发起围攻。

在围攻中，陈毅大义凛然地说：

"你们说我是黑帮头子，是修正主义、机会主义，你们懂什么叫机会主义?！什么是修正主义?！如果敌人今天来了，我们每个人发一支枪，我陈毅打得绝不会比你们差！也绝不会开小差！告诉你们，我是外交部长，没有罢官之前，我就是要掌握这个领导权！你们要我交权，办不到！老实说，我对你们不放心，我就是交，也不交给你们！"

8月下旬，北京城里有关陈毅的流言飞语猛然增多，什么"陈毅历史上一贯反对毛主席"，"陈毅反对文化大革命，死保工作组，与毛主席的革命路线唱对台戏"。造反派列举的材料，不少均为中央核心机密档案的篡改，或断章取义；陈毅在政治局讨论"文化大革命"情况的发言，也被造反派大段摘录，公布在大字报上。陈毅十分清楚，是中央文革乱抛档案，不断给造反派提供炮弹。

当然，炮弹也有带糖衣的。在文艺界召开的宣传大会上，江青亲自把陈毅的夫人张茜请上主席台并向到会群众热情引荐。陈毅明白江青的潜台词：只要你闭上嘴，只要你不再出来讲话，老账一笔勾销，你还是稳坐主席台的陈毅。

对当时他个人处境的分析，1971年，陈毅在301医院住院时，曾经和当时的外交部副部长乔冠华谈起过："1966年8、9月份，只要我陈毅不吭气，住在中南海是不成问题的。但是，在讲与不讲的问题上，我最后还是选择了讲。文章不准写了，再不讲话，还算什么共产党员！"

8月30日，毛泽东在天安门城楼接见红卫兵时，他挽着陈毅胳膊照了相，然后握着陈毅的手说："陈老总，我保你！"陈毅给毛泽东敬了军礼，真诚坦荡地说："请主席放心，我能过关，我是共产党员，我靠我的工作，能取得群众的信任。"

陈毅在政治局分工还管西北地区的"文化大革命"，他不能不吭气。

包头钢铁厂最近运到一批机器，是从苏联进口的，拆箱时发现，其中有不少是坏的，中方要求退换。苏方派出的四名专家来作技术鉴定，然后再作定论。苏联专家一到包钢，就被造反派包围了。他们还精制了高帽子，准备拉"苏修"专家在全厂批判游斗。

一个普通、具体的外贸交涉，顷刻之间，就可能变成加剧两国紧张关系的导火索。情况迅速报告到北京陈毅办公室。陈毅根据周恩来总理的指示，亲自给包头钢铁厂挂了电话。

厂长去贯彻陈毅"不准许把国内斗争方式用以对外"的指示，造反派不但不听，反把厂长也"架了飞机"批斗。

陈毅第三次电话打给造反派头头："小同志，我相信包钢红卫兵是坚决维护党和国家利益的，是顾全大局的！你们一定能使苏联专家尊重事实真相，一定能说服他们在退货协议上签字的。我在北京等待着你们的好消息。……"

造反派终于接受了陈毅的意见。这样一个具体问题，非要一位副总理兼外交部长亲自处理，而且整整花了一个下午的时间。

8月24日，在外交部红卫兵成立大会上，造反派提议要陈毅当"红卫兵司令"。陈毅说："我这个人不搞个人迷信。""学习毛主席著作不要空喊口号！"8月下旬，陈毅派人赶到干部宿舍，制止外交部造反派的抄家行动。事后，又找造反派谈话，苦口婆心劝导，使造反派又恢复了对陈毅的信任。9月上旬，外办召集了外事工作座谈会。9日上午，一向着装洒脱的陈毅，穿上一套绿军装，在鲜红的领章帽徽映衬下，显得威风凛凛。他开口直切主题："你们没有给我戴高帽子，我来讲一讲，帽子天天戴嘛，怕什么啊！无非比我这顶高点么。我坚决不同意国庆少接待外宾，我就为这句话来的……"

9月下旬，国务院总结会上，陈毅结合汇报外事口运动的情况，阐述了自己对"文化大革命"的理解。陈毅认为，"文化大革命"与过去历次政治运动一样，目的应是为了弄清思想，改革不合理的制度，以达富国强兵之宏图。他说：因此他在外事口主要抓了开展批评与自我批评。陈毅亲自动员群众给领导，首先是给他自己贴大字报，帮助领导"洗澡下楼"。外事口各部门党组成员，包括陈毅自己，都在一定范围内（以不泄露外事机密为原则）作了自我批评。在和风细雨的气氛中，进行了一次思想革命。外事系统各级领导干部中，真正打倒的一个也没有。经过群众运动"洗澡下楼"，全部可以过关。

同时，陈毅还检查了自己求稳怕乱的思想，外事口派出的工作组的错误，他要负领导责任。

鉴于外事口既发动了群众，又坚持了党对运动的领导，与那些党委被冲垮、运动乱成一团糟的部门比，要算比较正常的。外事口的运动获得国务院的好评。

陈毅并非好大喜功之人。但是，这一次外事口的运动获得的好评，陈毅确实引以为荣。他一改讳谈自己成绩的习惯，在以后好几次外交系统的会议上，都不掩饰被评为"基本守法户"的快意，以鼓励大家敢于领导运动的信心。

陈毅不仅敢讲话，他还考虑得更远更深：青年人有热情，但是缺乏斗争经验，他不能看着他们犯错误。他感到肩上担子的分量，他的战斗岗位不仅在外事口，作为一个中央政治局委员，他有责任引导青年走正路。

这天，身穿军装的毛泽东主席又一次登上天安门接见红卫兵。陈毅习惯地行了标准举手礼。毛泽东微笑着点点头，与陈毅握了手，然后挽起陈毅的胳膊，走进休息室。毛泽东问了问陈毅近况。陈毅回答后，说："主席，我还有个想法。"

毛泽东很感兴趣，问："什么想法？"

"主席，现在年轻娃娃没有参加过路线斗争，也不懂得什么是路线斗争，我想，应该给他们讲讲历史，用我自己的经验教训，教会娃娃们搞路线斗争，你看行不行？"

"好嘛！"毛泽东吸了口烟，欣然应允。

挥戈上阵与"二月逆流"

1966年10月1日，林彪在天安门城楼以他特有的拖腔拉调，得意洋洋地给刘少奇、邓小平的"错误"加上了"资产阶级反动路线"的政治帽子。本来，对于这种政治定性，中共中央政治局内部有争论，一直没有通过。三天前，周恩来还根据中共中央的决定，召集了国务院各部、委、办党组成员会议，传达了中央政治局常委的意见：运动已经搞得差不多了，不能老搞下去，要转入抓生产……。可今天，林彪突然公开宣称："斗争还在继续。"言下之意，"文化大革命"运动不能结束，还要继续开展下去。

对林彪根底了如指掌者，陈毅算得上是一个。1927年8月10日，陈毅接受中共中央军事部长周恩来委派，到七十三团当团指导员，林彪是七连连长。红军时代林彪的投机行为，陈毅记忆犹新。林彪在5月中央政治局会议上大讲特讲"政变经"；中共八届十一中全会上，又高喊"文化大革命"是"罢官运动"；林彪对毛泽东"一句顶我们一万句"的颂扬、"不理解也要执行"的"忠诚"，等等，等等，深知林彪底细的陈毅不难看透林彪挥动红语录的表象后面，掩盖着什么样的居心。1966年9月，陈毅在国务院外事办公室全体人员大会上毫不隐讳地说出自己的看法。他说："有的人嘴里说得好听，拥护毛主席，实际上不按主席思想办事；别看他把主席语录本举得很高，是真拥护毛主席，还是反对毛主席？我怀疑，我还要看。"

陈毅憋不住地想把他的忧愤吐露一些给老战友，他在天安门城楼休息室找到文化部副部长肖望东，指着玉带河里倒映着的一条"打倒×××"的标语："你看看，这就是文化大革命！"陈毅声音不高，却凝聚着满腔愤慨："你看见了吧，文化大革命，一言以蔽之，就是要打倒老干部！"

仅仅过了两天，10月3日《人民日报》全文刊登了《红旗》杂志第13期社论，打出了"对资产阶级反动路线必须彻底批判"的旗号。首当其冲遭受灭顶之灾的，是中共各省市委、各部局党组的"第一"书记们。

中共中央十月工作会议，正是在这个风口上召开的。参加这次会议的许多老同志，他们有一个共同的感受，正是毛泽东主席在会上批评的12个字"很不理解，很不认真，很不得力"。他们唯一的安慰和寄托，也是毛泽东主席的一段话："你们不要承认自己是三反分子，你们都是三反分子，我这个党的主席是什么呀！"

然而，会上，刘少奇、邓小平已被"中央文革"小组定为"资反路线"的炮制者，作为黑司令部的总头目批判了。以此划线，人人检讨，根本不容辩解！在这种高压之下，不承认自己是三反分子，谈何容易？！各地"父母官"心情的压抑难以名状！他们处境的危殆更显而易见！

从来不"拉"华东"山头"的陈毅这次应华东的省市委第一书记们的请求宴请他们，一连串被造反派打叉叉的名字：陈丕显、江渭清、叶飞，李葆华、谭启龙……。

陈毅拿起茅台酒瓶，给每一位伸过酒杯的老部下斟满一杯，最后为自己面前的小酒杯倒满、举起。他在这次"家宴"上的某些话是不寻常的："困难，我们都见过，要说困难，长征不困难？三年游击战争不困难？建国初期要米没米，要煤没煤，头上飞机炸，下面不法投机商起哄捣乱，怎么不困难呢？困难！没有困难，还要我们这些共产党干什么？我还是那句老话：无论多么困难，都要坚持原则，坚持斗争，不能当墙头蒿草，哪边风大，就往哪边跑！"

"德国出了马克思、恩格斯，又出了伯恩斯坦。伯恩斯坦对马克思佩服得五体投地，结果呢？马克思一去世伯恩斯坦就当叛徒，反对马克思主义！俄国出了列宁、斯大林，又出了赫鲁晓夫。赫鲁晓夫对斯大林比对亲生父亲还亲！结果呢？斯大林一死，他就焚尸扬灰，背叛了列宁主义！中国现在又有人把毛主席捧得这样高。毛主席的威望内外都知道嘛，不需要这样捧嘛！我看哪，历史惊人的相似，他不当叛徒，我不姓陈！"

"让我们干了最后一杯！我保不住你们了，你们各自回去过关吧。如果过得了关，我们再见；如若过不了关，很可能这是最后一次见面！"

元帅最后这番话，分明是与即将出征恶战的将军们诀别！而元帅自己，忧党忧国，忍无可忍，也准备挥戈上阵了。

1966年11月13日下午，面带微笑的周恩来总理和陶铸副总理率先，军装严整，步履稳健的叶剑英、贺龙、徐向前元帅和风度洒脱的"便衣元帅"陈毅随后，在工人体育场内绕场一周，与八万多名军队院校学员见面。掌声、欢呼声此起彼伏。

周恩来太忙，接见后与陶铸提前退场。四位元帅在肖华主任陪同下落座主席台。陈毅在年轻人的掌声中，第一个走上讲台。

这是11月份以来，陈毅出席的第四次群众大会。他不但有请必到，而且只要出席，必定讲话。陈毅仿佛在追赶，在拼搏，不断加快行军步伐，而将自己的一切置之度外。

陈毅说："我今天在这里讲话，我就不是我字当头，如果我字当头，最好我不要来讲。我来讲，讲得不好，惹起麻烦，马上就要跑到外交部来揪你、找你、抓出来，要澄清问题，那怎么得了啊……今天，你们大家给我这个机会，我还是勇敢地来讲……大家不是要作路线斗争吗？我们完全欢迎大家来作路线斗争，但要学会来搞，不要乱搞……如果没有学会，这个损失很大。啊，你这个陈老总，今天在体育场，就是给我们泼冷水，唉，泼冷水是不好的，可是有时候有的同志头脑很热，太热了，给他一条冷水的毛巾擦一擦，有好处。……我说其他的恐怕不能讲，没有什么资格可以讲话，但是在你们青年人面前，我犯错误比你们多，我这一点有资格讲话，你们没犯过我这么大的错误。"

接着陈毅针对学生冲中南海、占领国防部的举动，提出严厉的批评，旗帜鲜明地反对逐步升级、无限上纲、口号越"左"越好的做法。这是"文化大革命"以来，特别是批判"资反路线"以来，学生们首次听到的系统的、严厉的、毫不拐弯的批评。在这之前，"文革小组"只讲"群众运动一切合理"，造反派能肆无忌惮，而广大干部和群众愤愤不平。

今天，陈毅这盆冷水泼得太解热了！台下议论纷纷，掌声阵阵；台上的老干部不断以掌声感谢陈毅元帅，感谢他讲出了自己想讲又不敢讲的话！

四位元帅的讲话稿立即在全国传开了，各省、市委组织宣传车上街，不断播送四位老帅的讲话记录稿，人民群众拍手叫好，非常拥护，一些军事院校也开始扭转了原先混乱不堪的局面，党委硬棒了，敢出来说话了。

当然，"中央文革"小组绝不会漠然视之。北京街头小报登了这样一条消息，王力说："这次不打倒四个老帅，就准备上断头台。"

陈毅读到这条消息，勃然震怒，他正气凛然地说："那就让他试试吧！"

王力至今还没有"上断头台"。可是陈毅在半个月之后，当另一大批三万多军队院校师生请他接见的时候，11月29日，他又和叶剑英等一起去北京工人体育场了。周恩来总理绕场一周离去，陈毅又开始讲话。这次讲话还是满腔热忱地鼓励和教育青年军人，要他们学会正确地进行路线斗争，"要提高到毛泽东思想的新的更高的水平"。

"不要把工作有错误、缺点的也当成黑帮、当成走资本主义道路当权派去斗，要区别，不同对待。""对犯了路线错误的同志的批判，也要区分"

不同的情况和程度。"不按这种科学的分析，就扩大化、简单化，就打不中目标。"陈毅这次讲话集中批评的就是斗批改中间的简单化、扩大化。他还很真切地说："我年轻的时候犯过错误，就是路线斗争扩大化、简单化，认为斗争非常简单，用简单的方法解决思想问题。"

"我们应该弄清思想，团结同志，共同对敌。要团结百分之九十五以上的干部。真正的黑帮，真正的走资本主义道路的当权派，真正执行资产阶级反动路线的，是极少数。这样不会伤好人，不会伤可以改正错误的人。"

钟期光的儿子在外地串联回京，兴奋地向陈毅讲了他在外省所见：一些造反派想冲击省委，门卫的战士毫不退让，他们向群众用半导体喇叭宣传，同时就散发老帅们讲话的传单。

"散的是哪一次讲话？"陈毅问。

"两次都有：13日的，29日的。"

陈毅脸上现出几分快意。

11月下旬，涌到北京"上访"的工人急剧增多，为说服来京串联的工人迅速返回本地抓革命促生产，周恩来总理决定召开一次工人大会，海报贴出，入场券发尽，大会讲稿却被陈伯达、江青否定了。已布置的工人大会无人讲话，临时请"救兵"，找陈毅去给工人讲讲国际形势。时间是11月30日下午7时，地点是工人体育馆。陈毅深知周恩来的苦衷，欣然前往。

周恩来走上主席台与全场工人见了面，随即由陈毅讲国际形势。

陈毅以简洁生动的语言，向听众们展示了一张世界形势图，一张中国逐步登上世界舞台，逐渐在国际事务中起到举足轻重地位的形势图。在全场工人振奋、自豪的欢笑声中，陈毅话锋一转，讲国民经济是外交的基础，号召工人们尽快回到原地狠狠抓革命，狠狠促生产。

次日，造反派工人到外交部，要找陈毅当面责问。北京街头贴满了打倒陈毅的大字报。

元帅挥戈上阵了，但是对方的力量更大，在复杂异常的形势下，斗争必须能伸能屈。

为了顾全大局，为了不影响1967年的工作，周恩来希望尽早结束国务院各部部长被围困批斗的局面，争取各部部长早些检查，早些过关，协助他抓好国计民生的大事。周恩来找来陈毅，讲明自己的考虑，希望陈毅带头检查。

陈毅虽然知道国务院公务繁忙，特别是外事工作不能中断，但要他向造反派检讨，没错而承认有错，他想不通。看着周总理疲劳、憔悴的神情，陈毅答应考虑。

一天下午，中央召开例行碰头会，研究有关运动的问题。当中央"文革小组"的"左派"们喋喋不休地质问和声讨时，陈毅、叶剑英发现一向精力充沛的周恩来总理竟打了瞌睡，十分震惊！两位元帅在回程的汽车中心情沉重，他们有一个共同的意念：我们要分担责任，可不能眼看着周总理累垮了！这种形势下，没有周总理不行啊！

陈毅立即找到周恩来表示：他检讨，一定深刻检讨，争取早日得到群众谅解和信任，把外交部工作搞好。

周恩来非常高兴，叮嘱陈毅：检讨不要太长，写好先拿给我看看。

形势日趋恶化。

煤炭工业部部长张霖之被造反派鞭打致死；分管经济几个重要部门工作的谷牧、余秋里被造反派抓走；周总理派人去要，造反派顶住不给……每想到国家的命运，几亿中国人民的衣食住行，党的干部遭受的摧残，一向刚毅、豪迈的陈毅，为党和国家的命运担心，坐立不安，夜不能眠。

1967年1月4日，陈毅参加完碰头会，回家已是半夜，突然一声声"打倒陶铸"的口号震颤夜空。陈毅立即打电话询问李富春："打倒陶铸"是否政治局常委会的决定？李富春告之不是。陈毅悲愤至极：一位副总理，现任的党内第四把手，又是这样不经中央集体领导决定，随随便便点名批判？！还有什么党纪国法！要是按陈毅的脾气，立即去找造反派辩论，但考虑到对周恩来总理的许诺，不能再给周总理添麻烦，陈毅强压怒气，彻夜写检查直至天明。

1967年1月24日下午4时，人民大会堂里座无虚席，四周边厅里也坐满了收听会场实况广播的学生。

陈毅念着自己的检查——一份经过周恩来亲自修改定稿的检查，语调沉重，态度虔诚。参加会议的周恩来作了总结，全场掌声如雷，为总理对外事上的信任，也为陈毅的检查过关。

因为这是第一位副总理被"解放"，周恩来显得兴致勃勃。他拉上陈毅，依次走进大会堂四周各厅，与学生们一一见面。

陈毅军装整齐，胸挺得笔直，步子稳健有力。如果留心观察，他的微笑是严肃的，目光是凝重的。他不像一位得胜还朝的将军，倒像是卸去沉重枷锁，准备投入更严酷斗争的勇士。

1967年1月5日，上海造反派相继夺取报社和市委大权。9日《人民日报》全文转载了《文汇报》、《解放日报》上刊载的夺权宣言。12日，《人民日报》套红刊登了中央发给上海造反派的贺电。陈伯达、康生、江青等人轮番接见造反派，集中宣传夺权！夺权！！夺权！！！

一时间，夺权的黑风扫荡了中国大地。

中共云南省委第一书记阎红彦，在身边留下"我是被陈伯达、江青逼死的"纸条，吞服几十片眠尔通，含恨辞世。

中共上海市市委书记陈丕显、安徽省委书记李葆华、福建省委书记叶飞被打倒后，人在何处，是生是死，周恩来多方查问，均无消息。

1月6日，刘少奇主席突然接到女儿婷婷的电话，说姐姐腿摔断，必须父母签字才能办住院手续。刘少奇夫妇不知有诈，王光美急忙登车赶往医院，半路就被造反派劫持到批斗会场。

几天后，一个深夜，造反派突然冲进贺龙元帅的家中。幸周恩来赶先将贺龙一家接到中南海，住在自己家。

偌大的北京城，唯一尚未被造反派染指的中南海，其西门、东门，也先后被造反派冲开五次，均是周恩来亲自出面，好一番苦劝，才得以维持起码的秩序。

这些天，陈毅根据周恩来的指示，除了必要到场的外事活动，他几乎足不出户。他第一次从报上看到上海夺权的消息，异常吃惊，而现在夺权"风暴"已席卷全国了……难道党已经彻底变质？各级政府彻底变修？非彻底夺权不可？！果真如此，还有什么伟大、光荣、正确的党？17年的建设成就岂不全部否定了吗？！陈毅想不通。然而。毛泽东支持"夺权"，在毛泽东的严威之下，谁也没办法，"乾纲独断"啊！

陈毅无法阻挡夺权的风暴，但是，他还是政治局委员，还是外交部长，他还可以在自己能够管辖的范围内，尽量地减少损失。

1月19日下午，按照与总理商定的办法，陈毅亲自打电话给外办副主任李一氓，嘱他迅速组织外办工作人员"夺权"，以免外事大权旁落，造成党和国家不可弥补的损失。

上海开了夺权的先例，军队院校造反派有"中央文革"支持，有恃无恐，无所不为。为了稳定部队，军委副主席叶剑英主持召开了中央军委常委会。陈毅、徐向前、聂荣臻等老帅看法一致：军队是国家的柱石，无论如何不能乱。林彪当场也表示赞成。1月初，中央军委向部队发出指示：军队坚持正面教育，不能搞大民主，不能成立战斗队，不能搞串联。但是，仅仅过了几天，林彪态度突然改变，竟批准中央"文革小组"提出的"揪军内一小撮"的口号，公开见诸《解放军报》。

军队又面临巨大的冲击。

1月19日下午，在总政召集的各大军区主管干部会议上，江青、陈伯达到场，突然发难，给总政主任肖华扣上"资产阶级政客"的大帽子，并逼迫肖华在当晚8时举行的10万人大会上检讨。是叶剑英报告了毛泽东，才制止了批斗总政主任、大乱军队的阴谋。

1966年11月份，叶帅、刘帅、聂帅均住在北京西山，陈毅与徐向前经常驱车前往，这几位为创建中国人民解放军奋斗几十年的老战友，时有会面，一起议论政局，商量稳定军队的办法。

1967年1月24日晚，全军"文革"组长徐向前"闯"进林彪住处毛家湾。徐帅把目前军队的混乱状况告诉林彪，主张军队必须稳定，要搞几条规定，如不能成立战斗组织，不能随意揪斗领导干部，不准夺权，等等。林彪同意由军委发一个文件，并请叶帅、聂帅等来共同研究。紧接着就去钓鱼台"中央文革"研究，并请周恩来总理和陈毅到钓鱼台开会，共同研究通过后，送毛泽东主席审批。毛泽东提出增加严格管教子女的内容，并提议交给住在京西宾馆的各大军区负责人讨论，征求意见。1月28日，毛泽东亲自签发了最后形成的军委八条命令，乃迅速发往全军。

外交战线上的混乱局面还在发展，而且波及驻外使领馆。陈毅担心在国际上闹出大事来，2月6日，陈毅批送周恩来一份电报。电报中明确指出：内外有别，驻外使领馆一律不准搞"四大"（即大鸣、大放、大辩论、大字报）。周恩来呈送主席。2月7日，毛泽东签发了这份电报，即外事口的"二七"指示，从而稳住了驻外使领馆。

为了慎重，不让造反派抓住辫子，陈毅又找来乔冠华、宦乡。陈毅说他查了一些资料，历来的国家关系，都是内外有别。国内搞运动，不能把外国人牵上。陈毅布置他们根据惯例，采取军委的方法，也来规定几条。如：不得揪外国人来批斗；不得强迫外国人接受宣传品；不得强迫外国人背语录。要想方设法使中国的对外关系，不要受这次运动的冲击和破坏。陈毅想订出几条无懈可击的规定，报送中央，请毛主席批准，照章执行。

此时，陈毅在与诸老帅的交谈中，都有一种决战逼近的预感。他们为顾全大局，曾一忍再忍，一退再退，现在已被逼上最后一块阵地。几位老帅无力改变领袖的决心，但是，他们能决定自己的选择。他们已在不同场合站出来正面地讲了许多告诫青年人的话，但是，直接地面对面地斥责造反派的重要头头，还没有人轻试。陈毅首先爆发。

第一个遭到怒斥的，是外交部已经夺得监督大权的造反派头头。造反派头头在机场向陈毅提出，要求在迎接外宾的见报名单上，把自己的名字排在陈毅后面、副外长的前面。陈毅一口回绝，他认为外长后面理所当然应排副外长的名字。造反派恼羞成怒，摔门而去。陈毅异常愤慨，他说自己革命40年，没想到会弄成这种模样，"我死了也不服气，我拼了老命也要斗争，我也要造他们的反！""我过去也斗过人家，人家也斗过我，不要重复过去的错误，弄得人心惶惶，人人自危，早晨不知道晚上怎么样。大是大非问题不能哼哼哈哈，要我顺风倒，我不干！我的讲话可能触犯了一些人，我个人可能惨遭不幸，但是，如果我因此不敢讲自己的意见，我这个共产党员就一钱不值！""我知道，只要我讲话，就会有人说陈毅又跳出来了。对！快要亡党亡国了，此时不跳，更待何时！"

2月13日下午2点45分，怀仁堂。这里将围绕要不要党的领导；对老干部应不应该都打倒、要不要稳定军队等问题，爆发了一场剧烈的斗争。2月16日下午的怀仁堂碰头会更把这场斗争引向高潮，即以后震撼全国的所谓大闹怀仁堂的"二月逆流"。

2月16日下午碰头会上，谭震林怒斥张春桥："你们的目的，就是要整掉老干部。……这一次，是党的历史上斗争最残酷的一次，超过历史上任何一次！……"出于激愤，他提起皮包，离席欲去。陈毅叫住他："不要走，要留在里边斗争！"陈毅自己并没有长篇发言，然而，他的发言触到了三个"痛点"：一是斯大林，二是赫鲁晓夫，三是延安整风中的内部问题。在会议记录（张春桥、姚文元、王力整理）中可以看到，陈毅说："历史不是证明了到底谁是反对毛主席的吗？以后还要看，还会证明。斯大林不是把班交给了赫鲁晓夫，搞了修正主义吗？"陈毅绝不会不知道："斯大林晚年"的意思或暗示，是毛泽东最忌讳的话题。而现在毛泽东把班交给了谁？谁相当于赫鲁晓夫？路人皆知。至于延安整风，运动本身是伟大的；但其中有些问题，颇为重要和敏感，从来心照不宣。如今陈毅却"哪壶不开偏提哪壶"。

当夜9时许，陈毅在中南海外事口会议室接见归国留学生代表，带着怀仁堂斗争的激情，长达七小时慷慨陈词，展开了所有火力，向着阴谋家们猛烈开火！

"现在有些人，作风不正派！你要上去，你就上去嘛，不要踩着别人嘛，不要拿别人的鲜血去染红自己的顶子。中央的事，现在动不动就捅出来，弄一些不懂事的娃娃在前面冲。"

"现在把刘少奇的100条罪状贴在王府井，这是泄密！八大的政治报告是政治局通过的嘛，怎么叫他一个人负责呀？"

"朱老总今年81岁了，历史上就是'朱毛'，现在说朱老总是军阀，要打倒，人家不骂共产党过河拆桥呀？！"

"贺龙是元帅、副总理，怎么一下成了大土匪？！这不是给毛主席脸上抹黑吗？"

"这样一个伟大的党，只有主席、林副主席、周总理、伯达、康生、江青是干净的，承蒙你们宽大，加上我们五位副总理。这样一个伟大的党，就只有这11个人是干净的？！如果只有这11个是干净的，我陈毅不要这个干净！把我揪出去示众好了！一个共产党员，到了这个时候还不敢站出来讲话，一个铜板也不值！"

"我不是乱放炮，我是经过认真思考的。要我看，路线斗争要消除后果要很长时间。现在的'文化大革命'的后遗症，10年、20年不治！"

"我们已经老了，是要交班的。但是，绝不交给野心家、两面派！不能眼睁睁看着千百万烈士用自己宝贵生命换来的革命成果付之东流！"

恶人先告状，由江青安排，张春桥、王力和姚文元先后走进毛泽东的书房。他们详细地集中地汇报了老帅们和副总理们的言论。起初毛泽东还轻松哂笑，觉得老帅们还是"很不理解"。汇报到陈毅的"黑话"时，毛泽东脸色阴沉下来，随即越听越火，雷霆震怒。周恩来力图缓解事态的愿望未能实现。

19日晚，毛泽东招来李富春、李先念和叶剑英等作了十分严厉的批评。于是，林彪和中央文革一伙，立即扯大旗当虎皮，向这批开国元勋发起猖狂围攻。

整整一个月里，陈毅白天是副总理兼外长，代表中国政府出现在谈判桌上、宴会厅里，精神鹰扬、庄谐成趣；晚上，走进"政治生活会"，便成了众矢之的。而这种围攻、批斗每天延续到后半夜。3月18日凌晨"政治生活会"结束这天，陈毅心情激愤地对秘书说："40年前，我参加游行反对北洋军阀，差点被打死，今天又挨斗，'三一八'是最黑暗的日子！"

其实，这只是拉开了黑暗的序幕。

怀仁堂二月抗争被定为"二月逆流"。从此，陈毅的处境日益困难。林彪和"中央文革"一伙在中央的各种会议上都把陈毅当靶子，批斗一通。陈毅发言，他们抓住个别字句批一顿；陈毅不发言，他们又说你陈毅向来喜欢发言，今天为何不讲话，也得批一通。"文革"小组一伙还不满足于在上面批，竭力煽动造反派组织群众性批判。

"文革"小组无视周恩来宣布的纪律,将中央碰头会上老同志的发言内容大加歪曲、篡改,通过北大、清华造反派,向社会迅速扩散开去。

陈伯达、戚本禹接见外交部造反派"做工作",实际是给造反派交了底:揪斗陈毅的障碍是周恩来,中央文革支持。一外、二外造反派组成的"揪陈大军"从7月15日起,涌到外交部门口安营扎寨,他们拦截车辆,阻塞交通,妨碍正常外事活动,想压周恩来交出陈毅。

周恩来没有向造反派妥协,他坚持对陈毅的批判要小会为主,以理服人,不许在会场悬挂"打倒"和"三反分子"标语。8、9两月外语学院和外交部的造反派先后组织八次批陈会。每有批判会,周恩来都竭力保护陈毅的安全。但造反派在"文革"小组的支持下,十分猖狂。8月26日在外交部举行的批判会遭到外语学院造反派的冲击,造反派冲入外交部院内,把陈毅的汽车轮胎放了气,包围办公大楼要揪陈毅。陈毅被困在外交部好几个小时。8月27日凌晨,已经连续工作18小时的周恩来严正警告造反派:"谁要在路上拦截陈毅同志的汽车,我马上挺身而出;你们今天要冲会场,我一定出席,并站大门口,让你们从我身上踏过去!"

林彪、"文革"小组耍尽阴谋,挑起事端,以激怒毛泽东,彻底铲除周恩来、陈毅。然而,算盘未能如意。毛泽东在王力"八·七"讲话①记录稿上批了五个字:"大大大毒草"!不久,猖獗不可一世的王力、关锋、戚本禹先后被捕,外交部展开了"批极左、抓坏人"的群众运动。1968年2月13日,外交部大字报栏上贴出了由91位司长、大使共同酝酿、起草的大字报:《揭露敌人,战而胜之——批判"打倒陈毅"的反动口号》。文章列举大量事实证明,陈毅是中国共产党忠诚坚定的战士!

因为91人大字报为陈毅说了公道话,"中央文革"立即抓住不放,斥之为"二月逆流"新反扑。昼夜之间"批极左、抓坏人"变成批判"形'左'实右",在司、局长和大使等干部中,大抓"反党阴谋集团"。

听到91位同志不断挨批斗的消息,陈毅百感交集,夜不安寝。他唯一能做的,就是鼓动同志们揭发自己,与自己划清界限,免受株连……

姚文元给"中央文革"发去的一份电报在无意中说了真话:"二月逆流"问题传达以后,上海的干部、工人和居民中,凡讨论这个问题的,总有为数不少的人痛哭流涕。有的提出质问:陈毅怎么可能反党?也有人说:

---

① 王力在1969年8月7日接见外交部造反派时的讲话,公开煽动"外交部可以夺权"。

如果陈毅真的反党，那就太可惜了。姚文元由此得出的结论是：陈毅在上海的流毒影响很深、很广，必须彻底戳穿画皮，暴露其反动灵魂。为此，上海市常委会编发铅印本《陈毅黑话录》散发社会。上海市委竟发函给陈毅，上海××万党员一致推举他作为右派代表参加"九大"。

陈毅投身革命40余年，是党内公认作自我批评最多、否定自己最多的领导人之一，但是，对于自己的革命坚定性，他从来没有怀疑和否定过。他坦荡地说："到底自己是'左派'还是右派，自己说了不算，造反派说了也不算，还是要历史来做结论！"

1969年4月，中共"九大"在北京召开。

陈毅是"九大"主席团成员。

在"九大"上，陈毅当选为中央委员、中共中央军事委员会副主席。

名单见诸报端，从张、姚严密控制下的上海市，有人以"上海无产阶级革命派"的署名，给陈毅发来了热情洋溢的贺信。这是人民的心声。

"事情最终会大白于天下"

自从中共八届十二中全会闭幕，陈毅的外交生涯就仿佛宣告结束了。除了受批判，无事可做。周恩来了解陈毅及其他受批判老同志的痛苦，经过周密思考，向毛泽东主席提出一项建议：让几位老帅和中央各部、各省、市、自治区一些被打倒靠边的老同志到工厂蹲点，搞些调查研究。蹲点调查的地点选择，周恩来是经过反复比较和苦心斟酌的：这些单位既要是自己力所能及，有把握保护这些老同志生命安全、身心健康的地方，又要不让大权在握的林彪、中央文革找借口再做文章。最后，他选定了已被"中央文革"划定为"斗批改"的样板单位——6厂2校。他在讨论会上说：到样板单位蹲点。有利接受"再教育"，提高革命觉悟。会后，他找来在6厂2校支左的中央警卫团领导干部，一一亲自交代，必须绝对保证这批老革命的安全，衣食住行都要尽量给以照顾。

陈毅从1969年2月初起，到北京市郊南口机车车辆修理厂蹲点。他住在工厂，参加工厂的劳动和班组会，每周给中央、毛泽东主席写一份调查报告，工作十分认真。

1969年3月，毛泽东指示陈毅、叶剑英、徐向前、聂荣臻四位老帅每星期召开一次国际形势座谈会。周恩来委托陈毅主持，对目前国际斗争问题，发表见解。此时，陈毅心中只有一个念头，中国外交必须有所作为。

1969年3月1日下午3时，陈毅、叶剑英、徐向前、聂荣臻先后步入紫光阁武成殿。从这天至10月18日，老帅们座谈了23次，给中央送上数次报告，对中国外交完成从上世纪60年代向70年代的转折和发展，作出了不可磨灭的贡献。

就在老帅形势座谈会上，陈毅最先向中央建议恢复中美大使级会谈，打开中美关系的冰冻状况。据做会议记录的熊向晖、姚广回忆，陈毅对他们说："在我们给中央的报告中，要把尽早恢复中美会谈，打开中美关系僵持局面，作为重要的一条内容写进去。"工作人员担心造反派再抓陈毅的"辫子"，打他"与资产阶级头目握手言欢"。陈毅毅然决然地说："我坚持我的看法，必须尽早恢复中美大使级谈判，打开中美关系。这个观点一定要报告给毛主席！"

同年12月，美国驻波兰大使奉尼克松总统之命，向中国驻波兰大使提出恢复中美大使级谈判的建议。周恩来报告后，毛泽东立即批准恢复华沙谈判。

1969年10月17日，陈毅接到请柬，出席在首都体育馆举行的体育表演晚会。董必武、朱德、叶剑英、邓子恢、陈云、李富春、张鼎丞等也出席了晚会。表演结束后，在休息室里周恩来总理宣布了中央决定：10月20日之前，在京老同志全部战备疏散：董必武、朱德去广东，陈云去江西，陈毅去开封，聂荣臻去邯郸，徐向前去石家庄……

徐向前考虑自己身体比陈毅强些，石家庄医疗条件较开封好，故向总理提出，自己去开封，让陈毅去石家庄。

陈毅到达石家庄后，仿佛革职为民。重要的中央文件看不到了，按照省革委会的安排，陈毅每周只有三个半天去铁路大厂参加工厂活动，其余时间，和妻子张茜一块学习马列著作和毛泽东选集。

陈毅是个喜爱到群众中去走动的人，现在想走动一次，需要报告省革委会批准，极不容易。他仅去西柏坡附近的平山县参观过一次，农民群众以玉米饼、地瓜酒热情款待，亲切真诚。

1970年7月，陈毅经常感到腹部隐痛并伴有腹泻。厂医给他开了几次止痛片，吃后无效，延至8月底，本想向中央报告回北京治疗，接通知立即上庐山，去参加中共九届二中全会。陈毅登机时万没料到，身体上的病痛尚未治疗，精神上又将遭受难以言状的沉重打击。

中共九届二中全会，后来被党史界恰当地称为第二次庐山会议，和1959年的第一次庐山会议一样，是中国共产党党内生活很不正常的会议。

这次会议的议题，是宪法、经济和战备，矛盾的焦点是在宪法的修改，焦点中的焦点，又只是中华人民共和国设不设国家主席。毛泽东多次表示不设国家主席并且自己不当国家主席。林彪却很想当国家主席而表面上竭力要拥护毛泽东当国家主席，企图以此使毛泽东表示一个"我不当你当吧"的旨意，就不但可以巩固自己"亲密战友和接班人"的地位，还能把江青、张春桥一伙的挑拨离间和投机钻营及时地堵回去。因为这时候，林彪、陈伯达和黄永胜、吴法宪、叶群、李作鹏、邱会作一帮与江青、康生、张春桥、姚文元、王洪文一帮，为了争夺"毛泽东以后"称君中国的地位，已经暗斗得十分激烈了。为了抢班夺权而密谋的宫廷政变早就在进行准备了。然而这些情况，只身离开北京已近一年的陈毅很不了解，他连普通的文件也难得看到。

陈毅到庐山后，被分配在华北组参加讨论。能避开华东组张春桥、姚文元等人的恶意纠缠、横蛮斥骂，陈毅倒也心安。虽然8月23日会议一开始，"大批判开路"，批判的矛头立即集中到陈毅等"二月逆流"的"黑司令"身上，陈毅还是很镇定，只听不开口。

8月23日，林彪作报告。报告内容更加充分地发挥了这位"副统帅"的特长，高度颂扬毛泽东的天才，万分热忱地恳请毛泽东担任国家主席。

8月24日晚，华北组按大会通知讨论林彪白天的报告，会议开始后，陈伯达、汪东兴走进会场。陈伯达异常激动，用他难懂的福建话，重复着一个骇人听闻的消息：有当权派在修改的宪法里否认毛主席的天才，有野心，搞阴谋。华北组的中央委员们反复询问，陈伯达则暗示此人是张春桥。于是，一些不明内情的中央委员愤怒批判这个当权派，同时也猛烈地围攻陈毅，责令这位"一贯反对毛主席的'二月逆流'黑司令"明确表态！

本来，陈毅对陈伯达的"义愤"不知内幕，不准备轻易表态，只想照例检查一下自己"文化大革命"初期的"错误"。然而指名道姓提出的质问是严厉的，不容回避。而且，对于张春桥这帮人，陈毅的鄙薄和警惕的程度可说更甚于对林彪。再怎么说，林彪毕竟打过一些好仗，出生入死，为革命立过功勋。你张春桥这些阴谋家算什么东西！

陈毅作了发言，大意是：据我所知，毛主席不愿当国家主席。如果他改变了初衷，愿意当国家主席，我赞成毛主席当国家主席。然后陈毅列举了大量历史事实，说明毛主席是天才，是"经过几十年锻炼出来的天才"，"群众中锻炼出来的"。"总之，天才这个解释，主要是从实践中经过锻炼，锻炼了人的才能。这样解释天才是对的。生而知之，天生之才，这是错误的，不符合马列主义，不符合毛泽东思想的。现在还有人出来否认毛主席天才，这个问题不简单。"

这一篇结合历史事实，力图用辩证法和唯物论观点来阐明问题，有理有据的发言，收进华北组第二期简报时，竟被"概括"成一句话：陈毅同志作了拥护陈伯达意见的发言。

华北组第二期简报，连同陈伯达的暗示，立即在其他各组传开了，对张春桥等人在"文化大革命"中的劣迹早已深恶痛绝的中央委员们纷纷给中央政治局写信，批判、声讨异常激烈。那一天，张春桥坐在华东组会场里，神情紧张、沮丧。面前的烟缸，塞满烟头。照他那副狼狈样，不清楚林彪和江青两个阴谋集团夺权真相的绝大多数中央委员，都感到从未有的痛快！凡是熟悉陈毅的老干部，都认为陈毅与他们是心灵相通的。

然而毛泽东对林彪，已经深怀疑忌了。林彪所审定的中国人民解放军是"毛主席缔造和领导的，林副主席直接指挥的"这种提法；还有"林副主席一号命令"等，都说明林彪在企图把军权"直接"控制在自己手里，而且已经部分地达到了目的。这就是十分危险的。而今，林彪又想进而取得行政大权，毛泽东立即察觉了林彪的用心。8月2日，分组讨论会暂停，收回了华北组第二号简报。毛泽东严厉地批评了陈伯达，并找林彪谈话。毛泽东对"天才"问题上纲很高，令人震惊。显然，一场运动中的运动又将开始——这就是继而全面开展的"批陈整风"，开始打击林彪集团。

张春桥恢复了镇定。一直"静观"的康生气势汹汹登台了。他煞有介事地宣称，庐山这场斗争是"二月逆流与八月红流合流"，是"二陈合流"。他采取移花接木，栽赃诬陷的卑劣手段，从背后捅陈毅一刀。

1971年夏天，陈毅与外交部副部长乔冠华住在同一医院，陈毅把庐山会议前后详情向乔冠华说了一遍，最后愤怒地说："现在有人宣传，说我讲了要跟陈伯达战斗在一起，团结在一起，胜利在一起，根本没有这个事，那是造谣！"

乔冠华建议陈毅找找毛主席，彻底澄清事实，陈毅从容地摇摇头，说："中国有句古话，'止谤莫如不言'。有许多事，你越去解释，越说不清楚。我现在不说，我相信事情最终会大白于天下！"

"……一直向前……战胜敌人"

中共九届二中全会临近结束时，陈毅、徐向前等几位老干部都曾向黄永胜提出：能否让他们回北京检查一下身体。黄永胜电话中一口回绝："哪里来的，回哪里去！"

张茜见丈夫身体日渐消瘦，腹痛加剧，心中着急，催陈毅连夜给周恩来写信，请求批准返京治病。周恩来接信立即复函同意。

1970年10月21日，陈毅和夫人张茜回到北京。此时，陈毅只有军委副主席的职务，当天便与解放军301总院联系。医院回电话：6病室没有床位，等准备好床位，再通知。直到26日才来了住院通知。其实，南楼6病室有5组空病房，只因黄永胜正在住院，听说陈毅要来住院，气哼哼地说了句："他来吧，我走！"医院负责人便不敢收治陈毅，一直拖到黄永胜出院。

住院难，诊治更难。

陈毅在6病室没住几天，又被搬到5病室。陈毅后来曾多次对妻子张茜说："我对301医院没有意见。"因为他凭直觉也判断出谁是制造冷遇的幕后总指挥。陈毅住院的第二天，李作鹏也住进了6病室。当晚，陈毅在走廊里散步，迎面遇上来看李作鹏的邱会作、吴法宪。第二天就被搬离6病室。

下面抄录的是陈毅入院的首页病历：

"陈毅，男，70岁，70—10—26入院。

主诉：头痛、头昏、高血压10余年，近两月加重。近两年多来体重下降20多公斤。要求住院治疗期间进行一次全面检查。"

年逾古稀，体重骤降，这本是患有肿瘤等严重疾病的重要体征，理应及时组织会诊，做到早期诊断，早期治疗。然而，陈毅住院后，医院某负责人专门对医生交代：陈毅主要是治疗高血压和一般查体。此外，又反复向医护人员"敲警钟"，他是"二月逆流"黑干将，你们思想上要划清界限，这是阶级立场问题！

56天过去了，陈毅病历上除了经治医生的病程记录和科、部主任的一般性查房记录外，没有一次各科会诊的记录。

相反，黄永胜因胃痛住院18天，医院某负责人亲自出面为他组织大小会诊16次，其中请著名专家会诊次数达7次之多。

这恐怕就是邱会作"医疗为政治服务"的最好注释。

医生奉命对张茜说："陈毅身体检查不出什么，可以出院。"1970年12月22日，陈毅出院了。当然，留在医院病历上的白纸黑字注明：病人自己要求出院。

1971年1月16日下午5时许，周恩来接到301医院报告：陈毅阑尾炎亚急性发作，需要立即做切除阑尾的手术。周恩来批准了，并派自己的保健医生卞志强陪张茜一起前往医院。

晚上6时15分,手术开始了。

刚过几分钟,手术室里突然慌乱起来。原来,腹腔打开后,医生们才发现:陈毅的阑尾是好的,真正的病因,是靠近肝曲外的结肠癌,并已有局部淋巴结转移,侵及附近肝脏。由于病发部位较高,只得将开阑尾的切口,向上延长为丁字形,尽目力所及,把已经转移的部分尽力切除干净。因为手术室根本没有做大手术的准备,手术只能做做停停,原先预定半小时的手术,整整做了5个多小时。

医院个别负责人担心周恩来查问,写了一份不足百字的"检查",承认重视不够,发生差错,以此搪塞周恩来。"检查"送请邱会作过目。邱会作冷冷一笑,说:"陈老总手术发现癌是好事,你们有什么错误?!陈老总要长瘤子,你能让他不长吗?!"说完在"检查"上批示:"暂不要写报告,以后需要写时,再研究。"

事后,邱会作不放心,又派老婆专门去找那个医院负责人谈话,不要上报检查,自找麻烦。直到陈毅逝世,医院负责人没有向中央,向周恩来交出一个字的检查。

周恩来听卞医生详细讲述了陈毅入院和手术情况,心里十分惦记。301医院是总后管辖的单位,他无法干预陈毅的具体治疗。他十分担心,夜不安寝,陡然想起致力镭放射研究几十年的老专家吴桓兴院长。请吴院长为陈毅门诊放疗,他热切期待奇迹在陈毅身上出现。

陈毅手术后两个月开始"放疗"。每周6次,剂量大小,时间长短,完全由吴院长根据陈毅的病情及对治疗的反应来控制。他工作得非常认真,每次要把镭放射点对得完全准确、十分满意后才进行治疗。

陈毅从来不询问自己的病情,每回治疗他总是亲热地与吴院长摆"龙门阵",绝对服从和配合治疗。他让吴桓兴叫自己陈毅、老陈,或者干脆叫老头。有一回,他问吴桓兴:"你为什么道理回到中国工作?"

吴桓兴激动地说出自己心里话:华侨是有爱祖国、爱家乡传统的。

"你现在想不想离开?"陈毅又坦率地问道。

吴桓兴完全信赖陈毅,他也直率地说出深藏心底的老实话:"挨骂的时候,就想走,真想走啊!"

陈毅沉重地点点头,他握着吴桓兴发颤冰凉的双手,真诚地道歉,并鼓励他说:"我们党的政策不是现在这个样子,不是要排挤知识分子,不是要排挤华侨的,你相信我陈毅一句话,党的知识分子政策是任何人篡改不了的！毁灭知识的人最终要受到历史的惩罚……"

吴桓兴被陈毅的真诚和信念深深打动了，他仿佛感到自己是被治疗的病人，而陈毅元帅，则是世间最高明的医生！

"五一"节的夜晚，天安门广场前礼花缤纷，灯火通明。城楼休息室里，毛泽东正会见各国外宾。

"主席，您看看，今天陈毅同志来了！"周恩来异常激动地招呼着。

"主席，您好！"身穿军装的陈毅笑容满面快步走到毛泽东面前，尊敬地行了军礼。

毛泽东兴奋地站起身，伸出大手握住陈毅的手，关切地询问他的健康情况。

在场的外宾都看清了，眼前这位面容消瘦的军人，正是近两年没有公开露面的陈毅外长。陈毅与外宾一一握手。西哈努克亲王双手紧紧捧着陈毅的手连声问候。翻译们个个喜形于色：陈老总身体很好，还能回外交部领导工作！

深夜两点，吴桓兴院长如约走进人民大会堂边厅，刚刚开完会的周恩来总理步履轻快地迎过来，没开口先绽出笑容："吴院长，我要报告你个好消息，陈老总吃烤鸭了，吃得好香！我甚至有这样想法，会不会是医生弄错了？陈老总恐怕不是癌症！有这种可能吗？"

吴桓兴被周恩来的动情言语，闪烁着希望的眼神深深感动了，可是，他是医生，不能向总理隐瞒真情："最近301医院给陈总拍了片子，怀疑已经有肺转移，不过陈总有毅力，适应性强，只要他有食欲，我一定尽力延长陈总的生命……我要让他亲眼看到中国加入联合国，会见访华的尼克松总统……"吴桓兴说不下去，老泪横流。

周恩来久久握住吴桓兴的双手，用力摇晃着说："谢谢您，吴老！"

蓝天无垠，碧海万顷，白帆点点，海鸥翩翩。一片金色平坦的沙滩上，撑着一把红白相间的太阳伞，伞下，暂时离开301医院来北戴河疗养的陈毅和朱德、聂荣臻三位元帅席地而坐，谈天说地，道古论今。一阵阵坦荡、豪放的笑声，被拂面的海风送出去很远很远，相比之下，这里没有人监视，没有冷眼恶语，几十年并肩战斗的经历，从哪里都能扯出话题。三位开国元勋每天结伴，欢声笑语从未间断。

周恩来专程到北戴河会见西哈努克亲王。晚饭后去看望陈毅，再三嘱咐：安心休养，四届人大就要召开了，希望他早日康复。

农历七月十三，是陈毅七十寿辰。陈毅挽着聂荣臻的胳膊，笑吟吟地说:"今年建军45年,我们参军45年,来,我们两个老战友、老朋友、老同乡又是老头子,一块合影留个纪念吧!"①

石阶下,两位元帅穿着一身普普通通的布军装,面对照相机,坦荡、庄重地笑着。

不多久,"九一三"事件发生,林彪、叶群等出逃,摔死在温都尔汗。在中央召集的老同志座谈会上,陈毅带着病痛两次作长篇发言,满腔义愤地将红军创建初期林彪的历史真实面目作了系统、全面的揭发!经过这次竭尽生命全力的搏斗,陈毅躺下了,从此再没下过床。

为了挽救陈毅的生命,保证治疗效果,周恩来亲自批示:将陈毅转到北京日坛医院,并亲笔批准日坛医院为陈毅作胃肠短路手术。

陈毅病重的消息在老同志中传开了。

周恩来走进陈毅病房,宽慰病人沉重的心。刘伯承被人搀扶着走进病房,他以手代眼,紧握了陈毅的手。朱德夫妇、聂荣臻夫妇、徐向前、李富春都来看望。王震经常逗留在陈毅床边,他怕陈毅寂寞,总是带着小孙女。乔冠华带来联合国遇到的老朋友的问候。叶剑英几乎每天来探望。李先念看罢陈毅退出病房时泪流满面。

1972年1月4日,陈毅体温略微下降,神志恢复清醒,他认出守在床边的妻子和四个孩子,嘴唇翕动着,女儿姗姗把耳朵贴近爸爸唇边,终于听清了:"……一直向前……战胜敌人……"这是陈毅留给妻子儿女唯一的遗言。

1972年1月6日深夜11时55分,陈毅永远停止了呼吸和心跳。

哭声骤然四起……

放下电话,望着桌上的政治局委员一一圈阅的文件,周恩来沉重地叹息一声。按照文件上所定的规格,陈毅的追悼会由军委出面组织,悼词连头带尾仅600字,简历还占去一半篇幅。

宋庆龄副主席、西哈努克亲王,以及许多民主人士都要求参加陈毅的追悼会。但是当时的由王、张、江、姚控制的政治局规定不允许,周恩来无权改动。

1月10日,中南海"游泳池"。午饭后,照例午睡的毛泽东突然缓缓坐

---

① 陈毅生日是阴历七月十三,而1971年的阴历七月十三是阳历的9月2日。实际上,他的生日应是1901年8月26日。

起身:"调车,我要去参加陈毅同志追悼会。"

"游泳池"打来的电话,驱散了周恩来的满脸阴云,他立即拨通中央办公厅的电话,声音洪亮有力:"凡是提出参加陈毅同志追悼会要求的,都能去参加。"周恩来的"大红旗"风驰电掣超过毛泽东专车。待毛泽东主席在八宝山下车时,周恩来已用电话调来报社、电台的记者、摄影师。

八宝山休息室里,毛泽东清泪两行,他握着张茜的手,话语格外缓重、沉痛:"我也来悼念陈毅同志,陈毅同志是一个好同志!"又对陈毅的孩子们说:"要努力奋斗哟!陈毅为中国革命、世界革命作出贡献,立了大功劳的,这已经作了结论了嘛!"

张茜搀扶着毛泽东走进会场。

在鲜红党旗覆盖下的陈毅骨灰盒前,毛泽东深深地三鞠躬。会场里呜咽之声骤然形成高潮,是为陈毅,也是为"文化大革命"以来蒙受屈辱的一切同志。

陈毅逝世的讣告向全国全世界公布了。在陈毅遗像前,毛泽东臂缠黑纱与张茜亲切握手的大幅照片刊登在《人民日报》头版。倾注深情和思念的唁电、唁函立刻从世界各个大洲和全国四面八方纷纷飞往北京。

张茜曾彻夜不眠,回忆整理出毛泽东主席在追悼会时的全部说话内容。

张茜被确诊为肺癌晚期,手术后,她毅然选择了自己生命的最后战斗岗位:把陈毅用鲜血和生命写成的大量诗词整理出来,是非功过,人民评说!

铅印本、油印本、复写本、抄写本,终于把陈毅那一首首用血与火凝练而成的诗章,在中国大地上传开了。张茜握着全国各地寄来的慰问信,苍白浮肿的脸上呈现出宽慰的笑容。1974年3月她默默地永远地闭上了眼睛!

陈毅的精神、张茜的微笑永远留驻在中国的大地上!

(《陈毅传》编写组)

实事求是　发扬民主
—— 罗荣桓同林彪的一次原则斗争

在军委常委会议上

1961年3月22日，罗荣桓回到北京。过了几天，《解放军报》总编辑李逸民带了和谷岩写的一篇关于他和贺龙元帅视察部队的新闻稿小样来到罗荣桓家里，请他审阅。

罗荣桓看了这篇报道的内容，第一段是讲搞好调查研究，第二段是讲学习毛主席著作。报道写道："对学员提学习要求要区别对象、区别水平，不要作一般化的要求，用一把尺子去要求。对于没有党史知识的学员，可以先讲点党史，以党史为线索去学习毛主席著作……"

这一段文字基本上是按照他在长沙政干校讲的原话整理的。罗荣桓又反复看了两遍，然后把稿子放到茶几上，沉思起来。

李逸民生怕这篇稿子因为提到他的名字而被他否定，心中有些忐忑不安。不料，这次罗荣桓却非常干脆，他沉吟了一会，然后拿起铅笔，在小样上只改了几个字，便交给李逸民，同意发表。

李逸民见状若有所悟，他联想起2月2日他调到报社不久，罗荣桓在报社副主编以上干部会议上的讲话中，特别强调学习毛主席著作要领会精神实质，不要断章取义。李逸民对此讲话印象很深，感到这一提法同林彪提出的背警句、"带着问题学"、"立竿见影"等等明显不一致。或许正因为这是一个原则问题，必须旗帜鲜明，罗主任这一次才破例同意发表这一篇提到他名字的报道吧。

3月28日，上述新闻稿在《解放军报》头版明显位置发表。

就在这时，罗荣桓接到了在哈尔滨军事工程学院学习的儿子罗东进的来信。在信中，罗东进向父亲汇报了自己学习毛主席著作的情况。同当时盛行的做法一样，他在信中也列数了自己读了哪些著作，并不尽适当地引用了毛主席有关的言论。罗东进还就如何进一步搞好毛主席著作学习这一问题向父亲请教。

罗东进这一封信向罗荣桓提供了一个重要的信息：林彪那一套把毛泽东思想庸俗化、教条化的主张，提出的时间虽然不长，但已经开始在部队起作用了。对此，罗荣桓不能不感到忧虑。于是，他打开墨盒，用毛笔郑重其事地给儿子写回信。他写这一封信既可以关照罗东进在学习毛主席著作时不要走偏方向，同时也可以起到把问题考虑得更为周到一些的作用。他由于有病，平时批阅文件都是用铅笔或开始流行的圆珠笔，用毛笔荒疏已久，写字时手有点抖。他写道：

东进：
　　你四月八日来信收到，你所提出的问题，我简略答复如下：
　　理论学习必须联系实际，因为理论是来自实践，而又去指导实践，再为实践所证实、所补充。如果理论离开实践，就会成为空谈，成为死的东西。学毛主席的著作，亦不要只满足一些现成的词句或条文，最要紧的是了解其实质与精神。
　　所谓带着问题去学毛主席著作，绝不能只是从书本上找现成的答案。历史是向前发展的，事物是多样性的。因此也就不可能要求前人给我们写成万应药方。

罗荣桓又看了一遍罗东进的信，在信中，东进还提到他和同学在一些问题的看法上有分歧。于是，罗荣桓又拿起笔写道：

　　你同同志们对问题的看法有些不一致，也是很自然的……因此，同志们互相交换意见，交换不同的看法，甚至必须经过争论，才会有可能取得一致。

在同学、同志之间交换不同看法甚至争论是很正常的，对林彪又何尝不可以这样做呢？

罗荣桓把信又从头到尾看了一遍。这封信的内容涉及树立理论联系实际的学风，关系到儿子的健康成长，非常要紧，然而他的字却不可能写得太工整，于是他又在信笺的右上角写了两行小字："字迹潦草，你仔细看。因我久不写字，手发抖。"

到4月下旬，传来了林彪视察部队的指示："解放军报应经常选登毛主席有关语录。"与此同时，罗荣桓接到通知，军委将于30日召开一次常委会议，其中有一项议程是讨论《合成军队战斗条例概则》（草案）。会前，罗荣桓审阅了这个草案，看到这份军事文件也套用了林彪"带着问题学"那几句话。他在这几句话下用铅笔画上了粗粗的一道，决定带病去出席会议。

4月30日上午，军委常委第二十六次会议在三座门俱乐部二楼第七会议室召开。出席这次会议的军委常委有林彪、贺龙、罗荣桓、叶剑英、罗瑞卿。列席的有刘亚楼、张爱萍、彭绍辉、梁必业、张令彬、周希汉、封永顺。

会议由林彪主持，前面几个议程很顺利地通过了，接下去讨论到《合成军队战斗条例概则》的草案时，林彪问大家还有什么意见。停了一会，罗荣桓发言："'带着问题学'毛选，这句话要考虑，这句话有毛病。"

林彪对这句发明权属于他的话佯作不知地问道："这句话在哪里呀？"

罗荣桓示意坐在他斜对面的总政副主任梁必业将"概则"的有关段落读了一遍。

林彪感到十分难堪，可又不便发作，便问道："那你说应该怎么学呀？"

罗荣桓坦率地说："应当是学习毛主席著作的精神实质。'带着问题学'这句话改掉为好。"

罗荣桓讲完后，林彪半晌不吭声。几分钟过去了，无人发言。林彪只好说："不好，就去掉嘛！"

罗荣桓接着说："还是去掉好。学习毛主席著作一定要从根本上学，融会贯通，要学习立场、观点、方法，紧密联系实际……"

"好吧，散会！"林彪没等罗荣桓说完，便打断了他的话，宣布散会，接着便站起身，拂袖而去。

与会者面对林彪的突然发作，都怔了。罗荣桓对于林彪如此粗暴无礼，非常生气。他尽力克制自己的怒气，手有点发抖地将文件装进公文包，然后步履沉重地离开了会议室……

回家以后，罗荣桓心情十分不好，他几天来一直思考这个问题。散步时还不时自言自语："讨论问题嘛，为什么这个样子！""难道学几条语录，就能把部队建设搞好？"林月琴问他是怎么回事，他又摇头不语。

5月1日，按照林彪的指示，《解放军报》开始在报眼刊登毛主席语录，要求内容与当天报纸版面相吻合，以便大家"活学活用"。为了完成这一任务，报社抽出专人每天查找语录。但有时把毛选从头翻到尾，也找不到合适的。语录一连登了几天后，就难以为继了。李逸民感到这是林副主席交代的任务，不选又不行，选又选不出，十分为难，便又去向罗荣桓请示。罗荣桓立即明确答复：办报纸主要是贯彻毛主席《对晋绥日报编辑人员的谈话》的精神，贯彻群众路线，坚持真理，要有生动、鲜明、尖锐、毫不吞吞吐吐的战斗风格。至于毛主席语录，找几条可以，找不到也可以。毛主席著作不可能对现在的什么事情都谈到。要学习精神实质，不能像和尚念经，敲破了木鱼，还不知道西天佛祖在哪里呢！

听罗荣桓这么一说，李逸民如释重负，高高兴兴地走了。但罗荣桓仍沉浸在思考之中。

对这一个重大原则问题，既然林彪听不进不同意见，那就只好向中央反映了。于是，罗荣桓拿起了电话机，要通了总书记邓小平的电话。

上年12月，刘少奇、邓小平率中共代表团出席八十一个共产党和工人党会议后从国外归来，当时罗荣桓身体很不好，但他不顾医护人员的劝阻，仍然去机场迎接。由于机场人很多，他只是同邓小平匆匆握了一下手便回来了。平日，他知道总书记日理万机，工作异常繁忙，不便去打扰，但现在已经同林彪在原则问题上发生了分歧，只好向他报告了。

邓小平接了电话后，感到罗荣桓所反映的问题十分重要，便拿到中共中央书记处会议上讨论。大家赞成罗荣桓的意见，此事给邓小平留下了深刻的印象。多年后的1975年，他从江西返回北京，住在招待所里，便约见了林月琴和她的三个孩子。经过九年动乱，孩子们见到这位罗荣桓的挚友，历尽磨难依然健壮的邓叔叔，都含着热泪。邓小平满怀感情地对罗东进等说："要记住你们的爸爸，他是真正维护毛泽东思想的，他反对'活学活用'完全正确，我和他的观点是一样的。"1975年9月，邓小平在农村工作座谈会上回忆道："林彪把毛泽东思想庸俗化的那套做法，罗荣桓同志首先表示不同意，说学习毛主席著作要学精神实质。当时书记处讨论，赞成罗荣桓同志的这个意见。"①

1977年5月，在需要端正党的思想路线的关键时刻，邓小平又提起这件事。他说："两个'凡是'不行"，"毛泽东思想是个思想体系。我和罗荣桓同志曾经同林彪作过斗争，批评他把毛泽东思想庸俗化，而不是把毛泽

---

① 《邓小平文选》(1975—1982)，人民出版社1983年7月第1版，第33页。

东思想当作体系来看待。我们要高举旗帜,就是要学习和运用这个思想体系。"①

邓小平这几段话对1961年他和罗荣桓同林彪的这场斗争的意义作了恰如其分的历史评价。

林彪的报复

林彪自从4月30日怒气冲冲离开会场后,一直十分烦躁,他在算计要对罗荣桓进行报复。

一天,海军一位干部来到林彪住处向林汇报工作。此时,毛家湾林彪住宅正在修缮,林彪全家暂住在西郊新六所。林彪在起居室内接见。这间房子很大,但是只摆了几个沙发和一张写字台。窗户都挂了厚厚的窗帘。屋里既显得空荡荡,又显得阴森森。林彪埋坐在沙发里,眯着眼在听汇报。中间,罗瑞卿来到,林彪示意罗瑞卿在他旁边的一张沙发上就座。海军那位干部在汇报中说到罗帅在福建前线曾对部队指示,1961年工作的中心是"四抓一调查"时,林彪打断了他的话,大声说道:"什么四抓一调查!这种话哪年都不犯错误。但是,什么问题也不能解决。"

"四抓"就是抓思想、训练、作风和生活,这本是林彪自己所提"创造四好连队"的内容,"一调查"就是大兴调查研究之风,这是毛主席当时的号召。这究竟有什么错,会惹得他发这么大的火。他们哪里知道,这只是一个由头。果然,接下去林彪就咬牙切齿地说:"罗荣桓的思想可不对头呢!他躲着我,主张军队向地方开炮,这不是反党吗?"

听到林彪给罗荣桓扣"反党"的帽子,罗瑞卿等都以沉默表示不同意。

林彪见他们两人都不表态,突然转过脸来对着坐在他身旁的罗瑞卿说:"听说你也是这样主张,我就反对你们!"

风暴突如其来,罗瑞卿毫无思想准备。但是他看过总政给中央的报告,那根本与"开炮"风马牛不相及,便直截了当地回答:"我没有。"

林彪咄咄逼人地反问:"没有?怎么没有?有文件为证。"

罗瑞卿只好说:"要是查到我有此主张,我就承担责任。"

海军那位干部见此情景,因为不了解情况,也不便说什么,便起身告辞。林彪一面同他握手,一面说:"就照我刚才说的搞,别的都不要听,一

---

① 《邓小平文选》(1975—1982),人民出版社1983年7月第1版,第35—36页。

个新生事物，总是有人反对的。"

后来，罗瑞卿在"文化大革命"中因受林彪陷害被监禁，于1972年所写的揭发林彪的材料说："当时，我感到他对罗（荣桓）和我的意见大了，今天一棍子打两人，无非借题发挥，可究竟为什么，却摸不着头脑。"那么，林彪所说的"新生事物"究竟指什么呢？现在了解了事情的前因后果，可以想见，林彪的所谓"新生事物"就是指"带着问题学"那一套。而他之所以大发脾气，则是借题发挥，对4月30日的事情进行报复。

第二天一大早，林彪又给罗瑞卿打电话说，为了保护罗荣桓的健康，他昨天对罗荣桓的"批评"现在不要公开。他关照罗瑞卿不要向任何人讲。

所谓"为了保护罗荣桓的健康"，这显然是一个幌子。由于罗荣桓在党内有崇高的威信，林彪实际上是怕整罗荣桓非但不会得到毛泽东的批准，弄不好还可能搬起石头砸了自己的脚。果然，后来在1962年七千人大会①提出发扬党内民主之后，毛泽东曾两次表示，他并不赞成林彪禁止军队向地方反映意见的主张。

第一次是在1962年麦收之后。一天，罗瑞卿在上海参加一个会议，和杨得志、许世友、韩先楚一块儿聊天。大家都认为这一年的麦子长得很好，超过了前两年。许世友等一方面为农村形势的好转而感到高兴，一方面也对地方某些干部前几年大刮"共产风"、浮夸风、命令风，如今又太悲观的现象，有一些议论。由于林彪有不准对地方工作提意见的"禁令"，罗瑞卿便打招呼说："我同意你们的看法，但是这些事就在小范围议议算了，不要扩大。"事后罗瑞卿到杭州时向毛泽东谈起这件事，毛泽东立即指出："为什么不能议论？他们都是华东局委员，有的还是中央委员，他们有意见，你说，为什么不能提？我就不同意林彪的那个意见，说军队干部对地方干部有意见不能提。"

第二次是在1965年，罗荣桓业已逝世。毛泽东在武昌又讲了一次不赞成林彪这个意见。罗瑞卿按照林彪要他经常通气的要求，将毛泽东的原话的记录送给林彪看了。这又引起林彪的不快，从而成为促使当年年底林彪向罗瑞卿下毒手的原因之一。

林彪一面嘱咐罗瑞卿等不要"公开"他对罗荣桓的"批评"，一面继续攻击罗荣桓。他在同另一些干部谈话时，除了给罗荣桓扣上反党的帽子外，还说罗荣桓反对"带着问题学"就是反对毛主席。他也同样关照这些干部，

---

① 指1962年1月11日至2月7日，中共中央在北京举行的扩大的工作会议。

为了照顾罗的健康,不要告诉任何人云云。当时,罗荣桓病已很重。那些听到林彪攻击罗荣桓的干部自然不便于也不忍心向他提这件事。因此,罗荣桓直到去世也没有料到,林彪竟在他背后向他施放那样恶毒的暗箭。

由于罗荣桓挺身而出,首先反对了林彪把毛泽东神化,把毛泽东思想庸俗化、教条化的那一套,而由邓小平主持的中央书记处又明确表示支持罗荣桓的主张,林彪深知这将成为他夺取党和国家最高权力的极大障碍。因此,他对邓小平、罗荣桓便耿耿于怀、恨之入骨。到十年动乱开始的时候,邓小平遭到严重打击,罗荣桓尽管逝世已近三年,林彪对他仍不放过,而叶群在其间又起了特别恶劣的作用。"文化大革命"初期,她在策动大整贺龙夫妇、罗瑞卿夫妇的同时,也把毒手伸向罗荣桓的夫人林月琴。1966年8月25日,她让空军司令吴法宪带头给林月琴写了一张大字报,以林月琴喜欢钓鱼为由,给林扣上"意志颓废"的帽子。接着,林彪办公室支部贴出大字报表示支持吴的"革命行动"。

1966年12月,在叶群授意下,有些人在总参谋部的一个批判会上,无中生有地说林月琴组织了一个"寡妇集团"。接着,林月琴被软禁,她的弟弟、民航局的一位一般干部林宁被诬陷为特务而被迫害致死。

1967年2月14日,由叶群导演的这一幕闹剧发展到了最高潮。她亲自出台,在京西宾馆召开的总政治部一次会议上指名攻击罗荣桓"反党"、"反毛主席";并通过全军"文革小组"工作人员之口在向群众解答问题时,把罗荣桓和已被贬黜到福建的谭政并列为在总政工作做得较少、较差的主任。接着,罗荣桓长期领导的总政治部被林彪一伙打成了"阎王殿"而"彻底砸烂"。

时间是最公正的审判官,林彪一伙早已被钉上历史的耻辱柱,而罗荣桓的高风亮节,随着岁月的推移,越发显现其璀璨的光辉。人们在十年动乱中见识了林彪"万岁不离口,语录不离手,当面说好话,背后下毒手"的丑恶嘴脸之后,在经历了实践是检验真理的唯一标准的讨论,破除了两个"凡是"之后,便更加怀念罗荣桓这一位曾经挺身而出,同林彪进行原则斗争的先驱者。

实事求是,发扬民主

罗荣桓要肖华以总政名义向中央写报告,提出按组织系统反映对地方工作的意见,其基本精神是要发扬党的民主作风。他的建议虽然被林彪粗暴地否定了，但他仍然坚持这一基本精神。

1961年5月，全军管理教育工作会议在京召开，罗荣桓作了重要讲话，着重讲了机关、院校思想政治工作的一些问题。

同这次讲话可以称为姐妹篇的是这一年6月6日他在政治学院的一次座谈会上的讲话。两次讲话内容相近，而后一次讲话由于范围小，不拘形式，问题谈得更加深入。

罗荣桓这时注意到了机关、院校，同当时许多单位内民主生活不正常有密切关系。自从庐山会议错误地批判了彭德怀之后，各机关、院校也开展了"反右倾机会主义"的斗争，使用大鸣大放、大字报或小字报的方式，把一些实事求是反映农村情况、对"左"的东西提出批评和疑问的干部打成了"右倾机会主义分子"，这就使许多干部不敢讲话，心情不舒畅，严重削弱了党内的民主生活。针对这一情况，他这两次讲话的主题就是：实事求是，发扬民主，让人讲话。

当时，在干部中经常议论的话题主要是农村形势。有些人认为，农村形势不好，刮"五风"，中央也有责任。但有些干部则认为这种态度是"右倾"，有点像右派进攻。一扣这个帽子，大家便不敢说话了，但口服心不服，思想不通。针对这一情况，罗荣桓在讲话中明确指出：中央有没有责任？农村搞得那样，中央老早就承认有责任，没有登报就是了。① 中央搞了"十二条"还不行，又搞"六十条"② 就是承认有责任。中央并没有把责任都推到下面去，主要是中央负责。

罗荣桓这一实事求是的看法对于那些敢于讲真话的同志无疑是一个支持和解脱。

当时，中共中央在肯定"三面红旗"的前提下，正在逐步纠正"一平二调"、刮共产风等"左"的错误。对于这种纠正，罗荣桓积极拥护。他在这些讲话中，依据中共中央文件的精神，具体分析了"三面红旗"中存在的问题。

---

① 1960年11月28日，由毛泽东起草的中共中央对《甘肃省委关于贯彻中央紧急指示信的第四次报告》的批示中写道："毛泽东同志对这个报告看了两遍……他自己说，他是同一切愿意改正错误的同志同命运、共呼吸的。他说，他自己也曾犯了错误，一定要改正。"

② 指1961年3月，在中共中央工作会议上讨论和规定的《农村人民公社工作条例（草案）》。五六月间，中共中央在北京举行的工作会议上，又对此条例进行了修改，形成此条例的修正草案。1962年9月，在八届十中全会上通过了此条例的修正草案。

关于总路线，他在肯定"多快好省"口号的同时，又着重指出：问题是在执行中间只讲多快，不讲好省。在工业方面，战线拉得很长，只讲产值，不讲规格品种。在农业方面也是这样，比如兴修水利，只讲多修，不讲配套。

关于"大跃进"，他认为，许多指标过高了。"什么卫星田，一亩五万斤，就是那样吹起来了。"他说，大跃进要有个边，不能没有止境，不能不讲条件。

关于人民公社，他针对公社的"一大二公"指出："共产主义风格也要有一个边，不计报酬的劳动不对。""大肆宣传不计报酬的劳动，不促成平均主义、一平二调才有鬼呢！"

他认为，这几年许多干部之所以思想不通，除了在进行思想教育时没有实事求是地分析形势，讲清楚存在的问题以外，另一个原因就是思想斗争过火。在两次讲话中，他都具体分析了思想斗争过火的具体表现。

他首先讲了"大鸣大放大字报"。这是毛泽东在反右派时提倡的，称之为"大民主"。然而，历史，尤其是后来十年动乱的历史却证明，它非但不是什么民主，而且严重破坏了人民群众和革命队伍中的民主生活。当时罗荣桓还不可能提出废止"大民主"的问题，但是认为应该严格限制其使用的范围。他大声疾呼：进行思想教育动不动贴大字报就是受不了！他明确指出：在经常的思想工作中，在解决思想问题时，不能采用"大鸣大放大字报"的方式，应该搞得细致一点，和风细雨，细水长流。应该提倡在干部之间开展谈心活动。

他还分析了关于思想批判从严、组织处理从宽的问题。这是毛泽东提出的一个对待犯错误的同志的原则。然而，在当时"左"的思想影响下，不仅把坚持实事求是说成是"右倾"，而且还把"批判从严"搞成了打棍子、戴帽子和抓辫子。罗荣桓在政治学院十分沉重地说："过去打击面太大了，抓住一两句话就整人家。不出问题则已，一出问题就算总账，这样搞哪个人能受得了？因此伤了感情了。"罗荣桓认为，对批判从严有必要作正确解释。他说："所谓从严，不是一上来'连珠炮'一轰，弄得犯错误的同志晕头转向。对于思想错误要具体分析性质、根源，要看一个人的本质，不要把每一句话、每一个现象都罗列起来，不要采取围攻的形式，不要算总账。这样效果不好。"

在总政1961年1月25日的部务会议上，他还说："要很好地研究执行中央'处理从宽'的方针。这是一个很重要的方针。毛主席历来对犯错误的同志是这样做的。这是行之有效的方针，是毛主席建党思想的一部分。"他对有些干部不愿执行这一方针十分不满，告诫这些干部"要认真执行这一方针，不要把自己装得很'左'"。

1961年6月22日，罗荣桓在解放军党的监察委员会第三次会议的讲话中还提出："党的监察委员会不能只是执行纪律，而且还要维护民主。"他说，有些党的组织就听不得反面意见，只强调执行纪律，不强调有提意见的自由，这样就出现了党内民主生活不正常的现象。因此，必须维护党的民主。

他认为，对思想性质的问题不能压服。他说："你斗他，他不承认，结果形成僵局，再去压服，弄得思想问题总也不能解决。我们要与人为善，处理思想问题不能简单化。对于干部不要光看到他的缺点，也要看到他的优点。不要攻其一点，不及其余。现在有些干部心情不愉快，思想敞不开，与方法不好有关系。"

在政治和业务关系上同林彪的分歧

罗荣桓同林彪除了在学习毛主席著作这个党风和学风的根本问题上有原则分歧外，在政治和业务、红和专的关系上，观点也不一致。

1960年9月，林彪提出了"四个第一"，即"人的因素第一，政治工作第一，思想工作第一，活的思想第一"，把政治工作强调到了不适当的地位。

由于"四个第一"当时已为毛泽东所肯定，并被写进了1960年中共中央军委扩大会议《关于加强军队政治思想工作的决议》，所以罗荣桓只能尽力从好的方面来理解和解释，力求赋予这一提法以正确的含义，从而减轻其对军队建设的危害。

到1961年夏天，军委扩大会议决议的贯彻已经七八个月了。罗荣桓看了一些反映院校情况的文件，听取了姜思毅在西安电讯工程学院蹲点的情况汇报，感到当时各院校普遍存在的问题是只强调"红"而忽视、贬低"专"。这种贬低已经到了令人不能容忍的地步，罗荣桓称之为"仇视专"。其表现是"白专道路"、"单纯军事观点"、"单纯技术观点"的帽子满天飞，教学质量下降。在政治和业务的关系上，只强调政治挂帅而不提政治工作对业务的保证作用。政治工作中脱离实际的形式主义倾向和一般化的作风大大增长。

针对上述情况，罗荣桓提出，要很好地解释和领会1960年的军委扩大会议决议。如何解释和领会呢？他认为，关键是要运用毛主席的思想——实事求是的思想。

在1961年9月召开的全军院校教育工作会议和11月召开的全军政治工作会议上，罗荣桓在他所作的重要讲话中都做了这种重新解释的工作。

他怎样解释"四个第一"呢？他说："'军委扩大会议决议'上有'四个第一'，政治要与各种具体实践相结合，才有个第一嘛！不结合你怎么叫第一呢？""如果不把'四个第一'和具体实际相结合，光提第一，那当然不对。"

在政治和业务的关系上，他坚持政治工作要保证业务的完成。他说："……高等军事学院，是学指挥打仗的；军事工程学院，是学尖端技术的；通信学院也是学尖端技术的。教学目的很明确。政治工作首先要保证专业的学习。""我们部队的高级技术学校，培养专门人才，这是一个政治任务，学校政治工作要保证这个任务完成。"他赞成主管国防科技工作的聂荣臻提出的，科技部门的党支部起保证作用的提法。他说：在科技院校和单位中，支部的作用就是要保证教学方针的贯彻，保证科学研究项目的完成。

政治和业务的关系在科研和院校等知识分子集中的单位常表现为红与专的关系。

早在这一年8月，罗东进回家过暑假时，罗荣桓在和他谈话时，了解到在军事工程学院这所专门培养科技人才的学校中，学员们对红与专的问题认识就相当混乱，片面强调红，忽视专业学习。学校里还搞什么满堂红活动，各支部都做了一天读多少毛主席著作，多长时间通读一遍的计划，搞技术作业也要引两句毛主席的语录。可是认真说来，究竟什么是红，红又为了什么，这些青年人并不清楚。一天晚上，罗荣桓和罗东进以及他的几个同学一起谈起了红和专的问题。他对这些青年人说："你们这些人的责任是很大的，如果将来发生战争，就得要你们拿出东西来。你们这些人的政治任务就是要专，要使自己成为社会主义的专家。红不是空洞的东西，而是要落实到实际工作和斗争中去，对你们学习国防科学技术的人来说，就是要落实到专业上。谁要是真正的红，谁就应当成为一个真正的又红又专的专家，为我国的国防工业作出一些贡献。我们现在非常缺乏专家，我们有许多现代化的企业没有搞好，或是搞坏了，其中一个原因就是缺少专家，缺少科学知识。"他再三鼓励青年们，一定要下决心努力把专业学好。

在全军院校教育工作会议上，他又着重分析了红与专的关系。他说：

"红，主要是一个方向问题。红要带领专，要保证专的实现，要帮助专，实现专的要求。一切政治工作离不开这个目的，不应当只强调红，不强调专。红与专不能脱节。专业技术院校如果不用更多的时间学专业技术，就专不了。不专，红是空红。"在讨论总政草拟的《院校政治教育方案》时，他当场指示：在方案上加一句："'红'要落实到'专'。"他又要求负责文字修改的姜思毅将加了这一句话的段落读给他听。

他针对一些人丢下专业下农村的现象说："军事工程学院是搞尖端技术的，不要天天叫那些青年学生下农村嘛！……主要还是搞你那个尖端，落实在那个尖端学习上。"他还批评了有些院校丢下专业，光学毛选的偏向。他说："毛选一般都要学……，但要区别不同对象，提出不同要求。……有些高等院校，不搞他的专业，甚至像聂总讲的，有些人不敢看专业书了，那就很不好了。"

在红与专的关系上反映出来的另一个问题就是对待知识分子的态度。在院校教育工作会议上有些同志提出，现在在军队院校的科学研究机关的知识分子是不是资产阶级知识分子？有的人认为只有工农出身的，我们自己培养的才能算革命知识分子。罗荣桓明确回答，应该一律称为革命知识分子。他说："这些人都是经过挑选的，他已经跟着党走了，已经参了军搞尖端，有什么理由还要讲他是资产阶级知识分子呢？"

对"四个第一"中所谓"抓活思想"的问题，罗荣桓也有另一种解释。他说：现在，在有些院校就事论事抓表面现象，甚至抓鸡毛蒜皮，好像抓活思想就排斥了基本理论学习，这也是不对的。抓活思想并不排斥书本知识，尤其是院校，是要多读书的。有的院校提出，强调读书恐怕要回到老路上去。我看，教员就是应该多读点书。

当时，林彪还提出了个"抓两头"，但实际上却只强调上头，叫做上头开方，下头吃药；上头发令，下头就"闻风而动"。对此，罗荣桓很不赞成。他说："关于抓两头，现在有的只抓一头，抓高头。高头是要抓的……问题是怎么结合。抓高头的东西要指导实践，同时，在实践中对高头的东西提出补充……这是很自然的道理。如果只抓上头的，那就是硬搬硬套，消化不了，就要害肠胃病。"他认为，对"闻风而动"也应当很好作解释。他说："闻风而动不是要你去乱动，而应当是对上面的决定全面领会，结合具体情况，采取有力措施去贯彻。"

林彪强调上面开方，忽视下面的实际，只抓共性的东西，必然导致政治工作一般化、大呼隆的现象，罗荣桓对此作了尖锐的批评。他认为，在院校和科研单位不能把部队的一套工作方法统统搬去。他说"你把老教授也拉去开革命军人委员会,那方法是不适当的。""现在科研部门政治干部的工作方法要来个改变,要适应这种工作对象,适应整个院校教学工作的需要。不要瞎指挥,不要不懂装懂。那些尖端部门的技术问题,就是要尊重专家,向专家学习。"

罗荣桓还认为,即使在连队,也不能运用一般化的工作方法。他指出:几年来,学生入伍的比重越来越大,在连队管理方面却出现了新问题,这就是缺乏管这些有一定文化水平的士兵的经验。他说:据说有个别连队把人家新兵带的书、提琴都收了。他们想,到部队像进学校一样,所以带来许多学习的东西,一来你就把它收了,那怎么行呢?他说,对这些有文化的战士,"不仅是不能封锁,还要开放,要适应他们的要求。比如读书就应该满足,当然要有选择,不要统统去看爱情小说"。

对于这些有文化的学生兵,罗荣桓寄予殷切的希望。他满怀热情地预见道:"他们经过士兵生活的锻炼,又有文化,恐怕我们大部分连排干部和高等军事技术学校的学生要从这些人中培养出来。这是很好的现象,不要怕麻烦。"由于分歧日益扩大,林彪对罗荣桓越来越不满了。他终于恶狠狠地说:"什么林(彪)罗(荣桓),林罗要分开,林罗从来不是一起的。"

到了1963年,新华社要发表人民解放军领导人的名单。罗瑞卿和肖华都主张公布罗荣桓的任命,林彪仍然不同意。罗荣桓知道后,感慨地说:"看来我这个总政治部主任还是不合法的。"

对于林彪的欺侮,罗荣桓为了党的团结,可以忍耐,可以委曲求全,但是同林彪的原则分歧,却是不能调和的。这正是林彪三番两次打击罗荣桓,直到罗荣桓逝世后仍不放过他的原因。

(《罗荣桓传》编写组)

林彪诬陷　名将冤死
——徐海东长天"虎"啸

徐海东,1900年6月17日出生在湖北省黄陂县夏店区综家桥村(今属大悟县）一个窑工家庭。祖上六代是烧制陶器的手工业工人。他12岁当窑工，从小受剥削和压迫，怀有强烈的阶级仇恨和反抗精神。1925年黄陂县成立了农民协会。同年4月8日，他参加了中国共产党，用挑水挣来的钱交了第一次党费。不久，党派他到军阀刘佐龙部队学习军事技术，半年后，升任中士班长。1926年7月，参加了广东国民革命军，升任代理排长。在汀泗桥战役中，他率部歼灭敌人四个炮兵连，缴获12门大炮，受到通令嘉奖，晋升为少尉排长。1927年"四一二"反革命政变后，离开部队返回家乡，任黄陂县河口区农民自卫军队长。"八七"会议后，在窑工中秘密发展党员，建立窑工支部。同年11月，率农民自卫队支援黄麻起义。起义失败后，任黄陂县游击大队分队长。1928年秋，任黄陂县委常委、军事部长兼夏区区委书记。1929年初，领导夏区"年关暴动"。暴动失败后，于年底任鄂豫地区第五教导队党代表兼队长。1930年4月，任黄陂县赤卫队大队长，5月任鄂东暴动委员会西南总指挥。1931年初，任鄂东警卫二团团长，后改编为红四军十三师三十八团任团长。在鄂豫皖红军第三次反"围剿"中，他任红军第四军十二师三十六团团长。因英勇善战，被敌人称为"徐老虎"。1932年5月，任红四方面军独立四师师长。7月任红九军二十七师师长。9月任鄂豫皖工作委员会委员。10月与英山独立团会合，任东路游击师副司令兼师长。1933年2月，任红二十五军副军长兼七十四师师长。10月，任红二十八军军长，补选为鄂豫皖省委委员。在保卫鄂豫皖苏区的斗争中，他率部打了多次胜仗。红二十八军扩大到3000多人，皖西北苏区扩大一倍。1934年4月，红二十八军与红二十五军会师，合编为红二十五军任军长，他先后指挥了长岭岗，斛山寨战役，歼敌近万人，蒋介石下令："击毙徐海东，赏洋十万。"国民党反动派杀害了徐海东家族共66人。1934年11月，红二十五军奉命以中国工农红军北上抗日第二先遣队名义，北上长征，程子华任军长，吴焕先任政委，徐海东改任副军长。1935年初，部队到达蓝田、商县等五县边区，建立革命政权，创建了鄂豫陕根据地。部队由2900多人扩展到3700多人。4月，他被选为鄂豫陕省委委员。1935年7月，鄂豫陕省委召开紧急会议，决定红二十五军西进甘肃，配合中央红军北上。在西进途中，吴焕先不幸牺牲，8月徐海东代理鄂豫陕省委书记，红二十五军政委。9月任红二十五军军长，1935年9月18日，红二十五军到达陕北苏区，与刘志丹的红二十六、红二十七军会师，合编为红十五军团，任军团长，粉碎了蒋介石对陕甘根据地第三次"围剿"，取得了劳山、榆林桥两次战役胜利，有力配合了中央红军北上。中央红军到达陕北吴起镇，11月，毛主席、彭德怀到甘泉县红十五军团部，接见了徐海东和程子华，徐海东任西北革命军事委员会委员，11月下旬率红十五军团与中央红军并肩战斗，取得了直罗镇战役的伟大胜利，全歼敌一〇九师，击毙师长牛元峰。1936年2月，红一军团和十五军团组成中国人民抗日先锋队东征。他率红十五军团渡黄河，入山西，后奉命挥师北上，逼近太原，直取晋西北。5月奉命西征，配合左路军、迎接二、四方面军北上。10月8日，红军一、二、四方面军胜利会师。他奉党中央命令，对张国焘做争取工作。12月7日，任中央革命军事委员会委员。"西安事变"爆发后，奉命率红十五军团开赴商州，与张学良、杨虎城部队共同防御亲日派进攻。1937年2月，"西安事变"和平解决后，奉命率部队返甘肃整训。8月，任八路军一一五师三四四旅旅长。9月，率三四四旅参加了平型关战斗。10月，随朱德、彭德怀参加粉碎日寇九路围攻的战斗。12月，奉命和王震率部再次深入华北敌后开展山地游击战。1938年5月，指挥町店战斗，毙伤日寇近千人。8月，病倒在华北战场，后回延安休养。10月，列席了党的六届六中全会。会后进马列主义学院学习。1939年8月，跟随刘少奇赴华中，9月任新四军江北指挥部副总指挥兼第4支队司令员，转战在皖东，并任中共中央中原局委员。1940年1月，因劳累过度，旧病复发，病倒在皖东战场，从此，长期养病。1954年任中央人民革命军事委员会委员，第一届国防委员会委员。1955年9月，被授予中国人民解放军大将军衔，并授予一级"八一"勋章、"独立自由"勋章和"解放"勋章。1956年9月，当选为中共八届中央委员。

　　在长期的革命战争中，徐海东屡建战功，对武装夺取政权作出了杰出的贡献。他出生入死，九次负伤，留有17处疤痕。因积劳成疾，很早就离开领导岗位。毛泽东同志高度评价他是"对中国革命有大功的人"，邓小平同志称赞他"对党是一颗红心"。

　　对于革命大功臣徐海东同志，无产阶级的领袖们信任他，关怀他；人民群众和广大指战员尊敬他，爱戴他，而一些隐藏在党内的阴谋家、野心家却仇视他，欲将他置于死地而后快。

　　"文化大革命"一开始，林彪、"四人帮"就捏造种种莫须有的罪名，诬陷徐海东。他们射出的第一支黑箭是：诬陷徐海东写信"叫毛主席下台，交权给刘少奇"。事情的真相是：1966年5月22日，徐海东同志出于对党的事业的关心，按党的组织原则，给毛主席写信，提出三点建议：（一）中央领导权必须交给那些一贯忠于党、忠于毛主席的人，真正地达到主席所提出的革命接班人五个条件的人；（二）现趁主席、刘主席及其他首长都在，一定要把那些危险的"定时炸弹"给挖出来，以防后患无穷；（三）在党和主席直接培养教育下的老干部不宜换得过多，要他们将革命的光荣传统传给接班人。令人奇怪的是，1967年7月30日，在陈伯达、戚本禹的唆使下，造反派抄了徐海东同志的住地，抄走了这封信的底稿，"罪证"在握，他们反而不做声了，对外还矢口否认抄了徐海东同志的家。

林彪、"四人帮"向徐海东同志射来的第二支黑箭是：无中生有捏造说"徐海东与贺龙密谋'二月兵变'"。事情的经过是：1966年6月初，当时徐海东同志的秘书未经请示，亲自给贺龙打电话，将贺帅的国产红旗大轿车要来给徐海东乘坐。当秘书把徐海东叫醒后，告知他将贺帅的车要来的情况，徐海东听后十分生气，严厉批评秘书说："你为什么不请示就做，贺老总工作这么忙还要打搅他，今后做什么事必须要先报告。"既然贺帅的红旗轿车已来了，徐海东决定偕夫人、子女一起去看望贺帅。他们在贺帅家高兴地玩了近一小时后，就返回来了。于是，林彪、"四人帮"就说徐海东这次去贺帅家密谋"二月兵变"。后来，他们又造谣说，徐海东"支持刘震、成钧、张廷发、何廷一夺空军党委和吴法宪的权。"徐海东同志听后感到莫名其妙，他说："张廷发、何廷一同志我都不认识，我怎么当了他们的黑后台呢？"紧接着，罪名接踵而来，说徐海东把"黑手伸到全国全军"、"在大连召开黑会"、"夺总参和军兵种的权"……污蔑徐海东历史上是"张国焘的黑干将"、"彭黄的黑干将"、"刘少奇的黑干将"，还说徐海东"反对毛主席、反对毛泽东思想，反对毛主席的革命路线、破坏文化大革命"。

1967年"七二〇"事件后，林彪、"四人帮"采取了种种卑鄙的手段：他们监视徐海东同志的活动，停发文件，拆除电话，禁止他同外界来往，关起门来整徐海东，在肉体上对他折磨，在精神上予以摧残。他们竭尽造谣之能事，竟然说徐海东是"七二〇"事件的"黑后台"，公然抛出"打倒徐海东"的口号。他们惨无人道地搞"床前批斗"，几十个人围着卧病在床的徐海东大吵大闹，甚至用拳头顶着他的额头，硬叫他承认"一贯反党"的罪行，逼着他向毛主席请罪。徐海东生活不能自理，身边只有警卫员照顾。徐海东同志身边的工作人员对林彪、"四人帮"整徐海东首长不服，于是，就被办"学习班"。当这些同志坚持自己的看法时，他们就将工作人员乐广田、马贵锁、秦明范、吴世界四位同志及炊事员、管理员等全部调走或复员。后来，他们撤走了所有直接照顾徐海东同志的工作人员，徐海东的生活全靠家属照应。冬天，每天只供应四小时暖气，开始烧得烫手，让人热得受不了，然后，突然灌进冷水，使温度骤然下降。徐海东同志身患严重的心脏病、肺结核、哮喘、气管炎、肺气肿，百分之八十的肺失去了功能，承受不住这种折磨。家属只好买了七只火炉，来维持徐海东那虚弱的病躯最起码的温度需求。

徐海东同志自1962年大吐血后，一天24小时都离不开氧气。1968年3月21日，林彪的死党邱会作丧心病狂地下令，不准解放军总医院再供给徐海东一切药品和氧气。徐海东同志用个人工资买氧气，林彪一伙就冻结存款。徐海东的亲属向中央军委、总参、总后和"中央文革"反映这一紧急情况，请求"急速解决氧气"，林彪死党恶狠狠地说："假的！不理！"不得已，徐海东的亲属买了几个氧气袋，乘出租汽车到北京郊区九龙氧气厂去充氧气，用以维持徐海东的生命。久经风霜的徐海东同志得知这一情况，镇静自若。为了延长供氧时间，他让把氧气放到最低限度，因氧气供应不充足，徐海东呼吸急促，汗珠滚落，嘴唇、指甲变成青紫色，心绞痛发作。他的亲属心都快碎了。徐海东同志对这种情况实在想不通，他伤心地对亲属说："我们一直讲要救死扶伤，实行革命的人道主义，他们哪里还有什么人道主义呢？我连一个战俘都不如了。"在这种叫天天不应、呼地地不灵的情况下，亲属们想到了周总理。但徐海东一再说，不要去麻烦周总理。徐海东开始发烧了，无奈家里没有治疗用的药品，可是亲属们不能眼睁睁地让徐海东不明不白地死去。徐海东的长子徐文伯冒着被抓的危险，找到了王震同志，向他通报了父亲徐海东的断药、断氧的紧急情况。王震同志不避风险，火速将这一情况报告给周总理。1968年4月12日，周总理得知这一情况，就立即指示解放军总医院恢复对徐海东同志药品和氧气的供应，徐海东同志总算从危险中又一次被拯救过来。

大雪压青松，青松挺且直。面对林彪、"四人帮"的罪恶行径，徐海东同志进行了不屈不挠的斗争。1966年，林彪伙同江青、陈伯达等人恶毒攻击几位老帅，大反所谓"带枪的刘邓反动路线"。徐海东同志气愤地说："他们为什么对老帅们这么咬牙切齿！六届六中全会对陈伯达的审查是对的，我现在还怀疑他是特务。"徐海东同志爱憎分明，他对党的杰出领导人倍加尊敬，对广大干部极力保护。他经常说："没有党，没有毛主席，我不过是一个穷窑工。""周总理是我们学习的榜样。"在党的九届一中全会选举中央政治局委员时，"四人帮"的死党污蔑朱德同志和叶剑英同志，让徐海东不要选他俩。徐海东当场义正词严地驳斥了他们，坚决投了朱德、叶剑英同志的票。开会回来，徐海东同志说："从这个会上，可以看出两条路线，两种感情，斗争真复杂啊！"徐海东对彭德怀同志很尊重，他说："彭老总很能指挥作战,对党忠心耿耿,为人正派刚直,使用干部公道,功劳很大,值得我们学习。如有人反对他,我们就要抵制!""文化大革命"初期,周总理设法把湖北省负责人张体学同志接到北京,保护起来。徐海东通知张的小儿子到北京照顾父亲,并派车接张明鸣(张体学之子)到自己家去住。徐海东对张明鸣说:"湖北的工作,中央和毛主席过去是肯定的,造反派'炮轰湖北省委',江青说王任重是'CC特务',要打倒;张体学工农出身,参加红军时还是个小鬼,没有历史问题,也要打倒,而且老婆孩子都要跟着倒霉!他们今天打倒这个,明天打倒那个,我看好人都要被他们打光了!"徐海东眉头紧锁,脸涨得通红,越说越气愤,表达了自己义愤的心情。

患难见真情。据张体学同志回忆:张体学刚刚到北京,徐海东就打听到他的住所,把张接到自己家中,炖了两只肥母鸡,让他饱饱地吃了一顿。在饭桌上,徐海东让大儿子文伯每周六告诉厨师做好吃的,接张体学"打牙祭"。当天,徐海东同志和张体学同志谈了很长时间。他让张体学用"两分法"看待自己,既要肯定成绩,又要总结工作中的经验教训,对群众运动中的各种意见,要采取"有则改之,无则加勉"的态度。徐海东对张体学明确地说:"说你是'三反分子',我不同意!我们是劳苦人出身,没有共产党就没有我们的今天。我们跟党走了几十年,现在怎么会去反党、反人民、反社会主义呢?真的就是真的,假的就是假的,红的说不白,白的也说不红,要相信党、相信群众,会给我们做出正确的结论的。"这番话,对张体学同志是极大的安慰和鼓励。当徐海东了解到,张体学想找个孩子做伴,但又有顾虑时,徐海东说:"你就不用管了,我们想办法联系。"就这样,在徐海东的关心下,张明鸣来到父亲身边。在那个人人自危、谁都害怕"沾边"的年月,不仅是张体学父子成了徐海东家的常客,徐海东还热忱地关心、接待了许多无辜遭受林彪、江青一伙诬陷迫害的老干部。"文化大革命"中,许多"专案组"来找徐海东同志,要他证明某人是"反革命",某人是"假党员",都遭到徐海东的拒绝。每次出证,他总是按真实情况,实事求是地写证明材料,并对受打击迫害的老同志及家属子女给予力所能及的帮助。

徐海东同志对林彪一伙疾恶如仇。当他听说有人宣扬林彪是贫农家庭出身时,就气愤地说:"放屁!他家是恶霸地主家庭出身,我两次带人打进林家大湾,他家十多台织布机就是我们亲手分给穷人的,当了副主席也不能改变出身成分。出身不好,只要努力改造世界观,可以背叛本阶级变成革命者；出身好，不注意改造自己，也会变成反革命。"徐海东几次向毛主席、周总理写信反映情况，揭露林彪一伙的罪行。面对林彪、"四人帮"的政治迫害，徐海东同志不屈服，不动摇，他给孩子们讲战争年代的历史，教育他们振作精神，战胜困难。徐海东说："我要活下去，希望有一天能见到毛主席、周总理。一定会把问题搞清楚。"

毛主席、周总理、朱委员长等老一辈无产阶级革命家，对徐海东同志给予很大的信任和支持。当林彪公开抛出"打倒徐海东"的反动口号时，叶剑英托人传话："海东同志，我过去对你的看法怎么样，现在还是怎么样，不变！"在最困难的时候，王震同志冲破阻力去看望徐海东同志。王震同志斥责那些妄图搜集黑材料的人说："你们说徐海东是反革命，那我就是反革命！"正当林彪一伙加紧迫害徐海东的时候，毛主席亲自提名将徐海东同志作为党的"九大"代表和主席团成员。周总理极其高兴地向大会传达了毛主席的提议，代表们热烈鼓掌，有些老同志举双手赞成。徐海东同志接到他被选为"九大"代表和主席团成员的通知时，心情十分激动，不顾病躯，坚持要参加大会。他认为，这是一场尖锐的斗争，出席大会本身就是对阴谋者揭露和打击，因此，毅然决然地出席了大会。当徐海东同志坐着手推车来到会场时，周总理含泪走过来，亲自给他安排座位，亲手搬来茶几，痰盂放在他面前。正在主持开会的毛主席特地转过身来向他招手致意。徐海东同志感动得热泪盈眶。他说："事实证明，毛主席对我的看法是一贯的，明确的。我要坚信毛主席，坚信党中央。"

林彪、"四人帮"对徐海东的迫害暂时不能奏效，就迫害他的家人、亲属，从感情上折磨他。1969年1月，他们对徐海东的长子文伯进行"隔离审查"；又对其女儿徐红隔离，不准回家；大儿媳黄浦西也被"特殊照顾"送到河南总参"五七干校"。徐海东的两个孙女，只好由阿姨带回安徽农村。家里仅剩下徐海东同志和其夫人及病残的小儿子，一个好端端的革命家庭，被拆得四分五裂。

1969年，党的九大以后，林彪一伙仍然背着毛主席、党中央，继续迫害徐海东同志，他们说徐海东是"敌我矛盾，按人民内部矛盾处理，是给出路"。徐海东同志为了党和人民的利益，作出豁出去的准备。1969年国庆二十周年，徐海东同志想在天安门城楼上见到毛主席时，把他对林彪一伙的看法当面揭出来。但是，林彪一伙扣了徐海东同志登上天安门的请柬，剥夺了他见毛主席的机会。徐海东同志虽身受高压，但仍反复教育全家要坚定必胜的信念。他说："我相信总有一天，这些野心家，阴谋家们会暴露出来，肯定长不了，过去革命战争年代遇到的困难比现在大都战胜了。要相信我们党会战胜他们的！党和人民了解我，毛主席、周总理了解我，知道我徐海东是个什么人。我对党对人民问心无愧，我不怕半夜鬼叫门。但是，我身体不好，这一天恐怕看不到了，你们是能看到的，你们要永远跟着党，跟着毛主席的革命路线走……"

1969年10月25日，林彪下达了"一号命令"，林彪一伙以"战备疏散"为名，强迫徐海东同志离开北京到郑州干休所，林彪授意其在河南的死党"将徐海东置于死地"。那个死党就对徐海东同志采取了断氧、断药、不治疗、不护理等手段，他们让徐海东同志住在寒冷潮湿、多年没人住过的房子，一烧暖气灌了满地水，使徐海东患了重感冒，引起了肺炎，经一五三医院的李大夫积极抢救，病情稍有好转，他们又把李大夫调回，把护士撤走。在郑州，他们连粮、油、蔬菜都不供应。同住的一名老红军帮助买了50斤萝卜，竟被扣上"同徐海东划不清界限"的罪名受到批斗。徐海东同志的夫人让长子从北京把家里的油、米、挂面运到郑州，在送东西途中，林彪死党刘丰派人去火车上抓徐文伯，幸亏徐文伯在车上及时发现了情况，才免遭逮捕，终于把急需的东西送到了郑州。随同徐海东同志来到郑州的秘书，实为监视徐海东的。那位秘书警告徐海东夫人说，如果文伯来郑州就要抓起来。因此，徐海东父子没能相见。在郑州，这伙人不给药品，连常服的酵母片也不给。徐文伯给在江西的王震同志写信报告这一情况，王震同志极为关心徐海东，马上寄来急用药品，结果被在江西的林彪死党扣了。韩先楚同志得知徐海东没有药用，以警卫员的名义，寄来了药品。徐文伯到武汉去找张体学、韩东山同志，请他们帮助给徐海东买药。林彪的死党刘丰造谣说，徐海东在郑州要吃进口药，要吃九斤以上的老母鸡等。在郑州，王新不准干休所同志与徐海东来往，并要这些老同志与徐海东划清界限，说徐海东是"敌我矛盾按人民内部矛盾处理"。

后来，徐海东同志由肺炎发展成肺脓肿。亲属要求从北京派医生来会诊，遭到拒绝。亲属又要求在郑州请医生会诊，他们采取拖延战术，推脱找不到合适的抗菌素。直到徐海东临终前才来几个人会诊，郑州铁路医院一位女医生提出了正确的治疗意见，可是他们马上把这位女医生调走了。尤其令人发指的是，在徐海东同志生命垂危时，林彪一伙竟指使其死党，撤退了特护，不许会诊，不准抢救，致使他病情恶化。1970年3月25日，徐海东含恨逝世。徐海东同志在生命垂危之时，曾痛斥说："我是林彪害死的！"

1975年，叶剑英、邓小平同志不顾张春桥的反对，排除"四人帮"的干扰，给徐海东同志写了评语，肯定了徐海东同志对中国革命的重大贡献和忠于党、忠于人民的高贵品质，举行了骨灰移位仪式。1979年1月24日，党中央于北京为徐海东同志举行了平反昭雪追悼大会。中共中央副主席邓小平同志主持了追悼大会。

（杨万福　田林　润州）

九死一生　坚信革命
——陈赓历万险而志愈坚

1927年2月，陈赓从苏联学成归国，经上海首抵当时北伐军总司令部所在地——南昌。在那里，他发现蒋介石正把持第一、七军，企图包办一切，与中国共产党所支持的国民党左派及同情革命的第二、四、六军为迁都事争斗甚烈，便毫不犹豫地转赴武汉，接受北伐军第二军唐生智部特务营营长的任命，并兼负直接指挥武汉市的工人武装纠察队之责。

这个特务营共辖四个步兵连和一个重机枪连，成员多系安源工人，其中不少是共产党员或共青团员，武器装备也好。陈赓因当过唐生智之弟唐生明的连长，加上他历来重视统战工作，且有丰富的带兵经验，因而同上下层的关系都非常融洽。在他的领导下，特务营和工人武装纠察队，认真地执行着保卫武汉国民政府和中共中央安全的任务。

4月27日，中国共产党第五次全国代表大会在汉口市特务营驻地附近武昌第一小学召开，陈赓因工作之需被指派参加会议。这次历时15天的大会，虽未能在挽救当时的革命危机上作出突出的成就，然而对于陈赓个人生活来说，却有着意外的收获。

连他自己也未曾料到，那绚丽的赐予万事万物以魅力之爱情的光芒，竟突然地将他整个身心缭绕，他清醒地意识到，自己已经那么深沉而执著地爱上了王根英。这除了是由于她端庄、亭亭玉立的面貌和形体的吸引，更多的是对她美好的心灵和事业上成就的崇敬。

这个1906年出生于贫苦农民家庭的上海姑娘，九岁时就挑起生活的重担，在日商恒丰纱厂当了童工。痛苦的磨难和工人夜校的培养，使她迅速成长为上海工人运动中一株挺拔的劲松。由她首任书记的上海怡和纱厂团支部和领导的厂工会，一直保持着模范团支部和模范工会的称号。在周恩来等领导的上海第三次武装起义中，她英勇地带领妇女投入战斗。起义胜利后，她当选为新成立的中共上海特别市临时政府的人民委员。这次，她是作为"五大"的正式代表从上海来武汉出席会议的。

陈赓对于这人性中至洁至纯之爱的追求，完全像他对待事业一样，一旦认准了目标，就毫不犹豫地勇往直前。他将自己的倾慕之心迹，通过一封书信向王根英坦诚披露。毫无思想准备的王根英，可能是出于维护少女的尊严，为了惩戒陈赓的鲁莽，竟将那封信贴在墙上。

陈赓完全理解王根英的这种反应，因为按照习俗，他似乎应该找一个大姐做做媒介，他允许对方对自己独特的性格有一个适应的过程。于是他毫不动摇地又写了第二封。

法国著名诗人歌德说过："哪个青年男子不善钟情，哪个妙龄女郎不善怀春"。王根英平静的内心，终于被这位坚韧的追求者振动了，但她不想一开始就对自己的偶像随意地流露热情，她坚信真正的爱，绝不会在一两次冲击中就荡然消失，于是，她第二次将来信又贴在墙上。

陈赓从王根英表现的冷漠和恶作剧中，看到了她的独特，而这正是他所喜欢和追求的。于是他又送去了第三封。这种专注和坚毅，摧毁了王根英的层层设防，使两个已经撞击的灵魂，终于紧紧地互相拥抱。

中共党的"五大"之后，王根英又作为上海工人代表，出席5月20日召开的泛太平洋劳动大会，及6月19日召开的第四次全国劳动大会，并当选为中华全国总工会执行委员会女工部部长。这段短暂的停留，使这对初恋的情人加深了理解，促成了他们的结合。这种结合，没有花前月下的偎依，也没有林荫道上的甜言蜜语，但那基于对共同事业和相互崇高品德的眷恋，却使那幸福和充实感在他们内心深处洋溢常驻。这种结合，已经突破了单纯的人类本能的需要，而是心甘情愿地为革命去共同承受接踵而来的长期分离乃至灾难般袭击的痛苦考验。

这时的形势随着党内右倾投降主义的继续发展而日趋险恶。4月12日，蒋介石公开背叛孙中山的遗愿，在上海发动反革命政变后，紧接着夏斗寅、许克祥等反动军官，又在湖北、湖南叛乱。7月15日，武汉国民党政府首领汪精卫悍然举行"分共"会议，与蒋介石同流合污，疯狂屠杀共产党人和革命群众，连孙夫人宋庆龄的住宅也遭到搜查，彻底破坏了共产党人和孙中山苦心创建的国共合作局面，使由于合作才促成的轰轰烈烈的大革命遂告失败，全国顿陷于严重的白色恐怖之中。

陈赓奉命将特务营交给了唐生明，工人纠察队也被迫缴了械①，然后随同中共中央暂时由汉口移至武昌，负责保卫仍夜以继日孜孜不倦地进行安定情绪、筹款、疏散同志工作的周恩来。为了实施周恩来关于在南昌由叶挺部首先发起武装暴动，然后挥师广东的建议，约在7月20日，陈赓伴随周恩来秘密从武昌起程，25日辗转抵达南昌，荫蔽于时任国民党军朱培德部军官教导团团长兼南昌市公安局局长朱德的寓所。

7月27日，周恩来在南昌大旅社召开前敌委员会，成立了武装起义的总指挥部；28日，周恩来亲自找国民革命军第二十军军长贺龙谈话，向他传达了中共中央前敌委员会关于举行起义并任命他为起义军代理总指挥的决定；紧接着又力排中央代表张国焘的阻挠，具体部署了标志着中国共产党独立地领导武装斗争、创立中国工农红军之开端的暴动计划。在这些日子里，陈赓怀着崇敬和激动的心情，捍卫着这位继续高举斗争旗帜、呕心沥血的中共中央、中央军委的杰出领导人的安全。

8月1日凌晨二时，在周恩来的领导下，朱德的军官教导团，贺龙的独立第十五师，叶挺的第十一军第二十四师约三万余人开始行动，经三小时激战，消灭了反动军队六个团万余人，缴枪万余支，胜利地占领了南昌城，并立即在南昌《民国日报》上发布了由22名国民党中央委员署名的《中央委员宣言》，指斥了蒋汪等的叛变行为，重申坚持孙中山的三大政策，反对帝国主义、扫除新旧军阀、解决土地问题的奋斗纲领。同日上午，以共产党为主体并有国民党左派参加的联席会议，成立了临时政府革命委员会。陈赓被指派到委员会所属之政治保卫处同李立三一起，负责在市区肃清反革命分子。是日夜，又领导接收了江西省银行。

8月2日下午，南昌的工农商学兵各界群众五万余人集合，隆重举行革命委员会宣誓就职典礼，庆祝起义的胜利。革命委员会颁布了《"八一"革命宣传大纲》、《土地革命宣传大纲》及对蒋介石、汪精卫的通缉令。8月3日起，起义军便先后退出南昌向广东进发。陈赓被派到贺龙的第二十军第三师第六团任团长。

---

① 也有人回忆，枪械由陈赓藏匿并未上缴。

为了保证起义的突然性，广大下级军官和士兵，并不真正明了起义的意义。这时又要在炎天烈日之下进行长途行军，忍受饥渴、疲惫、疾病乃至死亡的折磨，不少人产生了怯懦心理，甚至提出"我们现在离开了党离开了政府又离开了政治领袖汪精卫，离开了军事领袖张发奎，我们将何所依据？"针对这种状况，周恩来、郭亮和贺龙在途中都讲了话，阐明了当时的形势和任务，激励十之八九出身于贫苦农民的下级军官和士兵，英勇地为解决土地问题去吃苦和牺牲。在广昌，第三师还召开了中共党代表大会，产生了以周逸群为书记的师党委会，陈赓当选为师党委委员，担负起加强部队政治思想工作的重任。由于党的工作的加强，使这支部队成为在冲破敌人阻击战斗中的中坚力量。

　　8月下旬，陈赓所在的第三师，作为先头部队经抚州、瑞金向会昌挺进。国民党钱大钧部已先期抵达会昌进行阻击。按照起义军的部署，由贺龙的二十军担任正面攻击，叶挺的十一军从右翼施行侧面包抄。由于对路程和时间上计算的误差，第三师于24日晨八时发起进攻后，与敌四个团激战至中午，包抄部队还没有赶到。此时，钱大钧部仍疯狂出击，而第三师的子弹已经告罄，无法继续支撑，只好作撤退计。

　　下午一时许，走在部队最后掩护撤退的陈赓，不幸左腿两处中弹，被打断了脚腕骨和膝盖处的筋，顿时无法行动。为了对付敌人的搜索，他忙脱掉身上的制服，顺山坡滚进一条野草丛生的田沟里。他一面把腿上还在流淌的鲜血抹在身上和脸上，一面总在想："我们的部队退了，敌人一来准定会死。想到自己年纪还轻，革命刚刚开始；又回想到自己从前的经历，想起所有一起革命的战友……"① 这时，搜索的敌人已经靠近，陈赓屏住呼吸，咬紧牙关，准备一死。但敌人在他身上踢了一脚，以为他真已经死了，便悻悻离去。他终于以自己的勇敢机智从九死中获得一生。

　　陈赓在那里又静静地躺了近三个小时，约在下午四时左右，叶挺率队赶来对钱大钧部进行反攻。这是一场较两次东征更为激烈的恶战。当双方在会昌城下进行肉搏时，因中下级军官多系黄埔同学，而且还是儿时的好友，只是由于政治观念不同，而疯狂地厮杀。他们边打边彼此叫着小名或诨名对骂：

　　"中共为什么要造反？"

---

　　① 陈赓：《从南昌到汕头》，载《星火燎原》选编之一第74页。

"你们为什么要做反革命的走狗？"

有的一面流着眼泪，一面毫不留情。

陈赓听到这些人叫马嘶的声音，心中不禁涌起一阵酸楚。他后来对张国焘谈起此事，很有感慨，他说："政治斗争是很残酷的，竟使许多老战友对杀起来。钱部那些黄埔同学，在战场上作战的那种坚决精神，是中了反革命的毒太深了，加之国共之间无法破除的成见，我们如果要获得胜利，专凭硬打还是不够的。"① 这种认识，奠定了他后来更加注重统战工作的思想基础。

过了不久，陈赓觉得又有人向自己逼近，他怕又是敌人，仍然装死不动，身上被狠狠地打了一枪托。又过了一阵，见没有动静，便睁眼偷看，发现他们颈上都挂有红带子。

"喂，同志！是自己人呀！"陈赓高兴地喊叫。

"是第三师的！"躲在附近草棵里的卢冬生②出来证明。

"你只穿着背心短裤，我们还以为你是敌人！"口气里透着对刚才那一枪托的歉意。

原来他们是叶挺部的搜索队，在弄清了陈赓的身份后，便将他抬进已被起义军占领的会昌城。在那里，陈赓与周恩来、叶挺、聂荣臻等重逢，倍感亲切和欣慰。

关于下一步的军事行动，原计划直下寻乌、梅县，然而会昌战役中四百多名伤员需要担架，而江西人手奇缺。据活动于长汀方面的部队报告，担架运输的征集在福建方面不成问题，而且可以将伤病员用木船顺韩江转往潮汕。于是决定折向长汀、上杭、大埔直趋潮汕。起义军在瑞金停留了两个星期，当千余在福建征集的大脚妇女运输队源源不断到达瑞金后，便全部越过赣闽边界向长汀地区进发。

陈赓因伤势很重，便坐船顺贡水前往长汀。未料刚一上船便遭国民党军突然反扑，船上中了许多子弹，情况非常危急。后幸得周士第率二十五师及时赶到，将对方击溃，解救陈赓等脱出险境并安抵长汀。

长汀城内有一所英国教会开办的福音医院。1925 年，当"五卅"爱国

---

① 张国焘：《我的回忆》第 2 册第 310 页。
② 原系陈赓家里的佣人，后被陈赓接出来参加革命，成为生死与共的战友。卢冬生 1928 年担任中共中央联系湘鄂西苏区的交通员。1929 年参加湘鄂西苏区红军，历任连、营、团、师长，八路军三五八旅旅长，东北松江军区司令员等职。

运动的浪涛冲击到这座山城时，医院里的英国人都被吓跑了，群众便公推傅连暲担任院长。当这位富有反帝爱国思想、年仅33岁的志士，从朋友口中得知南昌起义的消息后，就对这支革命武装给予了极大的关注。8月中旬，他听说起义部队在南下途中受到钱大钧部的追击，便立即邀请全城的医生以福音医院为中心，做好迎接起义军伤病员的准备，他还动员了许多教师和学生来担任护理工作。

这对起义军无疑是及时雨。那年的天气特别炎热，伤病员被辗转二百里送到长汀，许多人的伤口都化了脓，必须尽快手术。傅连暲带领仅有的两位外科医生焚膏继晷地承担起三百多名伤病员的手术和其他治疗活动。

陈赓被安排在福音医院附近的新安楼。由于失血过多，他的脸色已变得焦黄，身体非常虚弱。傅连暲每次揭开他的被单，看到他那肿得很粗、红得发亮的伤腿，总禁不住一阵心悸。但陈赓却闪动着那双炯炯有神的眼睛，以爽朗的谈话来接受痛苦的治疗。

"像这样一位年轻、勇敢、有才干的革命军官，他一生可以为劳苦大众做多少事啊！我，一个医生，有责任挽救他这一条伤腿。"① 傅连暲胸中涌起难以抑制的深情。

傅连暲决定采用"保守疗法"以避免截肢，他每天用"由素"为陈赓的伤腿消毒，并用夹板将腿部固定，同时，弄来新鲜牛奶让陈赓喝，以增强他的抵抗力。经这样持久而谨慎的医疗护理，陈赓那条极可能失去的左腿终于被保存下来了。这对于立志驰骋疆场的革命军人，简直如同获得再生般的重要。所以，陈赓对于这位他所遇到的第一个同情革命的医生，一直怀着最崇敬的心情。

未待伤口痊愈，陈赓便归队随军向东江挺进。因腿脚不便，他仍乘船沿韩江南下。由于水流湍急，水中礁石横亘，许多船都被撞翻。陈赓所乘坐的那条船也在水中触礁，幸因船夫经验丰富才免遭其难。到了大埔，根据陈赓的身体状况，组织上准备留他在那里休养，但他坚持随部队前进。9月23日，起义军占领潮州，第三师司令部进驻电报局，陈赓就住在电报局隔壁的韩文公庙小学里。

9月24日，起义军先头部队抵达汕头。陈赓未愈的伤腿，因经艰难跋涉病情加重，被送进汕头市日本人开办的博爱医院继续治疗。由于经常有

---

① 傅连暲：《南昌起义的伤员》，载《星火燎原》选编之一第81页。

战友前去探望，致使日本人知道他是一位军官，从而对他态度非常不好。

9月30日，由于广东军阀陈济棠、徐景堂、黄绍竑、钱大钧等部已从四面八方拥向汕头，起义军被迫撤离。行前，周恩来曾派人给陈赓和其他住院的同志送去款子，但因故未果，所以陈赓等对于部队撤离的事竟一无所知。

"你到畸卢总指挥部去看看。"几天没有人前来，陈赓预感到有什么情况，便吩咐卢冬生。

"国民党军队正在往城里开，街上已见不到挂红带子的起义部队。"卢冬生把一出门就看到的情况告诉陈赓。

过了一会儿，日本人就来下逐客令，要赶起义军伤员出院。

"伤势轻的同志都逃走了，你伤这样重，不能行动，怎么办呢？"卢冬生显得很着急。

"不要着急！"护士李小姐一面安慰他们，一面同一位打扫房屋的工人偷偷地把陈赓搬到工人住的房间里藏起来，然后又说："风声不好，你非走不行。现在先在这里住几天，等找到船马上送你走。"

10月初的一天上午，李小姐和那位工人将找到的小船从退潮后的泥地上一直推到医院对面的汕头旅馆门前，并护送陈赓到开往香港的轮船上。革命群众对革命军这样热爱和支持，使陈赓的心绪久久无法平静，他从这里深深地体验到力量的源泉，对革命必胜有了更坚强的信念。广东解放后，他多方打听过这两位恩人的下落，且一直为未能如愿而抱憾。

陈赓乘坐的这艘轮船，是起义军在汕头失败后，太古公司开往香港的第一艘。他们见船上有许多起义军，便于靠近香港时在船上挂出"这里有危险"的特殊讯号，要求岸上的巡捕来检查。腿脚灵便的见势都很快离船上岸，陈赓坐在卢冬生等抬着的椅子上，立即成了注意的目标。

"你是怎么负的伤，一定是汕头失败的共产党！"巡捕说。

"我是潮州人，在潮州电报局做事。仗打起来了，慌忙逃跑，跳楼跌伤的。"陈赓故意操着平时学来的广东话，虽说得不太好，但显然起了作用。

"电报局在什么地方？"有个巡捕进一步考问。

"在韩文公庙隔壁！"陈赓因在那里住过，对答如流。

巡捕见无懈可击，只好放他过去。

上岸之后，他们已找不到一个熟人，更无处栖身，只得流落街头。但他们刚在马路边坐下，便遭巡捕用木棍殴打驱赶。到医院去挂号，人家发现是打仗受的伤,也断然拒之门外。实在无奈,陈赓便让卢冬生背他到厕所去坐坐。但休息下来,顿觉饥肠辘辘。

"要是能叫客西餐来吃多好!"陈赓看着不远的西餐馆,同卢冬生开玩笑。

老实的卢冬生真的跑去叫了一客西餐。当送饭的伙计发现吃饭的人竟在厕所,不仅饭没有给吃,反把他们狠狠骂了一顿。

"我们还是去上海找党吧!"陈赓数着还剩下的20块钱对卢冬生说。

"一小时后就有去上海的船!"卢冬生打听回来说。一上汽艇,人家发现陈赓是打仗受的伤就百般刁难,他被他们敲去五块钱的竹杠。

到了轮船上又遇到了麻烦。人家说他有病,就是不卖给票。双方争执,引来很多人围观。正在为难,人群中走出一位穿工人装的男子,热情地帮他们买了船票,还找到一张行军床,同卢冬生一起把陈赓抬到货舱,然后嘱咐:"再有人问,就说不是传染病,腿是跌坏的,每顿还可以吃三碗饭。"

陈赓望着那位工人离去的背影,心中异常感动,他想:在这样艰难的时刻,革命军仍然到处受到群众的爱戴和拥护,这充分说明共产党的伟大和影响的深远。

轮船离开香港,首先要去汕头装货。陈赓刚从那里逃出虎口,现在又要折回去,心中难免很紧张。船刚靠岸,便见许多起义军拥上来,而且其中有第三师师长周逸群,陈赓真是喜出望外。他强抑内心的激动,用一张报纸遮住脸,默默地观看、等待。

不一会儿,周逸群挟着一张烂席子,偷偷摸摸地也找到货舱,见只有一个人在那里,便不管三七二十一,铺上席子倒头便睡。

"这报上的消息真灵通,周逸群还没有上船,报纸就登出来了。"陈赓忍不住同周逸群开了个玩笑。

周逸群猛然一惊,未动声色地听着,终于辨别出是陈赓的声音,两人一阵好笑后,便互诉离情。

"我被他们俘虏了,但没有认出我是周逸群,于是我逃了出来,多亏汕头一个慈善团体给我买了一张船票。"

两个在患难中相逢的战友,就在这样的亲切交谈中打发了旅途的时光而安抵上海。

1927年9月,中共临时中央即由汉口转到上海。

南昌起义失败后,中共临时中央政治局曾于10月12日发出《中央致广东省委函——关于叶贺军队失败后广东的工作及善后问题》的指示，并指派常委中分管组织部和秘书厅的李维汉，负责接待陆续化装前来的起义军将领。周恩来也辗转到来就任中央政治局委员主管军事和秘密工作后，此项任务即由他统筹安排。

陈赓一到上海，就被送进骨科医院治疗。

这所由曾留学英美的牛惠霖、牛惠森兄弟开办的医院，由于医术高超，在上海颇负盛名，是当时社会上层人物及"阔佬"们经常出入的场所。但牛氏二人是宋庆龄的表兄弟，一向同情革命，当他们了解到陈赓的身份后，治疗上特别热心，并把陈赓的情况告诉了宋庆龄。

陈赓在黄埔军校时，曾担任过孙中山的警卫，"孙中山先生出于对革命青年的关心和爱护，找陈赓谈过话，并且资助过陈赓从事革命活动"[1]，因而陈赓也就结识了宋庆龄。夫妇二人都很喜爱这位黄埔的高才生。孙逝世后，陈赓仍作为孙家的常客去拜望这位尊敬的国母。

这时，宋庆龄一听说陈赓在南昌起义中负了伤，立即亲赴医院探望。

"你们一定要把他的腿伤治好，并要以同样的态度对待其他起义的伤病员！"宋庆龄叮嘱牛氏兄弟。作为南昌起义时成立的国民党革命委员会主席团成员，她对所有起义将士都赋予极大的关心。陈赓的腿伤虽经两次治疗，但都很不彻底，又经两月余的艰难奔波，病情加重，骨节发生错位，按照常规当截肢无疑。由于陈赓坚决反对，牛氏兄弟想尽一切办法，终于为他保住了这条腿，使他获得重上沙场再奋战三十余年的机会。这对于陈赓，无疑是无比幸福的事情，他和牛氏兄弟因此结下了诚挚而深厚的革命情谊。

关于南昌起义这段曲折的历史，陈赓著有《从南昌到汕头》的专门回忆。他始终念念不忘那些曾在困境中给予他帮助的人们，所以他身边的许多工作人员都熟知这段往事，了解他准备在全国解放后一定要去看望他们的心愿。

（胥佩兰　郑鹏飞）

---

[1] 傅涯：《良师益友，革命情深》，载《宋庆龄纪念集》第195页。

无愧人民　无愧先烈
——王震在逆境中不忘抓生产

一　"我是革命的！"

"文化大革命"以前，由于长期工作的劳累，王震的身体状况很不好。

1961—1963年期间，医院给他做了两次肠胃手术。手术后，尽管身体很虚弱，但他仍坚持工作在第一线。1964年9月，中共中央批转了农垦部党组《关于党组扩大会议对几个主要问题讨论意见的报告》，并作了重要指示（即农垦"五条"）。王震正准备带领广大农垦战士，按照中央提出的"实行一业为主，农牧结合，多种经营"的方针，继续奋战，去开创农垦工作的新局面。不料，这时却接到了国务院主管农林口工作负责人的指示，说考虑到他的身体状况，责令他"离职休养"两年。在这种情况下，王震不得不离开工作岗位。此后，部长和党组书记职务由陈漫远代理。

1966年的二三月份，王震在广州养病。这个时期，罗瑞卿已遭到林彪等人的诬陷，处境艰难。王震历来不同意在党内斗争中采取整人的方式，因而对此有意见，曾经和当时同在广州的贺龙、叶剑英等老帅谈过。在广州时，王震对一场大的政治运动即将来临已经有所预感，有一种"大难临头"的感觉，但来得这么快、这么猛，却出乎他的意料。3月份以后，王震从广州回湖南继续养病。为时不久，一场"史无前例"的灾祸就从天而降了。

1966年5月，在北京举行的中共中央政治局扩大会议，标志着"文化大革命"的全面发动。这次会议通过"五一六通知"后，江青一伙开始到处煽风点火，报纸上展开了对中共北京市委的猛烈批判。阶级斗争的阴影笼罩着整个神州大地，撞击着每个人的心灵。这个月的下旬，王震曾短期从湖南回到北京。同许多老同志一样，他不能理解为什么要搞这样一场政治运动，因而以一种不安的心情注视着中央，注视着农垦部发生的变化。

6月17日,那位主管农林口工作的负责人来到农垦部看大字报,看完之后,在全体干部会议上作了三点"不满意"的讲话。他说:"看了你们的大字报,有三点不满意的地方。第一点不满意,看不到我的大字报。下次如果还没有我的大字报,我就不来了。第二点不满意,是没有你们部长的大字报。部长一点问题都没有吗?为什么不揭?你们那么怕,那么不勇敢还行?现在是革命时期,不是评功摆好,要舍得一身剐,敢把皇帝拉下马。第三点不满意,有人贴了王震部长一张大字报,马上有许多人写大字报进行反击,把人家一下子就压下去了,压制民主。"

6月19日,因主管农林口工作的负责人"批准"王震"继续休养",并叫代理部长前来"动员"催促,王震只得离京回湖南继续"养病"。就在他离开北京的第二天,农垦部便召开党组扩大会议,动员大家放手揭发王震。有人在会议上说:王震不在家,并不影响对他的揭发。现在背靠背,将来面对面。并说:现在部内可以放手批判王部长,可以出他的大字报。请大家放手批评。各局回去以后和大家讲一讲,必要时,还可以把王震叫回来。

从6月20日到8月1日,即中共八届十一中全会召开,在短短40天的时间内,农垦部接连召开了18次党组扩大会(平均两天就开一次),对王震采取"缺席审判",集中揭发他的所谓"反党罪行"。他们不仅自上而下地煽动群众反对王震,还几次三番将针对王震整理的所谓"四反"材料上报中央。

这些做法,在"文革"初期的国务院各部委当中是绝无仅有的。王震也因此而成为第一个遭到揭发批判的部长。

7月底,王震从湖南回北京参加八届十一中全会。由于在当时的条件下,问题不可能很快得到澄清,王震只好按捺住心头的怒火,于8月13日交给党组一封信,表示因身体不好,要求在家考虑问题。

但农垦部的一些人却并不就此罢休。8月18日,毛泽东首次接见红卫兵,王震也接到请柬,登上了天安门城楼。就在当天,在接见活动结束之后,有人便组织了二百多人去王震家。他们事先准备了一个牌子,上面写着"黑帮头子王震",进门之后,趁王震不备,一下子挂到他的脖子上,狂呼"打倒王震,砸烂王震独立王国"等口号。这时,王震心中聚积已久的怒火再也按捺不住了,针对造反派"打倒三反分子王震"的叫嚣,他愤怒地高喊:"我是革命的,是反对帝国主义、反对封建主义、反对官僚资本主义的!"同时高喊:"打倒真黑帮!""毛主席万岁!"并"噌"的一下,把牌子取下来摔到了地上!有一个煽动去王震家的人吓得大喊:"王震打人了!王震打人了!"这就是后来广为流传的"王震怒砸黑牌子"事件。

两天以后,8月20日,当"部文革"再一次组织人去王震家"声讨"时,王震余怒未消,他大义凛然地宣布:"我是革命的!我不能作为黑帮头子、反党分子去作检查!"

在这些动荡而压抑的日子里,王震的心情一直不能平静。为了党和人民的事业浴血奋战、出生入死几十年的老将军,在遭到别人强加罪名时,竟无处诉说自己的冤屈,竟无法用铁一般的事实去洗刷泼向自己的污水!

难道除了逆来顺受,竟别无他路了吗?!

经过再三考虑,王震决定用大字报进行回击。10月7日,他贴出了《我的第一张大字报》。在大字报中,王震斥责了某些人对他进行的诬陷和迫害。随后,从10月9日起,他又陆续贴出五张大字报。此时,正值各地大专院校的学生掀起"大串联",来农垦部的人很多,于是,王震的大字报被广为传抄。

"砸黑牌子"和贴大字报,这是在"文化大革命"的历史条件下,王震所能采取的迫不得已的抗争形式。这是一种在险恶条件下宁折不弯的抗争。对于众多遭到隔离、揪斗或被关起来的老干部来说,这是一种无声的鼓励,同时,也使他们看到了一点希望。

据说这两件事后来层层上报,反映到了毛泽东那里。毛泽东听了以后,说了两句话。第一句是:王胡子赤膊上阵了。第二句是:你们不要斗王震了,你斗他,他真会打人的。此外,据说毛泽东在其他场合还说过这样的话:王震这个人毛病不少,烧一烧是可以的,但这个人要保。他打仗是英雄,生产也是英雄,他不可能反对我。

许多同情和支持王震的人,听到这些话,心里都像一块石头落了地。

二 毛泽东说:"你是打不倒的!"

1966年8月18日下午,即发生所谓"王震怒砸黑牌子"事件的当天下午,李先念受周恩来总理委托来到农垦部,听取党组汇报。在会上,有人别有用心地问李先念:王震是不是黑帮?企图逼他表态。李先念回答:"我怎么下这个结论?你又怎么能够下这个结论呢?"汇报会后,李先念在全体干部大会上讲："王震同志的材料我看了。我过去对王震同志比较熟悉，也比较了解。在一起行过军，打过仗，在一起工作过。中央其他同志对他也是了解的。我回去以后向中央汇报，中央会全面考虑的。你们要相信中央。"

过了不到一个星期，8月24日凌晨，周恩来亲自在人民大会堂接见农垦部造反派的代表，就王震的问题做了一个多小时的讲话。周恩来明确指出："王震功大于过。王震从江西红军开始，到长征过草地，都是拥护毛主席的。从铁道兵到农垦部，也一直是跟着毛主席走的。""王震同志够不上黑帮。"要代表们回去做解释工作。在接见中，有人硬说王震问题严重，周恩来几次把他们顶了回去，并严厉批评说："难道王震同志比张国焘的问题还严重吗？"最后，周恩来郑重宣布："我讲的这些话是经中央政治局常委讨论、是毛主席决定的"。

这一次接见之后，农垦部很快就有一百多人贴出大字报，拥护周恩来关于王震的指示，打破了部里运动一边倒的局面。

可是，有人仍不甘心。他们频繁策划，一再提出要批斗王震，妄图向周恩来施加压力。9月18日晚，李先念再次召集农垦部有关人员开会，反复做说服工作，告诫他们应按最高指示办事，不要开会批斗王震。但部里有些人根本不听，仍顽固坚持要斗。

周恩来在得知这一情况后，为了保护王震，对批判会做了精心安排，明确指示：会议不许挂横标；王震同志作检查时，群众不喊口号，不插话；王震同志发言时可按讲稿念。

9月19日，批判会在政协礼堂召开。少数组织者抗拒周恩来总理的指示，仍在会场打出了"揭发批判王震反党言行大会"的横标。当李先念、谭震林、王震等领导人步入会场时，有人带头呼喊"打倒走资本主义的当权派"、"横扫一切牛鬼蛇神"等口号，把会场气氛搞得异常紧张。

在突如其来的形势变化下，王震不为所动。他走到台前，镇静地念完了检查稿，没有承认任何强加给他的所谓"罪行"。可是，由于有人操纵，其后在一些人的发言中，大部分称王震的问题是敌我矛盾，没有一人称王震为同志。批判会没有结束，李先念就愤而退场了。

批判会的第二天，即9月20日，总理办公室给农垦部打来电话，通知让王震去三〇一医院治病，总理还要找他谈话。于是，王震当天就住进了三〇一医院。但他住进去不久，造反派就跟踪而来，王震很快又离开了医院。

在"文革"初期最混乱的日子里,王震得到了毛泽东、周恩来、李先念等的关心和保护。但是,林彪、江青一伙却不放过他。戚本禹到农垦部煽动说:"王震过去有功,晚节不忠,一笔勾销!"1967年1月,江青在一次讲话中点名攻击王震和当时新疆军区生产建设兵团副政委张仲瀚,胡说什么"我藐视你那个小山头","张仲瀚是王震任用的花花公子"。正是在她的煽动下,农垦部的造反组织和新疆上访串联的造反派在三座门礼堂联合批斗了王震和张仲瀚,在社会上造成了很坏的影响。

1967年的"五一"节到了。这一年的"五一"节比较特殊,一些自"文化大革命"开始就遭到迫害、很久没有露面的老干部应邀上了天安门。王震也接到了请柬。毛泽东从大厅出来时,老远看见王震,喊了一声:"王胡子!我很久没有见到你了!"王震听到以后,迅速走上前去,毛泽东高兴地和他长时间握手。毛泽东用乡音很重的湖南话说:"王震,有人要打倒你,你是打不倒的,打不倒的嘛!老干部也不能都打倒。"同时对王震说:"对那些要打倒你的人要采取宽大态度,要宽大嘛!要实行宽大政策嘛!"王震说:"我遵照主席教导。"

第二天,许多红卫兵小报都登载了这条"最高指示"。

此后,周恩来为了保护王震,把他接进了中南海,让他和廖承志、谷牧、陈正人、余秋里等人住在一起。9月18日,总理办公室曾为此事通知农垦部:总理要王震同志住进中南海,任何群众组织不许到王震同志家里胡闹抄家。如果胡闹,北京卫戍区要干涉。住进中南海后,每星期六,王震都和身边仅剩的一个工作人员挤公共汽车回家。当时工作人员觉得不安全,常为他担心。王震对此却毫不在意。他感到忧虑的不是个人的安危,而是国家的前途以及众多处境艰难的老领导、老战友的安危。

王震和徐海东早在战争年代就结下了深厚的友情。多年来彼此关怀,常有往来。1967年夏天,武汉"七二〇"事件发生后,林彪、江青一伙要抓所谓的"军内一小撮",大街上贴满了"打倒徐海东"的标语,诬蔑徐海东是"七二〇"事件的黑后台。徐海东的处境非常困难。在这个关键时刻,王震不仅仗义执言,通过各种途径安慰徐海东,还对他的儿子徐文伯说:"你爸爸有什么事情尽管来找我,其他地方都不要去了。我不怕牵连,徐大哥的事情我要管到底。"

1968年3月,邱会作突然下令,卡断了对徐海东的氧气和药品的供应。徐海东在战争期间出生入死，患有许多严重疾病，肺部呼吸功能丧失了百分之八十，24小时都离不开氧气。危急之下，徐文伯想到了王震叔叔。他甩掉盯梢的人，找到王震。王震听完后果断地说："我一定想一切办法维持徐大哥的生命。"他冒着风险，马上把徐海东的情况报告给周恩来。周恩来得知后非常气愤，立即指示解放军总医院恢复氧气供应，徐海东这才得救了。

当时，许多老干部的处境都很艰难。但在闻知战友遇到危难时，他们总是不顾个人的安危，给予亲切的关注和支持。

心直口快、一身正气的陈毅元帅，与王震是无话不谈的老朋友。"文革"初期，一次在天安门城楼上，陈毅一见王震，就关切地对他说："有人说你多吃多占，你能占什么？有人说你没有跨进社会主义，我看你对社会主义无限忠诚！"后来，当陈毅听说造反派冲进王震家，企图给他戴黑牌子游街时，怒不可遏。他当着周恩来和其他一些老干部的面，一拳砸在桌上，吼道："简直无法无天了！"以后，在八届十二中全会前，陈毅在天安门城楼上见到王震时说："现在不要忙着检讨，谁是谁非还没有定哩！"

贺龙元帅在战争时期是王震的老上级。解放以后，两人虽然不在一起工作，但一直保持着亲密的关系。1966年9月的那一次批判会开过之后，王震憋了一肚子火。他找到了贺龙。作为老领导，贺龙对王震几十年南征北战立下的赫赫战功了如指掌，于是，在对王震进行安慰之后，鼓励他说："你应该讲一讲你的历史，让他们好好听一听！"

不久，林彪一伙对贺龙进行迫害，造反派曾到王震家进行调查。王震不顾个人安危，旁若无人地大讲贺老总的革命功绩，并且对他们说："贺龙同志是南昌起义的总指挥，是我军的创始人之一。国民党咒骂他是'土匪'，你们也这样骂，你们的立场站到国民党反动派一边了！"

王震越说越气，怒不可遏，忽然指名骂起林彪来了。他说："你做官，要升官，不要踏着别人的肩膀爬，不要牺牲革命同志的鲜血！"当时在场的大儿子王兵见此情形，非常着急，但又晓得他的脾气上来，不能劝说，越劝骂得越凶。家里电话都被拆除了，只剩门口一部电话。王兵跑到大门口，把听筒拿下来，再跑回来说："总理电话！"王震去接，听筒里根本没有声音，就问王兵："搞什么名堂？"王兵提醒他不要惹事，他才冷静下来。回到客厅里劝说这伙造反派："你们要实事求是，不要造谣，不要胡闹。你们把老一代革命家都说成'反革命',毛主席领导革命怎么还能取得胜利?中国革命推倒三座大山,靠的不正是我们这些老帅和将军们的革命忠心么?你们要多读毛主席的书,了解中国革命的历史。"

有一次,一个专案组的人来王震家"调查"朱总司令。开始他问朱德的情况,王震讲了朱德的历史,说他的水平高,对革命的贡献大,是拥护毛主席的。"朱总司令同我讲过,过去中央苏区朱毛之争,是我朱德的错误,毛泽东同志是正确的。"这个人出言不逊,说林彪讲朱德没当过一天总司令。王震一听就火了:"我们叫了一辈子总司令,这是假的?"他拿出《毛泽东选集》第四卷说:"你们看,题目上就有总司令,你们说不是总司令?"来人又问王震同朱德是什么关系?王震说:是革命关系,上下级关系。那人竟信口胡说:"朱德是个大军阀,我们知道你和他很要好,在延安的时候还和他一起照过相,你要好好揭发他……"王震一听,怒火冲天,"呼"的一声站了起来,拿起身边的拐杖,指着那个家伙就骂:"败类!我王震能跟朱总司令一起照相,那是我的光荣!你给我滚出去!"说着,就拿起拐杖,一步一步往前逼,那人一看势头不对,赶快溜了。

"文革"初期,许多领导干部的子女受到父母株连,处境艰难。王震知道后非常焦急。他曾通过各种方式对他们进行帮助,还让一些有家不能归的孩子住进自己的家里。在这些孩子们最困难的时候,王震伸出双手,把他们拉到了自己的身边,给他们以温暖和安慰,尽自己的力量去保护这些革命的后代。

在对敌斗争的战场上,王震是一条宁折不弯的硬汉;对于党内斗争,他有独立见解。他说,对敌人要坚决消灭,对革命同志却不能这样,要团结。他不赞成整人太多,不愿意伤害别人。反右派、反右倾时都是这样。在党内斗争中,他历来同情那些受了冤屈挨整的同志。例如,他先前的秘书因为出于正义感保王震,"文革"初期即被农垦部造反派打成了"五一六"分子。王震被下放当了两年平民后,周恩来要他重新工作时,需要再调一位秘书。有人向他推荐了好几位,其中有一位在共青团中央工作的干部比较合适,有不少长处,但在"文革"中曾被打成"现行反革命"。王震认识他的父母,不相信他会反党、反毛主席,当即拍板:"我就要这个'反革命'。"结果,共青团中央河南潢川五七干校对他的审查还没有最后结束时,组织部门就把他调任王震的秘书了。在历次政治运动当中,许多著名的文学家、艺术家在遭受不公平的对待时，王震都曾伸出援助的手，把他们保护下来了。这已是尽人皆知的事。"文化大革命"开始后，看见如此之多的老干部无端遭到打击和迫害，王震心如刀绞。在自己处境也很艰难的情况下，王震挺身而出，"保"了许多人。1968年10月13日至31日，王震参加八届十二中全会时，和徐向前在一个小组。林彪、江青一伙操纵在会上批判所谓"二月逆流"，向老帅们开火，气氛非常紧张。王震看不下去，就在会上说："你们在中央全会上搞武斗，我抗议！"有一位曾经和他共事过多年的老同志，在小组会上也跟着发言批判老帅，调子还很高。王震急了，生气地对他说："你别说了，你再说我就把你的事全给抖搂出来！"王震在"文革"中曾说服许多老同志不要相互攻击。他说：我们同志之间的争论都是工作问题，现在是搞敌我问题。对付那班家伙我们要团结起来，无须在会上相互"揭发"，免得让他们捕风捉影，指鹿为马，无限上纲，进行迫害。

1966年下半年以后，"文化大革命"进入批判资产阶级反动路线和全面夺权阶段。各地武斗升级，绝大多数党政领导干部都被揪斗、打倒、关进"牛棚"，或者靠边站；众多领导机关处于瘫痪状态；社会秩序混乱，生产急剧下降。面对这一切，王震感到无比焦灼和愤慨。

"文化大革命"初期，王震的心情一直很坏。在三〇一住院期间，他对家人说了一句意味深长的话："我不理解文化大革命！"这句话不仅反映了王震精神上的苦闷，更重要的，反映了他对党和国家前途的越来越深的忧虑。

三　下放江西的两年

1969年10月，因战备形势紧张，中央准备把一批老同志疏散到外地去。10月17日，在首都体育馆召开的会议上，宣布王震等一批老干部下放到江西。听完传达后，王震马上向周恩来总理提出了两个要求：第一，下去以后想到各处走一走，还要蹲点；第二，想带上王若飞烈士的遗孤王兴一同下去。总理很理解王震的要求，知道王震之所以提出带上王兴，是因为王兴唯一的亲人母亲李培芝正遭迫害，已经失去了自由。把王兴带在身边，可以保护这一革命的后代。总理当即同意了这两个要求。王震也因此获得下放期间可在湖南、湖北、江西、安徽四省考察农业的权力。

实际上，早在 1967 年 11 月，王震就给李先念副总理写信，表示自己"反复地痛定思痛，想了又想，恳请下放到工农群众中去，受基层革命群众和革命干部的教育"。信中还具体提出到海边或山区"一个公社生产队去长期安家落户"。

1969 年的国庆节，在天安门城楼参加国庆活动时，王震又向毛泽东、周恩来报告了他决心去江西插队落户、参加劳动的想法。毛泽东听完以后，沉吟了一下，对他说："你下去走一走，看一看，搞点调查研究、科学试验也好。"总理也表示同意，并关切地要王震"注意身体，量力而行，作点调查，听候调遣"。

就在体育馆会议的第二天，即 1969 年 10 月 18 日，王震便带着全家，加上王兴，乘上了南下的火车。与王震同行的还有陈云，他也被疏散到江西。

10 月 20 日，火车抵达南昌。王震在这里与陈云告别，转车去了抚州。陈云则被安排住在南昌郊区。几天后，王震又离开抚州，来到红星垦殖场蹲点，开始了他在"文化大革命"的严峻条件下，在江西度过的两年难忘的日子。

红星垦殖场是 20 世纪 50 年代后期兴办的国营农业企业。全国除新疆、东北、云南、海南四大军垦区外，江西省是国营垦殖场规模大、成效好的省份之一。可是，"文革"开始以后，江西的垦殖事业遭到了严重破坏，红星垦殖场自然也无法逃脱这场厄运。

王震来到红星垦殖场的那阵，正是极"左"思潮甚嚣尘上的时候。在这种思潮笼罩下的红星，也是一片步步语录牌、处处领袖像的"红海洋"。面对着场里经济亏空，物资紧缺，建生产用房无砖瓦，做渠道涵管无水泥的困境，王震尖锐地指出：这种形式主义的"表忠心"，实际上是对毛主席光辉形象的玷污，是对毛泽东思想的亵渎。他不顾自己处境的艰难，毅然劝说场里的干部、群众，把那些语录牌和"忠字牌"拆下来，作为建设生产用房的材料。

1969 年底，有一次，场里要召开生产汇报会。可一个场领导在通知王震时，却告诉他，上面布置在这个会上要分析阶级斗争新动向和研究造反派提出的要求。王震断然回答他："今天只谈生产，不讨论其他内容。请你通知中层干部和科技小组的同志都到总场汇报生产，谈谈困难。"停了一会儿又说："有人说我光抓生产，不抓革命，好，把那些造反派头头也都叫来。"

这次生产汇报会是王震来红星以后到会人数最多的一次。王震表情严肃地听完汇报后，沉重地说："我到各处转了转，看到一些事情很难受啊。生产不出粮食吃什么？吃红土？难道还要靠别人养活我们？"说到这里，他把茶杯往桌上重重地一放说："教师、学生、城市居民、全国老百姓一个人一年只有几尺布票，每个月的口粮不够吃，天天饿肚子，这样的生活能体现社会主义的优越性？"会场寂静无声。王震情绪激动，声调越来越高："大家要安下心来，农民种地，工人做工，教师教书，学生上课，一律不准胡来。从今天起，白天必须搞生产，总场办公室的人都下去包队，哪个游手好闲，我就对他不客气。"

这一番铿锵有力的讲话，使会场气氛顿时活跃起来了，大家无不欢欣鼓舞，而在场的造反派头头们则都泄了气。场部主持会议的领导当场宣布："大家要遵照王部长的安排，白天一律不准搞批判，任何人不准离开岗位，党员、干部脱离生产要受处分，这是纪律。"这次会议后，在红星垦殖场，人心大为安定，生产秩序也立见好转，抓生产的气氛越来越浓了。当时有些人还要搞派性，王震说："什么派不派的，我们这里只有抓革命促生产派！"在他蹲点的两年期间，红星场狠抓生产的正气占了上风，面貌大为改观，经济也得到了稳定的发展。

红星农场的土地几乎全是红壤地，必须加以改造，耕种才能有好收成。王震知道，无论在中国或全世界，红壤地都在陆地面积中占有很大比例，在江西竟占到64%，如能改造红壤成功，具有重大意义。所以，一到达这里，他就将改造红壤置于重要日程，并为此进行调查研究，一头扎到农场的干部、群众之中。从总场的书记、主任，"靠边站"的干部，到普通农工、炊事员、饲养员，他都虚心地向他们请教。通过调查访问，他对这片土地的情况了如指掌。他从本场在20世纪50年代末到60年代初曾通过养猪积肥取得改土、增产的显著成效的经验中，选准了改造红壤的突破口，动员大家从大力发展畜牧业入手，进而确定了红星垦殖场"以农促牧，以牧带工，以工促牧，以牧兴农"的发展方向。

王震把改造红壤、推动生产、发展经济的脚跟，牢牢地立在依靠科学改进生产技术、优化生产条件上。他到红星才半个月，就在寺前分场成立了科学种田试验小组，以解决生产中遇到的难题为攻关目标，靠自力更生起家，用深耕细作、"客土移入"、大种绿肥、多施厩肥等方法改良红壤，并进行小麦、油菜与黄豆、棉花间作,多种绿肥混播等轮作、套种试验和小苗带土移栽、甘蔗冬植等作物栽培试验。在他的带领下,科学小组种的试验田在一年之间,水稻亩产就由原来的200多公斤跃到813公斤,为红壤的改良展示了灿烂的前景。与此同时,他还组织人员土法上马,制作"920"植物生长素。为了解决大量养猪所需的优质饲料,他又亲自指导大家制作糖化饲料。这些成功的经验,有效地解决了许多实际问题,大大提高了红星及周围县、市农牧业生产的发展。

为了加大科技兴农、兴牧的力量,王震利用他与许多科研单位和科技人员的密切关系,从北京、上海、湖南、湖北、山东及江西本省请来了十多位农、牧业方面的专家及二十多位科学种田能手,与红星垦殖场的干部、职工一道,实施了一个以改变红壤为核心,创造高产为目标,通过良种引进与培育、作物栽培与保护,轮作、套种、精耕细作,并大力发展猪、牛饲养业及食品、饲料加工业,使农、牧、工、副业综合发展的生态农业规划。今天的红星已发展成拥有各种养殖场一千余家,以乳制品生产为龙头的食品工业及附属企业数百家,产品广销国内各省及亚非欧美许多国家,资金已输入到非洲和东南亚的大型企业集团公司。今日的红星正是当年宏伟规划的实施与展现。

王震一向不唯上、不唯书,一切从实际出发。1970年,为了改造红壤地,王震引进了糖化饲料新技术。可是,偏在这时,林彪在江西的代理人不顾农村生产力的实际水平,一刀切地搞所谓"八字头上一口塘,水渠开在坂两旁,中间修起机耕道"的"园田化",把大量良田变成了摆门面的"机耕道"。王震看到这种情况非常痛心和气愤,亲自带领干群打了一场改道还田的战役,挖掉了那些占了稻田又不实用的"机耕道"。当时主持江西工作的程世清还在全省搞所谓的"拖拉机大会战",连根本不具备生产拖拉机能力的红星农机厂也背上了生产500台手扶拖拉机的包袱。红星农机厂捣鼓了好久也搞不成,只好拆下一台手扶拖拉机的引擎,强拼硬凑出一台"拖拉机",准备开到县城去报喜。可是,刚开到厂门口就熄了火,再也发动不起来了。面对这股以"红色政权"名义刮来的歪风,王震义正词严地指出,"这分明是劳民伤财的瞎指挥",并坚决抵制在红星农机厂生产这种把好钢好铁变成废物的"鬼拉机"。与此同时,他又耐心地说服有关人员,坚决顶住"上面"的压力,把力量用在研制当时场内外都迫切需要的饲料切割机和粉碎机上。

后来，当场领导向王震汇报他们事出无奈的苦衷时，王震胸有成竹地说："我们改造红壤靠什么？靠养猪积肥。而养猪就要广开饲料来源。现在，正缺饲料粉碎机，我们具备这个条件，为什么不可以试制呢？"他看到大家还有顾虑，又鼓励说："上面追究责任的话，我替你们挨整。"

果然，几天以后，县里的"拖拉机大会战指挥部"派人下来了。名义上是督战，实际上是追究责任。他们见农机厂真的把制造拖拉机的工作停下来了，就气势汹汹地训斥说："你们这里是土围子，针插不进，水泼不进，我们要到上面去告你们！"听到这里，王震站了出来，严肃地说："我们这里不具备生产拖拉机的条件，因此，不搞这种'鬼拉机'，要搞粉碎机！"老将军这一番义正词严的讲话，使指挥部的人不敢再坚持，第二天便撤走了工作组。

红星农场排除了"拖拉机大会战"的干扰，在王震的亲自主持下，饲料粉碎机顺利试制成功并投入生产，解决了红星及周围县、市的饲料加工方面的燃眉之急，产品还陆续投入到全国二十多个省、市。当年的红星农机厂（现名红星机械厂）如今已发展成全国农机行业定点生产厂家，并成为国家二级企业和江西省优秀企业。当年在王震直接关怀和指导下研制出来的饲料粉碎机也已发展成多品种、多型号的名牌系列产品，畅销于全国及东南亚地区。

1970年前后，红星和全国其他地方一样，还处在"文革"的严重动乱中。林彪、江青一伙大肆叫嚣批判所谓"唯生产力论"，害得许多领导干部都不敢抓生产。再加上"一大二公"的"大锅饭"，使得红星垦殖场不仅连年减产，就是场里集体养的猪也因缺饲料、少照管而一只只骨瘦如柴，场部经济严重亏损。针对这些情况，王震一面机智巧妙地揭露林彪、江青之流用破坏生产来瓦解社会主义经济基础的罪恶阴谋，一面凭着他的威望号召干部群众努力搞好生产，发展经济，扼制"造反派"头头对生产的破坏和干扰。同时，他也从这一系列严峻的事实中，深刻地看到了"吃大锅饭"的管理形式并不能适应生产力的发展。于是，他就提倡发展个体养猪，并主张把一些旱地和水塘包给饲养户种饲料。这在大批"三自一包"的当时，简直是"自寻'帽子'戴，自找'棍子'挨"。王震只顾群众的利益，毫不考虑个人的得失，挺身而出，用"出了问题我承担"的凛然大义斥退了非难者，激励了犹豫者，鼓舞了广大干部群众。游春香等一批职工积极响应他的号召，办起了家庭养猪场，使红星的养猪业得到了很快的发展。

下放江西以后，不论走到哪里，王震都一如既往，重视发挥科技人才的作用。这个时期，知识分子被称为"臭老九"，而王震每到一处，却总要去知识分子集中的地方看望他们，听取他们的意见。有一次，他到湖南搞调查，在省农科院召开知识分子座谈会。会上有位因搞科研而得了放射病，面部和嘴唇都歪斜了的研究人员，诉说了被"造反派"诬为"反动学术权威"而挨批、挨斗的遭遇。王震听后非常愤慨，立即找来该单位的军代表，要他认真核查并处理此事，一定为这位科研人员落实政策，使在场的人无不为之感动。

在红星期间，王震先后从各地请来了很多科技人员，如著名土壤学家李庆逵、中科院的技术干部潘湘名、湖南农学院的教师田自强等，依靠他们采用各种形式举办农业科技讲座，每一次，王震都带头参加。

李汝庆是红星农场一位学畜牧兽医的科技人员，因为海外关系和"反右"期间的问题，在场里被当做重点"牛鬼蛇神"批斗了三年。王震来到红星农场之后，对李汝庆的情况进行了调查和了解。不久，李汝庆被通知到总场开会。刚跨进门，王震就对他说："我和你们党委研究过了，现在决定解放你。"然后亲切地说："现在你就坐下来和大家一起开会。"许多年来，李汝庆只参加过批斗会，只有站或跪的"资格"，猛一听见让他坐下来，泪水不禁夺眶而出。从这天起，李汝庆像换了一个人。他拼命工作，充分发挥自己的才智，做出了卓越的成绩。

为了搞好调查研究，进一步指导生产，王震不辞辛苦地跑了很多地方。他几乎走遍了抚州地区的每个县、市。南丰蜜橘栽培技术的提高，南城洪门水库资源的利用，进贤田间轮作、套种经验的推广，金溪水稻品种的更新，抚州蔬菜及肉食品市场的供应……所有这一切，还有其他许许多多成果，无不凝结着王震的大量心血。

下放江西期间，王震时刻不忘他的老领导、老战友。他总是巧妙地利用各种机会，在力所能及的范围内，关心其他的老同志。他去湖南长沙看过叶帅。中央办公厅在江西进贤县办了一所"五七学校"，王震也曾去过那里，还把当时尚未解放的原国务院办公厅副主任童小鹏请到红星做客，鼓励他保重身体，坚定信心。对下放到抚州地区的袁任远，他曾在生活上给予照顾。

国家建工部副部长宋裕和同志在抚州逝世以后，许多人对于怎么办他的丧事感到很棘手。而王震则毫无顾虑地去向宋裕和同志的遗体告别并抚慰亲属；然后，他让地区负责人向中央请示，得到了周总理的八点指示，严肃庄重地办理了丧事，在周围的干部群众中产生了很大的影响。

红星农场的这段经历，给王震留下了深刻的记忆。他和红星人血肉相连，回北京后还常泛起深情的思念。有一次，他在病中写信给他们说："我在病中，常常想到你们场里的事……这也难怪，因为我是红星的一名职工，红星就是我的家。"许多年后，1981年1月前往新疆巡视，他还在一次会议上饱含深情地回忆："农垦这件事，就是在'文化大革命'期间我也管着。以后把我下放到江西，也是在一个农场，虽然是'走资派'，但我过得很舒服。在那个农场我是一个很有权威的'走资派'，很有权威的场长。直到现在，那个农场的广大工人，仍然和我保持密切的联系，不断往来。"

四 回到北京，恢复工作

1971年9月13日，林彪妄图篡党夺权的阴谋败露，仓皇外逃，摔死在蒙古的温都尔汗。九一三事件后，党内生活出现了一点转机。在周恩来的主持下，陆续起用了一些老同志，一直坚决与林彪反革命集团作斗争的王震就是其中的一个。1971年9月29日，他奉召回到北京，结束了在江西两年的下放生活。刚回到北京时，首要的工作是揭批林彪。从9月底到10月中旬，王震参加了中央召集的九次座谈会，和陈毅、聂荣臻、徐向前等老帅们一起，揭发批判林彪集团的反党罪行。

10月11日，王震在座谈会上发言，痛斥林彪反革命集团叛党叛国罪行，表示了极大的义愤和仇恨。他说："林彪、陈伯达以及黄（永胜）、吴（法宪）、叶（群）、李（作鹏）、邱（会作）等人，为了实现篡党夺权的罪恶目的，要把朱德和其他几个军委副主席都一律打倒。他们曾经派人逼我揭发聂荣臻同志如何反对'林副主席'。我回答他们，聂荣臻同志是一军团和一一五师政治委员，我只知道他们是一起打平型关大战的，我不知道他反林。"

王震从历史上揭露林彪惯于投机取巧，欺骗组织，对党中央阳奉阴违、耍两面派的罪行。他进而揭露：在"文化大革命"中，林彪一伙为了搞叛国叛党阴谋，对人民群众不能不搞欺骗、搞愚民政策。林彪题几个字,一传下来,就要敲锣打鼓,半夜三更,起来庆祝。滥搞语录牌、万岁馆等,还有什么"三忠于"、"四无限"。这是反毛泽东思想的,又歪曲了毛主席的伟大形象。那时对这种搞法一句不同意的话都不能讲,讲了半个"不"字就可能被他们打成"反革命"。真正忠于毛主席,不必搞这些。结果怎样呢?林彪不是什么"忠于",而是谋害……江青和林彪原是一丘之貉,在搞个人崇拜问题上,他们是你争我抢,相互比赛的。王震在"四人帮"仍在继续大搞个人崇拜的时候,揭露林彪制造个人崇拜的罪恶,同时也是对江青这伙制造对毛泽东个人崇拜的"造神"者的揭露和痛斥。他在那个时候敢于在会上当着江青的面这样讲,是需要极大勇气的。

他在最后着重地提出:"我向毛主席和党中央请求:把我分配到北面反修前线的生产部队去,从六盘山、陕北榆林、大青山一直到兴安岭的任何一个地区生产部队都可以。我怀着对林彪叛徒卖国贼的仇恨,要在新的战斗岗位上,尽到作为毛主席的一名光荣老兵的责任。"

此后不久,王震和王观澜一起被任命为国务院业务组(相当于后来的国务院常务办公会议)的列席成员,后改为正式成员。1975年四届人大召开以后,又被任命为副总理。

这个时期,林彪集团虽然垮台了,但极"左"思潮仍在泛滥,国家的政治经济形势仍很严峻。危难之际,王震坚定地走上了新的工作岗位,积极协助周恩来总理抓经济工作。

"抓革命,促生产"是20世纪70年代初在中国最为流行的口号。恢复工作以后,王震不失时机地运用这个口号去促进生产。

在农业战线,他持"大农业"的观点,主张以粮为纲,全面发展;种植业和畜牧业并重。在这个大前提下,他在狠抓粮食生产的同时,还抓了许多其他方面的项目,例如,黄金、棉花、茶叶、畜牧业、沼气,甚至冷库、冷冻精液、核桃、枣、杏仁等等,只要是涉及生产领域,有利于发展生产的事情,他都要分轻重缓急,逐项去抓。

在外贸战线,他结合实际,按照当时"抓革命,促生产"的总方针,具体提出"抓外贸,促生产,促科研"。虽然只有三句话、九个字,却集中反映了王震狠抓生产的决心和重视科研的远见。而在落实的过程中,王震又每每能够抓住问题的关键,用实际行动对大家进行启发和教育。

1973年,国家要进口一种"斯贝"发动机。叶剑英批准了这一进口计划。可是,在极左思潮的影响下,有些人却反对进口。他们到处散布,说这是洋奴哲学，并不断上纲，直至扣上"卖国主义"的帽子。在这个过程中，王震不怕被人扣帽子，一直支持叶帅，支持引进国际上的先进技术和设备。尽管这一引进计划并不复杂，而且得到叶帅批准，王震支持，仍几经磨折，直至粉碎"四人帮"后才得以实现。

有一次，王震去汉中参观油泵油嘴厂。一进车间，看见满墙贴的都是大字报，就跟厂长嚷嚷起来："撕了，撕了，车间着了火怎么办？"又一次，王震在甘肃省视察时看到报道，说当地有一个水库是在一无资料、二无图纸的情况下，硬是凭着一股革命干劲建起来的。看过这篇报道，王震半开玩笑地对当地领导说："赶快把这个水库拆掉吧。一无资料，二无图纸，怎么能把水库建起来！"玩笑开过，王震严肃地告诫大家："拿修铁路来说，很重要的一个环节，就是要靠懂行的人，靠知识分子进行测量，哪边高哪边低，光靠眼睛是看不出来的，光凭经验也是估计不出来的，只能老老实实地依靠测量，依靠科学。修水库也是如此。"

1975年，四届人大召开以后，王震出任国务院副总理。按照分工，主管铁道、邮电、交通和供销总社。他认为三个部长很有水平，上面有邓小平领导，应当放心，可以不管。因此，在四届人大常委会上，王震就向周恩来总理提出，他原来在国务院业务组抓的几件事情，例如，沼气、渔牧业、采金等，还想继续抓下去。总理表示赞同，指示在这个问题上分工不变。

有人对王震当了副总理，还热衷于抓这些"小事"感到不解。王震听了以后，感叹地对大家说："解放二十多年了，农民的生活，特别是老根据地、边远地区的人民生活水平还很低，还存在食不果腹、衣不蔽体的现象。因此，如果农业上不去，农民富不起来，搞四个现代化就是空的。沼气、采金这些事情看起来不大，但是，恰恰是这些所谓的'小事'，在促进农业全面发展、促使农民摆脱贫困的道路上，可以发挥重要的作用。目前，这些事情还没有人去抓，我责无旁贷，应当多把一些精力放在这些拾遗补缺的事情上。"

就这样，在1975年头十个月里，王震带着身边工作人员跑了十多个省、市、自治区。在张家口，他根据当地的水土条件，抓养羊、养牛、养蜂；北京牛奶供应紧张，他就在北京抓饲养奶牛；在山东、内蒙古、黑龙江、广东、四川抓采金；在湖北、湖南、江西抓养蚕。

四届人大开过以后，形势虽然出现了转机，但各级干部的思想深处，仍受极左思潮影响，不敢理直气壮地抓生产。把抓革命看成硬任务，抓生产看成软的，几乎成了一个通病。同时，在农村工作方面，口头上讲的是"以粮为纲，全面发展"，实际上却是只抓粮食，不管其他。

由于在下放江西期间进行的大量调查和实践，王震对于各地出现的情况心中有数。同时，对于如何解决，也早已深思熟虑，成竹在胸。

每到一地，王震首先找省里的领导干部，像湖北的张体学、湖南的张平化等，同他们个别谈心、通气，向他们通报中央政治局批评"四人帮"的情况，同时转达邓小平关于如何抓生产、如何抓整顿的一系列指示，目的是使这些省里的领导首先统一思想，在处理生产和革命的关系时，要侧重到把国民经济搞上去。王震幽默地对大家说：毛主席讲三项指示，"文化大革命"已经抓了两项了，只剩下一项还没有抓，这就是：要把国民经济搞上去！

从省里下到县里，王震做工作的方式又不同。第一，启发他们看到只抓粮食不抓副业所造成的后果（当时城市副食品严重缺乏）；第二，一定要贯彻"以粮为纲"，抓农林牧副渔；第三，大胆放手抓农副业生产，否则，"农民没饭吃，没钱花，都靠救济，国家拿得出来么？"

下到基层，同农民谈话时，他先问收入如何？在张家口，他了解到农民的收入很低，便和他们一起开会，鼓励农民养蜂。他不只是在口头上鼓励，而是和农民坐在一起算账。有些账算得很细，会开得很热闹。他说："养蜂赚了钱，既支援了国家，又解决了自己的困难。有人说，就是害怕又来割'资本主义尾巴'。别怕，就讲是我王震说的。"

1975年9月，王震在废旧物资回收座谈会上，反复告诫各地的领导同志："要搞好市场工业品，特别是人民生活必需品的供应工作。人民要吃蛋、吃肉。有些东西要用商品去换。""最近，我去了几个省，有一个地方50户人家18户没有锅……各地和轻工部要注意这个问题。锅年产7500万口，需要50万吨生铁。山东恢复了几个地方的生产，就解决了。碗也要注意。酒瓶子也这么困难，怎么搞的？山西竹叶青也没有瓶子装。如果我们不解决这些问题，群众就要讲话，说我们不执行毛主席的指示。"针对当时盛行的极"左"思潮，王震指出："张家口有的家庭养十几只鸡。今年四五月份，有人反对，说这是搞资本主义，不让养鸡。我说山区不能限制养鸡。养猪要养大猪，要解决点粮食，增加点精饲料。北京今年丰收了，要养猪、养鸡、养鸭、养牛。"

1975年的头十个月，王震把主要精力放在了采金上。

黄金生产在我国历史悠久，但产量一直上不去。1974年，我国的年黄金产量还不如清末慈禧年代高。

有一次，王震在和朱德闲谈时，朱老总谈道：过去四川的老百姓在农闲时，都有采金的习惯，办法并不复杂，一个冬天就能采到2两黄金；并说，现在农民的生活还比较穷，应当抓一抓这件事，增加农民的收入。

朱老总的话与王震的想法不谋而合。于是，他找来一些志同道合者，成立了黄金生产领导小组，由他亲自带队，到各地了解黄金资源的储量和开发情况。一口气跑了六七个省，"黄金小组"收获很大。王震总结说："目前，黄金生产是上边没有人管，下面也没有人问，完全处于一种自流状态。这样下去不行。应当给国务院写一个报告，希望中央做一个大力发展黄金生产的决定。"

报告很快写出来了。根据王震的整体发展思想，在报告中，除了反映黄金生产的现状以外，还着重阐述了在我国发展黄金生产的有利条件，其中包括：历史悠久，有一定群众基础；资源分布广，有利于开采；投入少、见效快，等等。报告还针对当时国家外汇储备紧张的情况指出：发展黄金生产，可以给国家换回急需的硬通货。

报告送到中央，很快得到批准。同时，还成立了黄金局（由冶金部兼管）统一指导这项工作。王震向大家提出了一个目标，要在1980年把黄金产量翻一番，达到200万两。大家反映翻一番有困难。王震就如一场战役即将打响，向战士们作临战动员一样，昂然道："我们共产党员难道连这点勇气都没有？搞了二十多年，连慈禧太后时的水平都达不到，难道我们还不如慈禧太后吗？"大家听后，无不为之振奋。（后来因受"批邓"影响，计划没有完成）

提出目标后，王震脚踏实地，采取了一系列措施，亲自到各地做调查。山东省招远市素有"金城天府"之称，它的黄金产量为全国之冠。1975年6月，王震来到招远金矿。当地负责人汇报黄金生产情况时，因受十年动乱中"四人帮"批判"唯生产力论"的影响，开口先说"批'唯生产力论'，促黄金生产发展"的套话。王震一听，顿时动了肝火，马上截住话头："什么'唯生产力论'，我不听这一些！"

接着，他以咄咄之势，愤然说道："我是毛主席、周总理、邓小平派来要金子的。我要你们拿出金子来！国家需要金子，有了金子我们的腰杆才能硬朗。你晓得吗,美元、英镑、法郎为什么能在国际货币市场上有威望?它是以黄金为后盾的!"他说:"发达国家,有远见的政治领袖,谁个不看重黄金生产?南非是世界上产金最多的国家,他们年产700吨;苏联是第二位,年产400多吨;美国、加拿大、加纳、澳大利亚、英国,都比我们多。我们在慈禧太后时期,年产43万两。可是解放后多少年来,我们一直搞不过慈禧太后,这岂不是我们的耻辱吗?"

王震的话,深深地刺痛了在场所有人的心。他环视了一下,又以慈祥中带着威严的口气说:"你们都是为国家生产黄金的指挥员。你们这里遍地黄金。我代表中央黄金生产领导小组,向你们要黄金!"

从招远返抵住地黄城后,又在那里召开了烟台地区黄金生产座谈会。各黄金生产单位负责人在会上争相发言。王震认真听取汇报,不断插话询问。座谈会结束时他即席讲话:

"黄金是硬通货,现在每两可换170美元。增加黄金生产,对加快社会主义建设有重要意义。在你们胶东半岛上,要把工农业搞好,还要开发地下资源,特别是要把黄金生产搞上去。现在,你们的黄金生产已经有了一些发展,还不能说是很好,但已经打下了一个基础,已经开步走了。听说你们今年可以超额完成6.6万两的计划,达到8万两,这很好。但我看还要发展,今后在短时间内,黄金生产能不能成倍增长?我看是完全有条件的。我们要向生产的深度和广度进军!把矿金、沙金生产都搞起来,大打矿山之仗。黄金生产的潜力很大。有些资本主义国家每个劳力一年可生产黄金30两,而你们这里每个劳力一年才生产10两,不如人家嘛。今后,要大力提高劳动生产率。"

王震在讲话中肯定招远金矿的成就和经验,鼓励他们继续前进,与全国各地矿区协力打破中国黄金事业的萎落局面。

王震还去四川、内蒙古、黑龙江等地调查,了解哪个地区金矿储量多,品位高,埋藏浅,易于开采。1975年8月1日,他又抵达烟台,主持召开了六省一部座谈会;8月14日,再同叶剑英一起三下烟台,接见黄金战线的干部和工程技术人员。王震说:"黄金生产要加强领导,加强地质勘探力量,尽量多探明一些储量。"

他还同银行、财政部商谈,提高黄金收购价格。当时,国内和国际的金价相差太远,必须提高。此后,连续两年提高了收购价格。

当时采取的再一项措施,是从废金属中提炼黄金。北京金属冶炼厂首先获得成功，每年提炼数量很大。王震到处宣传推广他们的经验。

对现有金矿企业，也进行技术革新，加以改造。他在内蒙古看到一个矿场，采金设备简陋，基本上是肩挑、水冲、手摇。如此生产条件，产量自然无法上去。王震回到北京以后，马上指示冶金部给它提供设备，从根本上改变生产条件。他又在黑龙江看到苏联的采金船庞大，像个大工厂，我国的采金船小得可怜，就帮助解决外汇，加以改进。

在抓采金生产的过程中，有一次，王震亲自来到冶金部所属的有色冶金研究院，研究一种采金设备的设计。刚一进门，就见迎面一条大标语："把批林批孔运动进行到底！"院子里也有同样的标语。王震一看就火了。本来是准备请党委书记、院长交代任务的，这一下把所有的人都给叫来了。王震对大家说："你们是有色金属研究院，你们的任务是研究有色金属的提炼和设备的研制。你们不是文科大学，不是搞历史的。都什么时候了，还贴这样的标语。"说到这里，王震的火气越来越大，嗓门也越来越高："你们知道么，要搞批林批孔的人，她自己就要当女皇！要当慈禧太后！要当武则天！"语惊四座。陪同王震一同去的秘书听到这里坐不住了，怕惹出乱子来，赶紧递给王震一张条子，建议今天的会就开到这里。王震看完条子，余怒未消地向大家宣布："今天就谈到这里，不谈了，回去了。"他随时随地都不放松每一个和"四人帮"斗争的机会。

由于王震不辞辛劳，狠抓不放，黄金生产的形势顿见改观，同时，也为后来的发展奠定了基础。1976年，我国的黄金产量只有48万两，至1983年，发展到97.7万两，七年翻了一番，年增长速度达到10.5%，为国家创外汇21亿美元。

这个时期，王震已年近古稀，身体也不好。但他仍然风尘仆仆，四处奔波。白天看现场，听汇报；晚上还要找人谈话。时间一长，身边有些三四十岁的工作人员都吃不消了，而他总是精力充沛地工作。有人劝他，年纪大了，要注意有张有弛，劳逸结合。他听后笑一笑，不作回答。劝的次数多了，有一次，他默默地沉思了许久，才语重心长地回答说："'四人帮'是搞不垮我们党的。不要说'四人帮'，就是'八人帮'也搞不垮。可是，如果现在还拿37元5角的工人和吃不饱、穿不暖的农民起来反对我们，那么，我们即使有天大的本事也是站不住的。真到了那一天，可就要愧对良心，愧对先烈了呀！"

这是王震发自肺腑的话，也是他身为党和国家的高级干部，对这些所谓"拾遗补缺",却又关系到千家万户生活大计的事情如此投入的原因所在。

(《王震传》编写组)

遭受批判　读书千万
——孙毅蒙冤不忘积学以储室

含冤受审

年轻的中华人民共和国经历了17年的艰难拼搏,1966年一场令人头晕目眩的"文化大革命"席卷了华夏大地。其来势之凶猛,波及面之广阔,震动之剧烈,是世人没有预料的。可谓是新中国成立以后空前的政治浩劫。

这场由领导者错误发动,被反革命集团所利用的"阶级斗争",在当时,不用说孙毅,即使更多的老将帅也对这场"风暴"的来临毫无精神准备。

"文化大革命"前夜,国内政治生活中已可以感觉到那种"山雨欲来风满楼"的紧张气氛了。4月下旬,总参谋部参加农村社教人员孙毅等人从临潼撤回北京,报纸和广播电台正在批判新编历史剧《海瑞罢官》、"三家村"、《燕山夜话》。孙毅天天读报、听广播,预感到有来头。

吃饭时,老伴田秀涓发现孙毅常常放下筷子,沉思摇头。看他那个样子,老伴很担心,问他:"老头子,身体不舒服吗?"他摇头不语。此后,孙毅把老伴叫到卧室,指着报纸说:"如果这样搞下去,面就宽了,要涉及多少人呀!"田秀涓轻轻点头。

局势发展很快,5月4日起,中共中央政治局扩大会议在北京召开。会议以"反党集团"的吓人罪名对彭真、罗瑞卿、陆定一、杨尚昆进行了批判并罢官。5月16日,会议通过了毛泽东主持起草的中共中央《通知》(即"5·16"通知),对当时党和国家状况做了完全错误的估计,提出"混进党里、政府里、军队里和各种文化界的资产阶级代表人物，是一批反革命的修正主义分子，一旦时机成熟，他们就会要夺取政权，由无产阶级专政变为资产阶级专政。这些人物，有些已被我们识破了，有些则还没有被识破，有些正在受到我们信用，被培养为我们的接班人，例如赫鲁晓夫那样的人物，他们现正睡在我们的身旁。"

"世界上的事情，就是这样，要走弯路，就是S形。"这是毛泽东对美国记者斯诺讲过的一句话。实际上，他所艰辛开拓的中国社会主义建设道路走的就是"S"形。

势如破竹的"文化大革命"，以6月1日《人民日报》社论《横扫一切牛鬼蛇神》始，在全国迅猛展开。一场暴风骤雨突然袭来，毫无精神准备的孙毅首先受到冲击。

6月6日下午，总参谋部副总参谋长兼军训部部长张宗逊把孙毅叫到办公室。孙毅一眼看见张副总长板着面孔，不知何故。

"有单位揭发你利用作报告的机会到处放毒，散布反党、反社会主义、反毛泽东思想的言论。"张兼部长直截了当地开口。

听了如此之言，孙毅犹如晴天霹雳。他脑袋嗡的一声，好像有人迎头打了一个闷棍。他强忍住满腔怒火，反问一句："说我放毒，说我散布反党、反社会主义、反毛泽东思想的言论，我什么时间做过这样的事呢？"

"有时间，有地点，还有当时的文字记录，你不承认行吗？"

"绝对没有这样的事情！"

"那你就自己看看吧！"张宗逊边说边把一份文字报告送给孙毅。

这是长沙政治干部学校党委写给总政治部的一个报告，指控孙毅在该校宣扬"封资修"的东西，流毒甚广，如今千名学生已经毕业，要求总政将此报告批转全军，肃清流毒。总政通知全军凡是长沙政治干部学校毕业的学生，都要在这场"文化大革命"运动中，揭发、批判孙毅，肃清其流毒和影响。

原来如此，孙毅立刻陷入了沉思，他的思绪一下子飞回到两年半以前：

那是1963年12月4日至23日，总参军训部工作组赴长沙政治干部学校检查工作。在工作组离校前，孙毅应校长兼政委相炜的请求，为学校干部、学员讲了一次话。他准备了讲话提纲，以通俗的道理宣传毛泽东哲学思想，讲矛盾对立统一的规律和科学的辩证法。他举例说明如交通管理中红灯与绿灯的辩证关系；吃饭用的筷子一头方、一头圆，二者统一在一个物体上的两种形态；中秋的月亮虽亮，但人的视线看不远，雾天虽然看不远，但是可以看书；他还讲了一些生活中的其他事例。为使讲话生动活泼，具有说服力，他在讲话中引用了邓拓著《燕山夜话》一书中有哲理的内容。

这次讲话，和往常一样，孙毅的声音洪亮，心情也很激动，博得了与会人员的热烈掌声。他讲话结束时，还归纳了几句顺口溜："登堆一望，四野无边，在此办校，培养军官，建军经武，奋力登攀。"

万万没有料到，事物走向反面，"文化大革命"风暴袭来，孙毅却成了全军、全总参被批斗的第一个高级将领。

张兼部长和孙毅谈话的第5天——6月10日，总参军训部召开全体党员干部大会，揭发批判孙毅的"反动言行"。会议室里，座无虚席。孙毅被安排在主席台右侧单独的座位上，他看了看面前的与会者都是朝夕相处的战友，似乎都突然变了脸。

会议主持人说："我们今天召开大会，揭发批判孙毅的反动言行。据总政转来的揭发材料，孙毅在长沙政治干部学校期间，利用公开作报告的机会，贩卖'封资修'的黑货，吹捧'三家村'邓拓的《燕山夜话》，鼓吹资本主义复辟，流毒甚广，危害极大。"

接着，让孙毅站起来作自我检查，他说："从1956年9月给北京市第6中学学生们讲光荣传统开始，此后地方大、中、小学和厂矿、机关以及部队的团支部，不断有人到我家请我作报告，八年来我讲了130次……"

笔直站着作自我检查的孙毅，话没有说完，坐在他面前的一个年轻干部突然站起来，怒气冲冲地质问："孙毅，你不要美化自己了，你要交代在长沙政治干部学校是怎样放毒的吧！"

"我没有放毒，只不过是在讲辩证法时举了《燕山夜话》中的一些故事。"孙毅针锋相对地解释。

又一个年轻干部指名道姓地斥责孙毅态度不老实，为什么打着给青少年讲故事的幌子，恶毒攻击社会主义、攻击党的领导、攻击领袖毛主席，又为什么吹捧邓拓及其《燕山夜话》。

一阵紧一阵的指责，使会场内的气氛骤然紧张起来。有人高喊：孙毅必须低头认罪！孙毅必须老实交代！坦白从宽，抗拒从严！

批判会进行了两个小时。会议主持人向孙毅宣布了三条纪律：一、不准会客；二、不准留宿；三、不准外出，外出要请假。自此，这位将军的人身自由受到了限制。

军训部党委会于 6 月 13 日专门研究如何深入批判孙毅问题。会上，军训部一位负责人说："孙毅和'三家村'有关系，他宣扬大毒草《燕山夜话》，邓拓比毛主席还高明吗？"有人插话说孙毅每天不看《北京晚报》吃不下饭，看晚报就得看《燕山夜话》的文章，提议派人查一查孙毅和邓拓的关系。有人说，也要查一查孙毅和彭真有什么联系，如果有一次来往，就可以定他"三反分子"。还有人说，孙毅很可能是彭、黄漏网分子，要查清他同彭德怀的关系。

批判会又开始了，6 月 14 日这天，到会 150 多人，第 1201 工厂、第 1202 工厂均有人出席。工厂来的人手里拿着刚打印出来的《格言百例》，为发言提供孙毅的罪证。这些"格言"是前几年有人记录孙毅作报告、讲话中引用过的那些文言古语、成语典故、格言警句等。

不管怎么质问、批斗，孙毅总是那几句话："我是拥护毛泽东思想的，我根本没有攻击党、攻击社会主义的意思；我作报告是为了宣传毛泽东思想，至于在讲话中引用的个别例子或说话口吻有些毛病，这些我承认。"

如此的批判会，实际就是斗争会，会上有人高呼"孙毅必须低头认罪！""孙毅要交代和邓拓的黑关系……"

在震耳欲聋的口号声中，又给了孙毅一次说话的机会。他说："《燕山夜话》的作者马南邨是邓拓，我原来不晓得，那是参加一次会议休息时，我问北京市委宣传部罗副部长马南邨是谁，他说是邓拓。这时，我才知道马南邨是邓拓，我和邓拓没有联系。"

至于孙毅和彭真的关系，本来很清楚。早在抗战时期，彭真是中共北方分局书记，是孙毅的上级，可是自从进城之后，孙毅从来没有到过彭真家里。孙毅就是这么一个人，他对待比自己职务高的领导同志，除了工作关系之外，从来不搞私人交往。军训部党委尽管派人调查彭真身边工作的秘书、警卫、司机和炊事员，始终没有查出孙毅和彭真有来往。而同彭德怀的关系上，也没有查出什么不正常的东西。

这位受批判者不喜欢假话，哪怕是多么冠冕堂皇的假话，一切假话都无法打动他的心灵，因为他心中有一架衡量语言的天平。

逐步升级的批判会，有人呼出了"打倒三反分子孙毅"的口号；有人让他弯腰、低头，交代罪行；更为残酷的是，有人抓住他的头撞地板，撞得头破血流；还有人建议把他拉到公主坟商场去游斗。

不久，军训部党委宣布：孙毅停止工作，检查交代问题，并明令号召广大干部、党员和孙毅划清界限，深入揭发批判他的问题。于是，一位入党几十年，一直为革命尽心竭力的老兵，一个热心青少年教育的辛勤园丁，一下子成了"反革命"和"黑帮分子"。

一人受批判，全家遭祸殃。孙毅的老伴田秀涓被迫向工作单位——全国妇联党组写出保证书："如果孙毅确实是三反分子，那我就同他划清界限。"之后，她被送往干校劳动；几个儿女也成了"黑五类"，许多不明真相的人向他们泼来了污水……一家人陷入了灭顶之灾。

在那举步维艰的日子里，孙毅主持召开了一次不寻常的家庭会议。他把老伴和孩子们叫到一起，沉痛地对儿女们说："爸爸没有做亏心事，也没有做过对不起党、对不起人民的事情，你们不要同群众闹对立，相信党不会冤枉好人，我的问题一定会弄清楚。"他充满信心地说，"如果有人定我是三反分子，我会以一个老党员的身份，直接向党的主席申诉！"

由于政治认识的分野，加之领导层层动员，过去很熟悉的老战友、老部下，一下子全变了脸；有些年轻干部和战士，像中了邪似的发疯，硬是逼孙毅"坦白"交代"罪行"。有个曾在他身边工作的干部，竟来了个"反戈一击"，说他"贩卖封资修黑货"、"攻击社会主义"、"农村社教中关心孤儿是假象"等，决心同孙毅划清界限。

另一次批斗会上，有人拿来一块木板，上面写着"大黑帮孙毅"五个大字，用铁丝系着吊在孙毅的脖子上。让这位62岁的老人站在台上，低头、弯腰、两手朝后举，这就是当时流行的叫法"喷气式"。孙毅虽然汗流浃背，牙齿咬得咯咯响，但他却一直挺住，不动不摇，更不屈服。

这场轰轰烈烈的"文化大革命"，来势如此迅猛，不少老干部不理解，孙毅却成了这场风暴被扫荡的目标，他更是不理解。7月末的一天，晚饭后，孙毅独自一人在书桌旁深思，心情烦透了，因文惹祸，浪中沉浮，面临危境，进退维谷。他抬头望着墙上那慈祥的毛主席画像，不由自主地流下了眼泪。

在激烈的大批判中，也有干部、群众主持正义，敢于站出来保护孙毅。在"孙毅专案组"里，少数人顶住上面的压力，坚持调查研究，实事求是，以铁一般的证据——否定了强加在孙毅头上的种种罪名；十几所军事院校的领导干部主动给孙毅写书面证明材料；一个团政治处宣传干事的小字报开头就说"我是奉命批判孙毅，敬告孙毅知道"；北京无线电学校工会主席写的书面材料中说，孙毅来我校作过一次报告，是传达周恩来总理讲话精神，不是他自己的东西；北京化工总厂党委副书记写的小字报也说，孙毅到我厂作报告是宣传毛泽东思想，他的讲话记录稿有案可查。

当孙毅看到这些小字报的时候，精神为之一振，内心得到极大的安慰。他心想，这样的人虽少，但真理可贵。使孙毅受感动的还有在他家服务多年的厨师任忠俊，他坚信孙毅不是"三反分子"，为保护孙毅身体，精心调剂伙食，买母鸡、熬鸡汤，送到孙毅面前。

不愿意听到、更不愿意看到的一个事实出现了。8月5日，副总长兼军训部长张宗逊在大会上宣布对孙毅的审查结论：定为"三反分子"。

这一锤定音的结论，孙毅实在难以接受，他找到本部负责专案工作的副部长张翼翔说："老张，你们做的结论是否太重了，我的问题能定为敌我矛盾吗？"

"这是党委会一致的意见！"张翼翔从容地回答。

"我要求在你们写的结论材料上附一句话。"

"可以！"

总参军训部上报对孙毅的审查结论时，文末附了孙毅这样一句话："我感到这个结论太重，我保留申诉的意见。"为表示慎重，孙毅签名盖章。

"不做亏心事，不怕鬼叫门。"孙毅虽皮肉受苦，但心里坦然，被批斗的几十天，体重不仅未减，还增加了四斤。

历时56天的批斗会暂告一段落。8月8日，中共中央关于开展"文化大革命"的决定发表，孙毅进入军训部学习班，继续交代问题、接受批判。

曾被毛泽东主席赞誉过的"孙行者"——孙毅，就这样成了死有余辜的"三反分子"。但是，他凭着对党的忠诚和信念，一再说服自己并尽量教育家人，要相信群众、相信党，特别是坚信党中央和领袖毛主席，把个人得失置之度外，不要有什么怨气和不满。他虽然被剥夺了为党工作的机会，遭受常人难以忍受的摧残、折磨、侮辱，但还是强撑着受伤的身心，坚持每天到办公室"上班"，扫垃圾，烧开水，写交代材料，接受批斗。

作为一名老战士，经历过枪林弹雨，遇到过各种政治风浪，当孙毅从广播里听说史无前例的"文化大革命"是"为了防修反修"、"巩固无产阶级专政"，他怀着不理解的矛盾心情，自己安慰着自己"慢慢理解吧"。因为长时间受行动限制，孙毅看不到社会现状，更无法洞察世态的发展和动向，有时，只好把儿女叫到跟前了解一二。

全国性的大动乱，继续发展、蔓延。一大批尊重真理、坚持实事求是的老干部，处境越来越困难。孙毅一向好客，家中经常宾朋不断，老战友进京开会，要到他家看望；抗大二分校的众多校友、学员，不断拜访老校长；就连街道办事处的负责人也是孙家的座上客。如今，突然"门前冷落车马稀"了，许多老战友受冲击，自身难保；一些老部下为了避嫌，也都不敢随意登门叙旧、谈天。

如此寂寞，这般冷酷，孙毅非常苦闷，时光难熬，度日如年。这年秋凉季节，一天下午，曾是1931年12月一起参加宁都起义的老战友蒋耀德突然来访，几十年不见面的老友相逢，来者格外亲热，显然，他并不知道孙毅的处境。

毫不隐讳当前现状的孙毅，在给老战友沏茶的时候，小声告知蒋耀德自己正在挨批斗，语言加手势，不安地说："耀德同志，我不敢留你做客，实在抱歉，你马上离开这里吧，我怕你受牵连。"

肺腑之言说罢，两位花甲老人都泪沾衣衫，依依难舍。

几个月过去了，屡遭批斗的孙毅，一个人独坐书房，静观墙上郑板桥的"竹"画，他想起这位清朝书画家的两句名言："难得糊涂"、"吃亏是福"。百思百味，深受启迪，无奈，只好学古人郑板桥，当个"糊涂"人吧！

进入1967年，上海等地刮起了以夺权为标志的所谓"一月风暴"，煽动"打倒一切、全面内战"。军队院校开展"四大"的单位，造反派也更加活跃。

2月的一天，总参军训部下属单位驻长辛店军事三项体工队一伙冲进军训部大院，高喊"打倒走资派"的口号，揪出张宗逊、张翼翔、彭施鲁、孙毅等人，不分青红皂白，把他们拉到礼堂主席台上，无情批判，残酷斗争，并把用纸做成的高帽子戴在他们几个人的头上。孙毅戴的那顶高帽子，比别人的高帽子高半尺。

一名天津籍的女队员，膀大腰圆，杀气腾腾，突然发出命令："你们这些黑帮分子都给我跪下！"顿时，张宗逊、张翼翔、彭施鲁、孙毅头戴高帽，面朝台下，双膝跪在那里。

台下不断有人高呼："横扫一切牛鬼蛇神"、"打倒走资本主义道路的当权派"、"造反有理……"

时任军训部副部长刘少卿，是孙毅的老战友，他有意站在距孙毅很近的地方，保持沉默和警惕，唯恐造反派有人上来打孙毅。这时，造反派窥出了刘少卿的用意，当场让他念毛主席语录，逼他承认是"老落后"、"老保守"。

这次由造反派主持的批斗会结束时，军训部政治处一人拿来一面铜锣，当面交给孙毅。孙毅问："给我这锣干什么？"

还是军体队那个女队员大声对孙毅说："你要在院子里转两圈，边走边敲锣，还要说'孙毅是牛鬼蛇神'"。

从此，孙毅每天挨斗之后，戴着高帽子回家，敲着铜锣经过大操场时，引来一群不懂事的孩子们围观。有的孩子还高兴地喊着"走资派来了，走资派来了"。

长期受到革命锤炼的孙毅，有着严格的组织纪律观念。正确对待群众，不与群众闹对立，严格遵守群众组织的安排，戴高帽子，在院内敲锣转圈，照办不误。罚跪时，别人支持不住，躺在地上了，而孙毅却腰板挺得直直的，跪在那里一动不动。

原军训部副部长曹诚回忆说："当时的群众组织就是皇上，不管多大的干部，只要说你是走资派，一切就得听他们摆布。孙毅对于群众组织一些过火的做法，从不放在心上，更不闹对立。我当时看了他的表现，使我内心得到很大安慰。"

时光在流逝，折磨在继续。孙毅院子里的白杨树叶子由绿变黄，又由黄变绿，无情的批斗还在进行着。他如同一只正在展翅翱翔的雄鹰，突然被折断了双翅；又像一匹正在疾驰奔腾的千里马，一下子被拴住了四蹄。

但是，孙毅感到自己仰不愧于天，俯不怍于人，独立不惭于影，行得正，立得稳，相信共产党不会冤枉好人。

解放军总参谋部于1969年4月8日在北京工人体育馆召开万人大会，由孙毅和其他几名老干部作检查。轮到孙毅发言时，他站起来，放开嗓门，以演讲家的气魄作了触及灵魂的检查。由于检讨深刻，得到群众的谅解，他成为总参第一批获得"解放"者，但是"三反分子"的大帽子没有撤销。这顶"政治帽子"如同一块顽石，仍然压得孙毅喘不过气来，抬不起头来，还是受人讽嘲。

从1966年6月10日起，孙毅已三年没有出大门，他每天照样提着一个水壶去办公室"上班"，观看大字报、写检查、看书、看报。晚饭后，院静人稀的时候，他择路在房前屋后散步。

如此"软禁"的生活，开始很不习惯，但到第二年、第三年，也就习以为"常"了。在这"炼狱"的日子里，孙毅抓住可利用的时间，看了不少书，据他的读书笔记记载，他通读了《毛泽东选集》1至4卷，100万字；细阅"毛选"甲种本、乙种本、《毛泽东军事文选》，100万字；浏览《鲁迅全集》（小说、翻译作品除外）400万字；翻看《资治通鉴》300万字。

这真是三年靠边遭批斗，开卷读书千万字，等于进了一次学校，犹如"积学的储室，酌理以富才"。

下放劳动

1969年4月1日，中国共产党第九次全国代表大会在北京召开。这次会议，使"文化大革命"错误理论和错误实践合法化，加强了林彪、江青等人在党中央的地位。林、江相勾结，加紧了篡党夺权的步伐。

"九大"之后，7月2日，副总参谋长王新亭找孙毅谈话。王新亭问："孙毅，你最近每天干什么？"

"我每天学习毛主席著作，没有别的事干！"孙毅回答。

"经过研究，打算派你到北京第二通用机械厂去，到那里主要是劳动锻炼，接受工人阶级的再教育，同时做一做两派群众组织的团结工作。"

"可以，我服从组织分配。"

过了一天，孙毅接到总参政治部干部部的电话通知："情况有变化，你不去第二通用机械厂了，改去西安红旗机械厂，同去的还有几个人，7月4日出发。"

那位打电话的人，还传达了王新亭副总长的口头指示："告诉孙毅，到工厂以后，要少讲话，把嘴巴子管严些。"

既然去工厂，孙毅匆匆准备行装。老伴田秀涓关心地说："老头子，这次外出，时间长，身边又不跟一个人，你都奔66岁的人啦，胃又不太好，你要自己保重呀！"

"你放心吧，我会料理！"孙毅满怀信心地回答。

东方一抹红霞，太阳从地平线升起。7月4日晨，孙毅登上开住西安的列车，到车上才知道同路的还有总参军事交通部副部长贺健、空军后勤部部长石忠汉、空军后勤部副政委龚有源、总参二部处长江右书、总参测绘学院院长刘良、总参测绘学院副院长张戈。

尽管当时孙毅还戴着"三反分子"的帽子，能有机会和几位同志一同去工厂劳动锻炼，心中不由得产生了几分喜悦。同路的几位老军人，命运几乎相同，呼名唤姓，亲切至深，很快组成一个集体。贺健担任党支部书记兼组长，其他六人为组员。

车轮滚滚，迎风呼啸。列车上，大家谈笑风生。孙毅说："我是昨天接到通知，叫我同你们一起去西安蹲点。"

张戈说："前天晚上，军委办事组召集我们几个人谈话，说我们表现都不错，派我们去蹲点，传授经验。"

江右书坦率地说："我们能传授什么经验呢？我看咱们的任务就是好好劳动，接受工人阶级的再教育。"

风驰电掣，列车行进一昼夜，5日晚到达西安。改乘长途汽车，贺健一行七人直抵西安北郊徐家湾红旗机械厂。

这座大型国营工厂，分布在距西安市区20公里的渭河平原上。厂内一万多人，占地千亩，厂区分生产区、生活区两部分，进入厂区如同到了一个独立的小城市。

第二天，负责领导该厂的兰州军区空军副司令员兼西安科研所副主任方升普向贺健七人介绍了红旗机械厂的状况："该厂主要生产飞机发动机，归国家三机部直接领导，空军派部队在这个厂支左，你们到达这里，我们表示欢迎。按上级通知精神，你们进厂蹲点的单位已作了安排。"

组长贺健当即表示："我们七个人来红旗机械厂，主要是参加劳动，向工人学习，接受工人阶级的再教育。"

从北京来的七人，被安排在生产区冶金楼住宿，除组长贺健外，两个人住一间房。孙毅和石忠汉住一个房子。石忠汉比孙毅小几岁，身矮体胖，血压偏高，每晚需开窗睡觉，而孙毅身体瘦弱，胃又不好，为避免肠胃受凉，晚间应尽量少开窗户。两人的生活习惯不一样，怎么办？孙毅忍耐了一周，他才对石忠汉说："老石，你怕热，白天可以把窗户全打开，晚上是不是只开一扇窗户呢，咱俩相互照顾一下。"石忠汉爽朗地答应了。

贺健和孙毅被分配到第52车间。该车间有个庞大的厂房，钢梁铁柱，四方有门，250多名钳工、车工、铣工，同在一个架棚下分工作台操作。紧挨着西边，就是第50车间，也有250多人。只要机器一开，全车间嗡嗡作响，似乎厂房都在颤动，两人对面说话需要大声喊叫加手势才能听明白。

车间党支部书记姜殿萃和孙毅、贺健见了面。姜殿萃，40岁，祖籍辽宁，军人出身，解放战争时期曾在东北炮兵部队当兵，从东北打到海南，立过战功。他看到两位老将军来厂，表示欢迎，并主动简介了自己的经历。

此刻，姜殿萃把孙、贺二人领到车间休息室，并给两人各送一杯开水，然后他把车间性质、生产流程、注意事项一一讲清。他刚说完，孙毅就迫不及待地说："姜书记，你快给我们分配活儿吧？"

因为孙毅年龄较大，姜殿萃把他分配在杜建斌领导的钳工班。班内还有潘玉民、魏春福等。钳工班的任务主要是用钢锯条锯钢板。

姜殿萃对杜建斌、潘玉民交代："孙毅是军队老干部，你们要多关照！"他转身指着那间宽敞的休息室对孙毅说："你年纪大了，干活时累了就在这里休息。"

迫切想干活的孙毅，对姜书记的安排和照顾说了声"谢谢"，视线就盯在那钳工台上了。

第二天清早，孙毅提前来到工作台旁，先扫地，后擦工具，为本组工人上班做准备。带领孙毅干活的潘玉民，28岁，诚恳憨厚，尽管上面已打招呼，说来厂劳动的几个人都有这样、那样的问题，注意同他们保持一定的距离，但潘玉民对这些革命前辈有着崇敬和爱护之心，说话和气，热情相待。孙毅上班第一天，潘玉民对他说："今天你先看看，咱们钳工班每天和机器部件打交道，又脏又累，你能干多少就干多少，千万不要累垮身体。"

半个月以后，新任班长潘玉民叫孙毅用钢锉锉机器部件上的毛刺，并亲手教他怎么锉才算合格。开始孙毅锉得粗糙，光泽度差，不够标准，经过一周时间的反复摸索，终于合格了。

进厂一个月了，孙毅试探着对潘班长说："你那钢锯用得那么熟练，能不能教教我，叫我也帮助你锯机器部件。"

"可以，现在就教你！"潘玉民一边说，一边拿起钢锯。

"你边操作边讲吧。"孙毅大声对班长说。

"这钢锯又软又硬，要想熟练地掌握它，需要一两个月的时间摸索才行。"

"我从来没干过这种活，没想到一条小小的钢锯这么难用呢。"

之后，潘班长手把手教孙毅锯了几下，告诉他用力快慢均匀，心手动作一致，锯条上下走直线，磨炼、体会，功到自然成。

"班长，我会啦，我自己来吧！"孙毅蛮有信心地说，他手握钢锯对着一个机器部件用力锯了起来。

锯着锯着，孙毅感到两手有点累，头上冒汗，口渴舌干，突然听见"砰"的一声，锯条断了。这可如何是好，孙毅顿时感到尴尬。

这时，潘班长走过来，没有批评他，只是温和地说："看来你干得时间还短，累了就休息一下吧！"说这话时，老潘顺手拿一新锯条帮孙毅安装好，又嘱咐了几句。

锯条断了，60多岁的老汉并不服气，他擦了一下脸上的汗珠，自言自语地说："我一定要掌握这门技术，好协助师傅们工作。"

一心想学技术的孙毅，正锯得起劲的时候，又听见"砰"的一声，新换的锯条又断了。他看着刚刚折断的锯条，心里很难过，埋怨自己太笨了，这怎么向班长交代呢？静静地站立一旁，低头不语。

班长轻轻地走到孙毅跟前，笑着说："你太急于求成了，这种活不是一时半晌就能学会的。"

面带愧色的孙毅觉得过意不去，他说："断了两根锯条，怎么办，我该赔偿吧？"

班长说："不用赔，按厂方规定，一个钟头内用坏了两根锯条，就不准再领第三根了，我要向上级说明一下你的情况。"

心中不安的孙毅紧接着补充一句："绝对不是故意损坏的。"

过了一段时间，国家民航局原副局长康靖偕爱人和一男一女两个孩子也到该厂下放劳动。一家人住在冶金楼一间房子里。一天，17岁的女儿哮喘病犯了，喘得厉害，脸憋得通红，一口气喘不上来就像死人的样子，十分可怕。

康靖流着眼泪对孙毅说："孩子病成这个样子，当地空军医院说她的医疗关系不在这里，拒绝接诊，人到快死的时候了，这可怎么办呢？"

救人要紧，孙毅也顾不得自己当时的处境，边安慰康靖，边思索办法，他说："一定要把孩子送进医院。"

说话之后，孙毅四处打听，跑前跑后，不知碰了多少钉子，最后终于协助康靖把女儿送进了空军医院。康靖握着孙毅的手激动地说："老孙，感谢你了，是你挽救了我女儿一条命啊！"

"谢什么呀，只要孩子住进医院，再苦再累我老汉能顶得住。"孙毅高兴地说。

北京来的这几个人，厂方安排他们随警卫连就餐。孙毅胃不好，又患十二指肠溃疡病，不能吃辣椒，但是食堂做菜顿顿有辣椒，他只好忍耐着挑拣着吃。

组长贺健采纳了孙毅的建议，从第四个月起，八人挪到了工人食堂就餐。工人们看到这些老干部排队买饭，跟大伙吃一样的饭，心里非常高兴。姜殿萃对贺健说："你们干活和工人在一起，你们吃饭又进工人食堂，这样好，你们既来厂劳动，不必客气，不必勉强，干活要量力，身体不好的可以吃病号饭，生活上你们有什么困难，尽量提出来，我们设法解决。"

这年12月，中央军委发布命令，免去孙毅所任总参谋部军训部副部长职务。

近来，孙毅在工厂里的劳动、生活都较正常，上班干活踏踏实实，与工人接触越来越多，他每天下午总要插空找工人谈心、聊天。这段时间内，直接与孙毅交谈过的中青年工人有83人。

通过和工人谈话，了解了工人，工人也进一步知道了孙毅。当时，工厂两派群众组织还没有大联合，正是需要有人做工作的时候。孙毅的行动，起了穿针引线的作用。不仅两派群众之间加强了沟通和联系，而且孙毅和工人间的距离也缩短了。

1970年新年到来前夕，孙毅向组长贺健建议，利用新年放假时间，到生活区工人家去拜访，进一步增进同工人间的友情。

贺健说："这个主意好，就这么办！"

元旦这天，吃过早饭，孙毅、贺健两人一同到工人家去拜访。走家串户，向工人祝贺新年，祝贺他们全家幸福、美满。一天之内，看望了30家。第二天，他们不顾疲劳，不辞辛苦，又走访了20家。每到一家都受到工人和家属们的热情接待。有一家住在三层楼上的老工人，家有70岁的老母亲，见到北京来的老干部来看望他们，老母亲感动得热泪盈眶，她说："我在这个厂子住10年了，没有见到过厂长、书记来看过我们，你们来看我，我高兴，人一高兴就能多活几年！"

一天晚饭后，孙毅到青年工人刘树林家里看望。不巧，刘树林还没下班回家。他爱人仔细打量着身穿旧棉衣、留着胡子、年近70岁的老头，心里不由得一愣。

全家要吃晚饭了，刘树林回来了。一眼看到孙毅，高兴地向全家介绍这位老汉："他是从北京来的老干部，在我们厂里下放劳动，同我们相处得很好，快快给稀客泡茶！"

这家人晚餐的饭菜都摆在了小饭桌上。刘树林拿起一个玉米面饼子塞到孙毅手里，连连说："尝一尝，尝一尝！"

实在推辞不过，孙毅接过玉米面饼子，掰了一块，大口大口地吃了起来。他对刘树林家人说："我们国家如今粮食还不过关，工人们辛辛苦苦干活儿，吃的是粗粮，这是暂时的，以后的日子会好起来的，往前看，前途光明。"

在红旗机械厂下放劳动的几位，回京过春节。2月上旬，总参领导召集他们开座谈会。会上，孙毅叙谈了自己下放劳动半年来的心得体会。他说："下厂蹲点，确实必要，但从时间上看，半年时间就可以了！"

总参领导得知孙毅在工厂接受再教育表现不错，两天后，通知他春节放假后可以不去西安了。

但是，孙毅心中却有点不安，一方面感激领导的照顾，另一方面他还想着日夜相处的红旗机械厂的工人们，通过劳动建立起来的感情一下子还割不断。他考虑再三，应该再去西安参加一段劳动，把原定要谈话的人谈完。就这样，孙毅又回到了红旗机械厂。

这个倔犟的老汉，在工厂干到3月底才决定回京。第52车间指导员姜殿萃拉着孙毅的手说："孙毅同志，你来我们厂九个月，咱们在车间这个大集体里朝夕相处，结下了深厚的友谊。你不愧是老红军、老传统、好榜样，真舍不得你走，将来有机会到北京去看你！"

听说孙毅要走了，工人、家属奔走相告，要为孙老汉送行。钳工班潘玉民、魏春福、关连振眼含热泪送行送到厂门口，分别的话儿说不尽，难舍难分，最后工人们推举魏春福为代表送孙毅到火车站。

深受感动的孙毅，此时此刻体味到了下放劳动的好处，觉察到了军民鱼水情的力量。当他坐上返京的列车时，凭窗对送行的伙伴、工友们招手致敬，并说："同志们请放心，工人阶级给了我教育，我终生难忘，西安古都，我还要回来的！"

为国担忧探社情

下放劳动九个月的孙毅，于1970年3月底回到北京。他虽获得"解放"、恢复自由，但是长期"靠边站"，"三反分子"的帽子仍然未摘，压得他抬不起头来。

一天，孙毅伏案挥毫，笔走龙蛇，在一张宣纸上留下手迹："总结经验，吸取教训；认真学习，提高觉悟；加强锻炼，保持康健；焕发青春，继续向前。"写好后，他贴在卧室的墙上，一个人在室内来回踱步，心中充满了光明和希望。

4月间，春暖花开，风和日丽，万物更新，芳草绿绿，是令人怀想的季节。忧国忧民的孙毅，已多年不能直接与社会各界接触了，他为了体察民意、了解社情，穿上那套在西安工厂劳动时打着补丁的劳动布工作服，由司机小杜陪伴，乘火车南下，开始了自费旅行，于是演出了"微服"私访的故事。

经河北、河南，跨湖北、湖南，在一些城市、农村，看到党风遭到严重破坏，听到广大群众对种种不正之风议论纷纷，孙毅心里很难过，没想到社会"细胞"竟变得如此糟糕。

一天，他们来到华北一座省城，在简陋的工农兵小旅馆住下后，孙毅对小杜说："这个省军区的司令员，原来是我的一个老部下，现在我穿着这身衣服去见他，看看他怎样来接待，要是碰到什么不愉快，你可得……"

"请首长放心，我绝不多言。"深知孙毅脾气的小杜机警地说。

果然，孙毅一到省军区大门口，受到哨兵的盘问，传达室值班员询问一阵子，然后才拨电话逐级报告。过了很久、很久，才见一位秘书姗姗走来。

"你是从哪里来——的——呀？"秘书说话拉着长音，打量着来者那身打着补丁的工作服，好似看明白了，接着说："噢，是干休所来的吧？"

"对，是从干休所来的！"孙毅顺口而答，小杜在一旁忍俊不禁。

"你是不是生活困难，来找首长要补助？"

"我现在生活上不困难！"

"那你找我们首长干什么？"

"专程来看望他！"两人对话到此，这位年轻秘书似乎又听明白了，马上改换口气："哎呀，真不凑巧，首长不在家，到省里开会去了！"

"什么时间回来？"

"这就很难说了，首长工作很忙，每次到省里开会，总是回来得很晚。"无疑，秘书的这番话是想赶快把老汉打发走。

无奈，孙毅在传达室找了一张纸，写了一个便条：

司令员同志：

　　我孙老汉今日特来门下拜访，适你外出，未得晤面，改日再见。

　　此致

敬礼！

孙毅　即

　　孙毅写罢便条，搁笔就走。当他走出省军区大门不久，忽然一辆小轿车停在跟前，请他赶快上车。原来司令员在家，是那张小小的留言条呈上去之后，才有了如此的变化。

　　老司令员孙毅被接到省军区司令员会客厅，自然受到老部下的热情接待，又是递烟，又是倒茶，还表示歉意地说："秘书根本想不到来的是您，请老司令员多多原谅。"

　　但是，直言不讳的孙毅言明自己还没有分配工作，尚在"靠边站"。又一个没有想到，此话一出，老部下的一番热情立即变得冷漠、暗淡。

　　这时，正在为老将军食宿犯愁的小杜，天真地想，既然到了老部下、军区司令员家里，那么就可以从那杂乱的小旅店搬到一个好的招待所住了，可是等了半天，那位首长连孙毅眼下住在什么地方，问也不问一声，更无留下吃顿饭之意，只好低着头在一边生闷气。

　　饱经沧桑的孙毅老将军，低头看了一下手表，时近中午，"体验生活"的任务已经完成，为了不使老部下到下班开饭时间再陷入难堪，便知趣地告辞了。

　　"看清楚了吧？当年鲁迅最痛恨的社会风气，现在已经浸入到了我们的司令部里，是何等的严重啊！"走出省军区大门的孙毅，感慨尤深地对小杜说，"这位省军区司令员给我们上了一课，这一课上得好哇！"

　　时至1975年11月，全军教导队队长在京郊长辛店军体队驻地集训。

　　全军各大单位参加教导队队长集训人员报到前一天，李达副总参谋长想到了孙毅，他拿起电话机对孙毅说："老孙呀，全军教导队队长集训马上就开始了，我提议你来担任集训队的总顾问兼指导，你看怎么样？"

　　"老战友，谢谢你的关怀和重用，我已是年过70的人啦，你看我还行吗？"孙毅兴奋地答话。

"行，怎么不行！明天你就去报到。"

"好吧，坚决服从命令！"

严冬的北京街头，滴水成冰，寒风呼啸，几天来的阴霾，雪霁日朗。这天清晨，孙毅早早起了床，他像战士出征一样，打起背包，扎上腰带，挎上军用水壶，迎着凛冽的北风走马上任了。

军内多年不举办这样的军事集训了，这次全军教导队队长集训队的队长是副总参谋长何正文兼任，副队长由总参军训部副部长张东桓担任。全队集训队员250人，编六个区队，每区队分三个班，各大军区队员均由副参谋长带队。

何正文队长对孙毅说："你年纪大了，就不给你分配具体任务吧？"

多年没有实际职务的孙毅，既然当了集训队的总顾问，不能不尽职守责呀。他一踏入集训队的大门，就是一个闲不住的人。

早晨起床号一响，孙毅就紧扎腰带，军容严整，跑步到操场，和大家一起操练立正、稍息、左右转法，走队列。他发现哪个人动作不符合要求，就耐心纠正，并亲自作示范动作。那威武潇洒的军人气魄和驰骋沙场的雄风不减当年。打靶时，他给大家报环数、糊弹孔，鼓舞士气。他在集训队的一日生活里，摸、爬、滚、打，和队员们一样，过着连队般的战士生活，出出进进，忙个不停。晚上，学员们已进入梦乡，他还戴着老花镜认真阅看训练简报，思考着改进训练方法，提高训练效果。

正当全军热火朝天地抓军事训练的时候，天空出现了乌云，"四人帮"刮起了"反击右倾翻案风"，李达副总长也为筹办全军教导队队长集训队而背上了"黑锅"，甚至有人责问："是谁把军阀作风的人弄到集训队当总顾问兼指导？"直至粉碎"四人帮"之后，人们才知道，原来这股阴风是从江青那儿刮起来的。

（赵勇田　仝玉林）

舍生离亲　不辞革命
——李志民血洒路口镇

1930年4月2日，我红五军第一、三、四纵队离开袁州，准备迁回湘赣边界再北上进攻江西的万载、铜鼓，不料行军途经莲花县路口镇附近的一条山路上时，突然与增援袁州的国民党朱耀华旅一部遭遇。军部令我特务大队迅速阻击敌人，等待后续部队赶到进行反击。我和大队长谢嵩立即分头带领部队抢先占领山路两旁的高地，进行阻击。

敌人凭借兵力上的优势，疯狂向我特务大队的阵地冲击，企图突破我阻击阵地，迂回到我军侧后，以便前后夹击，消灭我军于行军途中，战斗异常激烈，伤亡在不断增加。

我亲自在第一线上指挥作战，一面用我的马枪向敌人射击，一面指挥机枪排坚守阵地。机枪排长叶长庚打得十分顽强，他带领机枪排的同志冒着敌人密集的枪弹，打退了敌人的几次冲击，阵地岿然不动。突然，我感到像被人当胸击了一拳，忙用左手捂住胸口，低头一看，血从右胸部上衣口袋上一个破洞里涌出来，顺着手指缝滴洒在草地上，顿时脑袋嗡的一声，眼前景物一片模糊，我知道胸部已经挂彩。可是，大敌当前，身旁还有五名重伤员，责任感和理智使我镇定下来，不顾个人的安危，也不声张，照常指挥部队抗击敌人的进攻，掩护着重伤员。

正在这危急的时刻，忽听背后传来喊杀声和枪声，忙回头一看，原来是后续部队已经赶到，压在我心头上的一块石头落地了。这时，我才感到伤口疼痛，头脑晕眩，没有力气站立起来，但还隐约听得到枪声逐渐远去……

"狭路相逢勇者胜。"我后续部队一阵勇猛反击，敌人支撑不住，丢下辎重便仓皇溃逃，我军尾随追击了几里地，缴获很多。战斗结束后，后续部队才发现奄奄一息的我和我身旁的五名重伤员，马上紧急抢救。当时医疗条件很差，军医很少，又没有药，护士只能用棉花、纱布沾上碘酒塞进伤口消毒，然后用绷带把伤口包扎一下，就派民工用担架把我抬送后方医院。这时，我的伤口还没有完全止血，加上担架的颠簸，肺部枪伤的血水有的顺着创口往外渗，渗透了纱布绷带；有的血随着呼吸进入支气管，淤结成一小块一小块血块，从气管里呛咳出来，伤势越来越重。据医生后来告诉我，担架的颠簸虽然使我不能尽快完全止血，而且不断咳出淤血来，但在当时医疗条件不可能进行胸腔手术的情况下，把淤积在肺部的血块通过气管呛咳出肺部，避免了胸腔淤血过多，造成"气胸"，便于到医院后抢救治疗，反而挽救了我的生命，这真是"坏事变好事"了。

我们担架队一百多副担架经过几十里山路的颠簸，来到了莲花县城，民工们正在街上饭铺里打"中伙"（吃午饭），突然，传来了一阵急促的枪声，接着，国民党莲花靖卫团的一队团丁冲进了街道。民工们听到枪声后，有的抬着担架跑，有的撇下担架四处逃散。这时，抬我担架的两个民工已不知去向，我挣扎着从担架上坐了起来，呼唤民工来帮忙。正在这危急的时刻，从饭铺里跑出两个老百姓，他看到我负了重伤，便机警地连搀带抬地把我扶进了店铺后面的苎麻地里隐蔽。苎麻有一米多高，我躺在地沟里，敌人看不见。两个老百姓刚回店铺，敌人已冲到饭铺前，只听一阵枪响，我知道，来不及隐蔽的伤员已遭敌人的毒手，心疼得咬住了牙，两行泪水涌出了眼眶……

我躺在苎麻地里隐蔽了半天，忍受着伤痛、饥渴和悲痛的折磨，直盼着天快黑下来，好想办法脱离险境。

天终于渐渐地黑了，还渐渐沥沥地下起了雨。因为莲花县城曾被我红五军攻占过一段时间，当时城内虽然没有红军，但靖卫团怕遭到我地方游击队的袭击也不敢久留，在城里吃饱喝足之后，便吹起集合号，把队伍拉到城外去了。我在苎麻地里听到敌人的集合号声和脚步声已经远去，才挣扎着踉踉跄跄地走出苎麻地来到街上，敲开一户老百姓的家门。

一位五十多岁的老汉出来开门。我对他说："老表，我是红军的伤员，中午被白军冲散，抬担架的民工也找不到了，麻烦你带我去找县苏维埃政府好吗？"

老汉手持一盏小油灯上下打量我一番，看清我确实是红军的伤员，才细声地对我说："县苏维埃撤到城外去了，离城还有十来里。"

我愣住了。还有十来里地怎么办？我试探地问老汉："老伯，我这里人生地不熟，能不能麻烦你给我带个路？"

老汉沉思片刻，便爽快地答应："好，你稍等一会，我带你去。"

老汉回屋里向家里人交代几句，马上转身出门，掩上大门，就领着我向北门走。路上，他见我行走艰难，看出我的伤势比较重，便主动地搀扶着我。这时雨也停了，我们两人出了北门，走了十多里地，来到一座山下，老汉停住脚步说："你沿这条路走上山不远就是县苏维埃的地方，我不再送了。"

我感激地握住老汉的手，从口袋里掏出一块银元放在老汉的手心说："老大伯，谢谢你救了我。我身上还有一块钱，送你喝杯酒。"

老汉把银元又塞回我的手心，动情地说："同志，为红军带路是我应该做的，这块钱你留下养伤用。"

老汉一再推让，在我再三说服下，才收下这块银元，摸黑回莲花城去了。

莲花县苏维埃政府把我暂时安顿在县的临时医院里，这里名谓"临时医院"，实际上没有一名正式医生，只是一些群众组织起来临时看护伤员的地方。群众看到我的伤口经过沾碘酒的棉花、纱布一次次"消毒"，烧得肌肉发白，像小孩子嘴似的向外翻着，不断渗出血水，很是心疼，第二天清早马上四处去采草药来给我敷上。经过两三天的治疗，总算止了血，县政府又派了担架把我连同近几天收容的几十个伤员一起，组成了一个担架队，向永新县澧田南面山区里的后方医院转移。在转移途中，一百多里的崎岖山路全靠江西老乡抬着我跋山涉水，给我洗伤口、敷药，照料我吃饭、喝水、大小便，才使我能安全到达红军后方医院养伤，把生命保全下来。江西老根据地革命群众的恩情，我终生难忘。

我养伤期间，1930年6月10日前后，红五军在湖北大冶、阳新边界的刘仁八召开了军委扩大会议，由从上海参加全国苏维埃区域代表大会和红军代表会议归来的滕代远、何长工分别传达两个会议的精神。立三路线占统治地位的党中央提出红军的总任务是"配合工人、农民和士兵的暴动，争取革命暴动在一省与数省首先胜利，直到全国政权的夺取"，要求红军"要集中进攻交通要道、中心城市、消灭敌人主力"。为完成上述任务，中共中央和中央军委指示，正式成立中国工农红军第三军团和第三军团党的前委，由彭德怀任总指挥和前委书记。红三军团下辖第五、第八两个军，红五军由原红五军第一、二、三、四纵队改编为两个师四个团，三军团司令部兼红五军司令部；红八军由原红五军第五纵队扩编为两个师四个团；到了八月间，原红五军第一纵队又与湘鄂赣边境独立师及平江、岳阳、修水、铜鼓等县赤卫队编为红十六军，也属红三军团建制。其实当时红五军仅八千人，与三团建制的一个师人数差不多，这种所谓"扩编"，只是虚张声势，搞空架子，浪费干部而已，并不能真正提高部队的战斗力。军委扩大会议后，7月3日，彭德怀即率红三军团主力乘岳州敌军调往防守武昌，岳州城内守敌空虚之隙，攻占岳州，歼敌约二个营，缴获大批弹药、粮食和军用物资，其中有75野炮四门，山炮十二门，自此，红三军团便有了炮兵。

7月15日，红三军团回师平江进行休整，准备进攻长沙。22日，湖南军阀何键调动三个旅的兵力，分为三个梯队，摆成一列长蛇阵直犯平江，企图一举消灭红三军团，保住长沙。彭德怀闻讯即率部在离平江城三十里的瓮江镇设伏，因敌人未敢贸然前进，第二天，红三军团即向敌人发起反击，于金井地区击溃来敌，并乘胜推进，于27日攻占长沙，俘敌四千余名，缴获山炮二门、迫击炮二十门，枪三千余支，弹药、物资甚多，取得了我军八千人打败三万余优势敌军的辉煌战果。攻占长沙的胜利是彭德怀利用敌军进攻部署上"长蛇阵"的弱点，集中优势兵力各个歼敌、乘胜攻城而取得的胜利。这个胜利并不能掩盖立三路线的错误，也挽救不了立三路线的失败。

8月6日，敌人以五六个师的兵力对长沙进行反扑，因敌众我寡，红三军团主动撤出长沙到平江、长寿街休整。红三军团占领长沙11天，筹款40万银洋，解决了全军的被服、医药等困难，全军官兵都脱下破旧军装，换上了崭新的军装、大盖帽；破旧的武器、装备也全部更新，并把多余的武器武装了地方部队，部队面目焕然一新，军容更加严整，军威更壮。在此期间，红三军团还将没收帝国主义和土豪劣绅的许多财物分给贫苦群众，放出了几千名政治犯，处决了一批反革命分子，人心大快，群众热烈拥护红军，许多工人、城市贫民和郊区农民踊跃参军，俘虏兵经教育后也有一部分参加红军，共扩大红军七八千人，红军声威大震。7月下旬，我在医院听到一个个捷报，真是欢欣鼓舞，伤才初愈，就积极要求返回部队参加战斗。当时，立三路线的错误领导者认为全国革命高潮已经到来，要求组织中心城市的武装起义和集中全国红军进攻中心城市，从中央到各省、边区都将党委和青年团、工会的各级领导机关合并为准备起义的各级行动委员会。所以，我要求归队时因部队还在长沙，组织上就要我先到江西省委西路行动委员会去暂任干部大队大队长兼政治委员，参加西路行委组织的攻打吉安的行动。

江西省委自1929年11月至1930年8月下旬，先后对吉安城发动过八次进攻，每次进攻都动员地方武装和群众几万人至十余万人参加。但吉安位于赣江、潇水之滨，三面绕水，有赣江、潇水作为天然屏障，而且吉安是赣江流域一个中心城市，城墙既高又坚，守敌兵力充足，总是愈攻不下。1930年1月，毛泽东率红四军越过武夷山从福建进入江西境内，2月到达广昌，也曾决定要攻打吉安，后来根据实际情况改变了计划，仅留下《减字木兰花·广昌路上》词"命令昨颁，十万工农下吉安"的豪句。这次动员攻打吉安，可能是第七次或第八次的行动。我7月底到永新县城的西路行委报到后，行委的领导同志告诉我，所谓干部大队大多是刚出医院尚未归队的伤病员组成的，大约有一百多人，此时大部分已分散到群众中去做宣传发动工作。他们要我留在行动指挥部兼任秘书长，负责了解各县动员情况和起草文书、电报等工作。

这次攻打吉安的行动，红军主力部队很少，只有红五军第三纵队三四百人作为骨干，其余的都是农民赤卫队，号称二十万大军，实际上只有十几万人。发动总攻这一天清早，十几万农民赤卫队从永新、莲花、安福、泰和等各县革命根据地，打着大大小小无数红旗，个个扛着梭镖、大刀、鸟枪或担架，浩浩荡荡向吉安城进攻，但都被阻于潇水和赣江岸边。敌人在对岸固守，用火力封锁着江面，使十万大军无法渡江。三纵队虽然也在岸边向对岸敌人打了一阵，但火力毕竟太弱，根本无法压住敌人的火力，掩护大军过江。十几万赤卫队员只能在岸边呼口号、摇旗呐喊示威，毫无用武之地。就这样搞了一天，到了傍晚，便各自散去，我也和指挥部一起返回了永新。

这次也可谓"十万工农下吉安"的行动，表面看来轰轰烈烈，声势浩大，但实际上如同儿戏。因为没有坚强的红军主力作为骨干，没有经过训练的农民武装，光靠摇旗呐喊是不能取胜的。这次行动给我留下了深刻的印象，既感到群众革命热情的可贵可佩，也感到立三路线主观主义、冒险主义的幼稚可笑。

我回到永新县城后，听说红三军团已经回师浏阳，归心似箭，便与伤愈出院的红五军第三纵队司令彭遨相邀，向西路行委说明我们要回湖南找部队，顺路请个假探家。经行委同意后，我们一起离开永新返回湖南。我们到了浏阳县城后得知部队在永和市，两人便暂时分手，彭遨回平江探亲后转永和市，我也先回家看一看再去找部队。我途经双坑村时先去看望生父、生母和两位哥哥，在生父家休息一下。老乡们知道我回家乡，都来看我，把一间小厅挤得满满的；我养父闻讯，也赶到双坑来接我，那时他已是七十多岁的人了，一年多不见面，老人家显得苍老了许多。他见了我的面，拉住我的手直掉泪。我吃了午饭，就同养父一起回西坑家，路上碰到高坪区的干部。大家都很高兴，他们边走边谈全区打土豪、分田地的情况，翻身做主人的兴奋心情溢于言表。

我刚从游击队调到红五军工作时，因部队还在家乡一带活动，偶尔也回过几趟家，自1929年8月调随营学校工作后，离家越来越远，一年多没有回过家，现在看到家乡的山，家乡的水，感到特别亲切，几天来旅途跋涉的辛劳早已忘掉了，真似脚底生风，很快就到了西坑村口。这时，在我家门前的池塘边和大门口已站满了乡亲，他们知道我已到了双坑，都到我家门前等我，表示欢迎。我年迈的母亲一手牵着我五岁多的大儿子清启，一手牵着我三岁多的二儿子兴启站在门前；妻子刘氏怀抱着我远离家门后不久才出生的小女儿站在母亲的身旁，她们都为我突然归来感到欣喜也感到心酸，在门前已经伫立凝望许久，激动的泪水沾湿了衣襟。一年多不见，两个儿子都长高了，好像已不认识我，瞪大了一双水灵灵的眼睛惊奇地瞧着我，我一把抱过二儿子兴启，亲着他的小脸蛋，一种未能尽到父亲和丈夫、儿子责任的负疚心情，促使两行泪水顺着脸颊滚落下来。这时，周围的乡亲都围拢过来问好，我忙转过身来招呼大家进屋坐坐，感谢乡亲们对我家的关怀照顾。不久，乡亲们陆续散去，我和父母亲、叔叔以及妻子、儿女才坐下来团聚叙谈。由于"马日事变"后我家被敌人抄了三次，父亲、叔叔坐了牢，本来就穷的家更穷困了。这一年多来，随着革命根据地的巩固和发展，家里生活有了些改善，但仍然很苦。我把身上仅有的三块大洋交给了父亲，看到家里一把雨伞已破烂不堪，把我自己用的一把雨伞留了下来，我全身仅有这一点"财产"，全都给家里了，算是尽了一点心意吧。

我在家住了三天，到高坪一次看望了亲戚朋友，便匆匆赶到永和市找部队。没想到，这一次离家，竟是我与全家人的永诀。

（李志民）

浩然正气　忠烈献身
——毛泽民牺牲前后

"七天七夜"里的回合

　　一叠又一叠的审讯记录，不能使盛世才捞到半根稻草；受尽酷刑、伤痕满身的毛泽民，依然镇定自若；他那字字千钧的答辩，不屈不挠的斗志，气得盛世才一伙暴跳如雷，却又手足无措……

　　盛世才这个大恶棍，终于使出了他的最后"绝技"。

　　一天一夜，又是一天一夜，毛泽民没有合过眼，已经到了疲倦不堪的程度。他偶尔一合眼，敌人就马上用烈性刺激药阿姆尼亚刺激他，这种药只要一放到鼻子前面嗅一嗅，那种难忍的刺激气味，简直就会令人无法抵御，敌人不惜用这种残暴的手段对付毛泽民。

　　一天、两天、三天、四天……除了每天被带出去吃三顿饭以外，一天二十四小时，毛泽民就坐在那把椅子上"受审"，受阿姆尼亚的刺激。

　　白天、黑夜、黑夜、白天……毛泽民眼前的"审讯官"换了一个又一个；长脸、圆脸、白脸、黑脸，数不清换了多少张嘴脸……

　　但是，毛泽民心里清楚，每换一次，就是过去了四个小时。每换两次，就是过去了一个白天或者一个黑夜。

　　一连几天几夜，敌人不许毛泽民合一下眼皮，毛泽民觉得自己的身体像是一摊泥堆在椅子上一样，浑身不停地流汗，头晕、目眩、口干、舌燥……他靠在木椅上，总觉着是坐在小船里，在无边无际的海面上漂漂荡荡，没有航线，没有目标，无休止地摇晃着……

　　毛泽民无力地坐在椅子上，看着眼前的"审讯官"，觉得他就像个醉汉，摇头晃脑、指手画脚，一会儿龇牙，一会儿笑，一会儿满脸凶相地瞪着眼，一会儿令人作呕地咧着嘴……

敌人说什么，毛泽民已经听不清了，他只觉得一阵阵"嗡嗡嗡嗡"的声音在耳边响来转去，愈发变得很微弱……

渐渐地，毛泽民只能看见那"审判官"的嘴一张一合……

渐渐地，毛泽民已看不见"审判官"的鼻子、眼睛了……

渐渐地，毛泽民只能模模糊糊地看见那一张张脸，一会儿像个饼子，一会儿又像个坛子，一会儿像个西瓜，一会儿又像个倭瓜，无穷无尽地变幻着……

后来，在毛泽民的眼前，似乎什么也没有了，一切都平静下来，人世间的喜、怒、哀、乐都不复存在了，连毛泽民自己也溶化了，溶化在一个没有颜色的空间里了……

突然，毛泽民的胸中像炸开了一样疼痛。疼痛把毛泽民从那个"没有颜色"、没有生命的空间里一把抓了回来。

毛泽民猛地睁开眼睛，有人正将一只瓶子塞进他的鼻孔。

"又是阿姆尼亚！"毛泽民激愤地抬手拨开瓶子，他拒绝敌人对自己进行这种强烈的刺激。

"姓周①的，清醒些了吧？现在我们继续办公了！"随着这阴阳怪气的说话声，从毛泽民对面传来一阵狞笑。

"你们这些惨无人道的畜生！"毛泽民一字一顿地说了一句，便毫无力气地靠在椅背上不动了。

昏昏沉沉之中，毛泽民觉得什么都不存在了，没有痛苦，也没有思想，头脑中干干净净，似乎是一片空白……

只有阿姆尼亚的刺激，才能让他一次又一次地恢复了知觉。至于审讯他的人，已经换了多少次，审讯的时间，已经过去了多少小时，他早已无力顾及了。由于阿姆尼亚的刺激，他的精神愈发疲惫，头脑常处在昏迷之中，可是他的眼睛愈发合不上了。就这样，毛泽民睁着大大的眼睛，却是看不着一切，不知过了多久。

敌人看到毛泽民这个样子，一阵欣喜若狂，他们觉得时候到了。因为，他们整整六天没让毛泽民合眼了，再有意志的人也无法控制自己了，就是他想不"招供"也办不到了。

---

① 毛泽民在新疆的化名—周彬。——编者注

这时，敌人布好了阵势，大大小小的"审讯官"又都撇着嘴、叼着烟神气起来了。待他们都坐好，记录员准备好纸和笔以后，敌人才把毛泽民带到审讯室。

敌人说："你把'阴谋暴动'的事实说一说。"

"我答不出来，我需要休息几天，再想一想。"毛泽民无力地回答。

敌人问："事实怎么样呢？"

"并没有事实。"毛泽民答。

敌人又问："既然没有事实，你还想什么呢？"

"我想共产党人一般不应该做这样的事。"毛泽民回答。

"如做了怎么呢？"敌人冷笑道。

毛泽民使劲儿地支撑着自己的身体说："应按法律制裁。"

"你这样说是很愚蠢的。大丈夫应敢作敢当，你如自白，政府可以宽大。今天非得把事实说了不可，你如果说事实没有，可以给你拿出证据来。"敌人一面劝诱，一面紧逼着毛泽民。

毛泽民感觉到自己的头脑很不听使唤，想听敌人说了些什么，头脑里老是转不过弯儿来，他使劲儿地想："刚才他们说了些什么？"可是只有一点儿印象。敌人说拿出证据来，那就拿出证据来吧。毛泽民这时说："请你们把他们的口供拿出来给我看。"

"拿出来给你看看是不能的，我告诉你，孟一鸣已经诚恳说出了'四一二阴谋暴动计划'是怎么样的？"敌人又在进一步威胁毛泽民。

毛泽民说："本来没有，我没有做过这样的事情。"

只一瞬间，毛泽民又身不由己地忘记了一切……

一阵刺人的气味，呛得毛泽民的头又剧烈疼痛起来，浑身的汗就像水洗的一样。知道疼痛，这就证明自己是苏醒过来了。毛泽民在心里提醒着自己，只听有人说道："这样，你的问题能解决吗？"

"不——能——的——"毛泽民吃力地回答。

"你为什么不说呢？还等第三国际派人来才能说吗？"敌人问。

毛泽民答："苏联应当派人来，因为有他们许多人。"

"法庭对你尽情尽理，你不应该这样说，你们破坏中国抗战后方，就按中国法律办。"敌人说。

"……"

敌人问："徐杰能做不能做呢？"

"他也不能。"毛泽民回答。

"他如果能，怎么办呢？"敌人又拿出一套姿态。

毛泽民回答："可以对质。"

"政府对你尽情尽理，你应表示诚意。"敌人说。

……

毛泽民根本没有听到敌人的话，虽然他一直睁着眼睛，一动不动地呆坐在椅子上，可他的头脑又进入了一片空白之中。

敌人知道毛泽民是又昏迷过去了，立即叫人给他闻阿姆尼亚。

"政府对你尽情尽理，你应表示诚意。"敌人又说。

突然的头痛、胸闷，使毛泽民连说话的力气都没有了。他张了两下嘴巴，用尽全身的力量对敌人说："我——现在不能说，准许我休息几天，我写。"

"'四一二暴动'怎么回事呢？"

"我不知道。"

敌人又逼近毛泽民继续追问："旁人有没有呢？"

"我不知道，因我未参加。"

"你一个人怎能否认事实呢？"

"请法庭想怎办就怎办吧。"

"你说没有，徐杰怎说有你呢？"

"我不知道。"

"你今天无论如何，也非得把事实说出来不可。"敌人已经无可忍耐了。

毛泽民感到一阵昏昏沉沉，他稀里糊涂地答道："我可以想一想。"

"你想，应先把事实原则说一说。孟一鸣、徐杰他们都说了，你为何不说呢？"敌人问毛泽民。

"我，我得把他们的看看。"

敌人听了觉得有希望，立即装出笑脸来，对毛泽民说："好，现在就把徐杰的签字给你看看，法庭并不欺骗你，请你不要……不要吃苦。"

"我，我请张副处长，就是要求休息几天。"毛泽民说。

谁知敌人又马上把话题转到在领事馆开会，研究"阴谋暴动计划"的问题上来了。

"我来问你，领馆开会有没有？"敌人的眼中射出贪婪的目光。

"没有的事情。"毛泽民的心里努力提醒着自己。

"你如果这样固执，可不怨法庭。"敌人厉声说道。

"我自己没有，为什么有这样的事，我简直不懂。"毛泽民回答。

敌人又说："你还糊涂？再把'四一二暴动'的事给你看看。"

"我得想想再写。"毛泽民说。

"你想可以，但是得先把事实说出来。"敌人似乎觉得在此时此刻也许有根稻草可捞，于是便步步逼近。

毛泽民疲惫不堪，精神恍惚，他无可奈何地对敌人说："请再准我三天，想想。"

"孟一鸣脱党宣言都写出来了，你为何这样愚呢？你应当走在前头才对。"敌人一边说着，一边拿出一份材料，随后递给毛泽民看。这时，敌人又接着说："你看看是他写的不是？"

毛泽民实在累得不行了，他感觉到自己的身体很快就要爆裂似的，憋得连一点儿气都透不过来了。但他还是强迫自己：要认真看一看军警举在自己面前的材料上是不是有徐杰亲笔签字的"供词"。

谁想，毛泽民左看右看，材料上的字就是小得可怜，让人根本看不清楚，特别是"徐杰"签名的那两个草体字，好像满纸都是，而且那两个字就像是活的一样，在左右摇摆，来回晃动……

到底是不是徐杰本人的签字呢？毛泽民既看不清，也说不清，又像是徐杰本人签的，又不像……毛泽民再也没有力气往下看了，他知道自己已经累糊涂了，实在坚持不住了，一会儿摇摇头，一会儿又点点头。

"你还怎样？"敌人追问。

毛泽民一动不动，只说了一句："我得想想。"

"准想五分钟。"

"我——今天没话说。"毛泽民依然无可奈何地说。

"那不行，原则的问题，非说不可。"敌人露出狰狞的奸笑。

发自内心的愤恨，使毛泽民坚强地回答："不要逼我。"

敌人哪管这些，又继续逼问毛泽民："'四一二暴动'，领馆开会到底是怎么一回事？"

毛泽民没有反应……

敌人又一次给毛泽民用了阿姆尼亚。然后，又重复问道："'四一二暴动'，领馆开会到底是怎么回事？"

"我现在记不清我应说的话，请再给我三天的时间。"

敌人又紧逼一步说:"你如果将原则说出来,可以给你时间去想。我希望你今天忠实表示态度,法庭对你是十二万分的诚恳,徐杰、孟一鸣写的并不是假的吧,究竟你愿意诚恳不呢?"

"愿意诚恳,只请给我一条路……"此时毛泽民的声音已经小得听不清楚了:"许我想三天。"

看到毛泽民被他们折腾得几乎处在半昏迷的状态之中了,敌人开心极了,他们皮笑肉不笑地对毛泽民说:"请你再不要说这样话,这样怎算诚恳呢?"

"我写我在新疆工作这几年,请再给我几天时间。"

敌人又说:"政府叫我屡次和你来谈,你也应该感激的,你说三民主义也信仰,对政府也忠实,对领袖也拥护,这样还算诚恳吗?周先生,我劝你要拿出良心来,真正把你诚恳二字表示出来,你只向法庭抗辩是绝不可能的……你如果……回到'三民主义'的旗帜下,政府是爱护你这个干部的……你又为何不说呢?"

"因为这个问题太大,他们为什么会参加这个事情,我不知道,我是没有前途的了。"经过了一小段时间的沉默之后,毛泽民缓慢地回答。

敌人又继续诱追说:"怎么没有前途呢?你如果拿出诚意,督办就可以保障你,督办可以和你讲话。你如果不诚恳,那就没人和你讲话。"

"那想怎办就怎办吧。"毛泽民回答。

"怎么办,就看你诚恳不诚恳。你到底是怎办,是至死不说吗?"敌人追问。

毛泽民不回答。

敌人怒不可遏地继续用阿姆尼亚刺激和逼迫毛泽民。

"不是的。"毛泽民的声音很微弱。

敌人又在继续追问:"那你为什么呢?你究竟是要想什么、写什么,说出来,可以叫你想去。"

毛泽民回答:"我想就是想李一欧他们,为什么会有这个事实?"

"你如果总这样说,法庭怎么能许可呢?"敌人威胁着。

"……"毛泽民没有回答。

"你必须说!"

毛泽民依然没有回答。

……

299

毛泽民已经奄奄一息了。

敌人仍然残酷地毒害他……

不知过了多久，毛泽民才又恢复了知觉，不知怎的，他耳边"嗡嗡嗡"的响声越来越大，使他感觉到自己正置身于什么轰隆巨响的机房里一样，震得心肝五脏仿佛都要碎了一般。敌人说什么，他就听不见了。

"你如果总这样说，法庭怎能许可呢？"敌人凑近毛泽民的耳朵说。

这回，毛泽民终于听见了，他说："那就没办法。"

"颠覆政府暴动的事怎样？"

毛泽民心里明白，但是他说话的声音很微弱："我没有参加，不知道。"

敌人又叫嚷起来："事实非说不可，不说是不行的。你如果把八路军办事处开会、领馆开会的事说有，具体事实可以想想。"

毛泽民见敌人步步紧逼，气得要命，真想跳起来狠狠地怒骂他们一顿，可是整个身体沉重难当，好像根本就不是自己的一样，动也动不得半点儿。

"没有的事我怎说呢？"毛泽民用了所有的力气说着，但还是含糊不清。

敌人当然没有听清，又追问了一句。

"没有的事我怎说呢？"

这下可把敌人惹火了，连说话的气力都没有，快要断气的人了，嘴还那么硬："告诉你，不说你要吃苦，吃苦后也得说出来。"

"我晓得，我……得想想……"

敌人无奈，面对着毛泽民只好说："你想的是什么呢？现在你说不说，让你考虑五分钟。你如果将原则说出来，就叫你想去，绝不为难。"

"为什么不能允许我想去呢？"毛泽民的声音已经小得快让人听不见了。

敌人发疯地冲着毛泽民的耳朵说："你！因为你没有诚恳的基础，你非得把原则说出来不可！"

"……"毛泽民只是张了张嘴，就没有任何反应了。

毛泽民此时呼吸已经很微弱，早被折磨得昏过去了。恶魔一般的敌人对毛泽民气得要死，恨得要命，他们发狂发疯地将死人一般的毛泽民拖下去继续用刑。

在"刑死勿论"的条幅下，伴随着疼痛刺骨的皮鞭声和各种刑具的撞击声，敌人发出一阵阵狂笑……

残酷的毒刑，倒使毛泽民从昏迷中又一次苏醒过来。他默默无言地忍受着这非人的折磨……

对毛泽民一分钟也没有停止过的审讯及施刑，已经进行了整整七天，盛世才还不肯放过他。盛世才花样翻新，又开始施展他的新"招术"。

受刑过后，敌人把毛泽民重新带回那间干净的小房子，又让他坐在那张有靠背的椅子上。这回的审讯官，说起话来可是一团和气，也不再审讯了。

毛泽民不知不觉地又进入了一个幻觉的世界，好像不曾有过什么痛苦，周围是一片空空的平静……

"噢！周厅长，你太疲倦了，你应该马上睡觉了！"

毛泽民迷迷糊糊的，好像听到了一个八个月以来一直没有听过的亲切呼唤，这呼唤正好与他的幻觉重合了……

迷蒙中，毛泽民感到自己确实太累了，是该睡会儿了。

"周厅长，这份文件你已经看过了，签个字吧，签好就去睡！"

毛泽民听到了从对面传来的这句话，他仔细辨听，但神智依然恍恍惚惚……

瞬间，有一支打开了笔帽的钢笔已经塞到了他的手里。

紧接着，又一只不知从哪儿伸来的手，扶住了他的手和笔，好像马上就要帮助他签字一样。

啊，又是那个声音，似乎从远处传来，又好像就在耳边："就签在这儿吧，对，周——彬——！周——"

"啊？什么文件？我没看怎么能随便签字呢？"毛泽民心里一惊。

他想睁开眼睛看一看，到底是什么文件，看完了才能决定要不要签字。可是，毛泽民的上眼皮就像压着两座大山一样，凭怎么用力也抬不起，睁不开，脑子里就像灌了糨糊一样，发死、发僵……

"到底是什么文件，我还没来得及看呢？"毛泽民又一次强迫自己使劲儿地想。

可他想着想着，大脑里又是一阵轰鸣、一阵麻木、一阵疼痛，他真的有些无法控制自己了……

就在这时，毛泽民又感到自己的手被抓到一块硬板子上……

"不好！"

毛泽民猛然间明白了：数十天来，自己不是一直在被敌人审讯吗？怎么一下子糊涂起来了？有什么文件呀？分明是敌人又在捣鬼！我一定要坚持住，一定不能丧失理智，要清醒，要清醒啊！

毛泽民终于睁开了眼睛，啊，眼前的一切让他惊疑：李英奇怎么又亲自出马了呢？

毛泽民再低头看看自己的手下，板子上铺着一张白纸，"关于'四一二'阴谋暴动案的自首"一行大大的标题，当即映入他的眼帘……

毛泽民顿时双眉紧蹙，怒发冲冠。他一把抓过来那满纸假口供的"自首书"，几下撕个粉碎。

"卑鄙！"毛泽民说着，气愤地将手中撕碎的纸屑和那支钢笔一同朝李英奇的脸上拽过去。

李英奇下意识地后退了两步，又穷凶极恶地扑了上来，忙吩咐军警将已经毫无力气的毛泽民拖进了刑讯室。

刑讯室中，盛世才那"刑死勿论"的条幅下面，端坐着杀气腾腾的李英奇。

在李英奇的左右，恶煞神一样的两排匪徒，光着膀子、叉着腿在匪徒们身旁，摆满了血迹斑斑的数十种刑具……

"姓周的，识相些，已经到了这个地方，你也该清醒了！说！你招不招！"李英奇拍着桌子，拼命地号叫。

毛泽民答道："你们捏造假案，陷害共产党人，要招的——是你们！"

呼啦一下，匪徒们从四个方向朝毛泽民扑来，挥动的皮鞭，上下不停地飞舞着；一声声鞭响，冷飕飕，凉冰冰，落在人身上却是火辣辣……

顷刻间，毛泽民身上的衣服被抽飞了……

狠毒的皮鞭，依然在毛泽民的身上不停地抽打着……一道道皮鞭，在疯狂地吞噬着毛泽民的肌肤，无数道细细的血流，迅速地流淌下来……

毛泽民紧闭双唇，一言不发，两道喷着火的目光，直直射向李英奇。

李英奇跳着脚，挥动手臂。

一帮匪徒立即冲上来，开始给毛泽民灌辣椒水……

毛泽民身上的汗水、血水立刻和辣椒水混在一起。

李英奇又连连挥动魔爪。

又一伙匪徒冲上来，把毛泽民的双臂绑吊在屋梁上，刑罚"坐飞机"……

盛世才的刑具，五花八门，足有二百种之多，甚至连古时野蛮时代的刑具都一同施用。不仅如此，还要一分钟不停地活活折磨人七天七夜，并用烈性药物阿姆尼亚刺激人，真是残忍到了极限！

对于这种法西斯一样的暴刑，毛泽民后来曾这样说："我搞革命先后被敌人捕获数次，敌人的刑罚也尝试了几回。当年在武汉敌人曾以枪弹拨我肋骨，但是那刑罚一咬牙就成过去。此次受刑是七天七夜不许睡，还时时遭受阿姆尼亚的烈性刺激，委实残暴已极。"

……

毛泽民忽然又失去了痛苦、失去了知觉……

面对一次又一次的酷刑毒打，面对敌人的阵阵淫威，毛泽民只要是清醒的时候，尽管浑身肉绽骨露，他的嘴角上依然挂着对敌人那种轻蔑的冷笑。

"不可思议，真是不可思议，这个人简直是铁打的，不是肉长的！"

这会儿，该轮到李英奇出汗了。

盛世才再也无计可施、无刑可用，他无可奈何又将毛泽民带回了第二监狱。

"判决书"中的奥秘

盛世才的招数差不多用尽了，可还是没有撬开毛泽民的嘴，审讯了好几个月，没有一点儿结论。怎么办呢？又如何向重庆的蒋介石交代？

诡计多端、阴险狡诈的盛世才，绝不甘心败在中共党人的手里。所谓的"共产党'四一二'阴谋暴动案"，他不管毛泽民、陈潭秋承认不承认，照样下命令拟定公布"判决书"。

于是，这个蒋介石派来的季源溥，从1943年5月底开始，"煞费苦心"地干了一个多星期，终于炮制出了所谓的"共产党'四一二'阴谋暴动案"的"判决书"。同时，王德溥、朱树声也分别炮制出了"杜重远阴谋暴动案"和"阿山案"的"判决书"。

为了这个"共产党'四一二'阴谋暴动案"的"判决书"该如何引用法律条文，这个季源溥可真是搅尽了脑汁。

开始，他想到了《危害国民紧急治罪法》。可是，第二次国共合作以后，此反共法令业已被废除。想来想去，费尽心机也找不到适合于徐杰和周彬等中共党人的"罪状"。最后，还是郑大纶想到了引用《刑法》中的"内乱罪"一条文，他便特意找来《刑法》送于季源溥。

于是，季源溥便将"共产党'四一二'阴谋暴动案"和"杜重远阴谋暴动案"套以"内乱罪",将"阿山案"套以《刑法》中的"外患罪",给蒋介石和盛世才迫害中共党人的丑恶行径,披上了一件"合法"的外衣。

在编写"共产党'四一二'阴谋暴动案"的犯罪"事实"和"证据及所犯法条"之前,又加上这样两句话:"右开被告徐杰、周彬等内乱案,业经审讯终结,兹将犯罪事实,证据及所犯法条,开列于后。"

请看,所谓"犯罪事实",又是何其荒唐:

> 徐杰①、周彬系在新疆策划和指挥共产党人李一欧(注:李一欧根本不是什么共产党人,原是盛世才的政训处处长)、孟一鸣等二十多人组织暴动,意图颠覆新疆省政府的首谋者。
>
> 在徐杰、周彬的指挥下,李一欧召集和主持秘密会议数次,决议定于民国三十二年四月十二日在广场召开群众大会时,实行武装暴动。首先由自卫队上台将盛世才卫队缴下枪支。推定李一欧刺杀督办盛世才,孟一鸣刺杀参谋长汪鸿藻,潘柏南刺杀民政厅长李溥霖,刘西屏刺杀财政厅长彭吉元,李啸平刺杀教育厅长程东白。同时航空队派飞机在大会领空示威,散发传单,另派人率领武装分别占领督办公署、省政府及邮电、银行、仓库等各机关。暴动成功,即组织新的新疆新政府,推徐杰、周彬为负责人。
>
> ……

还有所谓的"证据和所犯法条",更是欲加之罪,何患无辞:

> 以上犯罪事实,徐杰和周彬虽坚不承认,但经讯问李一欧、潘柏南、刘西屏、李啸平等人,对于在徐杰、周彬的策划和指挥下,如何召开秘密会议,决定举行暴动、刺杀以及成立新政府,推徐杰、周彬等为负责人的经过,均供认不讳,核与事实相符,罪证确凿,不容推卸。
>
> 核其所为,被告徐杰、周彬等二十余人,触犯了《刑法》第二章"内乱罪",应依法予以判决。
>
> 判决书判处徐杰、周彬、林基路死刑,李一欧、孟一鸣、潘

---

① 陈潭秋在新疆的化名。——编者注

柏南、刘西屏、李啸平无期徒刑，其余被告三年以上、十五年以下徒刑。

致此，季源溥将以上"判决书"分别交李英奇、李溥霖、彭吉元、盛世骥阅后，分别签字盖了章。

此时，"杜重远阴谋暴动案"和"阿山案"的"判决书"也同时炮制出笼了。

在炮制三个"判决书"的过程中，由郑大纶统一拟写报告，并以盛世才的名义请示蒋介石批准执行。其中，详细列举了各案的所谓"案情"，最后还加注："以上三案的犯罪事实，均经审讯，被告自白不讳，核与事实相符，徐杰、毛泽民虽坚不承认，但经对质审讯，证据确凿，理合检具三案的判决名单，报请钧座审批指示，以便执行。"

该报告写好后，郑大纶当即以快邮代电报的形式送呈重庆。

其实，重庆赴新疆"审判团"的活动，于5月底就结束了。6月5日，郑大纶又拟出了《徐杰等危害民国案审问人犯一览表》，封面注明共有79人，其中有共产党人陈潭秋、毛泽民、林为梁（化名林基路）、李宗林、马殊、徐梦秋、潘同（化名潘柏南）、刘希平（化名刘西屏）、黄义明、吉合、李涛、申玲（女）和王义福等15人。可在敌人所谓的"判决书"中却说是有20多个中共党人。

6月7日，盛世才亲自给蒋介石写了一封信，他在信中说：公布中共叛徒徐梦秋、潘同、刘西屏等人的"脱党宣言"；公布通缉逮捕邓发（化名方林）、张仲实、王宝乾（化名赵实）、陈培生（化名刘进中）夫妇及萨空了等人。

盛世才将此信交给王德溥等人之后，一再嘱咐，等回重庆时要面交蒋介石。

6月11日，王德溥、朱树声、季源溥在返重庆登机之前，给蒋介石的电报中写道："职等工作上月底即已竣事，初由盛督办代请饬拨专机未果，继又代商搭乘中央航空公司邮机；兹于本日起飞，所有会审各案呈报文件暨盛督办亲笔函禀，一并由职等赍呈钧览，谨先最陈。"

需要说明的是，重庆赴"新疆审判团"一行四人，就是这样既准确无误地遵循了蒋介石的训导，又正合上了盛世才的意图。如期地完成了新疆一行的使命，他们带上了所有会审各案呈报给蒋介石的文件，带上了盛世才所赐的土特产和嘉许，起程飞回重庆去了。

6月16日晚上9时，王德溥等来到蒋介石侍从室主任陈布雷处，呈上了盛世才亲报蒋介石的"共产党'四一二'阴谋暴动案"，"杜重远阴谋暴动案"和"阿山案"及"盛旅长被杀案"共计18件，加有皮夹一只。陈布雷接手后，又很郑重地交给了侍从室第二处第六组组长兼军统局帮办唐纵。

唐纵于6月21日办理"三案"，费了两天两夜的时间才办理完毕。其中定论了"共产党'四一二'阴谋暴动案"的参加者有厅长3名、军事高级人员20名、团长8名、行政高级官员14名。此案的发生原因定论为：由盛世骐之妻陈秀英与萧作鑫通奸后，由陈秀英击杀盛旅长之事而发生。

送走了蒋介石的审判团之后，盛世才的心里很是得意。此时此刻，他的心里只盼着蒋介石的回音了。

......

中国共产党人虽然被关押在那阴森可怕的牢笼之中，但他们的斗争一直没有停止过。

6月底的时候，整个第四监狱的各个牢房之间，已经秘密联络好，他们决定搞一次有组织的联合绝食斗争。男监由方志纯、刘护平和李云扬为领导核心的学委会领导；"养病室"由李宗林和乔国桢领导；女牢自始至终都以张子意为首，并以谢良、朱旦华、杨锡光、伍乃茵、沈谷南、刘勉等领导核心的学干会领导和组织。

各监牢一致提出，这次联合绝食斗争应提出绝食的目的和要求，还有复食的起码条件以及抗议书的写法。经过各监狱的多次联系和商讨，终于取得了一致的意见：

绝食斗争的口号是严正要求盛世才立即宣布无罪释放我们，并送回延安，否则立即举行有人民群众代表参加、有新闻记者旁听的公开的法庭审讯；法庭上允许我们当众申述，反对任何非法的秘密审讯。

复食的起码条件是：盛世才本人亲自派人答复或立即宣布无罪释放或举行公审。

《抗议书》按商讨一致的意见，由各监牢自拟。

......

7月1日，蒋介石真的如期给盛世才回了电报，并且是特急密电："六月七日手函及各电均悉，各案犯分别判刑已另代电指复照准。函陈各点；（一）关于中共党员之脱党宣言此时暂勿宣布为宜；（二）关于惩办暨通缉事项，除萨空了一名业已受捕，方林、张仲实、王宝乾、陈培生夫妇已通令密缉外，余人暂缓处办；（三）……

接到了蒋介厂的密令，盛世才就像王八吃秤砣一样，心中有了底。

一天，盛世才下令召集了中央训练团新疆分团第二期全体学员，在督署大楼礼堂里，聆听他的训话：

你们都知道的，我过去是如何忠于苏联，如何重用中共的人员，连那位只有一只腿的跛子孟一鸣，我亦给他教育厅的厅长。对苏联顾问更不必说了，一切生活待遇，简直比什么人都好，都富裕。可是这般受了唯物史观训练的人，却毫无道义，毫无感情，我对他们这样优待，他们却杀了我的四弟。杀了我的弟弟还不够，又想来谋杀我。你们看看这些人多么狠毒，多么的无道义，因为他们把人类亦看成物质的一部分，所以我经过整天整夜的考虑，最后就决心宣布实行三民主义，拥护蒋委员长……

盛世才给自己的阴险毒辣披上了一件"正直善良"的外套还不算，还要把自己反苏、反共、反人民的丑行说得堂堂正正，没有一点儿廉耻可谈。

盛世才稍作停顿之后，十分得意地拿出一种腔调来：

新疆与苏联接壤，过去新疆力量薄弱，是不得不要仰息苏联的。现在苏联被德国打得丢盔弃甲，处处惨败……损失甚重，苏联现在自顾不暇，没有力量来对付新疆了。我相信，战后的十年，苏联仍然不能恢复他的国力，他仍然没有力量来对付新疆。但我们在这十年过程中，自力更生，充实力量，加紧建设新新疆，以后就不怕苏联了。苏联这样不讲道义，所以我也决心来对付他一下，向他开一个玩笑。现在斯大林在克里姆林宫才知道我的厉害处。……

盛世才这一自白却是如实地道出了他的狡猾奸诈的嘴脸。当他上台伊始，羽翼未丰，便装扮成一个革命者，甚至要求加入苏联共产党，极力投靠苏联。当苏德战争中苏联处于战略防守阶段时，他认为苏联不行了，于是又打出反苏、反共的旗子，投靠蒋介石，做着继续其"独裁统治"的美梦……

就在7月5日这天，整个第四监狱在狱中党组织的领导下，联合发起了绝食斗争，继而，各狱也一致响应。

早晨开饭时，第四监狱给各监牢送饭的狱卒慌慌忙忙跑来向监狱长张思信报告："不好了，各监狱都绝食罢饭了！"

张思信一听，顿时吓得慌了手脚，急忙跑来监狱，对在押的中共党人嚷道："不许绝食！"同时他又命令狱卒拿来板子给他们尝尝滋味儿，还要带上脚镣……

可是，张思信也同时看出，脚镣、板子根本就威胁不住中共党人，心中十分恼火。他再三追问这监牢是怎样联系上的。凭他怎样追问，各个监牢不但没有回答他，并且严正告诉他，必须立即把抗议书送达盛世才，而且，抗议书上所写的要求，盛世才本人必须正式答复，否则，绝不复食！

"统统给我打板子！"张思信声嘶力竭地向狱卒叫喊。

"我们连死都不怕，还怕你们的威胁！"共产党人的坚定回答，把个张思信吓得灰溜溜地跑了。

这样一来，无人再来干涉了。头一两天各监的人还出去散步活动，以后就大都躺下不能动了。

绝食继续到第四天下午，狱卒跑来把于村给架走了。

来到了审讯室，于村见到了一个伪公安管理处的人。这人装出一副笑脸告诉于村说："你们的抗议书已转给盛世才了，但是，现在还未批下来，请大家复食等批吧！"

"盛世才不答复，复食是办不到的！"于村断然拒绝了那人的要求。

绝食到了第五天上午，敌人又来把李云扬架走了。对面还是伪管理处的人，说的还是那一套话，同样也遭到了李云扬的拒绝。

"难道你们还要给政府下命令不成！"敌人对李云扬发疯似的叫道。

李云扬照样回绝了敌人，被投回监狱来。

绝食到第六天了，敌人也没再来人。同监牢的难友们都互相鼓励着说："闻名于世的印度甘地，为期六天的绝食中间还吃羊奶，我们不吃任何东西度过了六天，比甘地坚强得多……"

当绝食到第七天的上午，敌人又来把李云扬架走了。一个伪督办公署的人对李云扬说："抗议书盛世才已批复，复食后等大家身体稍复原时即可公审。"

李云扬怀疑此人说话是否算数，可他却满口咬定他是代表盛世才来作答复的。

回到牢房后，李云扬同大家商量，最后还是同意暂复食，结果就在绝食七天后的下午，各监同时复食了。

……

此时此刻被折磨了七天七夜都没合眼的毛泽民，一次又一次昏死在敌人的刑讯室，最后，是怎样结束的刑讯，又怎样被投回的监狱，他自己一点儿都不知道。

奄奄一息的毛泽民，在监牢里熬过了最危险的时刻，他又活过来了。

这天清晨，毛泽民早早就起来了，他艰难地在这小小的牢房里缓缓踱步……

毛泽民把脸使劲儿地贴在铁窗上，看着红红的太阳慢慢爬向高空，蓝蓝的天，白白的云，金风飒飒，秋高气爽，心里才有一些舒畅……

到了夜晚，皓月当空，四野沉寂。毛泽民举目遥望星空，只见星光闪烁，金轮饱满，毛泽民自言自语地说："今夜的月亮这么圆——该是十五了吧，要是再能看一眼故乡、看一眼韶山就好了……"

此时，仿佛那首低沉委婉的《思夫曲》正从女牢中传来……

　　怀念那牢中的猛虎，
　　是我梦里人儿。
　　苍天为我叫月儿圆缺，
　　夜色荒芜，
　　草木为我在窗外含愁，
　　月色悲哭！
　　……

这歌声时而低回，时而激昂，情丝如缕，断断继续……

　　可恨那丑恶的老鸦，

披着孔雀的羽衣彩裳，
挥动着"柔情"的臂膊，
露着"温馨"的胸脯，
骗去我心爱的丈夫！
……

这歌声时而激愤、时而悲戚……

猛虎落在牢笼，
红颜变成寡妇！
再莫说红粉佳人，
我但愿拿起长剑，
去为郎复仇；
高挺着胸脯，
迈开结实的脚步，
跟我可爱的人儿，
踏上斗争的征途！

黎明就在眼前，
黑暗已到尽头！
——丈夫啊！
你不要焦愁，
你坚持节操，
一旦光明到来，
拥抱！
拥抱！
……

一个悠扬、高亢、充满激情的旋律，在毛泽民的耳边盘旋着。一曲亲切而又含蓄的歌声，让毛泽民又一次激动了。

——多么亲切可佩、多么勇敢坚强的女性啊！可恨盛世才心黑手毒，将女共产党员和孩子们也抓进了监狱！

——残酷的刑具，非人的折磨，她们没有一个人呻吟一声……

女牢中包括刚刚两岁的毛远新在内，一共有26个孩子，已经有3个在狱中夭折了。在这26个孩子中，有12个是在监狱里出生的。他们出生后，谁都没有见过爸爸，谁都不知道爸爸是个什么样子；他们见过的只有铁门、铁窗，他们知道的只有妈妈，只有妈妈给他们取的名字，两个共同的名字：在监狱中出生的孩子叫"囹子"——"囹圄之子"；在苦日子里生长的孩子，叫"苦苦"——因为他们也在忍受着残酷的虐待……

坐牢的时间久了，孩子们学得像妈妈那样坚强，也懂得参加斗争了。

一次，大人们开展绝食斗争，要求改善伙食。当狱卒送来馊馍馍时，所有会说话的孩子都绷起小脸儿，和妈妈们异口同声地说："不吃馊馍馍！"然后，他们竟和大人一样，静静地躺在狱中，从早到晚，一天什么东西也没吃。敌人很是惊奇，想不到这些"小共党"、"小八路"也这样硬。

还有一次，敌人有意要拆散女牢的同志们，把五岁的小秀灵和妈妈一起关到后院去了。小秀灵可受不了了，她真想她的干妈妈杜宁（杨之华）啊！

小秀灵一下从后院跑到前面的监牢来，可是看守长就是不许她进去，急得小秀灵朝着监牢哭喊起来："干妈——！杜妈妈——！"

牢里的妈妈们和小伙伴们听到后，都一齐涌到牢门上呼唤着小秀灵的名字，而且还大声地对敌人嚷道："一个五岁的孩子，进来一下有什么要紧，何况她只是来看看干妈妈！"

看守长见此状也无话可说，但只答应小秀灵进去五分钟。

"杜妈妈——！"

小秀灵奔跑着一下扑到杨之华身上，杨之华高兴地张开双臂去抱她。可是，小秀灵使劲儿一推杨之华的手，又指了指自己的裤腿，这才扑到杜妈妈的怀里。杨之华一面和孩子说话，一面从孩子挽着的裤腿里摸出一大卷东西，顺手塞了起来……

小秀灵这才咧开小嘴儿，笑了。

多么聪明的孩子呀！她沟通了牢房之间党组织的联系，帮助妈妈做了一件大事情。

毛泽民久久地站在铁窗前，望着那自由的天空；他想念着女牢中的战友，想着那群可爱的孩子，更加坚定了自己的信念：一切反动派都是注定要失败的,因为中国共产党有人民群众这样强大的力量,是摧不垮的!

盛世才哪里懂得共产党人的胸怀?

这条受过蒋介石豢养的"狼种猪",早已向他的主子夸下海口,一定能使在新疆的共产党人全部脱离共产党,交出"自白书"。可是,他没有想到毛泽民、陈潭秋、林基路等共产党人竟是如此"顽固"。气得他终日坐卧不宁,更不知如何对付毛泽民才好。

"狼种猪",是个什么东西?

猪,又脏又蠢;狼,又凶又狠;盛世才就是以独具这种二合一的"本领",而久负其"狼种猪"的"盛名"。

可如今,这一惯以凶险、毒辣、非人可比的"狼种猪"著称的盛世才,也急得一阵阵抓耳挠腮了。

其实,盛世才对新疆一直实行特务统治,所谓"公安管理处",实际上就是盛世才的一个特务核心。下属的特务都不暴露身份,单独潜伏在各个部门,都是单线联系,特务与特务之间互不了解。有时,一个办公室里三个人,三个人竟全是特务,可他们谁也不知道谁,结果都互相监视,盯梢。盛世才随时可以掌握下面的情况,测验谁对自己不忠实。

……

血洒天山

1943年9月,肃杀深秋。

盛世才急得实在控制不住自己,亲自跑来监狱,阴阳怪气地向毛泽民说:"老周,以前的那个事就算啦,你只要办个手续,在脱党声明上签个字,就可以放你回去。"

"为祖国和人民,我们全家都参加了革命。你们这帮刽子手,杀害了我的嫂嫂、弟弟和妹妹,杀害了我们无数阶级兄弟和姐妹,我和你们仇深似海,你们要我叛党,脱离人民,简直是做梦!"毛泽民愤怒地回答敌人。

"你……"

盛世才的话没说出来,转头就回去了。

转眼间,盛世才下了手谕,命令李英奇将中共党人陈潭秋、毛泽民、林基路秘密处死。

9月27日夜晚,月黑风高。

塔里木盆地，飞沙走石……

盛世才终于对毛泽民等共产党人下毒手了——

几个武装到牙齿的军警，突然打开关押着毛泽民的牢门，高声喊喝："周彬，起来！过堂去！"

毛泽民见是半夜来叫，心里顿时明白了敌人的用意。他艰难地站起来，拖着沉重的脚镣向门口走去……

毛泽民刚刚走出牢门，只听呼的一声风响，一根大木棒叭的一下猛击在毛泽民的头上。他顿觉眼前直冒金花，鲜血从嘴角儿涌了出来……他身不由己地向前跟跄了一步，终于，他以极大的毅力站住了……

毛泽民猛一回身，怒目圆睁……

拖着大木棒的刽子手在一步步后退……

正在这时，毛泽民的背后又闪出一条黑影来，接着又是一大棒狠狠地砸在了毛泽民的头上……

毛泽民摇晃了几下，直挺挺地栽倒了。

以张思信为首的刽子手们，扔下手里的木棒，立刻扑上来，用绳索套住毛泽民的脖子，使劲儿地勒紧……又将毛泽民装进麻袋……

就这样，毛泽民、陈潭秋、林基路，被敌人活活地勒死了！

博格达峰，在默哀；乌鲁木齐河，在哭泣。

47岁的毛泽民，永远地离开了新疆人民。

——当年，他手提一只装满衣裤、书籍全部家当的旧皮箱，风尘而来；今天，他一身正气，两袖清风，含恨而去……

盛世才这个杀人不眨眼的官僚军阀，在秘密暗杀毛泽民、陈潭秋、林基路三名共产党员的当晚，还杀害了他自己的小老婆——公开为他家当女教师的邱友松，还有其他五人。

这些人被杀后，张思信等便将尸体扔上汽车，和毛泽民等人的尸体一起拉到一个叫六道湾的荒坡上。他们将九具尸体卸下车来，依次排开，唯独邱友松受到了一点儿盛世才的特殊待遇，她的尸体被装在事先为她准备好的一只红漆棺材里下葬了。他们却把陈潭秋、毛泽民排在棺材左面，把林基路排在棺材的右面……

这，无疑是对我们共产党人一种极大的污辱！

事后，盛世才马上派上到重庆找他的主子请功去了。不料，蒋介石的特务机关问他要照片看看，这下可失策了，盛世才当即命令张思信再返六道湾，掘开坟墓，补拍了他们杀人的证据。

在新疆含辛茹苦四年半的毛泽民，没来得及看一眼哥哥，更没来得及看一眼家乡，就永远地、永远地长眠在新疆的土地上了……

毛泽民不愧为是伟大的共产主义战士，不愧为是毛泽东的弟弟。周恩来曾说："像毛泽民、杨开慧同志，这才是真正的烈士，这就是领袖的家庭。"

1944年12月，当毛泽民、陈潭秋、林基路三位烈士的家属朱旦华、王韵雪、陈文英得知她们的丈夫被敌人阴谋暗害后，心中无限气愤和悲伤，三个人当即联名写下了"为呈请彻底查办阴谋暗害残杀抗日志士事"的控诉书，给盛世才以义正词严的斥责：

朱旦华等人的控诉书

为呈请彻底查办阴谋暗害残杀抗日志士事。王韵雪之夫徐杰，旦华之夫周彬，文英之夫林基路，自三十一年九月十七日无故被盛世才逮捕入狱，旦华等屡次呈请政府究问实情，但均未置复。此次阳历年关，文英等请求送物不准，旦华送去之物，旋又退回，据云狱内并无彼三人，旦华等焦急非常，一再追问，最后乃传来噩耗。据云彼等已死一年余矣，旦华等不胜悲伤。念死者生前在新疆服务，无不谨遵国法，为抗建尽力，忠于国家民族，此事实俱在，不容赘言，乃竟遭奸徒盛氏及其同谋者之阴谋暗害。假保护为名，实行秘密软禁，假谈话为名，实行秘密拘捕，秘密审讯，复恐阴谋败露，乃秘密谋杀之，以灭其口。此种惊人之阴谋暗害案，竟出现于青天白日旗帜之下的新疆与抗战八年之中国领土内，实为我国家民族之奇耻大辱。苟不彻底查办非特国将不国，实无以告慰为国牺牲之忠（良）与坚（艰）苦抗战之人心也。因特请求（一）查办主谋凶手盛世才及其同谋者，以森严国法，明正典刑。（二）抚恤死难诸烈士之家属，并速予无罪开释。（三）允许领取烈士遗骸安葬，退回遗物及历次送往之物件。现政府主张保障人权，实行宪政，必能本天理、良心、国法以行事，究办奸徒，保护忠良，绝不致任阴谋罪首及其同谋者逍遥法外也。谨呈中央审判团。

朱旦华

> 王韵雪
> 陈文英
> 民国三十三年十二月

后来，当狱中同志获悉陈潭秋、毛泽民、林基路三位同志已经壮烈牺牲的时候，女牢里的同志为了怀念这英勇的烈士、亲密的战友，集体谱写了一首悲壮而浑厚的悼歌：

> 我们兄弟，
> 在前方为国把命拼；
> 我们全部力量，
> 正在消灭民族敌人。
> 我们光荣的同志，
> 谁想得到抗战遥远的大后方，
> 还有丧心病狂的败类，
> 含血喷人，
> 暗害了你们宝贵的生命！
> 你们临死不屈的意志，
> 将永远活在千万人的心中！
> 瞑目吧，
> 光荣的同志！
> 你们的血迹，
> 揭露了民族败类的无耻！
> 你们的牺牲，
> 更显示了八路军的伟大精神！
> 你们的英名，
> 将永垂不朽！
> 它鼓励着后继者我们，
> 向黑暗作英勇的斗争！
> 瞑目吧，
> 徐杰同志！
> 周彬同志！

林基路同志！

无论盛世才怎样凶残地杀害共产党人，无论盛世才如何精心编织他的"独裁统治"梦，也终究逃脱不了蒋介石消灭异己的下场。仅一年多后，这个小魔王统占的地盘就被其主子的队伍吞占了，盛世才被蒋介石逼到重庆，当了个空头的农林部长……

五年后，中国共产党领导下的中国人民，终于推翻了骑在人民头上的蒋家王朝！人民胜利了，革命成功了！

忍悲含怨的天山，终于露出了笑颜；绵亘千里的吐鲁番，开出了万紫千红的花朵……

毛泽民牺牲30年后，他当年在新疆的战友李云扬写下了一首诗：

忆周彬烈士

心事胜江潮，
春暮铁窗忆旧游。
巍峨天山永白头
峭峭，
戈壁滩中起巨飙。
气壮盖斗牛，
今人长忆铁汉周。
炽热丹心溶皓雪，
洪流，
红遍瀚海绿遍洲。

（朱天红　逸　晚）

英勇机智　粉碎"绞杀"
—— 朝鲜战场上神勇的炮兵

8月18日，范弗里特以三个师的兵力向北汉江以东至东海岸约80公里的我防御正面展开进攻，企图夺取我东线突出部阵地与其中部战线取齐，以配合其在谈判中的政治讹诈。这就是范弗里特的"夏季攻势"。与此同时，他们还派出大量航空兵实施其所谓的"绞杀战"，亦称"空中封锁战役"，轰炸我交通运输线、分割战场与后方，妄图切断我后方供应。

事实又一次证明：敌人绝不愿意公平合理地进行谈判。1951年夏季之后的战场，将进行一场军事与外交交织的、艰巨复杂的斗争。我们必须认真贯彻中央军委和毛泽东主席为我军制定的"充分准备持久作战和争取和谈达到结束战争"的指导方针，在军事和政治两条战线上同时作战，打谈结合，以打促谈，争取在公平合理的基础上解决朝鲜问题。

在这之前，杨成武同志率领的志愿军第二十兵团已入朝；志愿军高射炮兵也入朝投入了战斗。东线朝鲜人民军英勇顽强地抗击着敌人的"夏季攻势"。我西线部队和朝鲜人民一起投入了粉碎敌"绞杀战"和与特大洪水造成的严重困难的斗争。

这年夏季，朝鲜发生了近四十年来未见的洪水灾害。自7月16日起，到8月27日，几乎每天都有瓢泼大雨。洪水暴涨，很多桥梁、道路被冲断冲毁，车辆、马匹被冲走；有时人和车辆正在桥上走，便被洪水连桥带人带车一块卷入水中。我们的工事也大量坍塌损坏。在高处搭起的帐篷，也是"外边大下，里边小下，外边不下，里边滴答"。我指战员天天泡在泥水里，周身没有一块干的地方。

连日的暴雨，及敌人"绞杀战"的破坏，使我方交通阻断，给养运不上来。有限的炒面都被水泡成了浆糊糊。冬天是一把炒面一把雪，此时是炒面和着雨水喝。而和着雨水喝的炒面能得以保障也不错了。没多久，每条炒面袋都干瘪了，有的袋子翻过来用水冲了又冲。无奈，只好以野菜充饥。大雨不停，洪水猛泻，不少树木都被冲倒冲走，又到什么地方去寻找野菜呢！

在这十分艰难的情况下，部队还要坚持抢修工事，还要随时准备与偷袭的敌人战斗，还要想方设法与敌人争夺阵地。指战员的体力消耗是很大的。干部战士明显地消瘦下来，不少同志因无法睡眠而两眼布满了血丝，有的因吃野菜而面部浮肿起来，有的因长期受雨水浸泡而伤口溃烂……但是，我们的指战员毫无怨言，非常乐观。记得我在六十五军的一个阵地上，见到过一个满身泥水的排长。他乐呵呵地对我说："司令员，朝鲜的老天对我们也格外关照，生怕热着我们，天天给我们淋浴。"有位团政委还改了句古诗："篷内滴水篷外停，道是无晴（情）却有晴（情）。"

"军无辎重则亡，无粮食则亡，无委积则亡"。① "志司"（指志愿军司令部）首长及志愿军后勤司令部领导深知前沿将士的艰难，更清楚迅速补给粮食弹药是刻不容缓的大事，为此想了许多办法。但是，我后方铁路、公路、桥梁大多为敌"绞杀战"所破坏，而且，我满载粮食、弹药等物资的车队是敌"绞杀战"的主要目标。不粉碎敌人的"绞杀战"，就不能保证我阵地防御战的胜利，也就很难在谈判桌上压倒敌人。

"志司"指示：要坚决粉碎敌人的"绞杀战"，千方百计保证运输补给线，尽快把物资运到前沿。

"绞杀战"是李奇微依仗他们占有的空中优势实行的一种极为残酷的空战战术。用以破坏我们的补给中心、维修基地、铁路枢纽、部队集结地及军事首脑机关，常以几十架、近百架的飞机同时起飞，集中轰炸一个目标，直至使之瘫痪甚至把这个目标消除为止。

美军在整个侵朝期间，依赖其空中优势，始终把封锁破坏我军后方设施和交通运输线放在战略地位，并且随着战争的发展一再加强。据有关材料记载，1950年10月我志愿军入朝时，敌在朝鲜战场上已投入战略空军与战术空军11个联队4个大队又4个中队，海军航空兵4个大队，各型飞机1100架左右。到1951年7月，敌人投入到战场上的航空兵部队已达24个大队又10个中队，各种类型飞机约1680架。

这次"绞杀战"，范弗里特根据李奇微的命令，动用了其空军力量的80%，其战斗轰炸机、战略轰炸机几乎全部投入使用。计划以3个月的时间，全部摧毁朝鲜北部的铁路及主要公路系统，迫使中、朝方面铁路、公路运输

---

① 见《孙子·军争篇》。

全部陷于停顿。对于作战中的部队，使之人断粮，武器断弹药，战斗力将大大削弱以致丧失。从这个角度看，李奇微的"绞杀战"对我们的威胁将不言而喻。

粉碎敌人的"绞杀战"是当务之急。而对我们陆军部队重要的一条，就是要敢于并善于打敌人成群结队的飞机。因为我们在以往的战争中没有这样的全面经验，所以需要有一个熟悉敌情，锻炼队伍和创造、丰富经验的过程。

刚入朝时，部队听到了不少传言。说什么敌机不能打，你打掉它一架，它会上来一群；说敌机飞得很低，低到机舱里的驾驶员伸手能把你的帽子抓去；说敌机飞得很猛，有时候连水泥电线杆都能撞倒撞断，等等。战士们虽然不相信这些传言，但开始刚接触敌机心里确实底数不大。面对着四五十架、五六十架黑老鸹一样黑压压遮住半壁天空的敌机，眼看着一阵炸弹，整个村庄、大片树林顿时就成了火海的景象，战士们在最初阶段有些紧张情绪是难免的。敌人还有个战术，类似我们今天常说的分段包干。就是划分地区专机负责，日夜巡逻、轰炸。这样，所固定的飞机对这个地段的地形地物就非常熟悉了。如发现新的情况，就用火力侦察或俯冲射击。这使我们的射击就格外困难。敌机往往还钻山沟搜索目标，飞得很低，沿着树林边、大路旁飞，我们把它叫做"飞机搜山"。敌机搜索目标的另一个办法是照相。它把所负责的地段天天照相，今天的与昨天的比，发现可疑的地方（如树被砍了，留下了白树茬），就来一个突然袭击。记得我们刚住进笃庄洞的时候，由于骡马炮车伪装得不太好，连续吃了两次亏。几十匹骡马被敌机炸开了群，四野乱跑。为了对付敌机的空袭，我们组织部队，使用各种火器向敌机开火。

我们英勇无畏的战士充满了智慧和创造力。他们根据敌机型号和飞行特点，研究它的规律，制定打击它的办法。在组织对空射击中，六十三军所属张英辉团长等领导的步兵战士，居然以密集的步枪射击，打下了一架"佩刀式"。当这架飞机拖着一缕长长的烟柱坠到山脚的时候，部队腾起了一片欢呼。兵团抓住这个步枪打下敌机的典型，向各军发出了通报，要求大家向张英辉团的同志们学习，群策群力，粉碎敌人的"绞杀战"，打破敌人的空中优势。步枪打下敌飞机的胜利，也使干部战士们坚定了打敌机的信心和决心：敌机没有什么了不起，只要我们敢于打，善于打，想办法打，一定能够把它们的疯狂气焰打下去！

十九兵团展开了打飞机的竞赛，掀起了打飞机的热潮。连里、排里有组织地打，三五个人结合着打，有高射武器的找着打。从战争中学习战争，在摸索中积累经验。有时，隔三差五地打下几架，有时一天就打下它三五架。各部队"擒飞贼竞赛栏"的红箭头不断上升，而敌机临空的高度也不断上升，再也不敢大摇大摆优哉游哉地低空飞行了。

对付敌人"绞杀战"，我年轻的高射炮兵部队想了不少主意。比如：把高射武器隐蔽在桥梁、车站等交通枢纽附近。敌侦察机来了，我佯装不知，待敌机大群来了，给它个万炮齐鸣，打它个措手不及。这堪称古兵书上的"欲擒先纵"。《三十六计》中的"无中生有，以假乱真"也都用上了。为大量削弱敌空中力量，我选择有利地形搞一些貌似大批运输车辆的伪装，而把我高射火器选择有利地形隐蔽起来。当敌机向着假目标狂轰滥炸时，我高射武器乘其不备集火猛攻，这样就可以把敌机几架、十几架的给砸下来。

应该说，我高射炮兵的发展速度是快的，其战术的长进是可喜的。志愿军入朝初期，1950年底只有一个高射炮团。到1951年的7月下旬就发展为4个师又3个团和5个独立营。随着我防空力量的加强，对敌机的打击也越来越大，1951年12月份，仅高炮部队就击落敌机38架，击伤68架。

年轻的志愿军空军，在粉碎敌"绞杀战"中，起了十分重要的作用。志愿军空军1951年1月初次参战；3月，成立了以刘震同志为司令员的中朝空军联合司令部；九月，正式投入作战。到12月底，共出动五个师，飞机3526架次，击落敌机70架，击伤25架。在整个抗美援朝战争中，我空军共出动飞机2457批，计26491架次，击落敌机330架，击伤敌机95架。

在激烈的空战中，我航空兵表现出了极大的英勇和非凡的机智。空四师十二团中队长，年仅24岁的张积慧，摆脱掉尾追的敌机，抢占高度，迅猛开火，击落了参加过第二次世界大战、拥有击落飞机21架记录、被美军称为"空中一霸"的中队长戴维斯中校，一举打破了"美国空军不可战胜"的神话，极大鼓舞了中朝部队的士气，被志愿军授予"一级战斗英雄"称号，荣获朝鲜民主主义人民共和国"二级独立自由勋章"。空三师九团大队长王海，率全队参战，仅一个月时间就击落敌机15架。王海同志当时只有二十三四岁。作为一名航空兵战士，他作战机智勇敢，作为一位指挥员，他又十分灵活果断。记得在1951年11月中旬的一次空战中，他率领的6架战鹰时而冲上抢占高位，时而冲下袭击敌机，连续几次地冲上冲下，打乱了由百余架敌机组成的队形。仅他们大队这一次就打掉了敌机5架。他率领的一大队在整个空战中，始终保持了灵活机动、团结战斗、英勇顽强的战斗作风，荣立了集体一等功，被誉为"英雄的王海大队"。王海同志先后亲手击落、击伤敌机9架，荣立特等功,荣获志愿军"一级战斗英雄"称号和朝鲜民主主义人民共和国"二级独立自由勋章"。战后,我曾和王海同志就我年轻的空军在抗美援朝战争中取得胜利这一话题交谈过。他那浓重的胶东话里透出了由衷的感慨:"还是朱老总说得对,'勇敢加技术就是战术'。我们在米格—15型飞机里平均仅有15至22小时飞行历史的飞行员,与经历过第二次世界大战的美飞行员作战并取得了胜利,靠的是一往无前的勇敢精神,靠的是在实战中摸索、掌握的技术。二者缺一,都很难取得胜利。"王海同志的体会是来自实践的。这从血与火中总结出来的经验,道出了人与武器的辩证关系。我想,这对我们今天的军队建设也是很有作用的。

毛泽东主席对我年轻空军取得的胜利很满意。我看见过毛主席在空四师、空三师战斗报告上的批示。毛主席在空四师的报告亲笔写下了"空四师作战,甚好甚慰"的批语。毛主席看了空三师的报告,当即挥笔:"向空军第三师致祝贺。"而我们的敌人对我空军的迅速发展也感到格外震惊,当时的美空军参谋长范登堡在1951年11月21日的记者招待会上说:"共产党中国几乎在一夜之间就变成了世界上主要空军强国之一。"

在与敌机斗争的同时,我志愿军铁道兵部队、工兵部队及英雄的朝鲜军民千方百计夜以继日地抢修交通运输线路。

铁道兵,在志愿军诸兵种中是一个年轻而又勇敢的兵种。他们要与敌机斗、要与洪水斗,还要与抢修铁路中机车缺乏材料工具等困难斗。为预防敌机破坏行车设备,他们很巧妙地设立了给水所,或利用山上的泉水给水,以保证机车运行;枕木木材不够,他们就到深山老林中去砍伐;道钉缺乏,他们就在铁道附近寻找或呼啦呼啦拉起风箱自筑洪炉铸造。敌机在我交通线上常常投下一些定时炸弹,他们要搬掉它,要引爆它,落到水中的还要捞出来。在这忘我的斗争中,涌现出许多可歌可泣的英雄。登高英雄杨连第就是他们的突出代表。

杨连第是在国内解放战争中获得"登高英雄"称号的。那时,胡宗南炸毁了陇海铁路的八号大铁桥,截断了我军前进道路。杨连第创造了单面脚手架,冒险登上上擎蓝天、下临深涧的桥墩,平整桥墩面,只身连续爆破一百多次,创造了抢修桥梁的登高奇迹。他和他的战友们用不到三个月的时间,修复了一些专家认为要三年才能修复的八号大铁桥。入朝那年,他已经31岁。一次抢修桥梁,他自告奋勇徒手攀上十七米高的孤立钢梁,取下了材料,还不顾艰险在洪水中连续三次架设浮桥,胜利完成了任务。令人惋惜的是,我们的英雄在 1952 年 5 月 15 日，抢修清川江大桥时光荣牺牲。他所在的连队被命名为"杨连第连"。

我们的工兵同志抢修坏桥、铺设新桥、补路修路，也是十分艰苦、英勇的。对一座桥梁敌机常常是反复轰炸。为保证运输车辆及时通过，他们就随炸随修。有时要在敌机的疯狂扫射中进行抢修。破坏容易修复难，而且往往是你刚修好，敌机又来炸毁。他们想了许多办法。比如：根据各种炮弹弹洞的大小，事先做好一个个木板。我运输车来了，就用这些木板补上；我运输车走了，再把木板撤回。敌机发现仍然是被炸毁的桥梁，就不再炸了。有的桥，他们修成拼接式的，我们的车来了，拼上，敌机来了就拉开；夜间拼起来，白天就拉开。这拼拼接接蕴涵着他们难以计算的心血、汗水和智慧。

朝鲜后方的人民，更是我交通线上的坚强卫士。敌机在公路上炸了一个又一个弹坑，有的弹坑宛如一个池塘。一次夜间行军，掉进去三辆汽车还没把弹坑填满。英雄的朝鲜妇女们，背上背着婴儿，头上顶着沙土、石头，一溜小跑，穿梭一样，一个一个地填平。哪里出现弹坑，人群就涌向哪里。没有白天，没有夜晚，有的只是一颗颗支援战争、保卫祖国的赤胆忠心。

在主要运输线上，我们还普遍设置了军民混编的夜间对空监视哨。在公路干线上，每隔一至三公里设一至三人的小组，监视敌机。敌机来，鸣枪报警，汽车即闭灯隐蔽。这样，汽车可以放心大胆地行驶，大大提高了运输效率。这些哨兵管着天空，也管着地面。

敌人为破坏我汽车运输，常通过飞机往路面上撒些四脚钉。每个钉子有四个锋利的尖头，随便扔在地上总有一个尖朝上。汽车驶过，轮子准会被它穿透。第二次世界大战美国进攻日本冲绳岛时，曾经吃过日本四脚钉的大亏，弄得汽车到处抛锚，毫无办法。而今，美国侵略者又重演日本侵略者对付他们的故伎。一到傍晚，敌机顺着公路，撒下成千上万的四脚钉。路面上有时能铺一层。敌人估计到我们的汽车该抛锚了，就赶回来一阵狂轰滥炸。我们的防空哨，随时监视敌机的行动，你在前边撒，我在后边扫，你撒完了，我也扫光了。我们的汽车照样跑。有次兵团作战科长原星从哨兵那里带回来一些四脚钉，每个房间放几个做蜡烛台，倒显得非常适用。

我们的汽车兵也摸索出了一套与敌机斗争的办法。刚入朝时我的那次"车祸"，主要原因就是司机不熟悉夜间行车的特点和规律。战争的烈火炼出了司机们的火眼金睛。渐渐，在多山的朝鲜夜间行车，就像白天在家门口走路一样了。记得有个车队，在八个月的运输工作中，在敌机的日夜封锁下，

44个司机驾驶着20部大卡车，往返于前方和后方，没出过一个事故，没有一个伤亡，没有损坏一部车子。他们说，敌机的路数我们摸透了，不仅打不着我们，照明弹还帮我们的忙呢！因为，有时敌机投下的照明弹沿途长达15里，要一刻钟才能熄灭。而抛下照明弹时，敌机在上面要绕一个大圈子才能看到目标。我们的司机借这个光亮猛跑一阵，至少可以赶一二十里路。他们说："敌机给我们挂'灯笼'哩！"

记得有一部电影，叫《钢铁运输线》。把当时的补给供应线称之为钢铁运输线，这确实是十分恰当的。我们的运输线确实是炸不断、打不烂的钢铁运输线。我们的钢铁运输线在粉碎李奇微、范弗里特的"绞杀战"中所作的突出贡献，是每一个志愿军战士都不会忘记的。连范弗里特也不得不承认："虽然联军的空军和海军尽了一切力量，企图阻断共产党的供应，然而共产党仍然以令人难以置信的顽强毅力，把物资运到前线，创造了惊人的奇迹。"① 奇迹不断地在我中朝军队中出现。前面提到的敌"夏季攻势"中，美第二师（含法国营）于9月初至10月初曾不断以营或团的兵力向人民军第二军团右翼的851高地（曾被误认为1211高地）及其以南一线高地进攻，企图夺取该高地，改变其防御态势。朝鲜人民军巧妙地组织了各种步兵火器，特别是发挥了迫击炮的威力，并以顽强的抗击与连续的反冲击，使敌人15000多人变成了炮灰。以后敌即称851高地及其以南一线高地为"伤心岭"，亦足以证明其失败之惨。10月10日，敌以美二师全部，在五十辆坦克及航空兵的配合下，发起了"结束伤心岭战事"的最后一次猛攻，但在人民军坚决抗击下，敌人还是失败了。合众社当时曾发表过一则消息说："激烈反攻的共军迫使疲惫的联合国军在十二日放弃'伤心岭'的主峰"，"这再度证明'伤心岭'的取名是非常适当的"。

然而，就在敌人哀叹的时候，中国人民志愿军在西线又给侵略者安排了另一个"伤心岭"——马良山。

马良山位于临津江西北江湾，与高阳岱、中高栈、高旺山连成一线。这一地区由我六十四军设防。

在敌人大举向我东线进攻的时候，我们就估计到敌将以更大的兵力向我西线进攻，威胁我开城翼侧，为夺取我开城战略要地创造条件。我们对此作了充分准备。将六十五军调入开城地区，加强保卫开城的部署，后又调六十

---

① 范弗里特1952年5月31日在汉城记者招待会上的谈话。

三军进入长和洞、华藏洞地区，准备协同六十五军打击向开城进犯之敌。四十七军在夜月山、天德山一带设防。"志司"还为主要防御方向的第一梯队各军增强了反坦克火器和高射火器。

这时，从开城传来了我担任开城中立区警戒任务的排长姚庆祥同志被美李匪军杀害的消息。

事情发生在8月19日早晨。姚庆祥同志率我方军事警察执行正常巡逻任务时，突然遭到敌人袭击。这是非法侵入中立区，埋伏在丛林里的数十名美李匪军干出来的残忍暴行。在姚庆祥和战士王仁元受重伤的情况下，敌人竟向姚庆祥同志的前额连射两枪，我们的姚庆祥同志光荣地牺牲了。他的鲜血染红了中立区的土地。美李匪军抢走了他的手枪、钢笔、手表、日记本。我们向美方提出了强烈抗议，要求惩办凶手。但美方在事实面前不仅百般抵赖，还变本加厉，派出飞机轰炸扫射中朝谈判代表团住所。

敌人破坏停战谈判的罪恶行动，使我全军将士义愤填膺，从机关到连队乃至每个哨位都发出了强烈要求：

"不能让烈士的血白流！"

"为姚庆祥同志报仇！"

敌人明目张胆地破坏和谈，使我们更加明确地预感到他们要有重大的军事行动。我与各军"前指"一一通了电话，要他们严阵以待，要严惩侵略者，并再三强调"志司"关于"坚守防御，节节抗击，反复争夺，歼灭敌人"的作战原则。

果然，美第三师以两个步兵团配合坦克六十辆，在一百余门火炮支援下，首先向我四十七军防守的夜月山、天德山地段进攻，其重点向我一个步兵连防守的夜月山阵地。这就开始了敌人所谓的"秋季攻势"。

战斗第一天，敌连续猛攻二十一小时，我前沿指战员在炮火支援下连续击退敌十四次冲击，杀伤敌八百余人；但敌以大量炮火摧毁我全部工事，最后坚守主峰的一个排全部英勇牺牲。敌占去我夜月山阵地。

接着，敌集中美骑兵第一师全部、步兵第三师两个团（含菲律宾、泰国部队各一部）、英联邦第一师（由原英第二十八、第二十九旅及加拿大第二十五旅合编而成）、配属坦克二百余辆，并在一〇五毫米以上口径火炮三百余门及大量航空兵支援下，向我六十四军、四十七军防卫的高旺山到天德山一线四十公里正面上实施猛攻。

美骑兵一师并非骑兵，而是一支装备精良的机械化部队，号称"华盛顿首创开国部队",是美军的所谓王牌部队。但是,这张王牌在朝鲜战场上已经被我们打得举不起来了。这次依仗着大量重炮,想为它的王牌挽回些面子。

四十七军打得很好。他们以坚决的抗击与连续的反冲击大量杀伤敌人。每一阵地均经数次至十数次反复争夺。射击英雄郑月光一天中就击毙敌人一百一十二名。守卫在某高地上的七班,巧妙地躲过敌人上千多发炮弹,击退敌一个营的七次冲击。被我俘虏的美炮兵校正机驾驶员西弗冷说:"当我在空中侦察时,你们的阵地真变成一片焦土了。而在我被俘的时候,我才看到遍地是你们的人。"在敌人每天将万余发炮弹倾泻在我阵地上的这次进攻中,美骑一师为主的"联合国军",仅在这一地区就"联合"丢下了六千七百多条生命。

在我六十四军防御的正面,进攻的敌军是英联邦第一师。其进攻重点为高旺山、马良山。他们用集中兵力、火力逐点攻击的战术,集中其优势炮火首先对我阵地进行猛烈轰击。马良山317高地和216.8高地,仅四个小时的时间就落弹二万多发,地面被削平一米之多。同时敌八架飞机轮番轰炸,投掷凝固汽油弹,尔后实施步兵进攻。我有的工事虽遭破坏,但我指战员仍顽强抗击,白天利用弹坑战斗,夜间组织反冲击。

六十四军军长曾思玉同志在电话中向我报告了这一情况,并汇报了他们根据敌情变化了的战斗方案。我一问,才知道他率领军前进指挥所已经进至离前沿不到十公里的元通山。我同意了他的作战方案,提醒他要注意安全,并要他充分发挥炮兵威力。接着我又给炮八师黄登保副师长挂了电话,要他掌握时机,切实给步兵以有力的支援。

这场战斗是非常激烈的。守卫在216.8高地的571团七连,在副连长阎志钢的带领下,打退了敌人二十三次集团冲锋。英联邦二十九旅丢下了六百多具尸体。守卫在另一高地的一等功臣班全班负伤,弹药将尽,仍继续抗击,全歼敌人一个连。电话员朱德禄27次接通被炮弹炸断的电话线。最后一次查线时左手四个指头被打断。他忍着剧痛以牙代手,接通了线路,保证了指挥所的指挥,使前沿部队获得了杀敌150多名的胜利。

敌人逐点攻击,我军逐山坚守,经过节节抗击,反复争夺,每个高地前面都横七竖八躺满了敌人的尸体。后来"志司"首长表扬马良山阻击战是"一座山岭一个堡垒"。新华社还以此为题发了通讯。

在马良山阻击战中,我炮兵发挥了强大威力。战斗开始,他们就紧密配合步兵准确大量地杀伤敌人。当敌以两个营的兵力,在20多架飞机、四辆战车的配合下,向我216.8高地发起进攻,妄图迂回到马良山侧后;另在216.8高地西侧的金尺洞,集中了约一个营的兵力策应其正面攻击时,我炮兵部队便用猛烈的炮火首先打乱金尺洞的敌人,接着,又配合步兵连续十三次打垮冲锋的敌人。最后的一次炮击尤为猛烈,一排炮弹接着一排炮弹,从山腰一直平铺到山脚下,起初还能听得出炮弹的出膛声、爆炸声,后来只能听到山岳震动的轰鸣。向山上蠕动的敌人被我步兵阻击,乱成一团,争相逃命。侥幸逃脱的少数敌人刚跑到公路上,又遭我炮火轰击,只得赶忙往回跑,麇集在216.8高地下面的一片树林里。炮弹又像暴雨一样落进了树林。一个炸断了左腿的英皇家苏格兰边防团上尉,被我俘虏后十分不解地打听:"你们的炮兵长着什么样的眼睛?"不止一次地赞叹:"厉害!真没想到志愿军的炮火这样厉害!"美联社记者向国内发的一则新闻叹息:"马良山阻击战是联军西线的'伤心岭'。"

战斗结束后,彭总多次表扬了六十四军和四十七军。志愿军司令部向炮兵部队赠送了锦旗,上面写着五个大字:"神勇的炮兵"。半年以后,我们还收到志愿军归国代表团从祖国带回来的一面非常精致的锦旗,上边绣着"为保卫东方与世界和平而奋斗"的金字,指名转送到马良山阵地上的英雄们。

到10月末,敌人的进攻被迫停止,他们所谓的"秋季攻势"被我们全部粉碎了。敌人发动的一个多月的"秋季攻势",在西线突入我阵地三至四公里,在东线突入六至九公里。难怪美军参谋长联席会议主席布莱德雷在给美国总统杜鲁门的报告中说:"用这种战法,李奇微至少要用20年的光景才能到达鸭绿江边。"

停战谈判开始四十多天,由于敌人无理破坏曾中断了三次。我军粉碎了敌人"夏、秋季攻势",并继之发动了两次有限目的的进攻,大量杀伤与消耗了敌人,打击了他们的疯狂气焰。所谓"联合国军"的代表们才又不得不于10月25日重新坐到谈判桌前。

"联合国军"的代表们坐到了谈判桌前,但他们的将军们并没有休息。一场新的、更大规模的战斗也许就在谈判中打响。美国将军们利用和谈进行战争准备是很有些经验的,以致至少使我感到,他们在战场上的暂停是为了打;打不下去,需要喘息一下,他们也会谈,这好像是一个规律了。

(杨得志)

硝烟弥漫　意志较量
——难忘的七天七夜上甘岭战役

　　1952年10月14日凌晨三时，美军第八集团军司令范弗里特苦思良久，惨淡经营的所谓"金化攻势"展开了。美军集中十六个炮兵营的三百门大炮、四十架飞机和一百二十辆坦克，向上甘岭地区五圣山前沿的597.9和537.7高地北山进行规模强大的火力准备。

　　我阵地内，平均每秒钟落炮弹六发，终日落弹达三十万余发，飞机投炸弹五百余枚。597.9高地和537.7北山表面阵地工事大部被摧毁，山上的岩石变成粉末。四点半，美七师第三十一团、韩二师三十二团及第十七团一个营，共七个营的兵力，在空中和炮兵火力、坦克的支援下，分六路向我597.9高地和537.7北山发起猛烈进攻。与此同时，敌以四个营的兵力向我西方山和芝林方向前沿阵地实施牵制性进攻。阵地上空硝烟弥漫，尘土飞扬，天昏地暗，日月无光。

　　举世闻名的上甘岭战役从此便开始了。

　　为什么叫上甘岭战役呢？这是根据地理位置为战役取的名。上甘岭是一个小村子，只有十几户人家，如果从空中俯瞰，它正好位于597.9高地和537.7高地北方中间位置，因此，我们把这两个高地上发生的战役统称为上甘岭战役。

　　我军坚守597.9高地的是一三五团九连，加上八连一个排。坚守537.7高地北山的是一三五团一连，面对的是十倍于我的进攻之敌。

　　此次战斗发生前，四十五师正准备攻取注字洞南山，该山阵地有守敌南韩军队一个加强营，楔入我防线之内，守敌的12毫米大口径步枪可以直接射击到五圣山主峰，的确可以说是我们的眼中钉肉中刺。我们原计划于10月18日夺取注字洞南山，拔掉这个钉子，因此，我们的主要炮火都已指向注字洞南山方向。597.9高地和537.7高地北山突然发生情况，我炮兵主力来不及调整射向，再加上敌人企图尚未彻底明了，所以，支援上甘岭战斗的，仅有15

门小炮，主要还是靠步兵武器依托坑道与敌顽强战斗。

经九个小时激战，我两个连连续击退敌人七个营的三十余次冲击。到下午一点，我虽然伤亡很大，弹药将尽，但除597.9高地2、7、8、11号表面阵地及537.7北山9号表面阵地被敌占领外，主峰阵地和其他阵地仍在我手。

十九时零五分，第四十五师以一三五团二连、三连、七连和第一三四团五连，共四个连兵力，对立足未稳之敌分四路实施了反击。在坑道分队的配合下，经三个小时激战，全部恢复了阵地。

14日整天，我伤亡500余人，歼敌1900余人。

战斗中，一三五团七连排长孙占元在双腿被炸断的情况下，仍然坚持指挥，连续夺取敌人两个火力点，歼敌八十余人。最后在敌人反扑时，拉响手榴弹，与敌同归于尽。这一天的战斗异常残酷，我们的战士承受了极大的考验，体现了英雄本色，还涌现出了陈治国、牛保才等英雄人物。

上甘岭战斗打响后，军指挥所的气氛也十分紧张。

1952年10月14日这一天，是我一生中又一个焦虑如焚的日子。敌人突然发动攻击，规模之大，火力之猛，手法之狠，都是空前的。尤其是它避我实而就我虚，花招多少有点让我们意外，但我们没有惊慌失措。之所以"骤然临之而不惊"，是因为我们心中有数。尽管时间和方向没有确定，但这场恶战迟早要发生，我们的思想准备还是很充分的。对于全军部队，我们都反复做过动员。不论什么时候，都要打主动仗，敌变我变，不打呆板仗，不打糊涂仗。因而，部队应变的思想准备充分，突然打起来也能保持阵脚不乱，指挥畅通。一句话，我们是不怕的。

我主要思考的问题是敌人的企图和这场恶仗的背景。

这次战斗不比以往的挤兑战斗，如果仅仅是为了夺取两个制高点，敌人为什么一上来就集中那么大的火力和兵力？如此规模，分明是大举进攻的架势。可是，如果说是大举进攻，为什么突破口不选择在平康口子？那里地势平坦，遮蔽物稀少，易攻难守，尤其易于机械化部队向纵深突贯。

战争，对于战士来说是枪对枪刀对刀，而对于指挥员尤其是高级指挥员来说，则是智谋和意志的较量。

经过14日一天的激战，从敌人投入的兵力及后续力量上看，战斗规模始终有增无减。敌人的企图逐步明朗，它不把进攻矛头放在易攻难守、易于发挥机械和装甲威力的平康平原地区，偏偏打我五圣山前沿，是钻了我们的空子。我们抓住它的规律，而它这次偏偏不按规律来。

当时，政委谷景生同志正在国内，我同副军长周发田、参谋长张蕴钰、政治部主任车敏瞧等同志简短商量了一下，迅速做出决定：

一、立即向兵团、志司报告，调整第四十五师部署，停止对注字洞南山的反击，集中兵力、火力于五圣山方向，也就是上甘岭方向。

二、各级指挥所前移。第四十五师指挥所前移至德山岘，第一三三团指挥所前移至上所里北山。

三、调整战斗部署。由一三五团团长张信元负责指挥597.9高地战斗；由一三三团团长孙家贵负责指挥537.7高地北山战斗；一三四团团长刘占华在师指挥所待命，随时准备投入战斗；师炮兵群由第四十五师副师长唐万成及军炮兵室副主任靳钟统一指挥。

四、加强后勤保障。除原先定额储备的弹药以外，一线连队，每连配备手榴弹八千枚，全军给养储备三个月，迅速向坑道补充食物和水。

敌人拉开了大打一场的架势，我们则迅速做好了长打的准备。

因为谷政委不在部队，14日夜间，我又同车主任研究了干部配备问题，并由车主任向兵团请示，让我军正在兵团学哲学的师、团政委们先回来，打完仗再到兵团补课。我们的基层干部是三套班子，一套在阵地上，一套在师团保存，一套在军里培训，随时可以补充。我们这样做，也体现了打大仗打硬仗的思想准备和决心。打仗总是要死人的，特别是基层干部伤亡大。在一定程度上讲，打仗也是打干部。

我们的政治部办了一个《战场》报，专职记者只有宣传科二三人，但通讯员全军都是，能得到最前沿的最新消息，而且效率极快，当天有英雄事迹和战斗经验，当天就能写成文章刻印见报。小小的《战场》报对部队作战益处很大。

同时，我们还有自己的《参考消息》，稿源主要来自收音机，有国内重大新闻，也有敌台重大新闻。十五军的《参考消息》也有短、平、快，几条大标题，重点新闻，一目了然，国内外大事马上知道。了解国际间的政治气候，对分析战场形势往往有很大的帮助。

我们就是从自己的《参考消息》上知道了美国总统换届选举的消息，知道了上甘岭战斗是发生于第七届联合国大会开幕同一天的消息。这些消息都有助于我们判断敌人此次战斗的动机、本钱下的大小、要达到什么样的目的，等等。

10月15日至18日，敌我形成拉锯式的反复争夺。

白天，敌人使用大量兵力，大集群冲击，占领我表面阵地；夜间，我反击部队在坑道分队的配合下，进行反击夺回阵地。

由于我反击部队要从几千米以外接敌，遭敌火力拦阻，途中伤亡过大，致使进入冲击出发位置后力量不足，或反击成功后无力坚守，因而表面阵地多次得而复失。

为缩短接敌距离，减少伤亡，18日我军暂停反击，利用夜暗将五个连的兵力秘密潜入坑道和待机位置，准备于次日反击。

上甘岭战斗打响后，为了加强五圣山方向的火力，"志司"给我们配属了一个"喀秋莎"火箭炮营。这种炮是苏联造的，十九管，在当时是新式武器，一按电钮，十九枚炮弹像一条火龙流泻出去，半边天都是红的。"喀秋莎"本来是苏联的一个姑娘的名字，也是一首歌曲的名字。1941年苏联卫国战争爆发后，苏军第一次使用这种多管火箭炮，给德国军队以毁灭性的打击。苏联人民出于一种喜爱心理，给它取了一个美丽的名字，叫"喀秋莎"。

"喀秋莎"是在机动车上发射的，主要打面积目标，发射时炮位一片明光，阵地极易暴露。友军中就有"喀秋莎"营被敌飞机炸毁的事。我们对这个宝贝蛋，格外小心。平常藏在山洞里，连自己的部队都不让接近。确定要打，才悄悄选择阵地，计算好目标诸元，一切准备就绪之后，时间一到，派出警戒，炮车直奔阵地，停车便打，打完就撤。所以在整个四十多天的上甘岭战役中，我们的"喀秋莎"前后发射十次，毫毛无损。

10月19日十七时三十分，我"喀秋莎"火箭炮营一次齐射后。一百零三门山、野、榴炮即行拦阻射击。早已于18日夜运动至坑道和待机位置的四个连加上坑道的两个连，分兵两路，同时向占领我597.9高地和537.7北山表面阵地之敌实施反击。激战到半夜，全部恢复了表面阵地。

就在这次战斗中，在我突击队打下597.9高地4号、5号阵地后，由于0号阵地上敌人集团火力点的疯狂射击，突击队受阻于阵地前，几次爆破未能奏效。第一三五团二营部通信员黄继光主动请战，于战场上被任命为六连六班长，带领战士肖登良、吴三洋二人，执行爆破任务。连续炸掉敌人几个地堡后，吴三洋中弹牺牲，黄继光、肖登良身负重伤。黄继光拖着伤体，匍匐爬行，勇猛扑向敌人最后一个火力点，用胸膛堵住敌人的机枪眼，为突击队开辟了前进道路，使突击队顺利夺回了敌人占领的阵地。为了表彰黄继光的不朽功勋，志愿军首长给他追记了特等功，并授予特级英雄称号。

我军收复阵地后，敌人十分恼火，下了更大的赌注同我较量。

10月20日五时，美七师十七团、二十二团和韩二师十七团各以一个营的兵力，在三十余架飞机和强大的炮火掩护下，疯狂反扑，双方激战终日，反复争夺达40余次。由于我伤亡过大，弹药供应不上，除597.9高地的0、4、5、6号阵地外，其余表面阵地，又被敌人占领。

从14日至20日，敌我双方在3.7平方公里的两个高地上，进行了七昼夜的争夺，战斗空前激烈。在此期间，敌人共投入7个团、17个营的兵力，我投入3个团、21个连的兵力，进行了夜以继日的反复争夺，我以伤亡三千二百余人的代价，歼敌7000余人。第四十五师参战连队大部伤亡过半，有的连队只剩下几个人。

连续七个昼夜，我在道德洞没有睡过一秒钟，守在电话机旁，神经高度紧张。一会前面报来情况，好，上去了！夺回来了！心中自然一喜；一会又来情况，阵地又被敌人夺走了，心情就很沉重。

四十五师崔建功师长在德山岘师指挥所里更是热油烧心，七天七夜没离开作战室，出了坑道刚放松一下，就差点晕厥过去，上厕所都要人搀扶。我们两人通话，嗓子全是哑的。他的作战科长宋新安，在向军里报告伤亡情况时，痛哭失声。

前面的情况我也知道，敌人的炮火把两个山头犁了一遍又一遍，我们伤亡那么大，昨天还活蹦乱跳的小伙子，今天已长眠九泉了，想起来实在让人心碎。但是，作为一军之长，又是身处战斗严峻时刻，我不能被感情之潮淹没理智。越是困难的时候，决心越是要硬，仗打到一定火候，往往就是拼意志，拼决心，拼指挥员的坚韧精神。

我对崔师长说："告诉机关的同志，十五军的人流血不流泪。谁也不许哭！养兵千日，用兵一时，伤亡再大，也要打下去。为了全局，十五军打光了也在所不惜。国内像十五军这样的部队多的是，可上甘岭只有一个。丢了五圣山，你可不好回来见我喽！"

崔建功是一位作战经验丰富的同志，打仗一向谨慎稳重。解放战争刚刚开始，成立太行军区，他就在独一旅担任领导职务。对于他独当一面的能力，我是放心的。但是上甘岭战斗事关全局，不仅牵动整个朝鲜战场形势，而且举世瞩目。因此，我的话说得就很严肃。

崔建功沙哑着嗓子说："一号，请你放心，打剩一个连，我去当连长，打剩一个班，我去当班长。只要我崔建功在，上甘岭还是中国人民志愿军的！"

老崔的话说得我心里热辣辣的，我又对他说："阵地不能丢，伤亡也要减下来。在西方山方向虽然没大打，但不能动，那个口子不能松。现在就靠你和张显扬师顶住，我已经向军机关和直属队发出号召，婆娘娃娃一起上。请转告部队，打到最后一个人，也要坚守阵地！"

上甘岭战役过去四十多年了，现在回忆起来，每个过程都十分清晰。在第一阶段坚守阵地与反复争夺的战斗中，我的日记始终没断。那几天里，我的日记差不多用掉半本。每天都有新的战况，每天都有新的事情，我也每天都有新的感觉。前沿坑道的电话一直通到军指挥所，使我们对战斗的每一个细节都了如指掌。只要有空，我就把内心感受记下来，记的过程也是一个分析研究的过程，也是一个总结的过程。那些人和事，那些突如其来的敌情，全在头脑里翻滚过滤，帮助我理清思路，正确判断。在战斗最激烈时，有线电话线被炸断，电台震坏，我们和前沿坑道的联系一度中断，虽然听不到声音了，但我坚信，我们的战士一定能够守住坑道。坚守在坑道内各自为战的同志们也坚信，首长一定在千方百计支援我们。就凭着上下之间这种亲密的了解和高度的信任，坑道分队在任何情况下都没有退却，顽强地坚守着自己的岗位。

上甘岭战斗，是一场特殊的战斗，是在小山头上打大仗。

在上甘岭战斗发生期间，整个朝鲜战场其他地方的战斗大大减少了。兵团和"志司"首长从一开始就对上甘岭方向给予极大关注。"志司"首长多次给我打电话询问情况、给予指示。兵团代司令员王近山同志更是同我保持热线联系，及时调兵遣将，为我们补充了大量新兵，并组织增援炮兵，补充弹药给养，组织兄弟部队以攻势行动，在其他方向上打击并牵制敌人，减轻上甘岭的压力。

（秦基伟）